SEGREDOS em TRAUMA

N291s Naudé, Gideon P.

Segredos em trauma: respostas necessárias ao dia-a-dia: em *rounds,* na clínica, em exames orais e escritos / Gideon P. Naudé, Frederic S. Bongard e Demetrios Demetriades; trad. Otelo Rigato Júnior. – Porto Alegre: Artmed Editora, 2001.

1. Medicina – Trauma – Exames. I. Bongard, Frederic S. II. Demetriades, Demetrios. III. Título.

CDU 616-001

Catalogação na publicação: Mônica Ballejo Canto – CRB 10/1023

ISBN 85-7307-714

Gideon P. Naudé, MBChB, FRCS (Edinburg), FRCS (Glasgow)
Chairman, Department of Surgery, Tuolumne General Hospital, Surgeon, Sonora Community Hospital, Sonora, California
Formerly, Faculty, Department of Surgery, University of California, Los Angeles, UCLA School of Medicine, Los Angeles, California
Division of Trauma and Critical Care, Harbor-UCLA Medical Center, Torrance, California

Frederic S. Bongard, MD, FACS
Associate Professor, Department of Surgery, University of California, Los Angeles, UCLA School of Medicine, Los Angeles, California
Chief, Division of Trauma and Critical Care, Director of Surgical Education, Harbor-UCLA Medical Center, Torrance, California

Demetrios Demetriades, MD, PhD, FACS
Professor, Department of Surgery, University of Southern California School of Medicine,
Director, Division of Trauma and Surgical Intensive Care Unit,
Los Angeles County – University of Southern California Medical Center, Los Angeles, California

SEGREDOS em TRAUMA

RESPOSTAS NECESSÁRIAS AO DIA-A-DIA: EM *ROUNDS*, NA CLÍNICA, EM EXAMES ORAIS E ESCRITOS

Tradução, consultoria, supervisão e revisão técnica desta edição:
OTELO RIGATO JÚNIOR
Doutor em Medicina pela Universidade Federal de São Paulo (UNIFESP).
Médico da Unidade de Terapia Intensiva do Hospital Sírio Libanês, São Paulo.

ARTMED EDITORA

PORTO ALEGRE / 2001

Obra originalmente publicada sob o título
Trauma secrets
© Hanley & Belfus, Inc., 1999
ISBN 1-56053-256-4

Capa:
JOAQUIM DA FONSECA

Preparação do original:
MARIA RITA QUINTELLA

Leitura final:
SANDRO WALDEZ ANDRETTA

Supervisão editorial:
LETÍCIA BISPO DE LIMA

Editoração eletrônica e filmes:
GRAFLINE EDITORA GRÁFICA

Nota ao leitor: Embora as informações neste livro tenham sido revisadas cuidadosamente quanto à exatidão das dosagens e indicações, os autores e editores não podem ser responsabilizados legalmente por quaisquer erros ou omissões, nem oferecem quaisquer garantias, expressa ou tácita, com respeito ao material contido neste livro. Antes de prescrever qualquer droga, o leitor deve revisar as informações atuais do fabricante (bulas) para as indicações aceitas, recomendações de dosagens absolutas e outras informações pertinentes à segurança e ao uso efetivo do produto descrito.

ARTMED EDITORA LTDA.
Av. Jerônimo de Ornelas, 670 – Fone (51) 330-3444 Fax (51) 330-2378
90040-340 Porto Alegre, RS, Brasil

SÃO PAULO
Rua Francisco Leitão, 146 - Pinheiros
Fone (11) 3083-6160
05414-020 São Paulo, SP

IMPRESSO NO BRASIL
PRINTED IN BRAZIL

COLABORADORES

Deirdre Anglin, M.D., M.P.H.
Associate Professor, Department of Emergency Medicine, University of Southern School of Medicine; Los Angeles County-University of Southern California Medical Center, Los Angeles, California

Alfonso Antequera, M.D.
International Research Fellow, Division of Trauma and Critical Care, Department of Surgery, University of Southern California School of Medicine; Division of Trauma Surgery, Department of Surgery, Los Angeles County-University of Southern California Medical Center, Los Angeles, California

Juan A. Asensio, M.D., FACS
Division of Trauma and Critical Care, Department of Surgery, University of Southern California School of Medicine; Unit Chief, Trauma Surgery "A" Service, Los Angeles County-University of Southern California Medical Center, Los Angeles, California

Elizabeth Beale, MBBCh, MMed, MRCP
Research Associate, Department of Surgery, University of Southern California School of Medicine, Los Angeles, California

Howard Belzberg, M.D.
Assistant Professor, Department of Surgery, University of Southern California School of Medicine; Associate Director, Division of Trauma and Critical Care, Department of Surgery, Los Angeles County-University of Southern California Medical Center, Los Angeles, California

Marvin Bergsneider, M.D.
Assistant Professor, Division of Neurosurgery, Department of Surgery, University of California, Los Angeles, UCLA School of Medicine; UCLA Medical Center, Los Angeles; Harbor-UCLA Medical Center, Torrance, California

John D. Berne, M.D.
Division of Trauma and Critical Care, Department of Surgery, University of Southern California School of Medicine; Assistant Unit Chief, Trauma Surgery "A" Service, Los Angeles County-University of Southern California Medical Center, Los Angeles, California

Thomas V. Berne, M.D.
Professor, Department of Surgery, University of Southern California School of Medicine; Chief Physician, Department of Surgery, Los Angeles County-University of Southern California Medical Center, Los Angeles, California

Frederic S. Bongard, M.D., FACS
Associate Professor, Department of Surgery, University of California, Los Angeles, UCLA School of Medicine, Los Angeles; Chief, Division of Trauma and Critical Care; Director of Surgical Education, Harbor-UCLA Medical Center, Torrance, California

Dennis Chan, M.D., FACEP, FAAEM
Assistant Clinical Professor, Department of Emergency Medicine, University of California, San Diego, School of Medicine; Attending Staff, University of California, San Diego, Medical Center, San Diego, California

Edward E. Cornwell III, M.D.
Associate Professor, Department of Surgery, The Johns Hopkins School of Medicine; Chief, Adult Trauma, The Johns Hopkins Hospital, Baltimore, Maryland

Demetrios Demetriades, M.D., Ph.D., FACS
Professor, Department of Surgery, University of Southern California School of Medicine; Director, Trauma and Surgical Intensive Care Unit, Los Angeles County-University of Southern California Medical Center, Los Angeles, California Medical Center, Los Angeles, California

Christian de Virgilio, M.D.
Assistant Professor, Department of Surgery, University of California, Los Angeles, UCLA School of Medicine, Los Angeles; Division of Vascular Surgery, Department of Surgery, Harbor-UCLA Medical Center, Torrance; Veterans Affairs Medical Center, West Los Angeles, California

Carlos E. Donayre, M.D.
Associate Professor, Division of Vascular Surgery, Department of Surgery, University of California, Los Angeles, UCLA School of Medicine, Los Angeles; Division of Vascular Surgery, Department of Surgery, Harbor-UCLA Medical Center, Torrance, California

William R. Dougherty, M.D., FACS
Department of Surgery, University of Southern California School of Medicine; Los Angeles County-University of Southern California Medical Center, Los Angeles, California

Marc Eckstein, M.D., FACEP
Assistant Professor, Department of Emergency Medicine, University of Southern California School of Medicine; Los Angeles County-University of Southern California Medical Center; Medical Director, Los Angeles City Fire Department, Los Angeles, California

Patricia J. Eubanks, M.D.
Assistant Professor, Department of Surgery, University of Nevada School of Medicine; Veterans Affairs Medical Center, Reno, Nevada

Debra Ann Gilmore, R.N., M.S.N., ACNP
Trauma Nurse Coordinator, Department of Surgery, Harbor-UCLA Medical Center, Torrance, California

David E. Hanpeter, M.D.
Division of Trauma and Critical Care, Department of Surgery, University of Southern California School of Medicine; Assistant Unit Chief, Trauma Surgery "A" Service, Los Angeles County-University of Southern California Medical Center, Los Angeles, California

Jonathan R. Hiatt, M.D.
Professor, Department of Surgery, University of California. Los Angeles, UCLA School of Medicine; Vice Chairman, Department of Surgery, Cedars-Sinai Medical Center, Los Angeles, California

H. Range Hutson, M.D.
Instructor, Department of Emergency Medicine, Harvard Medical School; Brigham and Women's Hospital, Boston, Massachusetts

Daniel F. Kelly, M.D.
Assistant Professor, Division of Neurosurgery, Department of Surgery, University of California, Los Angeles, UCLA School of Medicine; UCLA Medical Center, Los Angeles; Harbor-UCLA Medical Center, Torrance, California

M. Margaret Knudson, M.D.
Associate Professor, Department of Surgery, University of California, San Francisco, School of Medicine; Chief, Division of Pediatric Trauma, San Francisco General Hospital, San Francisco, California

Jackson Lee, M.D.
Associate Professor of Clinical Orthopaedics, Department of Orthopaedic Surgery, University of Southern California School of Medicine; Director, Orthopaedic Trauma Service, Los Angeles County-University of Southern California Medical Center, Los Angeles, California

Diku P. Mandavia, M.D., FAAEM, FRCPC
Assistant Professor and Associate Residency Director, Department of Emergency Medicine, University of Southern California School of Medicine; Department of Emergency Medicine, Los Angeles County-University of Southern California Medical Center, Los Angeles, California

Duncan Q. McBride, M.D.
Associate Professor of Clinical Neurosurgery, Department of Surgery, University of California, Los Angeles, UCLA School of Medicine, Los Angeles; Chief, Division of Neurosurgery, Harbor-UCLA Medical Center, Torrance, California

Justin D. Merszei, M.D.
Department of Surgery, University of Southern California School of Medicine, Los Angeles, California

James A. Murray, M.D.
Assistant Professor, Division of Trauma and Critical Care, Department of Surgery, University of Southern California School of Medicine; Los Angeles County-University of Southern California Medical Center, Los Angeles, California

Gideon Pieter Naudé, MBChB, FRCS (Edinburgh), FRCS (Glasgow)
Chairman, Department of Surgery, Tuolumne General Hospital; Surgeon, Sonora Community Hospital, Sonora; Formerly Faculty, Department of Surgery, University of California, Los Angeles, UCLA School of Medicine, Los Angeles; Harbor-UCLA Medical Center, Torrance, California

Johannes Hendrik Naudé, MBChB, FCSUrol (SA)
Professor, Department of Urology, University of Cape Town; Chief of Urology, Groote Schuur Hospital, Cape Town, South Africa

Edward James Newton, M.D.
Associate Professor, Department of Emergency Medicine, University of Southern California School of Medicine; Vice Chairman, Department of Emergency Medicine, Los Angeles County-University of Southern California Medical Center, Los Angeles, California

Dat Tien Nguyen, M.D.
Surgical Oncological Fellow, Department of Surgery, Harbor-UCLA Medical Center, Torrance, California

Thuan T. Nguyen, M.D.
Assistant Professor, Division of Plastic and Reconstructive Surgery, Department of Surgery, University of Southern California School of Medicine, Los Angeles, California

Thomas T. Noguchi, M.D.
Professor of Forensic Pathology, Department of Pathology and Laboratory Medicine, University of Southern California School of Medicine; Los Angeles County-University of Southern California Medical Center, Los Angeles, California

Francisco de Asis Perez, M.D.
International Research Fellow, Division of Trauma and Critical Care, Department of Surgery, University of Southern California School of Medicine; Los Angeles County-University of Southern California Medical Center, Los Angeles, California

Mary-Anne Purtill, M.D.
Clinical Instructor, Department of Surgery, University of California, Los Angeles, UCLA School of Medicine, Los Angeles; Fellow, Division of Trauma and Critical Care, Department of Surgery, Harbor-UCLA Medical Center, Torrance, California

Bradley J. Roth, M.D.
Fellow, Division of Trauma and Surgical Intensive Care Unit, Department of Surgery, Los Angeles County-University of Southern California Medical Center, Los Angeles, California

Stefan René Schirber, M.D.
Chief Surgery Resident, Department of Surgery, Santa Barbara Cottage Hospital, Santa Barbara, California

Joel Sercarz, M.D.
Associate Professor, Department of Surgery, University of California, Los Angeles, UCLA School of Medicine, Los Angeles, Harbor-UCLA Medical Center, Torrance; Attending Surgeon, UCLA Medical Center, Los Angeles, California

William C. Shoemaker, M.D.
Professor, Department of Surgery and Anesthesiology, University of Southern California School of Medicine; Surgical Attending and Anesthesia Attending, Los Angeles County-University of Southern California Medical Center, Los Angeles, California

Barbara A. Silver, M.D.
Associate Professor of Clinical Psychiatry, Department of Psychiatry, University of California, Los Angeles, UCLA School of Medicine, Los Angeles; Director of Consultation and Liaison Psychiatry, Harbor-UCLA Medical Center, Torrance, California

Jonathan C. Song, M.D.
Resident Supervisor, Department of Ophthalmology, University of Southern California School of Medicine; Los Angeles County-University of Southern California Medical Center, Los Angeles, California

Bruce E. Stabile, M.D.
Professor, Department of Surgery, University of California, Los Angeles, UCLA School of Medicine, Los Angeles, Chair, Department of Surgery; Acting Medical Director, Harbor-UCLA Medical Center, Torrance, California

Michael J. Stamos, M.D.
Associate Professor, Department of Surgery, University of California, Los Angeles, UCLA School of Medicine, Los Angeles; Chief, Section of Colon and Rectal Surgery, Department of Surgery, Harbor-UCLA Medical Center, Torrance, California

Samuel J. Stratton, M.D., FACEP
Associate Professor of Medicine, Department of Emergency Medicine, University of California, Los Angeles, UCLA School of Medicine, Los Angeles; Department of Emergency Medicine, Harbor-UCLA Medical Center, Torrance; Medical Director, Los Angeles County Emergency Medical Services Agency, Los Angeles, California

Francois H. Van Zyl, M.S.
Department of Medicine, Stellenbosch University, Stellenbosch, Cape province, South Africa

Hernan I. Vargas, M.D.
Assistant Professor, Department of Surgery, University of California, Los Angeles, UCLA School of Medicine, Los Angeles, Chief, Division of Surgical Oncology, Harbor-UCLA Medical Center, Torrance, California

George C. Velmahos, M.D., FRCS
Assistant Professor, Department of Surgery, University of Southern California School of Medicine; Attending Staff, Los Angeles County-University of Southern California Medical Center, Los Angeles, California

Kenneth Waxman, M.D.
Director, Department of Surgery, Santa Barbara Cottage Hospital, Santa Barbara, California

Dennis-Duke R. Yamashita, D.D.S., FACD, FICD
Professor of Dentistry, Director and Chairman of Oral and Maxillofacial Surgery, Department of Oral and Maxillofacial Surgery, University of Southern California School of Dentistry; Section Chairman, University of Southern California Hospital; Service Chairman, Los Angeles County-University of Southern California Medical Center, Los Angeles, California

Bruce Edwin Zawacki, M.D., M.A.
Associate Professor of Surgery Emeritus, Department of Surgery, University of Southern California School of Medicine; Los Angeles County-University of Southern California of Southern California Medical Center, Los Angeles, California

DEDICATÓRIA

Para minha amada esposa, Pamela, e para meus filhos, Gideon, Frans, Chandré e Nicole.

GPN

Para meus filhos, Reid e Alec.

FSB

Para minha esposa, Elizabeth, e para meus filhos, Alexis, Stephanie e Nicholas.

DD

PREFÁCIO

O tratamento eficiente e adequado do paciente vítima de trauma é uma tarefa complexa e urgente. Alunos, residentes e assistentes deparam-se constantemente com uma miríade de distúrbios fisiológicos que requerem atenção imediata no menor tempo possível. Obras importantes têm sido publicadas sobre o assunto; contudo, em geral são muito longas, dificultando a assimilação de todas as informações. Esse fato é evidenciado em discussões, quando a resposta dada para uma questão simples é confusa ou completamente incorreta.

Nossa atividade profissional seguidamente nos proporciona a discussão com estudantes de medicina e com assistentes das questões sobre pacientes vítimas de trauma. E dia após dia contatamos que o mais simples dos conceitos parece difícil de ser compreendido. Por esse motivo, *Segredos em trauma* foi escrito de modo a auxiliar na revisão dos conceitos básicos do tratamento do trauma. A intenção principal não é a de substituir livros-texto ou manuais de tratamento de trauma disponíveis. Ao contrário: procurou-se criar uma referência simples contendo as perguntas mais freqüentes nas discussões sobre o assunto.

Para atingir tais objetivos, dois dos maiores centros de trauma de Los Angeles dividiram o corpo do conhecimento. Foram convidados, também, profissionais de outros centros de trauma que tinham particular interesse no assunto. O resultado final é uma sinopse de fácil leitura, compreensível e concisa das questões mais importantes sobre o tratamento do trauma. Esperamos que os alunos e assistentes que usarem este manual se beneficiem de seu conteúdo e nos orientem na preparação de futuras edições.

Gideon P. Naudé, MBChB, FRCS (Edin), FRCS (Glasg)
Frederic S. Bongard, MD, FACS
Demetrios Demetriades, MD, PhD, FACS

SUMÁRIO

I. BASES DO TRAUMA

1. Terapia pré-hospitalar do trauma 19
Marc Eckstein, M.D., e Samuel J. Stratton, M.D.
2. Sistemas de pontuação de trauma 26
Debra Ann Gilmore, R.N., M.S.N., ACNP
3. Conduta para vias aéreas em trauma 33
Diku P. Mandavia, M.D., e Dennis Chan, M.D.
4. Choque e ressuscitação 40
Frederic S. Bongard, M.D.
5. Mecanismos da balística dos ferimentos 50
Juan A. Asensio, M.D., John D. Berne, M.D., David E. Hanpeter, M.D., e Francisco de Asis Perez, M.D.
6. Monitoração hemodinâmica do choque e da disfunção circulatória 54
William C. Shoemaker, M.D.
7. Ventilação mecânica 61
Howard Belzberg, M.D.

II. TRAUMA DE CABEÇA E PESCOÇO

8. Lesão cerebral 65
Marvin Bergsneider, M.D., e Daniel F. Kelly, M.D.
9. Trauma maxilofacial 76
Dennis-Duke R. Yamashita, D.D.S.
10. Lesões oftalmológicas traumáticas 83
Jonathan C. Song, M.D.
11. Lesão de ouvido, nariz e garganta 86
Joel Sercarz, M.D.
12. Lesões penetrantes de pescoço 92
Juan A. Asensio, M.D., John D. Berne, M.D., David E. Hanpeter, M.D., e Alfonso Antequera, M.D.
13. Lesões de coluna vertebral 98
Duncan Q. McBride, M.D.

III. TRAUMA TORÁCICO

14. Trauma torácico penetrante 103
Demetrios Demetriades, M.D., Ph.D., e George C. Velmahos, M.D.
15. Trauma torácico fechado 107
George C. Velmahos, M.D.

IV. TRAUMA DE DIAFRAGMA E ABDÔMEN
16. Lesões de diafragma 113
James A. Murray, M.D., Demetrios Demetriades, M.D., Ph.D., e Juan A. Asensio, M.D.
17. Princípios de trauma abdominal 118
Frederic S. Bongard, M.D.
18. Síndrome de compartimento abdominal 122
Jonathan R. Hiatt, M.D.

V. TRATO GASTRINTESTINAL
19. Lesões hepáticas e biliares 127
Hernan I. Vargas, M.D.
20. Lesões esplênicas 132
Gideon P. Naudé, MBChB
21. Lesões gástricas 137
Gideon P. Naudé, MBChB, e Francois H. Van Zyl, M.S.
22. Trauma duodenal e pancreático 141
Mary-Anne Purtill, M.D., e Bruce E. Stabile, M.D.
23. Lesões traumáticas de intestino delgado, cólon, reto e ânus 150
Dat T. Nguyen, M.D., e Michael J. Stamos, M.D.

VI. TRAUMA GENITURINÁRIO
24. Trauma geniturinário 157
Johannes H. Naudé, MBChB

VII. TRAUMA ORTOPÉDICO
25. Lesões de partes moles em fraturas pélvicas 163
Gideon P. Naudé, MBChB
26. Trauma ortopédico 166
Jackson Lee, M.D.

VIII. TRAUMA VASCULAR
27. Trauma vascular 173
Carlos E. Donayre, M.D.
28. Lesões vasculares cervicais 183
Christian de Virgilio, M.D.
29. Trombose venosa profunda 187
Frederic S. Bongard, M.D., e Mary-Anne Purtill, M.D.

IX. ENDOCRINOLOGIA
30. Problemas endócrinos em trauma 193
Elizabeth Beale, MBBCh, Mmed, MRCP

X. TEMAS CIRÚRGICOS
31. Cirurgia plástica 203
William R. Dougherty, M.D., e Thuan T. Nguyen, M.D.
32. Nutrição cirúrgica 220
Gideon P. Naudé, MBChB

XI. TIPOS ESPECÍFICOS DE TRAUMA
33. Queimaduras 225
Stefan R. Schirber, M.D., e Kenneth Waxman, M.D.
34. Queimaduras químicas 230
Thuan T. Nguyen, M.D., e Justin D. Merszei, M.D.
35. Queimaduras elétricas 237
Bruce E. Zawacki, M.D.
36. Lesões de partes moles e síndrome de esmagamento 244
George C. Velmahos, M.D.
37. Hipotermia 248
Thomas V. Berne, M.D.
38. Violência familiar: abuso infantil, violência doméstica e abuso de idosos 251
Deirdre Anglin, M.D., M.P.H., e H. Range Hutson, M.D.

XII. POPULAÇÕES ESPECIAIS
39. Trauma pediátrico 259
David E. Hanpeter, M.D., e Juan A. Asensio, M.D.
40. Trauma durante a gravidez 264
Edward Newton, M.D.
41. Trauma no idoso 269
Bradley J. Roth, M.D., e Juan A. Asensio, M.D.
42. Álcool e síndrome de abstinência aguda 272
Gideon P. Naudé, MBChB

XIII. MODALIDADES DIAGNÓSTICAS
43. Tomografia computadorizada, ressonância nuclear magnética e lavagem peritoneal em lesões 277
Patrícia J. Eubanks, M.D.
44. Ultra-som em trauma 282
M. Margaret Knudson, M.D.
45. Exploração de feridas e precauções na conduta de pacientes com trauma 287
Gideon P. Naudé, MBChB

XIV. QUESTÕES PÓS-TRAUMÁTICAS
46. Aspectos psiquiátricos do trauma 291
Barbara A. Silver, M.D.

XV. OUTROS TÓPICOS
47. Diagnóstico físico: corpo estranho e evidência 297
Thomas T. Noguchi, M.D.
48. Outras questões sobre trauma 301
Edward E. Cornwell III, M.D.

ÍNDICE 305

I. Bases do trauma

1. TERAPIA PRÉ-HOSPITALAR DO TRAUMA

Marc Eckstein, M.D., e *Samuel J. Stratton*, M.D.

1. O que é o serviço médico de emergência (SME)?

O SME é um sistema regional que responde pela emergência hospitalar e extra-hospitalar, incluindo técnicos em medicina de emergência (TMEs), paramédicos, estações de base de paramédicos (para comunicações por rádio entre o campo e o controle médico conectado), hospitais de referência e centros de tratamento especializados (como centros de traumas). Na maioria dos estados americanos, uma agência regional centralizada supervisiona a organização e a qualidade médica do sistema de SME de uma comunidade.

2. Qual é a melhor conduta em campo para acidentes envolvendo várias vítimas?

Uma técnica denominada Sistema de Comando de Acidentes (SCAs) é o método-padrão de conduta em acidentes com múltiplas vítimas. A resposta médica no local é um componente do SCAs. O Sistema organiza os aspectos médicos relacionados à supressão de incêndios, cumprimento da lei, aspectos administrativos e operacionais do socorro a várias vítimas em uma abordagem sistemática, que delega a responsabilidade pela ação à pessoa mais experiente no local, a qual é designada "o comandante do acidente".

3. O que significa o termo *triagem*?

Triagem significa "classificação". Quando há vários pacientes em um acidente, é importante dividi-los em grupos com base na gravidade de suas lesões. O grupo "imediato" é composto dos pacientes mais graves, porém potencialmente recuperáveis. O grupo "tardio" compreende os pacientes cujas lesões não representam risco de vida iminente ou um grave perigo para um membro, mas têm potencial para tanto. O grupo "secundário" abrange os pacientes com lesões menos importantes, sem risco de vida. A maioria dos pacientes no grupo "secundário" pode ser tratada e liberada no local ou encaminhada sem urgência, em grandes grupos, para centros médicos.

4. Como é feita a triagem das vítimas de trauma, no local do acidente, para a transferência dos mesmos a um centro de trauma?

Os sistemas de triagem de trauma no local habitualmente são baseados em uma combinação de parâmetros clínicos e mecanismos de trauma. O *American College of Surgeons* recomenda um esquema de triagem em campo que se baseia na freqüência respiratória, na pressão sangüínea sistólica, na escala de coma de Glasgow e no mecanismo da lesão. Os mecanismos de lesão descritos a seguir são de alto risco e devem ser considerados para o transporte imediato ao centro de trauma:

Todas as lesões penetrantes de cabeça, pescoço, tronco e extremidades proximais ao cotovelo e ao joelho.
Tórax instável.
Combinação de trauma e queimaduras.
Duas ou mais fraturas de ossos longos proximais.
Fraturas pélvicas.

Paralisia de membros.
Amputação proximal ao punho e ao tornozelo.

5. Qual é o método simples e rápido de realizar a triagem no local de um acidente com várias vítimas?

O sistema START (do inglês *simple triage and rapid transport* – triagem simples e transporte rápido). Ele é realizado pela avaliação da situação respiratória, da perfusão e do nível de consciência de cada paciente. Todo paciente deve ser rapidamente avaliado para determinar se ele pertence ao grupo "imediato", "secundário" ou "tardio" em relação à necessidade de tratamento e transporte. Esse sistema pode ser realizado pelos primeiros-socorristas e é aplicável em situações de desastres de grandes proporções.

6. O que é a Escala de Trauma?

A Escala de Trauma (ET) ou Escala de Trauma Revista (ETR) é um método rápido de pontuação para a triagem e a avaliação da gravidade da lesão no local do acidente. A ETR é baseada na freqüência respiratória, na pressão sangüínea sistólica e na escala de coma de Glasgow (abertura de olhos, resposta verbal, resposta motora).

7. Quando se deve considerar a imobilização de coluna vertebral no cenário extra-hospitalar?

Ao se considerar inicialmente a imobilização de coluna vertebral, deve-se levar em conta o mecanismo de lesão. Qualquer trauma fechado ou lesão penetrante que possa levar à lesão medular deve ser considerado como uma indicação de imobilização de coluna vertebral. Deve-se cogitar a imobilização de coluna vertebral em vítimas inconscientes que não podem fornecer uma história clara do mecanismo de lesão. Vítimas de acidentes com esportes aquáticos, que mergulharam na água, apresentam alto risco de lesão de coluna cervical e devem ser imobilizadas. Lesões penetrantes de alta velocidade ou por arma de fogo no tronco podem ocultar lesão de coluna torácica ou lombar e devem ser consideradas para imobilização de coluna vertebral.

8. Que indícios são utilizados atualmente pelos paramédicos para desconsiderar a lesão de coluna cervical em um paciente e evitar a imobilização vertebral completa?

Pacientes que estão conscientes e alertas; sem evidência de intoxicação por drogas ou álcool; sem grandes lesões perturbadoras; sem queixa de dor no pescoço ou sensibilidade à palpação da região cervical e sem diminuição de sensibilidade ou parestesia de extremidades não necessitam de imobilização em muitos sistemas pré-hospitalares. Entretanto, o mecanismo de lesão deve ser sempre considerado. Mesmo na presença dos critérios mencionados, os pacientes com alto risco devem ser imobilizados, em virtude do seu mecanismo de lesão.

9. A imobilização de coluna vertebral em crianças pequenas difere da de adultos?

Crianças pequenas apresentam a região occipital do crânio desproporcionalmente grande, o que requer enchimento para elevar os ombros e o tronco com o objetivo de manter o alinhamento vertebral ao serem colocadas em uma superfície plana. O alinhamento adequado da cabeça e dos ombros também é importante para manter a via aérea aberta.

10. Uma vítima de acidente com veículo automotor, em sua 34ª semana de gestação, está sendo encaminhada para um centro de trauma por paramédicos. Ela apresenta pressão sangüínea de 84 à palpação. O que os paramédicos devem fazer para melhorar a hipotensão da paciente?

Colocá-la em decúbito lateral esquerdo.

11. O que é a síndrome de hipotensão supina?

É a hipotensão causada pelo peso do útero gravídico que comprime a veia cava inferior, comprometendo o retorno venoso ao coração e resultando em hipotensão sistêmica. Isso pode ser evitado mantendo-se essas pacientes em posição de decúbito lateral esquerdo ou colocando-se rolos de cobertores sob o lado direito da tábua de suporte.

12. Quais são os três tipos de acessórios para via aérea disponíveis para paramédicos usarem em pacientes com trauma?

A cânula endotraqueal, a cânula combinada esôfago-traqueal (Combi-tube®) e o obturador esofágico de via aérea.

13. Qual é a principal vantagem do Combi-tube sobre uma cânula endotraqueal?

Embora a cânula endotraqueal ainda seja o padrão na conduta em via aérea, sua inserção pode ser difícil em alguns pacientes com trauma, particularmente no cenário extra-hospitalar. O Combi-tube é inserido cegamente; não é necessária a visualização direta das cordas vocais. Portanto, ele oferece uma alternativa para os pacientes que os paramédicos não estão aptos a intubar.

14. Quando é indicada a intubação endotraqueal no local do acidente?

A intubação endotraqueal extra-hospitalar está indicada para as vias aéreas fora de controle, incluindo a via aérea de uma vítima inconsciente ou de uma vítima de trauma craniano em risco de aspiração ou de perda da via aérea. Também está indicada no tratamento de vítima que esteja hipoventilando com lesão de crânio, tórax ou face, dentre outras.

15. Quais são alguns fatores que dificultam a intubação em pacientes com trauma grave em ambiente extra-hospitalar?

Possíveis lesões de coluna cervical que necessitam de estabilização e alinhamento do pescoço.

Aspiração inadequada.

Iluminação precária.

Pacientes que ingeriram alimento há pouco tempo estão propensos a vômitos e a aspiração.

Pacientes resistentes que freqüentemente necessitam de agentes paralisantes ou de outras medicações que facilitem a intubação. Uso pré-hospitalar desses agentes é rigorosamente restrito ou proibido em alguns sistemas.

16. Como um paciente com potencial lesão de coluna cervical pode ser submetido a intubação endotraqueal no local do acidente?

A intubação endotraqueal pode ser seguramente realizada por via oral se um segundo socorrista garantir a imobilização manual da cabeça e da coluna cervical durante o procedimento. A intubação traqueal por via nasal é um método que também pode ser considerado em pacientes com possível lesão de coluna cervical.

17. Qual é o papel da abordagem cirúrgica de via aérea no local do acidente?

A cricotirostomia por agulha é a abordagem cirúrgica de via aérea mais freqüentemente utilizada no ambiente extra-hospitalar. Embora existam diferentes técnicas e dispositivos, a cricotirostomia por agulha é a passagem de uma agulha de grande calibre (14 *gauge*) na traquéia através da membrana cricóide. Um acesso de via aérea cirúrgico no local deve ser considerado quando houver indicação de intubação endotraqueal, mas essa não pode ser realizada habitualmente em lesões graves de face ou pescoço

18. Quais são as complicações potenciais da imobilização de coluna vertebral?

Os pacientes submetidos à imobilização de coluna vertebral apresentam risco de aspiração pois estão restritos e não podem manter as vias aéreas livres. A imobilização vertebral é geralmente desconfortável e provoca dor secundária, particularmente se mantida por longos períodos.

19. O que é a roupa pneumática antichoque (RPAC) e como funciona?

A roupa pneumática antichoque, ou calça militar antichoque (CMAC), é um dispositivo projetado para circundar as pernas, a pelve e o abdômen com compartimentos infláveis que, quando totalmente inflados com 60-80 mmHg, aplicam pressão externa às áreas do corpo que estão envolvidas. O aumento da resistência vascular periférica sustenta a pressão sangüínea de uma vítima hipotensa.

20. Quais são as indicações para o uso de RPAC?

A RPAC está indicada para o tratamento de hipotensão decorrente de ruptura de aneurisma de aorta abdominal. É aceitável seu uso para hipotensão em virtude de provável fratura pélvica, hemorragia de extremidade inferior não-controlável de outra maneira, hipotensão traumática grave (pulso e pressão sangüínea não-detectáveis) e choque anafilático (que não responde à terapia convencional). A RPAC não deve ser usada em ruptura diafragmática, em lesão penetrante de tórax, em edema pulmonar, em evisceração abdominal ou em choque cardiogênico. Em lesões penetrantes torácicas, ela deve ser evitada porque pode aumentar a hemorragia em locais do tórax que não estiverem sob controle.

21. Quais são as indicações de toracostomia por agulha no local do acidente?

A toracostomia por agulha é um método usado para descomprimir um pneumotórax hipertensivo. A técnica habitual é colocar uma agulha de 14 ou 16/*gauge* com um cateter plástico no espaço pleural através do segundo ou terceiro espaço intercostal na linha hemiclavicular, ou pelo quarto ou quinto espaço intercostal na linha axilar anterior. Uma vez que seja alcançado o espaço pleural, a descompressão é feita, deixando-se o cateter plástico no local e retirando-se a agulha. As indicações para toracostomia por agulha são lesão torácica com murmúrio vesicular diminuído ou ausente no lado afetado e hipotensão grave. Outros achados que justificam a realização de toracostomia por agulha no local do acidente são confusão, cianose, hipotensão, distensão venosa jugular, desconforto respiratório, choque, enfisema subcutâneo e desvio de traquéia.

22. Como deve ser tratada a evisceração abdominal no local do acidente?

Os órgãos ou tecidos eviscerados devem ser recobertos por gaze embebida em soro fisiológico e devem ser feitos esforços para evitar a reintrodução das partes evisceradas à cavidade abdominal. Não deve ser permitido que o paciente vire-se sobre a área de evisceração e a RPAC também não deve ser colocada sobre essa área.

23. Qual é o tratamento pré-hospitalar apropriado para um paciente empalado por um objeto?

Deixar o objeto no lugar e estabilizá-lo com grandes curativos para minimizar as lesões internas adicionais. A remoção de objetos empalados no local é contra-indicada pois pode interromper o efeito de tamponamento sobre algum vaso sangüíneo, resultando em hemorragia incontrolável.

24. O capacete usado por uma vítima de lesão deve ser imediatamente removido no local?

A prática extra-hospitalar aceita é remover o capacete no local para favorecer o acesso às vias aéreas, ao pescoço e à face. Entretanto, um capacete deve ser removido apenas se a coluna cervical puder ser protegida durante a remoção. Se o capacete não puder ser retirado com segurança no local, a vítima deve ser imobilizada e transportada com ele. Os capacetes removidos no local do acidente devem ser levados ao hospital com o paciente para serem examinados pelos médicos, com o objetivo de ajudar na determinação da gravidade da lesão craniana.

25. Quais são as características especiais da conduta em lesões elétricas no local do acidente?

Os socorristas devem certificar-se de que o local é seguro e de que não existe mais risco de eletrocussão antes do contato com a vítima. As lesões elétricas são freqüentemente complicadas por alterações no ritmo cardíaco em virtude do fluxo elétrico por meio do coração e seu sistema de condução. Portanto, a monitoração cardíaca está indicada, se disponível, no local. As vítimas de parada cardíaca por choque elétrico devem ser imediatamente avaliadas com relação à fibrilação ventricular e submetidas à cardioversão elétrica, se indicada. Mesmo quando há danos teciduais e nervosos significativos, as queimaduras elétricas freqüentemente aparentam menor gravidade. Todas as vítimas de lesões elétricas devem ser transportadas do local para avaliação médica. A identificação da entrada e a da saída das queimaduras elétricas é útil para determinar a extensão da lesão causada pela eletricidade. Os socorristas devem esforçar-se para obter informações relativas à voltagem e à amperagem da corrente causadora da lesão elétrica.

26. Verdadeiro ou falso: um adulto que teve 60% da sua área de superfície corporal total queimada, em toda sua profundidade, em uma casa em chamas, deve ser transportado diretamente para o centro de queimados regional mais próximo.

Falso. Esse paciente apresenta alto risco de comprometimento das vias aéreas secundário à queimadura térmica da face ou à inalação de fumaça. Tal paciente deve ser transportado ao centro médico mais próximo que possa estabilizar a via aérea e iniciar a reposição de fluido antes de ser transferido para um centro de queimados. O transporte imediato até um centro de tratamento de queimaduras pode resultar em morte por comprometimento hemodinâmico ou das vias aéreas.

27. Que estratégias devem ser usadas para livrar com segurança uma vítima presa no local do acidente?

Vítimas presas são freqüentemente encontradas em acidentes com veículos automotores. Enquanto está se tentando soltar o paciente, devem ser avaliadas a via aérea, a respiração, a circulação e a coluna vertebral, como em qualquer vítima de lesão. Enquanto ainda presos, os pacientes podem freqüentemente ter a coluna vertebral estabilizada e um acesso venoso obtido para administração de fluidos.

28. Quando uma vítima de ferimento pode ser considerada morta e não requerer transporte de emergência do local para um hospital?

Vítimas de trauma que se apresentam com parada cardíaca em assistolia em normotermia, decapitação, decomposição ou rigidez cadavérica podem ser consideradas mortas e não necessitam de transporte de emergência para um hospital.

29. O que é a tríade de Waddell com relação à lesão pediátrica?

A tríade de Waddell é um complexo de lesões que pode ser previsto quando uma criança é atropelada por um automóvel. Quando a criança é atingida por um automóvel que vem pelo lado direito da pista, o fêmur é tipicamente golpeado pelo pára-choque enquanto o pára-lama atinge a região do baço. A criança geralmente é arremessada pelo ar, batendo com o lado oposto de sua cabeça ao cair no chão. Essa tríade de lesão de fêmur e baço de um lado e trauma craniano do lado oposto deve ser esperada em jovens pedestres atropelados por automóveis.

30. O que se deve fazer com uma criança que ainda está em um assento no carro, encontrada no local de um acidente automobilístico?

A criança pode ser transportada no próprio assento do automóvel. O assento pode ser utilizado para imobilização da coluna vertebral prendendo-se a cabeça ao espaldar e elevando as pernas da criança. Um exame cuidadoso da criança, ainda no assento do carro, pode ser realizado no local.

31. Quando uma fratura de extremidade desfigurada pode ser reduzida no local do acidente?

Em geral, as fraturas de extremidades devem ser imobilizadas da maneira que são encontradas no local. Se a fratura é deformada, com perda de pulso ou sensibilidade distais ao sítio da fratura, a extremidade deve ser realinhada e imobilizada para permitir a possível liberação da compressão de vasos ou nervos.

32. Cite dois dispositivos para imobilizar uma fratura de fêmur.

Tala de tração e RPAC (com apenas o compartimento da perna inflado).

33. Que estratégias no local podem beneficiar vítimas de lesão grave por esmagamento?

A reposição vigorosa de fluidos por via endovenosa deve manter a perfusão renal e o fluxo urinário maximizados, diminuindo o risco de insuficiência renal secundária à liberação dos subprodutos do músculo esmagado. Bicarbonato de sódio endovenoso é usado para alcalinizar a urina e diminuir a precipitação de produtos ácidos da decomposição muscular nos túbulos renais. Beta-agonistas inalatórios (como albuterol) devem promover transferência temporária do potássio para o espaço intracelular e diminuir a hipercaliemia associada à lesão muscular.

34. Quais são as prioridades na conduta à vítima de trauma em choque no local do acidente?

Manutenção de via aérea, ventilação, estabilização da coluna vertebral e transporte rápido ao centro de tratamento definitivo. Hemorragias externas também devem ser controladas o mais breve possível. Tentativas de obter acessos venosos e administrar fluidos devem ser realizadas no percurso para o hospital. A caminho, os pacientes devem ser cobertos e devem ser feitos esforços para limitar a hipotermia.

35. Cite algumas desvantagens associadas ao uso de helicópteros para o transporte de pacientes com trauma.

- Atraso adicional necessário para assegurar um local de aterrissagem.
- Riscos inerentes associados a helicópteros, com relação a colisões e riscos para os espectadores próximos ao sítio de aterrissagem.
- Dificuldade no tratamento dos pacientes em transporte aéreo devido aos limites do helicóptero.
- Necessidade de treinamento especializado para a equipe de paramédicos das ambulâncias aéreas.

36. Cite três razões pelas quais a administração pré-hospitalar de grandes volumes de fluido endovenoso pode ser prejudicial.

1. O aumento da pressão hidrostática nos vasos sangüíneos pode promover hemorragia pela elevação da pressão arterial sistêmica.
2. A diluição dos fatores de coagulação existentes pode diminuir a capacidade corporal de interromper a perda de sangue por vasos menores.
3. Ruptura mecânica da formação ativa de coágulos.

37. Ao atender vítimas de acidente automobilístico de alta velocidade, por que é importante para os paramédicos verificar se os *air bags* foram acionados no veículo?

Os *air bags* podem mascarar quaisquer sinais sugestivos de ruptura traumática de aorta. Antes da ampla disponibilidade de *air bags*, os médicos geralmente valiam-se de achados do exame físico, como marcas do volante na parede torácica, indicando uma possível lesão de aorta. Os *air bags* tornam tais achados físicos menos prováveis, o que aumenta a necessidade de os médicos atendentes obterem uma história precisa dos paramédicos sobre o mecanismo de lesão.

38. Que outras informações devem ser obtidas dos paramédicos com relação a vítimas de acidentes automobilísticos e que lesões internas específicas devem ser suspeitadas para cada um desses fatores?

Elemento da história	*Lesão suspeitada*
Coluna da direção deformada	Lesão traumática de aorta
Desaceleração rápida	Lesão traumática de aorta Trombose de artéria renal
Presença de cinto de segurança	Chance de fratura de vértebra lombar
Acidente com veículo único	Possível envolvimento com drogas ou álcool
Lesão mínima do veículo apesar da condição grave do paciente	Possível evento clínico como causa da colisão (p. ex., infarto do miocárdio, arritmia, evento do SNC)
Paciente ejetado do veículo	Múltiplas lesões internas e cranianas

REFERÊNCIAS BIBLIOGRÁFICAS

1. Bickell WH, Wall MJ, Pepe PE, *et al.*: Immediate versus delayed fluid resuscitation for hypotensive patients with penetrating torso injuries. *N Engl J Med* 331: 1105-1109, 1994.
2. Committee on Trauma: Resources for Optimal Care of the Injured Patient. Chicago, American College of Surgeons, 1993.
3. Domeier RM, O'Connor RF, Delbridge TR, *et al.*: Use of the pneumatic antishock garment (PASG). *Prehospital Emerg Care* 1:32, 1997.
4. Schulz CH & Koenig KL: A medical disaster response to reduce immediate mortality after an earthquake. *N Engl J Med* 334:438-444, 1996.

2. SISTEMAS DE PONTUAÇÃO DE TRAUMA

Debra Ann Gilmore, R.N., M.S.N., ACNP

1. Quais são os objetivos dos sistemas de pontuação de trauma?

Os objetivos dos sistemas de pontuação de trauma são três:

1. Desenvolver protocolos e sistemas de triagem que assegurem que "o paciente certo chegue ao hospital certo no tempo certo".
2. Facilitar pesquisas significativas comparando grupos homogêneos.
3. Avaliar a qualidade do tratamento do paciente dentro da instituição e globalmente, sob a perspectiva de um "sistema de trauma".

2. Cite alguns dos sistemas de pontuação disponíveis atualmente.

CRAMS (Escala de Circulação, Respiração, Abdômen, Motor, Fala/*Speech*)
Escala de Coma de Glasgow (GCS)
Pontuação de Trauma (TS)
Pontuação de Trauma Revista (RTS)
Índice de Trauma (TI)
AIS (Pontuação Resumida da Lesão)
ISS (Pontuação da Gravidade da Lesão)
TRISS (RTS ou TS combinada com ISS)
ICD-9-CM (Classificação Internacional das Doenças, 9ª revisão, Modificação Clínica)
APACHE (Avaliação Fisiológica Aguda e de Saúde Crônica)
Pontuação de Trauma Pediátrico (PTS)

3. Quais sistemas são anatômicos? Quais são fisiológicos? Quais são anatômicos e fisiológicos?

Anatômicos	*Fisiológicos*	*Anatômicos e fisiológicos*
Pontuação Resumida da Lesão	Escala de Coma de Glasgow	TRISS
Pontuação da Gravidade da Lesão	Pontuação de Trauma	Pontuação de Trauma Pediátrico
ICD-9-CM	Pontuação de Trauma Revista	
	CRAMS	
	APACHE	

4. Quais sistemas de pontuação são mais freqüentemente utilizados em conduta e em pesquisa em trauma?

Os sistemas de pontuação mais freqüentemente utilizados para avaliação de pacientes com trauma são: TS, RTS, AIS e ISS. A GCS é um componente da TS e da RTS. A GCS é também o instrumento mais comumente usado para a avaliação do nível de consciência em pacientes com trauma craniano (ver Questões 9 e 10).

5. Quais sistemas podem ser úteis na triagem pré-hospitalar? Por quê?

O sistema ISS é usado para avaliar a evolução utilizando a gravidade de índices de lesões anatômicas. A precisão da ISS depende da identificação de todas as lesões anatômicas, tornando-a menos útil para a triagem do paciente. A TS e a RTS são freqüentemente utilizadas em combinação com a ISS para determinar a probabilidade da sobrevivência (consulte a Questão 19). Tanto a TS quanto a RTS são baseadas em parâmetros fisiológicos de avaliação inicial, no local ou no departamento de emergência e, portanto, podem ser úteis como instrumentos de triagem no local. A CRAMS é um sistema simples usado para a triagem do paciente, sendo utilizado, também, com sucesso, no ambiente pré-hospitalar.

6. O que é a Pontuação de Trauma? Cite as cinco variáveis da Pontuação de Trauma. Qual a diferença entre a Pontuação de Trauma e a Pontuação de Trauma Revista?

A Pontuação de Trauma é uma escala fisiológica usada para identificar pacientes com lesões graves. As variáveis incluídas na TS são a GCS, a pressão sangüínea, o reenchimento capilar, a freqüência respiratória (FR) e o esforço respiratório. A pontuação máxima é 16. A diferença da RTS é que ela não inclui o enchimento capilar e o esforço respiratório, com resultante pontuação máxima de 12. O reenchimento capilar e o esforço respiratório foram eliminados por serem difíceis de se avaliar objetivamente e por sua documentação ser feita de maneira pouco consistente na maioria dos casos. A RTS atribui um valor codificado para cada variável (pressão sangüínea sistólica [PSS], FR, GCS) e é mais ponderada para lesões cranianas graves, proporcionando, assim, uma estimativa mais precisa da evolução que a TS.

*Pontuação de Trauma Revista**

GSC	PSS	FR	VALOR CODIFICADO
13-15	> 89	10-29	4
9-12	76-89	> 29	3
6-8	50-75	6-9	2
4-5	1-49	1-5	1
3	0	0	0

*RTS = $0{,}9368GCS_c + 0{,}7326\ PSS_c + 0{,}2908\ FR_c$, em que o c subscrito se refere ao valor codificado.

(De Feliciano DV, Moore EE, Mattox KL [eds]. *Trauma*, 3rd ed. Norwalk CT: Appleton & Lange, 1996. Com permissão.)

7. Quais são os pontos fracos da TS e da RTS?

Embora essas escalas de pontuação fisiológicas ofereçam a facilidade de tabulação rápida para a triagem do paciente, ambas dependem da precisão da GCS e da freqüência respiratória. A GCS e a freqüência respiratória são geralmente difíceis de avaliar devido a várias condições, como, por exemplo, drogas, álcool, hemorragia ou problemas de vias aéreas, os quais podem impedir a obtenção de uma avaliação precisa da GCS e da freqüência respiratória. Apesar dessa limitação, a RTS continua a demonstrar boas especificidade e sensibilidade em muitos estudos.

8. O que é a Pontuação de Trauma Pediátrico (PTS)?

A PTS é um sistema de pontuação combinado que utiliza dados fisiológicos e anatômicos (peso, via aérea, PSS, sistema nervoso central, ferida aberta e esqueleto). Os valores variam de -6 a 12. Estudos recomendam que pacientes com pontuação de 8 ou menos devem ser tratados em um centro de trauma pediátrico nível I. Pesquisas subseqüentes demonstraram que, estatisticamente, a PTS não apresenta vantagem preditiva sobre a RTS.

9. O que é a Escala de Coma de Glasgow (GCS)? Como ela é utilizada na avaliação de um paciente com trauma?

A GCS é um instrumento utilizado para quantificar o nível de consciência do paciente. Os componentes da GCS são: abertura de olhos, resposta verbal e resposta motora (ver tabela). Para determinar a GCS, a melhor resposta do paciente em cada categoria é avaliada e comparada à pontuação numérica. As três pontuações são somadas para obter-se a pontuação da GCS. A pontuação mais alta possível da GCS é 15; a mais baixa é 3. Clinicamente, avaliações seriadas são freqüentemente realizadas para detectar a tendência de melhora ou a deterioração neurológica no nível de consciência do paciente.

Escala de Coma de Glasgow

VARIÁVEL	RESPOSTA DO PACIENTE	PONTUAÇÃO
Abertura de olhos	Espontânea	4
	À voz	3
	À dor	2
	Nenhuma	1
Resposta verbal	Orientada	5
	Confusa	4
	Inadequada	3
	Incompreensível	2
	Nenhuma	1
Resposta motora	Obedece a comandos verbais	6
	Localiza (dor)	5
	Retira (à dor, flexão)	4
	Flexão (à dor, decorticação)	3
	Extensão (à dor, descerebração)	2
	Nenhuma	1

10. A GCS pode ser usada para classificar uma lesão cerebral?

Sim. A GCS é utilizada para classificar as lesões cerebrais da seguinte forma:

Lesão cerebral leve = GCS 13-15
Lesão cerebral moderada = GCS 9-12
Lesão cerebral grave e coma = GCS 8 ou menos

O uso corrente da GCS tornou possível a comparação de grupos homogêneos de pacientes com trauma craniano, permitindo, assim, a realização de pesquisa sobre a avaliação e a predição da evolução desse grupo.

11. Descreva o sistema de pontuação de Gravidade da Lesão Reduzida (AIS).

O AIS é um sistema de pontuação anatômico usado para calcular a ISS. Ele foi desenvolvido em 1971 e, desde então, recebeu várias revisões. O AIS identifica seis regiões do corpo e usa uma escala ordinal de seis pontos para classificar a gravidade. As seis regiões do corpo são: cabeça e pescoço, face, tórax, abdômen e pelve, extremidades e externa. A escala ordinal de seis pontos identifica a gravidade de cada lesão:

1 = leve
2 = moderada
3 = grave, mas sem risco de vida
4 = grave, com risco de vida
5 = crítica, sobrevivência incerta
6 = sem chance de sobrevivência

12. Qual é a principal limitação do AIS? Que sistema foi planejado para compensar essa limitação?

O AIS apenas classifica lesões individuais e, assim, não reflete com precisão a gravidade da lesão de múltiplos sistemas. O ISS, por sua vez, foi desenvolvido para dar conta de lesões de múltiplos sistemas usando o AIS. Para cada lesão é especificada uma pontuação de AIS e, então, é classificada em uma das seis regiões do corpo. As três regiões do corpo com as pontuações mais altas (excluindo uma pontuação de 6) são, então, ajustadas e somadas para chegar ao ISS. Uma pontuação de 6 não é enquadrada conforme descrito, mas é automaticamente calculada como ISS 75, ou seja, uma lesão sem chance de sobrevivência.

13. Quais são as duas maiores limitações do ISS?

O ISS é um indicador fraco da gravidade da lesão e da probabilidade de sobrevivência quando múltiplas lesões ocorrem em uma região do corpo *ou* quando uma lesão craniana isolada grave está presente. Nos dois quadros, o ISS será falsamente baixo. Essa subestimativa da gravidade da lesão ocorre porque os cálculos do ISS incluem apenas a maior pontuação AIS de cada uma das três regiões do corpo (ver Questão 14). Por exemplo, se o paciente apresenta múltiplas lesões intra-abdominais, mas não tem lesão em outro sistema, apenas a lesão abdominal de maior pontuação pode ser usada para calcular o ISS. Assim, o ISS não reflete a gravidade da condição do paciente. No caso de um paciente com lesão craniana isolada, o AIS máximo é 5 (ISS de 25), apesar de a lesão craniana ser potencialmente letal. Além disso, lesões com pontuações semelhantes no AIS não apresentam a mesma mortalidade. Por exemplo, uma ruptura esplênica tem a mesma pontuação que uma fratura cominutiva de úmero.

14. Dê um exemplo de AIS e ISS em um paciente com lesões múltiplas.

Região	*Descrição da lesão*	*AIS*	*AIS ajustado*	*Três AIS mais altos*
1. Cabeça e pescoço	Hematoma subdural pequeno, < 30 ml	4	16	16
2. Face	Fratura *Le Fort* II	2	4	
3. Tórax	Hemotórax unilateral	3	9	9
4. Abdômen	Laceração parcial de cólon	2	4	
	Laceração total de cólon	4	16	25
	Laceração esplênica moderada	3	9	
	Laceração mesentérica grave	3	9	
	Avulsão maciça de pâncreas	5	25	
5. Extremidade	Fratura de fêmur	3	9	
6. Externa	Contusões de extremidades inferiores	1	9	
			Total	50

Como pode ser observado, as três pontuações mais altas do AIS para as três regiões do corpo são selecionadas e tabuladas para resultar em um ISS de 50. Trata-se de uma pontuação muito alta e reflete uma lesão importante. Entretanto, apesar das múltiplas lesões graves de abdômen, apenas a pior lesão pode ser usada para o cálculo, ilustrando uma das limitações do ISS em refletir com precisão a gravidade do evento.

15. Qual era o ISS para o presidente Kennedy? E para Reagan após a queda de um cavalo, quando ocorreu o desenvolvimento de um hematoma subdural tardio? Ou para o ator Christopher Reeve, que sofreu lesão medular?

O presidente Kennedy sofreu duas lesões penetrantes, uma na cabeça e outra no pescoço. O AIS para lesão penetrante de crânio é 5, assim o ISS para uma única lesão penetrante na cabeça seria de apenas 25. Um ferimento penetrante no pescoço, sem detalhes adicionais, tem AIS de 1, resultando em ISS total de 26. Mesmo que esse ISS indique uma lesão grave, ele não descreve a gravidade real ou a potencial letalidade da lesão. Além disso, a falta de dados detalhados de autópsia e da descrição da lesão anatômica limita a pontuação precisa. A lesão craniana do presidente Reagan é outro exemplo de como o ISS subestima a potencial gravidade de uma lesão. A gravidade de um hematoma subdural é determinada pelo tamanho do coágulo em mililitros. Freqüentemente, o tamanho detalhado não é documentado. O AIS para um hematoma subdural pequeno (< 50 ml de sangue) é 4, o que significa um ISS de 16. Um hematoma subdural grande (> 50 ml) resulta em um AIS de 5 (ISS 25), pressupondo a inexistência de outras lesões. Christopher Reeve sofreu uma lesão completa de medula cervical alta. O ISS é determinado pelo nível da lesão cervical. Uma lesão de medula cervical completa em C3 ou abaixo tem AIS de 6 e ISS de 75, uma "lesão sem chance de sobrevivência". A tabela resume as condições a seguir.

Exemplos de pontuação de lesões isoladas de cabeça e coluna

DESCRIÇÃO DA LESÃO	AIS	ISS
Lesão penetrante na cabeça	5	25
Hematoma subdural < 50 ml	4	16
Hematoma subdural > 50 ml	5	25
Esmagamento de crânio e cérebro	6	75
Lesão de coluna cervical completa em C4 ou abaixo (com ou sem deslocamento ou fratura)	5	25
Lesão de coluna cervical completa em C3 ou acima (com ou sem deslocamento ou fratura)	6	75

16. Por que os dados de autópsia são tão importantes na pontuação do trauma?

A falta de uma autópsia cirúrgica completa em vítimas de trauma é a principal causa de dados incompletos sobre mortalidade e, portanto, de pontuações incompletas sobre a gravidade da lesão. Os dados incompletos são usados para calcular a probabilidade da sobrevivência, levando a resultados ilógicos. Na maioria dos casos, sobretudo em trauma fechado por colisão de veículo automotor, é impossível calcular precisamente o ISS sem a realização de autópsia. O cirurgião de trauma deve certificar-se de que uma autópsia foi solicitada para todas as mortes por trauma. Isso é especialmente importante para aqueles casos nos quais os detalhes da lesão anatômica são desconhecidos. Morte por trauma em virtude de lesão fechada é a situação mais comum nos departamentos de emergência para onde as autópsias respectivas não são requisitadas. Dados de autópsia podem ter impacto dramático no ISS e na precisão das predições de probabilidade de sobrevivência. É por essas razões que a disponibilidade de dados completos sobre mortalidade é tão importante. O futuro da pesquisa sobre trauma e um processo de revisão de melhor qualidade dependem de tais dados para direcionar e otimizar o tratamento.

17. Qual é a importância do médico na coleta de dados sobre trauma e nos sistemas de pontuação de lesão?

A pontuação acurada de lesão depende de descrições detalhadas da condição clínica do paciente e dos dados anatômicos da lesão. Prestando atenção na documentação detalhada, os médicos podem ter importância significativa na qualidade dos dados coletados e usados nesses sistemas de pontuação. Considere, por exemplo, o AIS de uma laceração hepática. Se a descrição da lesão pelo médico é mínima, a "laceração hepática", sem mais detalhes, tem AIS de 2 (ISS 4). Entretanto, a mesma lesão hepática descrita mais detalhadamente pelo médico pode incluir "laceração hepática moderada > 3 cm de profundidade e > 20% de perda sangüínea". Tal descrição resultará em um AIS mais alto, de 4 (ISS 16). Portanto, uma documentação detalhada é necessária para a pontuação precisa da gravidade da lesão. Se a coleta de dados for ruim, os esforços científicos para avaliar o tratamento serão tolhidos.

18. O que é o Estudo Principal da Evolução do Trauma (MTOS)?

O MTOS é um grande banco de dados sobre trauma estabelecido para avaliar muitos aspectos do tratamento de trauma nos Estados Unidos. Numerosos centros de tratamento de trauma em toda a América do Norte contribuíram, no período de 1982 a 1989, com informações sobre centenas de casos de trauma para um registro central. Os objetivos principais do registro foram estabelecer valores de resultado para a qualidade do tratamento e habilitar as instituições para avaliar objetivamente e comparar dados de evolução do paciente. O grande tamanho do banco de dados do MTOS tornou possível a avaliação do sistema de pontuação combinado, conhecido como TRISS. O MTOS contribuiu muito para o conhecimento atual usado para avaliar o tratamento.

19. Que sistema de pontuação é usado para predizer a probabilidade de sobrevivência?

A metodologia TRISS. Normalmente referido como TRISS, para simplificar, o método esquematiza a relação entre ISS, RTS, idade e mecanismo de lesão (fechado ou penetrante). A combinação de ISS e TS ou RTS resulta em uma predição mais precisa da probabilidade de sobrevivência, com base em dados de evolução do MTOS. A informação pode ser representada em um gráfico, como se verá a seguir. Os não-sobreviventes abaixo da linha diagonal no gráfico representam as "mortes inesperadas". Tais casos deveriam incitar pronta revisão, por parte de um comitê multidisciplinar de qualidade, para identificar as oportunidades de melhorar o tratamento. As mortes acima da linha representam os sobreviventes inesperados ou os "grandes salvamentos".

CONTROVÉRSIAS

20. O que é o ICISS?

Nos últimos anos, alguns especialistas em trauma tornaram-se mais críticos em relação ao valor preditivo do ISS e do TRISS. Uma das principais desvantagens desses sistemas é a GCS, que é o principal componente da RTS, mesmo não podendo ser bem-aplicada a muitos dos pacientes mais comprometidos. Tal limitação induziu certos pesquisadores a buscar outros instrumentos para predizer a sobrevida. Rutledge e colaboradores utilizaram os códigos do ICD-9-CM para descrever a gravidade da lesão anatômica. Esses dados demonstram melhor o valor preditivo do prognóstico do que o ISS. O modelo é denominado ICISS, refletindo a combinação dos códigos do ICD-9-CM e da Análise da Gravidade da Lesão. Alguns críticos do estudo referem o uso limitado apenas dos diagnósticos mais letais, o pequeno tamanho da amostra do estudo e as informações insuficientes para instituições individuais aplicarem o modelo. Após o artigo inicial,

Pontuação de trauma revista

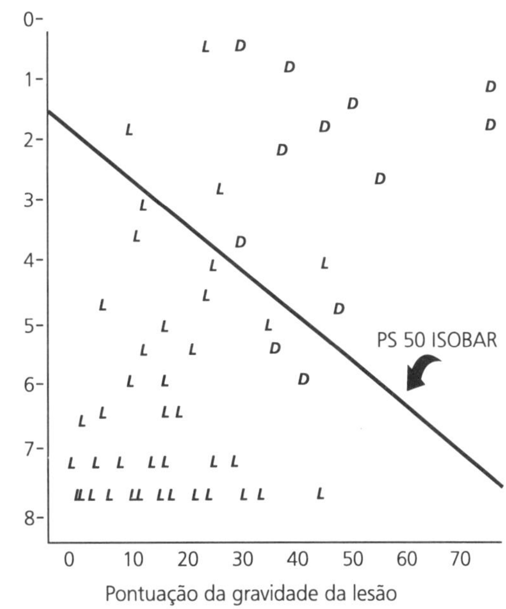

De Feliciano DV, Moore EE, Mattox Kl (eds). *Trauma*. 3rd ed. Norwalk, CT: Appleton & Lange, 1996. Reproduzida com permissão.

Rutledge e colaboradores relataram recentemente achados que se estendem além das avaliações das predições de sobrevida, o que foi feito pela comparação da capacidade de prever a alta hospitalar e a duração da internação do sistema de pontuação do ICISS. Eles citam o custo de coletar dados para ISS e TRISS combinado com a baixa qualidade preditiva como razões para o uso do novo sistema de pontuação ICISS descrito em seus estudos. O ICISS está sendo testado atualmente em vários estados americanos.

REFERÊNCIAS BIBLIOGRÁFICAS

1. American College of Surgeons Committee on Trauma: Resources for Optimal care of the Injured Patient: 1993. Chicago. American College of Surgeons, 1993.
2. Association for the Advancement of Automotive Medicine: The Abbreviated Injury Scale – 1990 Revision. Des Plaines, IL, AAAM, 1985.
3. Baker SP & O'Neill B: The Injury Severity Score: An update. *J Trauma* 16: 822, 1986.
4. Baker SP, O'Neill B, Haddon W Jr, Long WB: The Injury Severity Score: A method for describing patients with multiple injuries and evaluating emergency care. *J Trauma* 14: 187, 1974.
5. Boyd CR, Tolson MA, Copes WS: Evaluating trauma care: The TRISS method. *J Trauma* 27: 370-378, 1987.
6. Champion HR, Sacco WJ, Carnazzo AJ, Copes W, Fouty WJ: Trauma score. *Crit Care Med* 9: 672-676, 1981.
7. Champion HR, Sacco WJ, Copes WS. *et al.*: A Revision of the Trauma Score. *J Trauma* 29: 623-629, 1989.
8. Champion HR, Sacco WJ, Hannan DS, *et al.*: Assessment of injury severity: The triage index. *Crit Care Med* 8: 201-208, 1980.
9. Champion HR, Sacco WJ, Lepper RL, *et al.*: An anatomic index of injury severity. *J Trauma* 20: 197-202, 1980.
10. Copes WS, Champion HR, Saco WJ, *et al.*: The Injury Severity Score revisited. *J Trauma* 28: 69-77, 1988.
11. Gormican SP: CRAMS scale: Field triage of trauma victims. *Ann Emerg Med* 11: 132-135, 1982.
12. Jennett B, Teasdale G, Braakman R, *et al.*: Predicting outcome in individual patients after severe head injury. *Lancet* 1: 1031-1034, 1976.
13. Knaus WA, Draper EA, Wagner DP, Zimmerman JE: APACHE II: A severity of disease classification system. *Crit Care Med* 13: 818-829, 1985.
14. Knaus WA, Zimmerman JE, Wagner DP, *et al.*: APACHE – Acute physiology and chronic health evaluation: A physiologically based classification system. *Crit Care Med* 9: 591-597, 1981.
15. Rutledge R, Fakhry S, Baker C, Oller D: Injury severity grading in trauma patients: A simplified technique based upon ICD-9 coding. *J Trauma* 35: 497-506, 1993.
16. Rutledge R, Osler T, Emery S. Kromhout-Schiro S: The end of ISS and TRISS: An ICD-9-based prediction tool, "ICISS", outperforms both ISS and TRISS as predictors of trauma patient survival, hospital charges, and length of stay. Presented at the 57th annual meeting of the American Association for the Surgery of Trauma, Waikoloa, HI, September 24-27, 1997.
17. Teasdale G, Jennett B: Assessment of coma and impaired consciousness. A practical scale. *Lancet* 2: 81-84, 1974.
18. Tepas JJ 3rd, Mollitt DL, Talbert JL, Bryant M: The Pediatric Trauma Score as a predictor of injury severity in the injured child. *J Pediatr Surg* 22: 14-18, 1987.

3. CONDUTA PARA VIAS AÉREAS EM TRAUMA

Diku P. Mandavia, M.D., e *Dennis Chan,* M.D.

1. **Quais são as indicações gerais para intubação em paciente com trauma?**
   - Depressão importante do nível de consciência – ou seja, um paciente com trauma craniano grave (pontuação na Escala de Coma de Glasgow < 9). Freqüentemente também há ausência dos reflexos de vias aéreas nesses pacientes, tornando a aspiração um problema potencial.
   - Proteção de via aérea – ou seja, um paciente com um hematoma em expansão no pescoço ou um paciente com lesão por inalação. Nesses pacientes, o atraso pode tornar a conduta malsucedida, pois a via aérea torna-se mais edematosa e deformada.
   - Hiperventilação terapêutica – como no paciente com lesão craniana grave com pressão intracraniana elevada.
   - Aumento da ventilação e/ou oxigenação – isto é, o paciente com tórax instável e contusão pulmonar cuja oxigenação ou ventilação estão falhando.
   - Facilitação de testes diagnósticos subsidiários – muitos pacientes com trauma e lesões com risco de vida estão tão agitados e combativos que exames por imagem (i. e., *clearance* de coluna cervical/ TC) não podem ser realizados até que sejam sedados, paralisados e intubados.

2. **Que equipamento é necessário para uma conduta em via aérea em paciente com trauma?**
   Os itens a seguir são o mínimo que deve estar preparado quando da avaliação de um paciente com trauma grave:

   Máscaras de oxigênio, incluindo máscaras abertas (*non-rebreather*)
   Ambu com válvula com ajuste de oxigênio?
   Via aérea faríngea – oral e nasal.
   Laringoscópios – lâminas curvas e retas de vários tamanhos.
   Cânulas endotraqueais e estiletes – vários tamanhos.
   Fórceps de Magill – para trabalhar com corpos estranhos na via aérea.
   Aspirador de Yankauer.
   Detector de CO_2 residual final ou dispositivo detector esofágico.
   Equipamento para cricotireoidostomia, incluindo escalpelo, cânula de traqueostomia e ganchos traqueais.
   Drogas para facilitar a intubação, incluindo sedativos e agentes paralisantes.

3. **Quais as diferenças entre a via aérea da criança e do adulto?**
   - A cabeça da criança é proporcionalmente maior, resultando em uma posição retificada natural. Portanto, uma toalha sob a cabeça para alinhar o eixo da via aérea é desnecessária.
   - O lactente respira obrigatoriamente pelo nariz.
   - A abertura da boca é menor, com a língua e o tecido linfóide proporcionalmente maiores.
   - A laringe é menor e mais anterior.
   - A membrana cricotireóide é muito menor, de modo que apenas a cricotireoidostomia por agulha pode ser realizada em crianças pequenas.
   - A epiglote é mais extensa e flexível, freqüentemente necessitando de uma lâmina reta.
   - A cricóide é a parte mais estreita da via aérea em crianças com menos de 10 anos, tornando os tubos com balonete desnecessários na maioria dos casos.
   - A bifurcação dos brônquios principais é simétrica, o que significa que intubação do brônquio fonte direito e esquerdo é igualmente comum.

- Em virtude da pequena dimensão das vias aéreas, a intubação e a extubação são mais prováveis com um mínimo movimento da cabeça.

4. Que tamanho de cânula endotraqueal é necessário em um adulto? E em uma criança de seis anos de idade?

Uma cânula de 7,5 mm será suficiente na maioria das emergências em adultos, com 7,0 mm para adultos menores e 8,0 mm para pacientes maiores. Para crianças, a fórmula do tamanho da cânula endotraqueal é (idade/4) + 4. Portanto, uma criança com seis anos de idade precisaria de uma cânula de 5,5 mm. Naturalmente, deve se ter sempre disponíveis e prontos um tamanho maior e outro menor ao se intubar o paciente.

5. O que é a rápida seqüência de intubação (RSI) e por que é realizada?

A RSI é a administração seqüencial de sedativo ou anestésico em conjunto com um agente bloqueador neuromuscular para facilitar a intubação endotraqueal. Essa combinação de sedação e paralisia breve proporciona uma melhor condição para a conduta de emergência em via aérea. As vantagens da RSI são as seguintes:

- Sedação adequada.
- Relaxamento muscular completo para facilitar a visualização das cordas vocais sem trauma.
- Diminuição do risco de aspiração pulmonar.
- Mínimas alterações deletérias hemodinâmicas e na pressão intracraniana.
- Alto grau de sucesso na intubação endotraqueal.

6. Quais são as etapas adequadas na realização da RSI?

Elas podem ser resumidas nos 6Ps:

Preparação: Certificar-se de que todo o equipamento está preparado, incluindo lâminas e cânulas de diferentes tamanhos e equipamento para realização de uma cricotireoidostomia de emergência.

Pré-oxigenação: Cinco minutos de pré-oxigenação com O_2 100% por meio de máscara *non-rebreather* são ideais para ventilar o nitrogênio para fora dos pulmões. Se o volume pulmonar inteiro for oxigênio, até cinco minutos de apnéia podem ocorrer sem hipoxia. Em intubações mais emergentes, isso também pode ser alcançado por três ventilações conscientes profundas antes da intubação. Ventilação assistida será necessária para favorecer oxigenação e ventilação no paciente em apnéia.

Pré-tratamento: Certas drogas devem ser administradas antes da paralisação. Uma dose de pancurônio (0,02 mg/kg EV) é utilizada para ajudar a diminuir as fasciculações e outras complicações provenientes do uso de succinilcolina. Lidocaína (1,5 mg/kg EV) auxilia a diminuir a pressão intracraniana associada à succinilcolina e à técnica de laringoscopia direta. Um agente sedativo amnéstico é necessário se o paciente está acordado e pode incluir várias medicações como midazolam, diazepam, tiopental, fentanil ou etomidato.

Paralisia: A paralisia é mais freqüentemente obtida com o uso de succinilcolina (1,5 mg/kg) pela sua rápida ação (~45 segundos) de curta duração, habitualmente < 10 minutos. Entre as drogas não-despolarizantes que também podem ser usadas estão o vecurônio, o atracúrio e o rocurônio.

Passagem do Tubo: Com um assistente garantindo a estabilização alinhada, a cânula endotraqueal é passada através das cordas vocais. Durante a intubação, a oximetria de pulso é observada rigorosamente e, se ocorrer hipoxia, tentativas adicionais são interrompidas e o paciente é ventilado com uma máscara ambu com válvula até que a hipoxia se resolva. Durante esse período, o médico deve sempre estar pronto para intervir cirurgicamente se as tentativas subseqüentes de intubação oral não forem bem-sucedidas.

Avaliação Pós-intubação: Essa etapa é essencial, pois uma intubação esofágica não-identificada é universalmente fatal. Inicialmente ausculte sobre o epigástrio para detectar intubação esofágica. Então, ausculte a região anterior do tórax e da axila para confirmar a localização endotraqueal do tubo. A detecção de CO_2 residual final é, agora, considerada padrão, mas pode ser falsamente negativa em estados de fluxo extremamente baixo, como em uma parada cardíaca, e um detector esofágico é mais adequado em tal circunstância. Ademais, gasometria arterial e radiografia de tórax devem ser realizadas após cada intubação.

7. Quais são as contra-indicações da RSI?

A RSI deve ser evitada em pacientes com anatomia significativamente deformada, o que dificultaria a intubação oral. Nesses pacientes, a intubação "acordada" (com o uso de um sedativo) ou a intubação por fibra óptica são as preferidas.

8. O que é a succinilcolina?

A succinilcolina é um agente bloqueador neuromuscular despolarizante que é comumente usado para rápida seqüência de intubação, pois causa paralisia em 45 segundos e seu efeito dura menos que 10 minutos. Atualmente, nenhum outro agente bloqueador neuromuscular age tão rapidamente e dura um período tão curto. Além disso, sua curta duração de ação facilita exames neurológicos seriados em pacientes com lesão no SNC.

9. Quais são as complicações e as contra-indicações da succinilcolina?

Entre as complicações destacam-se:

- Fasciculações.
- Elevação do potássio sérico ~0,5 mEq/l.
- Aumento da pressão intracraniana.
- Aumento da pressão intragástrica.
- Aumento da pressão intra-ocular.
- Raramente presença de rabdomiólise.
- Hipertermia maligna.

As contra-indicações para succinilcolina incluem:

- Hipercalemia suspeitada ou conhecida.
- Lesão por queimadura ou esmagamento > 48 horas após a lesão.
- Doença denervante crônica < 6 meses após a instalação.

Apesar das complicações e contra-indicações elencadas, a succinilcolina permanece o agente bloqueador neuromuscular de escolha na maioria das intubações de urgência. O pré-tratamento com uma minidose de pancurônio ou vecurônio ajudará a aliviar a maioria das complicações, incluindo fasciculações.

10. Que medicações adjuvantes ajudarão a diminuir a pressão intracraniana durante a intubação?

Lidocaína, tiopental, etomidato e fentanil.

11. Que etapas são necessárias para confirmar a localização endotraqueal da cânula?

1. Visualização direta durante a intubação.
2. Ausculta em axila e epigástrio.
3. Detecção de CO_2 residual final ou dispositivo de detecção esofágico.
4. Radiografia de tórax para determinar a profundidade da intubação, embora não haja intubação esofágica.

12. Quais são os parâmetros do ventilador após a intubação?

Os parâmetros habituais em adultos são os seguintes:

Modo da ventilação: Assistida-controlada.
Freqüência respiratória = 12-14/min ou mais alta se é indicada hiperventilação.
Volume corrente = 10-15 cc/kg.
FiO_2 = 100% no início. Ajustar conforme necessário com gasometrias arteriais seriadas.

13. Que aspectos anatômicos indicam dificuldade para intubação oral?

Pescoço curto.
Incisivos superiores proeminentes.
Mandíbula recuada.
Abertura limitada de maxilar.
Macroglossia.

14. Que lesões são preditivas de dificuldade para intubação oral?

As seguintes lesões deformam a anatomia da via aérea ou causam hemorragia significativa dessa via dificultando a intubação oral:

- Lesões fechadas laringotraqueais.
- Lesões penetrantes em pescoço, especialmente com hematomas expansivos.
- Fraturas graves de face, especialmente fraturas do tipo Le Fort III.
- Fraturas de mandíbula.
- Lesões agudas por inalação.

15. Se a intubação oral não é bem-sucedida, que opções estão disponíveis?

Intubação nasal cega. Tal técnica é raramente usada no manejo moderno de via aérea pois o índice de sucesso não é alto e a técnica requer que o paciente respire espontaneamente.

Intubação por fibra óptica. Excelente, sobretudo em indivíduos com deformidade anatômica de via aérea. Infelizmente, requer experiência e equipamento especial, que pode não estar prontamente disponível.

Intubação retrógrada com guia. É uma opção para o paciente que permanece oxigenado com ventilação por ambu com válvula. A técnica envolve a colocação de um fio-guia através da membrana cricotireóide. O guia progride em direção cefálica até a orofaringe e é utilizado para direcionar a cânula endotraqueal até a traquéia.

Intubação digital. Tal técnica pode ser usada em pacientes com tônus muscular diminuído ou ausente. A cânula endotraqueal é posicionada por orientação táctil através das cordas vocais.

Ventilação por jato. Envolve a colocação de uma agulha de grande calibre pela membrana cricotireóide e a conexão com uma fonte de oxigênio de alta pressão. A oxigenação é melhorada, mas a ventilação freqüentemente permanece ruim, limitando a duração de sua utilização.

Cricotireoidostomia. Quase sempre é o procedimento de escolha após uma intubação oral malsucedida. A técnica cirúrgica é simples, direta e requer equipamento disponível em qualquer departamento de emergência.

Traqueostomia. A via aérea cirúrgica de escolha quando a cricotireoidostomia é contra-indicada. Essa técnica exige treinamento especial e leva significativamente mais tempo que a cricotireoidostomia, mesmo com profissionais experientes.

Via aérea por máscara laríngea. Quando há falha quase que de todos os aspectos, esse dispositivo de via aérea pode ser utilizado com o objetivo de se ganhar tempo até que o auxílio adicional chegue ou que outra técnica seja utilizada. Ela consiste de uma cânula traqueal com um balão distal que se ajusta à abertura da laringe, que, embora inserida cegamente, tem alto índice de sucesso e é capaz de proporcionar oxigenação e ventilação temporárias.

16. Quais são as indicações para uma via aérea cirúrgica?

A única e mais importante indicação é a impossibilidade de intubar um paciente por via oral. Isso pode ocorrer em virtude de várias condições, incluindo trauma maxilofacial grave, hemorragia maciça de vias aéreas, variações anatômicas e obstrução orofaríngea.

17. Quais são as contra-indicações da cricotireoidostomia?

Contra-indicações absolutas para cricotireoidostomia não existem. Há, isto sim, contra-indicações relativas, e dentre elas estão: lesões penetrantes de pescoço, lesões laringotraqueais e diátese hemorrágica. A cricotireoidostomia por agulha é recomendada em crianças com menos de 10 anos de idade.

18. Qual via aérea é preferida na conduta de emergência: cricotireoidostomia ou traqueostomia?

A cricotireoidostomia é preferida na maioria dos casos por várias razões:

1. É muito mais rápida que a traqueostomia, minimizando, portanto, o dano potencial por hipoxia.
2. Tecnicamente é mais fácil de realizar.
3. Operação mais segura com menos complicações, especialmente quando realizada sob circunstâncias de emergência.

A traqueostomia é reservada para pacientes com lesões laringotraqueais e pacientes pediátricos nos quais a cricotireoidostomia por agulha não foi bem-sucedida.

19. Quais são os pontos de referência para uma cricotireoidostomia?

A cartilagem tireóide, ou pomo-de-adão, em geral é facilmente identificada pela visualização ou palpação. Logo inferiormente a ela, está a cartilagem cricóide, que também costuma ser palpável. Entre essas cartilagens está a membrana cricotireóide, onde a incisão para a via aérea é realizada. Por meio dessa incisão, é passada uma pequena cânula endotraqueal (5mm) ou um tubo de traqueostomia (Shiley #4). A confirmação da localização endotraqueal é então feita da maneira habitual.

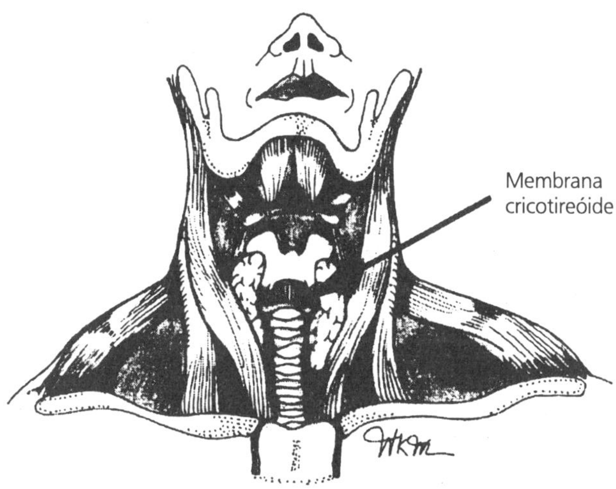

Anatomia da cricotireoidotomia.

20. Qual é a técnica de escolha para o manejo de via aérea no paciente que sofreu uma fratura de coluna cervical?

No passado, pensava-se que a intubação orotraqueal causava movimento excessivo da coluna cervical. Assim, a intubação nasotraqueal ou as vias aéreas cirúrgicas eram as técnicas de escolha. Mais recentemente, foi demonstrado que uma estabilização alinhada correta do pescoço imobiliza adequadamente a coluna cervical durante a laringoscopia direta. Portanto, a intubação orotraqueal com estabilização alinhada é atualmente o procedimento de escolha.

21. Um paciente repentinamente descompensa logo após a intubação. Quais são as possíveis causas?

Hipoxia: intubação esofágica, pré-oxigenação inadequada, tentativas prolongadas de intubação ou intubação de brônquio fonte direito ou esquerdo.

Diminuição do retorno venoso.

Pneumotórax hipertensivo.

Efeito colateral de medicação.

Embolismo gasoso.

Resposta vagal (rara).

22. A conduta para via aérea é indicada na fase pré-hospitalar?

Absolutamente! Embora os especialistas freqüentemente debatam sobre a importância de várias intervenções pré-hospitalares, há um consenso geral de que, sempre que indicado e possível, os paramédicos devem assegurar a patência da via aérea no local do acidente.

23. Quais são os dispositivos comuns para via aérea usados na fase pré-hospitalar?

Dependendo da sua localidade e da sofisticação do seu sistema médico de emergência, pode-se encontrar qualquer um dos dispositivos seguintes:

- Cânula endotraqueal.
- Obturador de via aérea esofágico (EOA).
- Combi-tube.
- Via aérea por máscara laríngea (LMA).

24. Como o EOA e o Combi-tube funcionam?

Um EOA é uma máscara facial ligada a um tubo plástico de 37 cm de comprimento, com perfurações no nível da faringe e um balonete na extremidade distal. A extremidade do balonete é cegamente passada pelo esôfago e inflada para impedir a entrada de ar no estômago e a regurgitação do conteúdo gástrico para a via aérea. Quando corretamente colocado, o paciente pode ser ventilado por meio da máscara e das perfurações até que uma via aérea definitiva possa ser estabelecida. Essa modalidade caiu em desuso em virtude da alta incidência de complicações importantes.

Um Combi-tube é uma via aérea com dupla luz que também é inserida cegamente pela boca. Diferentemente do EOA, esse tubo pode ser passado tanto dentro do esôfago quando da traquéia. O médico então avalia a localização do tubo e pode ventilar seletivamente o lúmen, fazendo com que os pulmões inflem.

25. O que é a via aérea por máscara laríngea (LMA)?

Uma LMA é uma cânula endotraqueal convencional na qual a extremidade distal foi modificada pela colocação de uma máscara facial em miniatura inflável, projetada para se ajustar à entrada da laringe. A LMA mostrou-se útil em pacientes que são difíceis de intubar, pois ela preenche a lacuna entre a ventilação por máscara ambu com válvula e a intubação traqueal. Esse dispositivo é inserido cegamente na faringe de modo que a extremidade distal, uma vez inflada, forme um selo de baixa pressão ao redor da entrada da laringe. Ela estimula minimamente a via aérea de forma a evitar o efeito indesejável da laringoscopia. As equipes paramédica e médica costumam demonstrar boa capacidade de colocar a LMA com alto índice de sucesso, destacando-se que a LMA tem um excelente registro de curso clínico em situações nas quais "não se pode ventilar, e não se pode intubar". A LMA é amplamente reconhecida como o principal avanço na conduta de via aérea e foi incorporada ao algoritmo de via aérea difícil da American Society of Anesthesiologists.

26. Os reflexos pupilares podem ser avaliados em paciente com trauma craniano após paralisia para intubação?

Sim. Atualmente, todos os agentes despolarizantes e não-despolarizantes preservam os reflexos pupilares, permitindo o exame continuado durante a paralisia.

REFERÊNCIAS BIBLIOGRÁFICAS

1. American Society of Anesthesiologists: Practice guidelines for management of the difficult airway. *Anesthesiology* 78: 597, 1993.
2. Benumof JL: Laryngeal mask airway and the ASA difficult airway algorithm. *Anesthesiology* 84: 686-699, 1996.
3. Benumof JL: Management of the difficult adult airway. *Anesthesiology* 75: 1087, 1991.
4. Criswell JC, Parr MJ, Nolan JP: Emergency airway management in patients with cervical spine injuries. *Anaesthesia* 49: 900-903, 1994.
5. Dailey RH, Simon B., Young GP, *et al.*: *The Airway: Emergency Management,* St. Louis, Mosby, 1992.
6. Milner SM & Bennett JDC: Emergency cricothyrotomy. *J Laryngol Otol* 105: 883-885, 1991.
7. Roberts JR & Hedges JR: *Clinical Procedures in Emergency Medicine.* Philadelphia, W.B. Saunders, 1997.
8. Rotondo MF, McGonigal MD, Schwab W, *et al.*: Urgent paralysis and intubation of trauma patients: Is it safe? *J Trauma* 34: 242, 1993.
9. Salvino CK, Dries D, Gamelli R, *et al.*: Emergency cricothyroidotomy in trauma victims. *J Trauma* 34: 503, 1993.
10. Walls RM: Rapid sequence intubation in head trauma. *Ann Emerg Med* 22: 1008, 1993.

4. CHOQUE E RESSUSCITAÇÃO

Frederic S. Bongard, M.D.

1. Defina choque.

Choque é uma condição na qual o sistema cardiovascular não é mais capaz de satisfazer as necessidades metabólicas e de oxigênio do organismo. Observe que tal definição *não* inclui os limites de pressão sangüínea. Embora muitos profissionais acreditem que o choque exista quando a pressão sangüínea sistólica é menor do que 80 mmHg, alguns pacientes ainda são capazes de manter uma função metabólica relativamente normal abaixo desse nível.

2. Quais são os grupos fisiológicos nos quais o choque se divide?

Os estados de choque são habitualmente descritos com base em sua etiologia e fisiologia e podem ser separados em três categorias: hipovolêmico, distributivo e cardiogênico.

3. Qual é a etiologia mais comum de choque entre os pacientes com trauma?

O choque hipovolêmico devido a hemorragia é, de longe, a causa mais comum de choque entre os pacientes com trauma.

4. Como é distribuída a água total do organismo?

A água total corporal constitui aproximadamente 70% do peso de um adulto e é dividida em três compartimentos:

1. Intravascular (7% do peso corporal total).
2. Intersticial (21% do peso corporal total).
3. Intracelular (42% do peso corporal total).

A porção intravascular constitui o sangue circulante e é a porção da água corporal em que geralmente pensamos quando um paciente está hipovolêmico. Os compartimentos intersticial e intracelular juntos compõem o espaço extravascular.

5. Que fatores influenciam o movimento de fluido entre os diferentes compartimentos do organismo?

O balanço do deslocamento de fluidos entre os espaços intra e extravasculares é controlado pela lei de Starling, que relaciona o fluxo líquido a diferenças nas pressões hidrostática e osmótica.

$$\dot{Q} = K[(P_c - P_i) - \rho(\pi_c - \pi_i)]$$

onde $\dot{Q}$ é o fluxo de fluido, (Pc – Pi) é o gradiente de pressão hidrostática, $(\pi_c - \pi_i)$ é o gradiente de pressão osmótica, K é o coeficiente de permeabilidade e P é o coeficiente de reflexão.

Habitualmente, a pressão hidrostática intravascular (aproximadamente igual à pressão sangüínea média) é maior que a pressão hidrostática intersticial e o fluido tende a ir do espaço intravascular para o intersticial. A pressão osmótica intersticial, entretanto, é geralmente menor que a pressão osmótica intravascular, favorecendo, assim, o movimento de fluido de volta para os capilares. Quando ocorre hipovolemia, a pressão intravascular cai, diminuindo o gradiente hidrostático, o que facilita o movimento de água do espaço intersticial para o intravascular. Esse fenômeno de reenchimento vascular é limitado pelo aumento na pressão osmótica extravascular à medida que o fluido deixa o espaço intersticial. O grau de translocação é limitado a um total de cerca de um a dois litros.

6. A alteração no hematócrito é uma medida útil da quantidade de perda sangüínea aguda?

Não. O hematócrito é a medida da porção do volume total de sangue que é composta de glóbulos vermelhos. Lembre-se de que o hematócrito é expresso como uma porcentagem. Se nenhum fluido exógeno é administrado (p. ex., fluido para reanimação sem eritrócitos), uma diminuição no hematócrito depende do reenchimento do espaço intravascular pelo espaço intersticial e não da perda de glóbulos vermelhos.

Um modo simples de se convencer disso é lembrar da química da faculdade quando foi apresentado o problema de um bequer que continha uma solução de corante de concentração conhecida. Se uma torneira fosse aberta, e parte da solução drenada, a concentração da solução remanescente deveria ser a mesma – apenas o volume deveria ser diferente. Se o bequer fosse enchido com água, que não contém corante, o volume da solução retornaria ao normal, mas a concentração de partículas de corante diminuiria.

Quando uma vítima de trauma perde sangue, a concentração dos eritrócitos no espaço intravascular permanece a mesma até que o enchimento pelo espaço intersticial comece (cerca de 20-30 minutos) ou até que uma solução sem sangue seja administrada via endovenosa. Se forem removidos dois litros de sangue de um paciente pelo braço durante 10 minutos, o hematócrito será o mesmo que antes da flebotomia. Entretanto, depois de uma hora do início da transferência de fluido, o hematócrito deverá ser substancialmente menor.

7. Quais são as características clínicas da perda de sangue leve (< 20% do volume sangüíneo)?

Esse grau da perda de volume causa uma redistribuição do sangue para fora dos órgãos que são mais tolerantes à isquemia, como pele, gordura, músculos esqueléticos e ossos. Os órgãos que são menos tolerantes à isquemia têm o fluxo sangüíneo preservado. As características clínicas incluem uma sensação subjetiva de frio, alterações posturais na pressão sangüínea e pele pálida, fria e viscosa. As veias do pescoço tornam-se achatadas. O débito urinário diminui e a urina torna-se mais concentrada.

8. Quais são as características clínicas da perda moderada de volume sangüíneo (20-40%)?

A perfusão de todos os órgãos diminui, incluindo a daqueles menos tolerantes à isquemia. Os pacientes reclamam de sede e a pressão sangüínea é mais baixa do que o normal, mesmo na posição supina. Oligúria é uma característica proeminente.

9. Quais são as características clínicas da perda de volume sangüíneo grave (> 40%)?

A perfusão cardíaca e cerebral diminui, resultando em isquemia crítica. Se ainda consciente, o paciente está inquieto, agitado e freqüentemente obnubilado. A pressão sangüínea é muito baixa e o pulso pode estar "filiforme". Taquipnéia está presente freqüentemente. Se a hipovolemia não é corrigida, geralmente ocorre parada cardíaca.

10. Qual é a primeira resposta fisiológica à hipovolemia?

O aumento da freqüência cardíaca (taquicardia). Lembre-se de que o débito cardíaco é o produto da freqüência cardíaca e do volume sistólico. O volume sistólico é o produto do volume diastólico final e da fração de ejeção. A hipovolemia causa uma diminuição no volume diastólico final e resultante queda no volume sistólico. Portanto, a freqüência cardíaca deve aumentar para o débito cardíaco manter-se normal.

11. Por que os pacientes hipovolêmicos ficam molhados de suor?

A pressão sangüínea é o produto do débito cardíaco e da resistência vascular sistêmica. A hipovolemia causa uma diminuição no retorno venoso e um aumento na freqüência cardíaca. A taquicardia pode não ser capaz de manter o débito cardíaco constante, entretanto, resultando em diminuição da pressão sangüínea. A resposta ao declínio na pressão sangüínea é um aumento na resistência vascular sistêmica. O tônus vasomotor é muito influenciado pelo sistema nervoso simpático. Uma descarga generalizada simpática também causa sudorese, que, quando combinada com a sensação de frio produzida pela vasoconstrição, resulta na clássica sensação estar encharcado.

12. O que é o conteúdo de oxigênio e que efeito a hemorragia tem sobre ele?

A quantidade de oxigênio contida em uma alíquota de sangue (geralmente 100 ml) é denominada conteúdo de oxigênio. O conteúdo de oxigênio de um decilitro de sangue arterial é calculado utilizando-se a seguinte fórmula:

$$CaO_2 = 1{,}34 \cdot Hb \cdot SaO_2 + (0{,}0031 \cdot PaO_2),$$

onde CaO_2 é o conteúdo de oxigênio arterial (em ml/dl), Hb é a concentração de hemoglobina (em g/dl), SaO_2 é a saturação fracional de oxigênio da hemoglobina (p. ex., 95 para 95%) e PaO_2 é a pressão parcial de oxigênio dissolvido no sangue. Quando a concentração de hemoglobina cai, o conteúdo de oxigênio diminui mesmo que a saturação e a PaO_2 permaneçam constantes. O conteúdo de oxigênio do sangue venoso (CvO_2) é calculado usando-se a mesma fórmula, com exceção dos valores de saturação e pressão parcial que são substituídos pelos valores venosos. Uma diferença relativamente pequena entre as concentrações de hemoglobina venosa e arterial não é clinicamente importante. O conteúdo normal de oxigênio é de cerca de 20 ml O_2 por dl.

13. O que é o transporte de oxigênio?

O conteúdo de oxigênio simplesmente diz-nos quanto oxigênio está presente em uma determinada quantidade de sangue; ele não diz nada sobre quanto oxigênio está chegando aos tecidos. Essa parte perdida é o fluxo sangüíneo – obtido a partir do débito cardíaco. Assim, o transporte de oxigênio é calculado da seguinte forma:

$$DO_2 = CaO_2 \cdot DC \cdot 10$$

onde DO_2 é o transporte de oxigênio sistêmico (em ml/min), CaO_2 é o conteúdo arterial de oxigênio (em ml/dl) e DC é o débito cardíaco (em l/min). O fator de conversão (10) é necessário, pois CaO_2 é expresso em mililitro de oxigênio por decilitro de sangue e o débito cardíaco é medido em litros por minuto. Como há 10 decilitros em um litro, o fator de conversão é obtido. O transporte de oxigênio normal é de aproximadamente 1 l O_2 por minuto.

14. Por que o transporte de oxigênio diminui com a hemorragia?

O transporte de oxigênio diminui porque o débito cardíaco e o conteúdo de oxigênio caem.

15. O que é o consumo de oxigênio sistêmico?

O consumo de oxigênio é a medida de quanto oxigênio o organismo inteiro está usando e é calculado pelo ajuste da equação de Fick para débito cardíaco.

$$VO_2 = (a - v)DO_2 \cdot DC \cdot 10$$

onde VO_2 é o consumo de oxigênio sistêmico (em ml/min), $(a - v)DO_2$ é o conteúdo de oxigênio arterial menos o venoso (em ml/dl) e DC é o débito cardíaco (em l/min). O consumo normal de oxigênio é de cerca de 250 ml O_2 por minuto.

16. O que acontece ao consumo de oxigênio sistêmico durante o choque hipovolêmico?

Esse tema é debatido pelos fisiologistas, mas muitos acreditam que o consumo de oxigênio permanece essencialmente constante durante o choque hipovolêmico até certo ponto. Isso é possível pelo aumento da extração de oxigênio do sangue que é transportado. Em um certo ponto crítico, a extração aumentada não pode acompanhar o ritmo da demanda metabólica e o consumo de oxigênio cai.

17. O que é a taxa de extração de oxigênio?

A taxa de extração de oxigênio é uma medida do grau de extração de oxigênio. Como a extração normal de oxigênio é de cerca de 250 ml/min e o transporte de oxigênio normal é de 1.000 ml/min, a taxa de extração é de aproximadamente 25%. Os fisiologistas discutem sobre o quanto a extração pode aumentar antes do consumo de oxigênio tornar-se dependente do transporte dele. Claramente, isso depende da fisiologia pré-mórbida do paciente e do grau e da agudização da lesão.

18. Que efeito o choque hipovolêmico tem sobre a diferença arteriovenosa de conteúdo de oxigênio?

A diferença arteriovenosa do conteúdo de oxigênio reflete quanto oxigênio é extraído sistemicamente de uma alíquota de sangue. Quando hipovolemia e anemia produzem uma diminuição no transporte de oxigênio, a única forma para que o consumo de oxigênio permaneça constante é extrair mais oxigênio do sangue que é transportado. Tal processo resulta em sangue venoso que é relativamente mais dessaturado que o habitual. À medida que o conteúdo venoso de oxigênio cai, a diferença arteriovenosa do conteúdo de oxigênio aumenta. A (a - v) DO_2 normal é 5 ml/dl ±1 ml/dl. Conforme o transporte de oxigênio cai e a extração aumenta, a (a - v)DO_2 também aumenta e freqüentemente atinge valores acima de 7 ml/dl.

19. O que significa o termo *cristalóide*?

Os fluidos endovenosos utilizados para ressuscitação podem ser divididos de várias maneiras. Uma das mais úteis é separá-los conforme a sua atividade osmótica. Aqueles com um pequeno conteúdo de proteína (ou moléculas grandes) são denominados cristalóides, enquanto os que contêm proteína são chamados de colóides (como albumina ou plasma fresco congelado).

20. Como os cristalóides funcionam quando administrados para ressuscitação?

Os cristalóides, como o soro fisiológico e a solução de Ringer lactato, expandem agudamente o espaço intravascular e dessa forma restauram o volume sangüíneo circulante. Como eles não contêm proteína ou grandes moléculas, a água livre contida no cristalóide obedece aos gradientes de difusão (como definido pela lei de Starling) e rapidamente equilibra-se com os espaços intersticial e intracelular. Assim, o benefício da rápida expansão de volume obtida com essas soluções tem duração relativamente curta (uma a duas horas) e mais volume é necessário até que o equilíbrio seja atingido.

21. Existe alguma vantagem em usar soluções colóides em vez de cristalóides para ressuscitação?

A vantagem teórica das soluções colóides é que a água que elas contêm não se difunde para o espaço intersticial. Na realidade, elas verdadeiramente causam movimento de fluido do espaço intersticial para o intravascular. Assim, uma quantidade relativamente pequena de solução colóide é capaz de produzir um efeito relativamente grande no volume intravascular. A desvantagem é que esse volume translocado para o espaço intravascular deve ser em última análise reposto. As soluções colóides apresentam uma outra vantagem. No campo de batalha, onde um médico pode carregar apenas uma pequena quantidade de fluido para ressuscitação, soluções de alta osmolaridade, como soro fisiológico 3% ("solução salina hipertônica"), podem salvar vidas. Como apenas uma pequena quantidade é necessária, o médico pode carregar solução suficiente para tratar um grande número de feridos, o que ele não poderia fazer com outras soluções, como o Ringer lactato, por exemplo. Em um centro urbano de tratamento de trauma, entretanto, as soluções colóides não oferecem vantagens em relação a cristalóides e são cerca de 100 vezes mais caras.

22. Se um paciente está sangrando, por que não fazer a reposição inicial com sangue?

Além das óbvias limitações pelo custo, pela disponibilidade e pelo risco de hepatite, HIV e reação transfusional, o sangue ainda não é uma boa escolha para a reposição inicial. Lembre-se de que a hemorragia aguda resulta em uma queda da pressão hidrostática intravascular. A compensação ocorre pelo reabastecimento capilar, quando o volume intersticial move-se para o espaço intravascular. O espaço intracelular, em virtude do seu maior volume, repõe a fonte intersticial. Enquanto esse mecanismo compensatório funciona bem, o débito de fluido deve ser reposto. É por isso que cristalóides são escolhidos para reposição inicial de fluido – eles proporcionam volume para reposição de tais débitos. Se sangue fosse utilizado de início, subseqüentemente seria necessário fluido hipotônico para reabastecer os espaços intersticial e intracelular.

23. Qual é o fluido preferido para ressuscitação?

A maioria dos especialistas prefere solução de Ringer lactato para a reposição inicial. O soro fisiológico é uma alternativa aceitável, mas seu uso produz acidose metabólica. Lembre-se de que a composição do soro fisiológico é 154 mEq de sódio e 154 mEq de cloreto. Ambos estão em quantidade maior do que a normalmente presente no sangue. O cloreto representa um problema em particular, pois os rins inicialmente excretam bicarbonato em troca de cloreto. Tal excreção de bicarbonato faz com que o soro fisiológico aja como um ácido fisiológico. Sem dúvida, os pacientes que receberam reposição com soro fisiológico são prontamente reconhecidos no dia seguinte porque apresentam sódio elevado e acidose metabólica hiperclorêmica. Durante o curso de vários dias, os rins retêm o bicarbonato e excretam o excesso de cloreto. A solução de Ringer lactato contém 130 mEq de sódio e apenas 110 mEq de cloreto, com o restante dos ânions sendo compostos por lactato. A concentração mais baixa de cloreto não causa acidose, pois o lactato é convertido em bicarbonato na primeira passagem pelo fígado. A menos que o paciente esteja em choque profundo, administrar Ringer lactato é como administrar cerca de meia ampola de bicarbonato. A solução de Ringer lactato também contém uma pequena quantidade de cálcio, que, teoricamente, pode formar complexos com o preservante do sangue transfundido, permitindo que ele coagule. Tal consideração é mais teórica do que real.

24. Que medidas são utilizadas para avaliar a adequação da ressuscitação?

Nenhum indicador isolado pode avaliar completamente a suficiência da ressuscitação. Pressão sangüínea e freqüência cardíaca não são ideais, pois a pressão sangüínea do paciente *antes* da lesão geralmente é desconhecida e taquicardia persistente pode ser devida à agitação ou à dor provocadas pelas lesões associadas. O débito urinário fornece uma medida útil, mas leva relativamente muito tempo (cerca de uma hora) para determinar se o débito urinário retornou ao nível normal. Ademais, substâncias osmoticamente ativas na urina, como açúcares ou material de contraste, forçarão uma diurese não-relacionada à adequação da reposição. O nível de consciência é freqüentemente uma medida relegada, mas ainda assim útil, de ressuscitação. Quando trauma craniano e substâncias tóxicas (como álcool e drogas) não estão presentes, um retorno ao sensório normal, assim como à capacidade de responder a questões apropriadamente, indica perfusão cerebral (e provavelmente visceral) adequada.

25. O que é o excesso de base e como ele é útil durante a ressuscitação?

O excesso de base é calculado pela maioria dos laboratórios que realizam gasometria sangüínea utilizando um normograma que incorpora o hematócrito, o pH e a $PaCO_2$. O excesso de base normal é 0 ± 2. O excesso de base fornece informação sobre o componente metabólico da acidose. Quando o excesso de base é negativo, há falta de base e um componente metabólico está presente. De forma inversa, quando o excesso de base é positivo, uma alcalose metabólica está presente. Por exemplo, digamos que um paciente tem pH de 7,28, $PaCO_2$ de 40 e um excesso de base de -6 (um déficit de base). O excesso de base negativo indica que pelo menos parte da acidose é de origem metabólica. Pode-se calcular quanta base é necessária para corrigir o déficit completamente usando a seguinte fórmula:

$$\text{mEq de base necessários} = \text{B.E.} \cdot 0{,}4 \cdot \text{peso corporal (kg)}$$

Assim, se o peso do paciente é 70 kg, 168 mEq de bicarbonato seriam necessários para corrigir o déficit completamente (6 · 0,4 · 70).

Outro paciente tem pH de 7,28, $PaCO_2$ de 49 e excesso de base de -1,0. Embora uma leve acidose metabólica esteja presente, a maior parte da acidose desse paciente é devida a um componente respiratório.

Os cálculos de excesso de base obtidos de determinações seriadas de gasometria sangüínea são muito úteis no curso da ressuscitação adequada. Por exemplo, se o excesso de base de um paciente muda de -12 para -8 com a ressuscitação, foi feito progresso, mas um componente metabólico ainda está presente e reposição adicional ainda é necessária.

26. Um paciente chega em choque à sala de emergência. Após ser iniciada a ressuscitação inicial, uma sonda de Foley é colocada com retorno de 250 cc de urina clara. O paciente recebeu reposição adequada?

Não se pode dizer. A quantidade de urina obtida após a passagem da sonda de Foley representa apenas o débito urinário antes do cateter ser colocado; não diz nada sobre como estão os rins do paciente. É possível que a bexiga estivesse cheia antes do início do choque e que nenhuma urina tenha sido produzida desde então. Sempre deve ser desprezada a quantidade inicial de urina obtida para depois iniciar medição da urina.

27. Que tamanho de cateteres endovenosos devem ser utilizados para a ressuscitação?

O fluxo de fluido pelo cateter é previsto pela lei de Poisuelle. A resistência é inversamente proporcional à quarta potência do raio e diretamente proporcional ao comprimento. Isso significa que um cateter com um grande raio e menor extensão deve ser preferido. Mesmo assim, é difícil passar cateteres de grande calibre em pacientes hipotensos e hipovolêmico, pois suas veias estão colapsadas, difíceis de encontrar e de puncionar.

28. Onde devem ser posicionados os cateteres para ressuscitação?

A resposta reflexa é "nas extremidades superiores". A razão para essa escolha é que ferimentos penetrantes abdominais podem romper a veia cava ou as veias ilíacas, fazendo com que o fluido infundido pelos sítios nas extremidades inferiores extravase para o interior do abdômen. No entanto, isso é uma ocorrência infreqüente.

29. Quando não se consegue um acesso EV nos braços, podem ser usadas as veias subclávias?

As veias subclávias são alternativas de acesso venoso extremamente indesejáveis. Lembre-se de que quando as veias subclávias são puncionadas para hiperalimentação ou monitoração da pressão venosa central, o paciente é colocado em posição de Trendelenburg e um travesseiro é posto entre as escápulas. Essas manobras abrem a entrada do tórax e ajudam a encher a veia subclávia, tornando-a fácil de puncionar. A veia fica justaposta diretamente à pleura, fazendo com que o espaço pleural seja facilmente puncionado (pneumotórax) quando a veia está colapsada. Os pacientes com trauma são candidatos ideais para pneumotórax pois suas veias estão colapsadas pela hipovolemia e eles não podem ser posicionados adequadamente em virtude das precauções com a coluna cervical. A punção percutânea das veias femorais ou a dissecção da veia safena magna no tornozelo ou da veia cefálica no cotovelo são opções muito mais seguras de acesso venoso.

30. Os cateteres de pressão venosa central fornecem medidas úteis do estado de volume durante a ressuscitação?

Sim e não. Um cateter de pressão venosa central (PVC) pode orientar a reposição de volume, mas raramente é necessário e com freqüência sua passagem oferece risco durante as fases iniciais da ressuscitação, quando as grandes veias estão colapsadas e o risco de pneumotórax pelo procedimento é grande. Quando um paciente não responde à reposição de volume da forma esperada, uma monitoração da PVC pode ser útil para excluir outras possíveis causas de hipotensão.

31. Um paciente foi esfaqueado no quarto espaço intercostal esquerdo. Na chegada ao centro de emergência, sua pressão sangüínea era de 80 mmHg e a freqüência cardíaca, de 150 batimentos por minuto (bpm). São passados dois cateteres de grande calibre nas extremidades superiores e 3 l de fluido são administrados em 15 minutos. Apesar dessa reposição agressiva, sua pressão sangüínea sobe apenas para 90 mmHg e sua freqüência cardíaca permanece elevada. Sua traquéia está na linha média e o murmúrio vesicular está presente bilateralmente. Qual é a causa mais provável?

Essa é a apresentação clássica do tamponamento pericárdico. Outra característica que *geralmente* está presente é a dilatação das veias do pescoço. Quando a faca entrou no tórax do paciente, ela transpassou o pericárdio e lesou uma artéria coronária ou uma das câmaras cardíacas. Ao ser retirada a faca, o pericárdio fechou o orifício, aprisionando sangue dentro do saco pericárdico. Como o pericárdio não é elástico, o sangue acumulado aumentou a pressão e rapidamente excedeu a pressão venosa central. Como o coração não podia se encher apropriadamente, a freqüência cardíaca aumentou para ajudar o débito cardíaco a voltar ao normal. Apesar dessa compensação, o débito cardíaco e a pressão caíram rapidamente. Pacientes com tamponamento pericárdico podem compensar de alguma forma aumentando a resistência vascular periférica, mas eles quase sempre estão em condições extremas e correndo risco imediato de vida. Tal situação constitui uma emergência cirúrgica verdadeira e requer tratamento imediato, habitualmente na forma de toracotomia e controle do sítio de hemorragia.

32. Como é feito o diagnóstico de tamponamento pericárdico?

Deve-se suspeitar de tamponamento pericárdico com base no mecanismo de lesão (geralmente sucede uma lesão penetrante torácica ou abdominal alta) e no exame físico. O paciente está hipotenso, taquicárdico e diaforético. As veias do pescoço habitualmente estão distendidas, mas podem estar colapsadas se há hipovolemia por hemorragia concomitante de outro ferimento. Ocasionalmente, os pacientes apresentam tamponamento pericárdico compensado em virtude de lesões de átrio ou ventrículo direitos. Como a pressão dentro dessas câmaras é relativamente baixa, altas pressões no interior do saco pericárdico não podem ser atingidas e o retorno venoso, embora prejudicado, continua até certo ponto. Se a reposição de volume falha em restaurar a pressão sangüínea ao nível esperado e o exame físico é consistente com o diagnóstico (p. ex., veias do pescoço distendidas), o tamponamento pericárdico pode ser diagnosticado com ultra-sonografia transtorácica (se rapidamente disponível) ou monitoração da PVC. O risco de cateterização de subclávia nessa situação é relativamente baixo, pois as veias estão distendidas. Uma PVC maior que 15 mmHg em face de pressão sangüínea diminuída é virtualmente diagnóstica, contanto que não haja insuficiência cardíaca congestiva.

33. Após um ferimento por faca na região torácica esquerda, um paciente apresenta hipotensão, taquicardia, taquipnéia e veias do pescoço distendidas. Ele está gravemente dispnéico e sua traquéia está desviada para a direita. Qual é o diagnóstico?

Esse paciente apresenta um pneumotórax hipertensivo, uma condição que coloca a vida em risco imediatamente, em que ar com pressão em níveis supra-atmosféricos acumula-se em um hemitórax. Essa pressão aumentada impede o retorno venoso e diminui o débito cardíaco. A fisiopatologia é a mesma do tamponamento pericárdico, exceto que a pressão aumenta no espaço pleural e não no pericárdio. A pressão intrapleural elevada desloca o mediastino para o lado oposto (explicando o desvio de traquéia) e dificulta a respiração e a circulação. O quadro clínico do paciente é clássico. A ausculta do lado afetado do tórax deve revelar ausência de murmúrio vesicular, enquanto a percussão deve demonstrar hipertimpanismo. Tais pacientes representam emergências hiperagudas. Se há suspeita de pneumotórax hipertensivo, não se deve perder tempo confirmando o diagnóstico por meio de radiografia de tórax. Preferivelmente, um cateter endovenoso de grande calibre deve ser inserido no tórax (no segundo espaço intercostal paraesternal ou no quarto espaço intercostal oposto ao mamilo) para descomprimir a tensão rapidamente. Uma sonda de traqueostomia pode ser inserida subseqüentemente.

34. Qual é a diferença entre choque anafilático e reação anafilactóide?

Choque anafilático e reação anafilactóide ocorrem em virtude de liberação repentina de mediadores inflamatórios pré-formados pelos mastócitos e basófilos. Os sintomas podem ocorrer tão rapidamente quanto um minuto após a exposição. O choque anafilático é uma resposta anamnéstica verdadeira, na qual imunoglobulina E (IgE) ligada à membrana faz os mastócitos e os basófilos liberarem histamina e fator ativador de plaquetas na circulação. A reação anafilactóide ocorre quando o agente agressor causa liberação direta das substâncias sem mediação pela IgE. Os quadros clínicos são virtualmente indiferenciáveis.

35. O que é o choque neurogênico?

O choque neurogênico é produzido pela perda do tônus vasomotor periférico como resultado de lesão da medula espinhal, de anestesia regional ou de administração de agentes bloqueadores neurogênicos. O sangue acumula-se na circulação periférica, diminuindo, assim, o retorno venoso e o débito cardíaco. Se o fluxo cardíaco simpático é afetado, bradicardia, em vez de taquicardia, ocorre. Sinais e sintomas de choque medular estão geralmente presentes.

36. Um paciente sofreu uma lesão penetrante no pescoço e apresenta paralisia flácida e hipotensão. A ressuscitação inicial deve ser direcionada para o tratamento de que tipo de choque?

Sempre suponha que o paciente apresenta choque hipovolêmico até que se prove o contrário. Embora esses sejam a história e o quadro clínico clássicos de choque neurogênico, lesões associadas (como perda externa de sangue ou ferimento abdominal não-descoberto) freqüentemente causam hipovolemia. Portanto, lembre-se de que todos os pacientes com trauma hipotensos estão em choque hipovolêmico até prova em contrário.

37. Após uma lesão por motosserra em cadeia na perna, com perda maciça de sangue, um paciente de 70 kg apresenta-se com pressão sangüínea sistólica de 80 mmHg. Qual a dose de dopamina que deve ser usada inicialmente?

Nenhuma. Não caia na armadilha de usar vasopressores para ressuscitação. Esse paciente tem um déficit de volume (sangue) e precisa de cristalóides e sangue. O uso de vasopressores para ressuscitação é quase sempre contra-indicado e pode resultar em complicações calamitosas, como insuficiência renal. Sempre presuma que um paciente hipovolêmico com trauma está em choque hipovolêmico até que se prove o contrário.

38. Quais são os sinais e sintomas da hemorragia classe I?

O American College of Surgeons Committee on Trauma, em seu roteiro Advanced Trauma Life Support Course, define quatro classes de hemorragia. Mesmo sendo categorias úteis para refletir sobre a gravidade do choque, lembre-se de que o tratamento deve ser direcionado mais pela resposta à terapia do que por qualquer esquema de classificação ou algoritmo.

A hemorragia de classe I constitui uma perda de sangue de até 15% do volume sangüíneo circulante (cerca de 750 ml). A freqüência do pulso está abaixo de 100 bpm e a pressão sangüínea de repouso em posição supina é normal. A pressão de pulso costuma ser normal. A freqüência respiratória e o débito urinário também o são. O paciente pode parecer ansioso. A perda sangüínea estimada deve ser reposta com cristalóides na taxa habitual de 3:1.

39. Quais são os sinais e sintomas da hemorragia classe II?

Perda de volume sangüíneo entre 15 e 30% (750-1.500 ml) constitui hemorragia classe II. A freqüência do pulso está acima de 100, embora a pressão sangüínea ainda esteja normal. A pressão de pulso está diminuída. O débito urinário também pode estar diminuído para 20-30 ml/hora. Os pacientes mostram-se ansiosos e podem estar taquipnéicos. Devem ser utilizados cristalóides para a reposição da perda sangüínea estimada.

40. Quais são os sinais e sintomas da hemorragia classe III?

Uma perda de sangue entre 30 e 40% do volume sangüíneo (1.500-2.000 ml) constitui hemorragia classe III. A pressão sangüínea está diminuída, assim como a pressão de pulso e o débito urinário (5-15 ml/hora). Os pacientes apresentam taquicardia acentuada (> 120 batimentos/minuto), taquipnéia (30-40 respirações/minuto) e confusão. Sangue, além de cristalóides, é necessário para repor o déficit de volume.

41. Quais são os sinais e sintomas da hemorragia classe IV?

Perda sangüínea grave, maior que 40% do volume sangüíneo (acima de 2.000 ml), constitui hemorragia classe IV. A freqüência de pulso é maior que 140 bpm. A pressão sangüínea está diminuída e a pressão de pulso, ampliada. A freqüência respiratória é muito alta (> 35 respirações/minuto) e o débito urinário é desprezível. Os pacientes estão confusos e letárgicos. Sangue e cristalóides são necessários para repor o déficit de volume.

42. Qual é a conduta inicial no choque hemorrágico?

A regra mnemônica é ABCDE:

A – Via Aérea: Deve ser estabelecida uma via aérea patente para assegurar a oxigenação e a troca de gases adequadas. Embora muitos pacientes com trauma necessitem de intubação endotraqueal, outras formas, como as manobras de elevar o queixo ou empurrar a mandíbula, podem ser usadas para manter a via aérea patente temporariamente.

B – Respiração (*Breathing*): Uma bolsa de ambu (unidade de respiração manual assistida) ou um ventilador podem ser necessários em um paciente que não esteja respirando espontaneamente após uma lesão ou que necessite de paralisia farmacológica para intubação.

C – Circulação: A obtenção de vias endovenosas por meio de cateteres de grande calibre assegura um pronto acesso à circulação. A ressuscitação deve começar com solução cristalóide e sangue O negativo não-submetido à prova cruzada em grandes déficits de volume.

D – Incapacidade (*Disability*): Um rápido exame neurológico deve ser realizado para determinar a extensão da lesão.

E – Exposição: Após terem sido tomadas as medidas para as lesões que ofereciam risco de vida, o paciente deve ser submetido a uma "inspeção secundária" minuciosa para identificar todas as lesões. O paciente deve ser despido e sondas nasogástrica e urinária devem ser passadas para ajudar a descompressão abdominal. A sonda de Foley ajuda a avaliar a adequação da ressuscitação.

43. O que é um traje CMAC?

O traje CMAC (calças antichoque militares), também denominado RPAC (roupa pneumática antichoque), é um dispositivo colocado ao redor das pernas e do abdômen do paciente para aumentar a pressão sangüínea. O mecanismo exato de ação do traje CMAC foi debatido por anos e pode estar relacionado a um aumento na resistência vascular sistêmica ou à produção de uma "autotransfusão". Os dispositivos raramente são utilizados na conduta em traumas rurais porque o curto tempo de transporte do local ao hospital impossibilita a colocação do traje. Se você encontrar algum, lembre-se de que ele deve ser esvaziado seqüencialmente, iniciando pelo compartimento abdominal. Esvazie cada seção parcialmente antes de removê-la. Se o traje está completamente inflado, a liberação repentina pode causar uma queda irrecuperável na pressão sangüínea do paciente. Diminuições transitórias são melhor tratadas com reposição de volume.

44. Qual é a carga de fluido apropriada para uma reposição inicial?

A dose habitual é 1-2 l para um adulto e 20 ml/kg para um paciente pediátrico. A resposta é julgada pelo aumento na pressão sangüínea e no débito urinário e pela diminuição na freqüência cardíaca. A melhora do nível de consciência (em pacientes despertos, não-intoxicados) é outro índice útil.

45. Qual é o débito urinário desejado após a ressuscitação?

Embora o volume varie com o tamanho do paciente, 50 ml/hora em um adulto e 1 ml/kg/hora no paciente pediátrico são metas desejáveis. Para crianças com menos de um ano de idade, 2 ml/kg/hora é o desejável.

46. Existe alguma exigência especial para infusão de fluido e transfusão sangüínea?

Todos os fluidos devem ser aquecidos para evitar hipotermia. Filtros sangüíneos com macroporos (160 micrometros) devem ser utilizados para remover coágulos microscópicos. Filtros com microporos não demonstraram ter utilidade.

47. Deve-se administrar cálcio a pacientes com trauma que necessitem de transfusões sangüíneas?

Não. A maioria dos pacientes que requer transfusões sangüínea não precisa de suplementação de cálcio. Suplementação excessiva pode ser prejudicial.

48. O que é ATLS?

ATLS representa a sigla do curso **A**dvanced **T**rauma **L**ife **S**upport planejado e patrocinado pelo American College of Surgeons. Qualquer pessoa interessada em tratamento de emergência ou cirurgia de trauma pode participar desse curso, cuja duração é de dois dias. Informações podem ser obtidas por carta endereçada ao American College of Surgeons (55 East Erie Street, Chicago, IL 60611) ou por consulta à Internet (http://www.facs.org).

49. O que é AAST?

AAST significa **A**merican **A**ssociation for the **S**urgery of **T**rauma. Trata-se de uma organização internacional dedicada ao tratamento de pacientes com trauma, além de realizar pesquisas relacionadas a essa área. A organização mantém um excelente *site* na Internet em http://www.aast.org.

REFERÊNCIAS BIBLIOGRÁFICAS

1. American College of Surgeons: *Advanced Trauma Life Support Course for Physicians,* 5th ed. Chicago, American College of Surgeons, 1993.
2. Bongard FS: Shock and resuscitation. In Bongard FS, Sue DY (eds): *Current Critical Care: Diagnosis and Treatment.* Norwalk, CT, Appleton & Lange, 1994.

5. MECANISMOS DA BALÍSTICA DOS FERIMENTOS

Juan A. Asensio, M.D., *John D. Berne*, M.D., *David E. Hanpeter*, M.D., e *Francisco de Asis Perez*, M.D.

1. O que é balística?

Balística é o estudo da dinâmica do projétil, isto é, como um projétil (i. e., uma bala) viaja pelo cano de uma arma de fogo, sua subseqüente trajetória pelo ar e seu complexo movimento final após atingir o alvo. A balística dos ferimentos faz parte do estudo do movimento do projétil e da lesão produzida quando o alvo final é um tecido animal.

2. Por que muitos cirurgiões têm um conhecimento prático sobre balística?

O conhecimento sobre os princípios da balística dos ferimentos é fundamental para a avaliação dos ferimentos por disparo de arma de fogo e para o seu tratamento. O cirurgião que conhece balística pode mais facilmente prever as lesões potenciais, identificar os órgãos que foram lesados e decidir se a exploração é apropriada, que cavidades devem ser exploradas e em que ordem. O cirurgião também irá saber como avaliar as lesões que oferecem maior risco de vida para o paciente.

3. Como os projéteis são disparados?

Quando um cartucho consistindo de carga propulsora (pólvora) e bala é carregado na câmara de uma arma, foi dado o primeiro passo para o disparo do projétil. O cão da arma atingirá a espoleta, resultando em centelhas que inflamam a carga propulsora na câmara. À medida que as partículas propulsoras inflamam-se na câmara, elas são volatizadas e, assim, convertem-se em gás. Esse volume em expansão de gás aumenta a energia do propulsor em pressão de energia cinética na câmara e, subseqüentemente, sobrepuja a inércia do projétil, acelerando-o pelo cano da arma até sua saída.

4. Quais são os três princípios da balística dos ferimentos?

1. Dissipação da energia cinética.
2. Lesão por projéteis secundários.
3. Lesão por cavitação.

5. O que são a dissipação de energia cinética e a substituição de energia?

A fim de entender como os projéteis produzem ferimentos, vários princípios físicos devem ser compreendidos. Todos os projéteis deixam a arma com uma certa quantidade de energia cinética que lhes foi conferida ao serem disparados. A energia cinética é definida como massa vezes velocidade ao quadrado (Kc = ½ MV2).

Como a energia é constante, não sendo criada ou perdida, ela deve ser substituída. Quando o projétil deixa a boca de uma arma, ele sai com uma certa quantidade de energia cinética. Uma parte dessa energia cinética será perdida por atrito durante o seu trajeto pelo ar. A energia cinética restante será substituída no impacto com o tecido vivo. A magnitude da lesão do tecido é determinada pela troca de energia que ocorre entre o projétil e os órgãos que ele atinge. A lesão tecidual é proporcional à energia cinética do projétil ao entrar no tecido menos a energia cinética com a qual ele sai.

6. Como essa troca de energia é responsável pelo ferimento?

A troca de energia entre o projétil e o tecido vivo deslocará o tecido para longe do ponto de impacto. O principal determinante da quantidade de energia trocada é, naturalmente, o número de partículas de tecido vivo envolvidas. Quanto maior o número de partículas de tecido vivo deslocadas ou atingidas, mais elas serão postas em movimento para longe da trajetória do projétil e maior a energia que será perdida pelo projétil.

Acontece que os órgãos de maior densidade, ou seja, maior número de partículas teciduais por volume de tecido, terão mais partículas impactadas e assim sofrerão maior lesão correspondente à maior dissipação de energia cinética. Por exemplo, quando um projétil colide com tecidos que contêm ar, como os pulmões, menor número de partículas serão atingidas e menor dano tecidual ocorrerá do que em órgãos que contêm fluido, como músculos, órgãos sólidos e vasos sangüíneos. Estruturas mais densas, como os ossos, receberão maior transferência de energia e sofrerão lesão maior.

7. Como os projéteis secundários criam ferimentos?

À medida que um projétil colide com objetos densos, como ossos ou botões ou fivelas de metal usados pelo paciente, ele pode se fragmentar e criar vários projéteis secundários. Os projéteis secundários podem se tornar mais destrutivos que os projéteis primários e freqüentemente seguem trajetórias imprevisíveis. Espículas ou fragmentos ósseos também podem causar dano considerável a tecidos moles.

8. Como o fenômeno de cavitação causa lesão tecidual?

Uma cavidade é criada pelo projétil ao colidir com o tecido vivo e deslocar partículas teciduais. Um projétil que possui pouca energia produzirá uma cavidade de tamanho discretamente maior que o seu diâmetro, enquanto um projétil com grande energia cinética empurrará um grande volume de tecido para longe de sua trajetória, gerando uma cavidade maior e produzindo uma lesão tecidual mais extensa. Essa cavidade também é aumentada pela quantidade de gases em expansão. Isso permite que a energia seja transmitida para áreas maiores. No caso de projéteis com alta velocidade, tal cavidade continua a aumentar mesmo após o projétil haver passado.

Quando uma cavidade é formada por um projétil, a lesão do tecido ocorre por distensão, compressão e cisalhamento. Portanto, órgãos que são mais elásticos podem suportar melhor essas forças e sofrer menor lesão tecidual do que órgãos que são relativamente inelásticos.

9. Todos os projéteis atingem com suas extremidades pontudas?

Não. Os projéteis habitualmente apresentarão um perfil frontal maior. Quanto maior o perfil frontal, maior o número de partículas teciduais que serão atingidas e, assim, maior a troca de energia que causa ferimento no tecido. A área frontal de uma bala pode ser aumentada de três maneiras:

1. Modificação do perfil.
2. Padrões de *tumble* e guinada do projétil.
3. Fragmentação.

10. Como a modificação de perfil afeta o ferimento?

O aumento da área frontal do projétil por intermédio da modificação de seu nariz criará uma superfície maior com a qual o projétil poderá impactar. Isso pode ser feito pela criação de uma pequena cavidade dentro do nariz do projétil. À medida que os gases aquecidos acumulam-se dentro dessa cavidade, o nível de energia no seu interior aumenta e permite que o projétil se expanda ou se achate ao contato. Da mesma forma, um revestimento parcial ou total colocado ao redor do projétil irá se expandir como um "cogumelo" ao contato.

11. Como o *tumble* e a guinada afetam o ferimento produzido pelo projétil?

O *tumbling* é definido como a ação de rotação para frente ao redor do centro de massa do projétil. Ele é mais bem-descrito imaginando-se um projétil dando saltos mortais. A *guinada* representa o desvio do projétil do eixo longitudinal da linha reta de sua propagação. Ela pode ser mais bem-descrita imaginando-se o projétil mergulhando seu nariz e então levantando-o novamente durante toda a trajetória. Tais mecanismos podem fazer com que o projétil impacte não com o nariz, mas com toda a sua extensão. Essa área maior de impacto produz uma dissipação mais rápida da energia cinética, um volume de cavitação maior e, portanto, um maior ferimento no tecido.

12. Como a fragmentação afeta o ferimento no tecido?

Quando um projétil se estilhaça em vários fragmentos, a área frontal total apresentada ao tecido aumenta, maximizando a oportunidade para a dissipação de energia. À medida que os fragmentos percorrem áreas maiores, a possibilidade de dissipação de energia para órgãos e tecidos adjacentes aumenta.

Projéteis moles/lisos com sulcos embutidos fragmentam-se mais facilmente e, assim, causam danos maiores. Da mesma forma, projéteis revestidos com sulcos externos também apresentam o mesmo efeito. Cápsulas de cartuchos de arma de fogo e granadas de fragmentação representam as últimas armas de fragmentação, causando lesão tecidual muito extensa.

13. O que torna as lesões por espingarda tão características?

Uma espingarda dispara um projétil ou "cartucho", que consiste de uma carga e de uma bucha ou copo plástico, que contém várias pequenas bolas de metal, feitas de chumbo ou aço, denominadas "carga". A bucha é projetada para estilhaçar rapidamente após deixar o cano da espingarda, espalhando a carga. Os múltiplos projéteis que se dispersam impactam-se em uma área razoavelmente significativa de tecido, proporcionando uma ampla oportunidade para dissipação de energia e ferimento.

A carga varia de tamanho conforme o propósito. Um cartucho com muitos grãos de chumbo, denominado "chumbo para caça de pássaros", cria um padrão de dispersão amplo de lesão. Entretanto, à distância, cada grão de chumbo atinge com menos energia, em virtude das perdas por atrito com o ar. Por outro lado, um cartucho com poucos grãos de chumbo pesados, denominado "chumbo grosso para caça", tende a transportar muito mais energia que o chumbo para caça de pássaros, originando padrões de lesão altamente letais.

14. As espingardas são armas efetivas?

Elas podem ser, dependendo da distância da qual elas são disparadas. A energia cinética do tiro se dissipa rapidamente ao viajar pelo ar. Portanto, quanto maior a proximidade, maior a lesão tecidual que pode ser provocada pelo tiro.

O sistema de classificação corrente usado para ferimentos por espingarda é útil para a determinação da conduta cirúrgica de tais lesões. Naturalmente, o julgamento clínico é de suma importância. A classificação é descrita a seguir:

Tipo I: Lesões que ocorrem a longa distância, geralmente a mais de seis metros. As feridas são habitualmente dispersas e o disparo tem menor possibilidade de penetrar no tecido. Muitas dessas lesões podem ser observadas. Se é necessária conduta cirúrgica, ela geralmente é limitada ao debridamento de partes moles.

Tipo II: Lesões que são sofridas a distâncias intermediárias, de 3 a 6 metros. Em geral, muitas estruturas profundas apresentarão dano significativo. Na maioria dos casos, as lesões justificarão uma intervenção cirúrgica.

Tipo III: Lesões que ocorrem a curtas distâncias, de menos de três metros. Tais lesões com freqüência são imediatamente letais. Se o paciente sobrevive, há lesão tecidual extensa que necessita de intervenção operatória. Freqüentemente, bucha, fragmentos das roupas do paciente, material estranho e tecido necrótico são encontrados dentro dos tecidos, requerendo debridamento extenso do tecido.

15. Todos os projéteis devem ser removidos?

Não. Projéteis facilmente acessíveis devem ser removidos utilizando-se meticulosa técnica cirúrgica, de forma a não danificar o projétil. Lembre-se de que todos os projéteis removidos devem ser enviados às autoridades como evidência forense. Assim, nenhuma alteração no projétil que gere dificuldade para comparação com a arma agressora deve ser feita pelo cirurgião. Os projéteis que estão inacessíveis e que necessitam de dissecção extensa para serem removidos devem ser deixados no local.

16. Quais são as indicações para a remoção do projétil?

Os projéteis devem ser removidos se estiverem dentro de uma câmara cardíaca, dentro da luz de um vaso sangüíneo ou dentro de uma superfície intra-articular. Deve ser considerada a remoção de projéteis que estão próximos a vasos sangüíneos importantes e que podem entrar em contato direto com a parede vascular conforme o vaso transmite o fluxo pulsátil; sabe-se que tais projéteis provocam erosão para dentro da luz do vaso causando pseudo-aneurismas e embolização do projétil.

17. O que é a embolização de um projétil?

Um projétil que penetrou em um conduto vascular e o percorreu até uma área distante do sítio de entrada. Embolizações de projéteis foram descritas em circulação venosa e arterial e podem percorrer grandes distâncias, até mesmo cruzando o coração. Projéteis embolizados devem ser removidos para impedir lesão e infarto de órgãos.

18. Os projéteis carregam microrganismos?

Sim. Embora muitos suponham que os projéteis sejam estéreis em virtude do calor gerado pela combustão e fricção, bactérias podem ser transportadas em sua superfície. Uma vez que o projétil se implante em uma área de tecido desvitalizado, circundado por um hematoma, ele pode agir como um fator para contaminação bacteriana. Quando os projéteis cruzam uma víscera oca, particularmente o cólon, e são implantados em áreas de hematoma ou tecido desvitalizado, abscessos podem e irão se formar.

19. Como devem ser tratados os trajetos dos projéteis?

Os trajetos dos projéteis devem ser tratados conforme a extensão da lesão tecidual. Os projéteis de baixa velocidade geralmente não provocam muita destruição tecidual, mas aqueles com velocidade maior gerarão uma grande quantidade de tecido desvitalizado. Qualquer quantidade significativa de tecido desvitalizado deve ser removida. A região deve ser cuidadosamente debridada, a homeostase deve ser mantida, todas as partículas estranhas devem ser removidas e a área deve ser irrigada copiosamente. Qualquer falha nesse processo resultará em infecção.

20. Qual é a diferença entre projéteis de alta e baixa velocidades?

Projéteis de baixa velocidade são aqueles que percorrem menos que 366 m/seg. Projéteis de alta velocidade são aqueles que percorrem mais de 610 m/seg. A maioria das armas de mão são consideradas de baixa velocidade. Como a energia cinética de um projétil é proporcional à massa e ao quadrado da velocidade, os projéteis de alta velocidade causam maior destruição tecidual. Os rifles de ataque militar têm a capacidade de causar maior destruição tecidual porque seus projéteis têm massa significativa e são ejetados com velocidade maior que 915 m/seg.

REFERÊNCIAS BIBLIOGRÁFICAS

1. McSwain NE Jr: Ballistics. In Ivatory RR, Cayten CG (eds): *Textbook of Penetrating Trauma.* Media, PA, Williams & Wilkins, 1966, p. 105-128.
2. Swan KG, Swan RC: Gunshot Wounds: *Pathophysiology and Management,* 2nd ed. Chicago, Year-Book Medical Publishers, 1989.
3. Swan KG, Swan RC: Principles of ballistics applicable to the treatment to gunshot wounds. *Surg Clin North Am* 71: 221-239, 1991.

6. MONITORAÇÃO HEMODINÂMICA DO CHOQUE E DA DISFUNÇÃO CIRCULATÓRIA

William C. Shoemaker, M.D.

1. O que é o choque e como ele é diagnosticado?

O choque é a manifestação clínica da falência circulatória. O diagnóstico é feito por hipotensão, oligúria e colapso. Habitualmente ocorre em virtude de hipotensão e baixo fluxo, mas também pode ser devido a fluxo alto, mas maldistribuído (irregular), decorrente de trauma, sepse, cirrose e outras formas de estresse. O denominador comum é que o fluxo sangüíneo não é adequado para suprir a perfusão e a oxigenação tecidual, particularmente quando o metabolismo do organismo está aumentado.

2. Como o choque é reconhecido em seu estágio mais inicial?

O choque é primeiramente reconhecido por sinais e sintomas subjetivos e inespecíficos, como pele fria e pegajosa, palidez, pulso fraco e filiforme, sinais vitais instáveis, cianose, pele mosqueada, inquietação, depressão ou agitação de sistema nervoso central (SNC), além de nível alterado de consciência. Esses são efeitos secundários da insuficiência circulatória aguda e não o problema fisiopatológico inicial.

3. Como a função cardíaca é clinicamente avaliada?

A função cardíaca é geralmente avaliada pela curva de desempenho miocárdico de Starling, na qual algumas funções do coração, como débito cardíaco, índice cardíaco, volume sistólico, trabalho sistólico ou trabalho cardíaco, são dispostas no gráfico contra a pressão pré-carga ou de influxo correspondente (pressão venosa central [PVC] ou pressão de oclusão ou de cunha de artéria pulmonar [AP]), o que é habitualmente simplificado em um gráfico X-Y dessas duas variáveis, com uma linha representando o limite mais baixo da normalidade do índice cardíaco (2,5 L/min) medido por termodiluição e uma linha representando o limite superior da normalidade para pré-carga da pressão de cunha da AP (20 mmHg); essas duas linhas dividem o campo em quadrantes que definem quatro subgrupos clínicos conforme apresentem alto ou baixo fluxo e pressão de influxo alta ou baixa. O valor observado de um paciente é então avaliado segundo esses critérios e a terapia para cada quadrante é sugerida.

4. Quando estados de baixo fluxo geralmente ocorrem?

Estados de baixo fluxo geralmente ocorrem quando hipotensão, oligúria e taquicardia são inicialmente estabelecidas sem correção adequada do estado de baixo fluxo subjacente; outras situações incluem perfusão tecidual inadequada por efeitos de depressão cardíaca secundários a anestésicos, débito de oxigênio por demora em repor perdas sangüíneas e metabolismo aumentado de estados pós-operatórios, respostas imunoquímicas, sepse, estados febris e falência de órgãos.

5. Qual é a terapia convencional para estados de baixo fluxo?

O paradigma terapêutico convencional atual para hemorragia, trauma, estados pós-operatórios, septicemia, choque séptico e outros estados circulatórios agudos é administrar pronta e vigorosamente terapia com fluido suficiente para corrigir os sinais vitais, bem como outras manifestações clínicas de choque, incluindo gases arteriais sangüíneos, hematócrito e débito urinário.

6. Quais são os problemas circulatórios comuns que resultam em estados de baixo fluxo?

Estados de baixo fluxo podem ocorrer quando a pressão sangüínea da síndrome inicial de choque é restaurada sem correção adequada da hipovolemia e baixo fluxo de base. Isso pode ocorrer quando cristalóides aumentam a pressão sangüínea com restauração incompleta ou temporária do espaço intravascular e fluxo sangüíneo; esse problema é evidente principalmente em pacientes idosos hipertensos que freqüentemente respondem muito ao sal.

7. Quais são as conseqüências da reposição maciça de fluido com relação à distribuição da água corporal?

No paciente gravemente enfermo, 80% dos cristalóides deixam o espaço intravascular antes do fim da infusão; 30-40 minutos mais tarde, a maioria do fluido infundido difundiu-se (i. e., atingiu o equilíbrio) para o espaço intersticial. Com grandes infusões de cristalóides, o paciente pode apresentar edema periférico pela expansão excessiva do espaço intersticial, mas com hipovolemia persistente.

A expansão excessiva dos interstícios pulmonar e periférico pode aumentar a PVC e as pressões de oclusão da artéria pulmonar (POAP), o que pode ser mal interpretado como reflexo de adequado volume sangüíneo. A restauração da pressão sangüínea não é bem-correlacionada com a restauração do fluxo sangüíneo e da oxigenação tecidual; a última é necessária para restabelecer a função circulatória que é indispensável para manter o metabolismo do organismo.

8. Quais são as conseqüências clínicas de estados de baixo fluxo não-reconhecidos?

Problemas circulatórios específicos associados à ressuscitação inapropriada incluem perfusão e oxigenação teciduais inadequadas, débito de oxigênio e falências de órgãos, como a síndrome do desconforto respiratório tipo adulto (SDRA), a insuficiência renal aguda, a sepse no paciente não-contaminado e a coagulação intravascular disseminada (CIVD). Todas representam freqüentemente as insuficiências orgânicas terminais da hipoxia tecidual anterior causada por estados de fluxo baixo (ou irregular).

9. O que significa pressão arterial média e como é medida?

A pressão arterial média (PAM) é definida como a soma da pressão diastólica e de 1/3 da pressão de pulso. Igualmente pode ser calculada como 1/3 da soma da pressão sistólica mais duas vezes a pressão diastólica. Ela é com mais freqüência medida diretamente como um "método elétrico" amortecido das pressões sistólica e diastólica em vários sistemas de registro eletrônicos. Medidas manométricas da pressão sangüínea podem ser obtidas com o esfigmomanômetro de pulso, usando os ruídos de pressão sangüínea de Korotkoff para identificar as pressões sistólica e diastólica.

10. Qual é a pressão sangüínea normal?

A pressão sangüínea arterial normal é aproximadamente 120/80 mmHg para adultos jovens saudáveis. A pressão pode aumentar gradualmente com a idade, mas a pressão sistólica não deve ser superior a 100 mmHg mais a idade do paciente. Pressões sistólicas maiores que 160 mmHg e pressões diastólicas maiores que 90 mmHg sugerem hipertensão. Adultos jovens, especialmente adolescentes do sexo feminino, podem ter pressões tão baixas quanto 90/60 mmHg. Portanto, é importante saber as pressões pré-mórbidas do paciente.

As pressões devem ser medidas nos dois braços logo que o paciente chega ao hospital, uma vez que lesões vasculares traumáticas ou ateroscleróticas podem resultar em diferenças de 10-20 mmHg entre os lados esquerdo e direito. Normalmente as pressões da artéria femoral são 5-10 mmHg mais altas que as pressões braquiais. Após trauma das artérias femoral ou ilíaca de um lado podem existir diferenças nas pressões do manguito em ambas as pernas.

11. O que significa uma pressão sangüínea anormal?

A pressão sangüínea pode refletir o estado circulatório global ou mais particularmente o estado cardíaco, mas não apresenta especificidade diagnóstica. A pressão cai após hipovolemia por hemorragia ou outras perdas de fluido, lesão aguda, sepse, infarto miocárdico agudo e insuficiência cardíaca aguda, particularmente em pacientes com insuficiência cardíaca congestiva crônica, reações anafiláticas, choque neurogênico, desidratação e crises vagais. A pressão sangüínea é útil para a triagem e a avaliação rápida de tendências nas condições de emergência, mas tem significado fisiológico limitado.

Diminuição da pressão pode refletir descompensação circulatória ou falha terapêutica. Pressão aumentada pode refletir crise hipertensiva aguda, melhora do estado circulatório, resposta adrenomedular de estresse, ansiedade ou terapia vasopressora excessiva. Pressão e freqüência cardíacas são úteis como medidas de triagem, mas suas alterações são inespecíficas e refletem fracamente déficits de fluxo e volume sangüíneos em virtude das respostas adrenomedulares de estresse compensatórias. Assim, a pressão arterial não reflete diretamente o fluxo ou o volume sangüíneo, mas a falência das compensações circulatórias neuro-hormonal e neural. As interações da pressão, do fluxo e do volume sangüíneos são extremamente complexas; entretanto, os principais aspectos globais da disfunção circulatória geralmente são indicados por medidas seriadas da pressão sangüínea.

12. Quais são as relações temporais importantes na evolução das síndromes de choque por trauma?

A pressão arterial diminui durante os estados de choque e trauma, mas as respostas podem demorar em função da resposta adrenal de estresse que mantém a pressão em face de fluxo sangüíneo decrescente. Em geral, as pressões arteriais caem após os mecanismos compensatórios terem se exaurido, o que pode ocorrer algum tempo após o evento hipovolêmico precipitante. Um débito cardíaco gravemente reduzido freqüentemente ocorre por períodos de 40 minutos a duas horas antes de reduções significativas na pressão arterial.

Por outro lado, a pressão arterial pode ser rapidamente restabelecida por soluções salinas antes que o débito cardíaco e o transporte de oxigênio sejam corrigidos. É o caso de idosos e pacientes hipertensos que desenvolvem hipertensão após saírem de suas dietas com baixo teor de sódio.

13. O que é a pressão de pulso e qual é o significado de seus valores anormais?

A pressão de pulso é a diferença entre as pressões sistólica e diastólica. Pressões de pulso diminuídas podem preceder diminuições nas pressões diastólicas em pacientes hipovolêmicos; isso é um sinal sugestivo, mas não-confiável, de choque.

14. Como a freqüência cardíaca é medida e qual é o seu significado?

A freqüências cardíacas são habitualmente determinadas por palpação manual da artéria radial acima do punho, durante pelo menos 30 segundos. A freqüência cardíaca pode ser medida automaticamente pela onda do ECG ou pela onda de pulso arterial.

Freqüências cardíacas acima de 100 batimentos por minuto são consideradas como taquicardia. Quando contrações ventriculares prematuras ou outras anormalidades de ritmo estão presentes, a verdadeira freqüência cardíaca pode ser determinada por ausculta no ápice; a diferença entre as freqüências apical e radial representa o número de batimentos falhados.

15. Como o fluxo sangüíneo é medido em circunstâncias clínicas de alto risco?

O débito cardíaco ou índice cardíaco, que é o débito cardíaco por metro quadrado de área de superfície corporal, é medido pelo método direto de Fick (calorimetria indireta) ou por métodos de diluição indicadora ou termodiluição.

16. O que é o método direto de Fick e como é realizada a sua medida?

O padrão ideal dos fisiologistas para a medida de débito cardíaco tem sido o método direto de Fick, que mede o consumo de oxigênio (VO_2) diretamente por uma bolsa de Douglas ou as concentrações de oxigênio inspirado e expirado e o volume corrente; o débito cardíaco é calculado a partir do VO_2 medido dividido pela diferença de conteúdo arteriovenoso de O_2. Enquanto o VO_2 é medido não-invasivamente, a medida de débito cardíaco requer cálculos com concentrações e saturações de hemoglobina invasivas, arterial e venosa mista (artéria pulmonar ou ventricular direita) e conteúdos de oxigênio.

Em geral, o método direto de Fick é aplicável quando o paciente está em condições estáveis, quando a FIO_2 é menor que 0,6 e quando o sistema é bem calibrado e livre de escapes de ar. Ele não é aplicável em pacientes instáveis, com choque grave e com trauma, particularmente em estágios precoces onde situações instáveis são comuns.

17. Qual é a diferença entre os valores de VO_2 medidos pelo método direto de Fick e aqueles calculados pela técnica de termodiluição?

O método direto de Fick mede o consumo de oxigênio de todos os tecidos exteriores à membrana alveolocapilar, incluindo o parênquima pulmonar. O método indireto de Fick, que mede o débito cardíaco por termodiluição com gases sangüíneos arteriais e venosos mistos, também avalia o consumo de oxigênio de todos os tecidos internos à membrana alveolocapilar, o que exclui o parênquima pulmonar. Quando medidas indiretas de Fick, cuidadosas e concomitantes, usando cateteres em AP foram feitas, o VO_2 calculado aproximou-se das medidas diretas por Fick do VO_2 realizadas por meio de concentrações inspiradas e expiradas de O_2 com volumes correntes. Confirmações da validade dessas duas abordagens sob circunstâncias ideais foram relatadas.

18. Quais são as medidas hemodinâmicas e de transporte de oxigênio obtidas com cateteres em AP?

Variáveis hemodinâmicas podem ser medidas repetidamente com um cateter arterial sistêmico e um cateter em AP com medidas de pressão arterial e venosa das circulações sistêmica e pulmonar, de débito cardíaco, de gasometria arterial e venosa mista e de hemoglobina ou hematócrito.

Entre as variáveis hemodinâmicas e de transporte de oxigênio calculadas estão:

- Índice cardíaco (IC).
- Índice de resistência vascular sistêmica (IRVS).
- Índice de resistência vascular pulmonar (IRVP).
- Trabalho sistólico ventricular direito e esquerdo (TSVD, TSVE).
- Trabalho cardíaco direito e esquerdo (TCD, TCE).
- PO_2 arterial e venosa mista (PAO_2 e PVO_2).
- Saturação de hemoglobina arterial e venosa mista (SaO_2 e SVO_2).
- Transporte de oxigênio (DO_2).
- Consumo de oxigênio (VO_2-).
- Extração de O_2.

Todas as medidas de fluxo e volume devem ser indexadas à área de superfície corporal (ASC) ou ao peso corporal para padronizar os valores de pacientes de vários biotipos.

19. A resistência vascular sistêmica (RVS) reflete o tônus vascular metarterial médio?

A RVS é medida como a razão entre a pressão sangüínea (PAM) e o fluxo (índice cardíaco). Isso é uma aplicação da lei de Ohm, que afirma que a resistência é igual à voltagem dividida pela amperagem (R = i/e). Entretanto, tal conceito está baseado no análogo da corrente direta, que é claramente inapropriado para as alterações periódicas da pressão e do fluxo que ocorrem no ciclo cardíaco. Além disso, os circuitos arteriais em humanos e animais são "paralelos" e não "em série", significando que se a resistência de 10 ou mais circuitos aumenta, mas a resistência de um circuito diminui, a resistência total calculada diminuirá. Finalmente, não há diferenças significativas entre o período pós-operatório precoce e sobreviventes e não-sobreviventes de choque pós-traumático. Assim, a RVS é um uso incorreto da lei de Ohm e pode conduzir a interpretações errôneas que levam à terapia incorreta.

20. Como a perfusão tecidual é medida?

Convencionalmente, a perfusão tecidual tem sido inferida a partir de sinais e sintomas subjetivos de choque, mas não especificamente medida. Recentemente, entretanto, a monitoração invasiva passou a ser usada para quantificar as medidas da perfusão e da oxigenação tecidual pelos padrões temporais de DO_2 e VO_2.

21. Como o transporte de oxigênio é medido em pacientes gravemente enfermos em condições de UTI?

A medida global da circulação periférica e da perfusão tecidual pode ser quantitativamente avaliada pelo transporte de oxigênio (DO_2), que é o produto do débito cardíaco e do conteúdo arterial. De forma semelhante, o metabolismo corporal total pode ser avaliado pelo consumo de oxigênio (VO_2), que é o produto do débito cardíaco e da diferença do conteúdo arteriovenoso ($C[a - v]O_2$). Os conteúdos de oxigênio do sangue arterial e venoso misto são os produtos da concentração de hemoglobina, a porcentagem de saturação de hemoglobina e uma constante (1,36). Essa constante representa o volume de oxigênio transportado por cada grama de hemoglobina saturada acrescido de uma pequena quantidade de oxigênio dissolvida no plasma ($0{,}0031 \times PaO_2$ mmHg).

22. Qual é o significado do transporte de oxigênio na avaliação da função circulatória?

O movimento do volume de oxigênio é uma medida útil da perfusão tecidual porque:

- O oxigênio é facilmente medido no sangue arterial e venoso misto.
- Ele tem o maior gradiente arteriovenoso.
- Ele é relacionado à perfusão tecidual global e à evolução.
- Como não pode ser armazenado, o oxigênio captado pelas células é uma medida da taxa global de metabolismo do organismo.

O transporte de oxigênio representa a função total da circulação, ou seja, a quantidade de oxigênio transportado aos tecidos por minuto. Assim, o DO_2 reflete a função circulatória global para suprir os tecidos periféricos; elevações acima do limite basal normal representam compensações. Isto é, aumentos espontâneos no DO_2 em face de exercícios, trauma, estresse, infecção e outras formas de estresse representam respostas compensatórias à oxigenação tecidual inadequada e podem refletir a capacidade reservada da circulação. A magnitude do aumento em IC e DO_2 em resposta a uma carga de volume padronizada é também uma medida indireta da capacidade de compensação da circulação.

O padrão temporal de alteração do DO_2 é mais informativo que um conjunto isolado de medidas; o padrão seqüencial de alterações no DO_2 fornece uma história dos eventos fisiológicos que levam ao choque, à ressuscitação e aos eventos subseqüentes.

23. Como o metabolismo aeróbio do organismo é medido?

A taxa do metabolismo corporal é medida pelo consumo de oxigênio (VO_2), que representa o total de todas as reações metabólicas oxidativas e reflete o estado global do metabolismo do organismo. Isso representa a quantidade real de oxigênio consumido, não a necessidade real, que pode ser maior que as quantidades oxidadas.

24. Que fatores limitam o metabolismo do organismo?

O VO_2 pode ser limitado pelo decréscimo progressivo do DO_2, que é o "lado do suprimento" da equação. Quando o VO_2 é limitado pelo DO_2, diz-se que o VO_2 é "suprimento-dependente". Isto é, o VO_2 suprimento-dependente é observado quando aumentos repentinos do DO_2 produzem aumentos significativos no VO_2. As relações DO_2-VO_2 foram demonstradas em condições experimentais em laboratório, mas os padrões não são tão óbvios em situações clínicas, nas quais muitos outros problemas associados podem obscurecê-las. Em termos práticos, o VO_2 suprimento-dependente é indicado pelo VO_2 aumentado >

15 ml/min · m^2 quando o DO_2 aumenta > 80 ml/min · m^2 após a administração rápida de um volume-padrão de fluido, como 100 ml de albumina 25%, 500 ml de albumina 5% e hetastarch 6% e 1.000-2.000 ml de cristalóides.

25. Quais são os objetivos da monitoração hemodinâmica?

1. Permitir o pronto reconhecimento de problemas circulatórios o mais cedo possível.
2. Diagnosticar ou descrever as alterações fisiológicas envolvidas.
3. Instituir e avaliar a terapia corretiva precoce.
4. Desenvolver critérios para titular a terapia até o ponto final mais eficaz.

26. Que medidas bioquímicas de choque ou hipoxia tecidual estão clinicamente disponíveis?

O pH venoso, o déficit de base, o ânion gap, o lactato sangüíneo, a relação lactato/piruvato e o pH da mucosa gástrica (pHi) são medidas de fluido tecidual ou gases sangüíneos que refletem a acidose tecidual. Essas inter-relações complexas de medidas que envolvem a acidose indiretamente refletem a hipoxia tecidual pelo metabolismo tecidual anaeróbico.

27. Quais são as vantagens do cateter invasivo arterial pulmonar (Swan-Ganz)?

Medidas circulatórias através do cateter de termodiluição com balão na extremidade de AP invasivo – ou cateter de Swan-Ganz – são o padrão ideal para a avaliação da função circulatória. Embora essa tecnologia seja cara, consuma tempo e exija uma equipe de intensivistas, ela é atualmente a principal monitoração circulatória que pode ser utilizada operacional e logisticamente à beira do leito do paciente gravemente enfermo e instável.

28. Quão confiáveis são as medidas de termodiluição individuais?

A diferença entre pares repetidos de medidas de termodiluição realizadas em períodos randomizados ao longo do ciclo respiratório é em média de 7,4% ± 0,5 (DP). Existe uma média de diminuição de 15% com a expiração e 12-15% de aumento com a inspiração para o método de termodiluição.

29. Quais são as diferenças entre os métodos diagnósticos e os de monitoração?

Tanto os métodos diagnósticos quanto os de monitoração são necessários para desenvolver princípios terapêuticos. As variáveis de monitoração são continuamente medidas à beira do leito para fornecer valores de base e critérios objetivos para avaliar a progressão das alterações circulatórias e confirmar opiniões clínicas. Eles são direcionados primariamente para a avaliação das complicações circulatórias de várias doenças primárias específicas. Os métodos de monitoração diferem dos métodos diagnósticos químicos e radiológicos, que são realizados com menor freqüência para documentar diagnósticos específicos e representar a imagem de alterações estruturais. Em geral, os sistemas de monitoração são como testes radiológicos e laboratoriais diagnósticos, exceto pelo fato de repetidamente medirem variáveis que mudam rapidamente para avaliar a função circulatória. Lembre-se: a maioria dos pacientes morre não em virtude de seu diagnóstico, mas por insuficiência circulatória que leva à falência de órgãos e à morte.

REFERÊNCIAS BIBLIOGRÁFICAS

1. Bishop MH, Shoemaker WC, Kram HB, *et al.*: Prospective randomized trial of survivor values of cardiac index, oxygen delivery, and oxygen consumption as resuscitation endpoints in severe trauma. *J Trauma* 38: 780-787, 1995.
2. Boyd O & Bennett D: Enhancement of perioperative tissue perfusion as a therapeutic strategy for major surgery. *New Horiz* 4: 453-465, 1966.
3. Boyd O, Grounds M, Bennett D: Preoperative increase of oxygen delivery reduces mortality in high risk surgical patients. *JAMA* 270: 2699-2704, 1993.

4. Forrester JS, Diamond G, Chatterje J, *et al.:* Medical therapy of acute myocardial infarction by application of hemodynamic subsets. *N Engl J Med* 295: 1356-1364, 1976.
5. Shoemaker WC, Appel PL, Kram HB, *et al.:* Prospective trial of supranormal values of survivors as therapeutic goals in high risk surgical patients. *Chest* 94: 1176-1186, 1988.
6. Shoemaker WC, Appel PL, Kram HB: Role of oxygen debt in the development of organ failure, sepsis, and death in high risk surgical patients. *Chest* 102: 208-215, 1992.
7. Shoemaker WC, Wo CCJ, Bishop MH, *et al.:* Noninvasive monitoring of high risk surgical patients. *Arch Surg* 131: 732-737, 1996.
8. Shoemaker WC, Wo CCJ, Demetriades D, *et al.:* Early physiologic patterns in acute illness and accidents. *New Horiz* 4: 395-412, 1996.
9. Wo CCJ, Shoemaker WC, Appel PL, *et al.:* Unreliability of blood presure and heart rate to evaluate cardiac output in emergency resuscitation and critical illness. *Crit Care Med* 21: 218-223, 1993.

7. VENTILAÇÃO MECÂNICA

Howard Belzberg, M.D.

1. O que é complacência e como ela é calculada?

Complacência refere-se à elasticidade ou habilidade dos pulmões de retrocederem após inflação. Especificamente, a complacência é a alteração no volume para a alteração na pressão. A complacência estática é calculada dividindo-se o volume corrente pela diferença entre a pressão de platô e a pressão positiva no final da expiração (PEEP) (p. ex., se a pressão de platô das vias aéreas é igual a 25, a PEEP é igual a 5 e o volume de ar corrente é 1.000 cc, a complacência estática é 50). A complacência dinâmica é calculada da mesma maneira, porém utilizando a pressão de pico da via aérea.

2. O que é autoPEEP e como pode ser reduzido?

AutoPEEP é um efeito da ventilação mecânica que induz pressão positiva no final da expiração acima da qual é fornecida pelos parâmetros do ventilador. Esse efeito é causado por tempo insuficiente para o volume corrente ser expirado na fase expiratória da ventilação. O autoPEEP pode ser reduzido ou eliminado aumentando-se o tempo expiratório e diminuindo-se a freqüência respiratória ou o volume corrente.

3. Quais são as zonas dos pulmões e qual o seu significado?

Os pulmões são divididos em três zonas conforme a posição do paciente. A zona 1 é a porção mais elevada, a zona 2 é a porção média e a 3 é a porção dependente. Na zona 1, existe relativamente mais fluxo aéreo e menos fluxo sangüíneo; na zona 2, os fluxos sangüíneo e aéreo são relativamente correspondentes; na zona 3, existe fluxo sangüíneo aumentado e fluxo aéreo relativamente reduzido. Tais diferenças devem-se em grande parte ao efeito da gravidade sobre o sangue, levando a fluxos maiores nas áreas dependentes. As zonas são significativas porque micro e macroatelectasias podem desenvolver-se nas porções dependentes e isso pode levar à deterioração das trocas gasosas. Virando e mudando o paciente de posição, as zonas podem ser modificadas e o desenvolvimento de atelectasias ser reduzido.

4. Qual a diferença entre a ventilação assistida controlada (AC) e a ventilação mandatória intermitente (VMI)?

No modo AC de ventilação, cada vez que o paciente inicia uma respiração pela geração de pressão negativa, um volume corrente completo é entregue (isso além de qualquer freqüência de base que seja estabelecida). Assim, se o ventilador é ajustado para um volume corrente de 800 cc e uma freqüência de 10 e o paciente aciona o ventilador cinco vezes, o volume-minuto será (10.800) + (5.800) de 12.000 cc no total. No modo de ventilação mandatória intermitente, quando o paciente inicia uma respiração pela geração de uma pressão negativa, as válvulas do ventilador abrem e permitem que o pacinete inspire tanto quanto seja possível. Entretanto, durante a respiração espontânea, o ventilador não ajuda o paciente a inspirar. Assim, o volume corrente é completamente dependente do esforço respiratório do paciente. No modo VMI, é estabelecida uma freqüência que forneça um volume corrente preestabelecido, um número previamente determinado de vezes por minuto.

5. Quais são os melhores fatores preditivos de uma extubação bem-sucedida?

Embora haja muitos estudos e opiniões referentes à extubação, nenhum método particular de desmame demonstrou com clareza sua superioridade. Existem boas evidências, entretanto, de que pacientes com freqüência respiratória menor que 26, volume corrente espontâneo maior que 6 cc e ventilação-minuto menor que 12-15 litros por minuto apresentam índices de extubação bem-sucedida maiores que 90%.

6. Quais são as principais complicações da intubação endotraqueal translaríngea?

A intubação endotraqueal translaríngea apresenta vários riscos, independentemente da ventilação mecânica. Em particular, existe risco aumentado de infecção pulmonar pela diminuição da capacidade de eliminar secreções em virtude da menor capacidade de tossir e da diminuição da limpeza mucociliar ao longo da parede traqueal. O risco de infecção também está aumentado pela presença de um corpo estranho, que fornece acesso para bactérias e pode permitir aspiração. Além da infecção, a pressão mecânica da cânula endotraqueal pode levar a lesão de cordas vocais, a estenose sub ou supraglótica e traqueomalácia ou estenose de traquéia. A traqueomalácia é o enfraquecimento da parede da traquéia pela pressão que excede a pressão de enchimento capilar, causando isquemia local e lesão de mucosa.

7. O que é *shunt*?

Shunt é a fração de sangue que passa da circulação venosa para a circulação arterial sem exposição à interface sangue-gás. Ele pode ser um *shunt* intracardíaco, como no defeito átrio-septal ou ventrículo-septal, ou um *shunt* intrapulmonar, em que o sangue passa pelos pulmões e alvéolos que não estão aerados devido a colapso ou fluido. Às vezes, refere-se ao *shunt* como mistura venosa e ele é comum em condições como edema pulmonar.

8. O que é um "espaço morto"?

Espaço morto é o volume de espaço que é ventilado sem exposição do gás a uma interface sangue-gás. O espaço morto anatômico é o volume da árvore traqueobrônquica que não participa normalmente na troca gasosa, ou seja, a traquéia e os brônquios. O espaço morto fisiológico é o espaço que normalmente proporciona uma interface sangue-gás, mas que, em virtude do fluxo sangüíneo anormal, não oferece interface. Algumas vezes também se refere como espaço morto à inadequação da relação ventilação/perfusão (V/Q) que está tipicamente aumentada no embolismo pulmonar.

9. Como pode ser determinado o "melhor PEEP"?

O PEEP é tipicamente selecionado empiricamente. Na maioria dos casos, um nível de 5 cm é considerado fisiológico. Em casos de comprometimento respiratório, o melhor PEEP pode ser determinado por um ou mais de três componentes: oxigenação, complacência ou débito cardíaco. Em cada caso, aumentos seqüenciais no PEEP são realizados e medidas do componente apropriado são feitas até que o melhor nível seja identificado. É importante observar que algumas vezes o PEEP pode melhorar a oxigenação à custa de débito cardíaco e transporte de oxigênio, e, portanto, todos os componentes devem ser considerados na seleção dos parâmetros ideais. Em termos de complacência, a imposição de PEEP em alguns pontos da curva sigmoidal pode levar à redução dramática do volume corrente ou a aumento nas pressões de via aérea.

10. Quais são os parâmetros pós-operatórios típicos do ventilador na admissão à UTI?

A maioria dos pacientes, à medida que chega da sala cirúrgica, deve ser colocada em FiO_2 de 100%, inicialmente, até que a gasometria arterial confirme a oxigenação adequada. Tanto a ventilação mandatória intermitente sincronizada (VMIS) quanto a ventilação AC devem ser usadas de modo a permitir que o paciente apresente algumas respirações espontâneas e a evitar que esse "brigue" com o ventilador. O volume corrente inicial deve ser de 6-8 cc por quilograma e uma freqüência respiratória inicial de 10-12 respirações por minuto é tipicamente apropriada. O ajuste subseqüente do suporte ventilatório deve ser baseado na gasometria arterial, na hemodinâmica, na mecânica pulmonar, na condição clínica do paciente e nas demandas fisiológicas.

REFERÊNCIAS BIBLIOGRÁFICAS

1. Banner MJ, Kirby RR, Blanch PB, Layon AJ: Decreasing imposed work of the breathing apparatus to zero using pressure-support ventilation. *Crit Care Med* 21: 1333-1338, 1993.
2. Gattinoni L, D'Andrea L, Pelosi P, *et al.*: Regional effects and mechanism of positive end-expiratory pressure in early adult respiratory distress syndrome. *JAMA* 269: 2122-2127, 1993.
3. Marini JJ & Ravenscraft SA: Mean airway pressure: Physiologic determinants and clinical importance. Part 1: Physiologic determinants and measurements. *Crit Care Med* 20: 1461-1472, 1992.
4. Marini JJ & Ravenscraft SA: Mean airway pressure: Physiologic determinants and clinical importacte. Part 2: Clinical implications. *Crit Care Med* 20: 1604-1616, 1992.

II. *Trauma de cabeça e pescoço*

8. LESÃO CEREBRAL

Marvin Bergsneider, M.D., e *Daniel F. Kelly*, M.D.

1. A lesão cerebral traumática representa um problema grave de saúde pública nos Estados Unidos?

Nos Estados Unidos, o trauma é a principal causa de morte em indivíduos com menos de 45 anos de idade e a lesão cerebral resulta em mais mortes por trauma do que as lesões de qualquer outra parte do corpo. Metade das 150.000 mortes relacionadas a trauma que ocorrem anualmente nos EUA envolve um trauma craniano que é primariamente responsável pelo óbito do paciente. Um total de 500.000 traumas cranianos que necessitam de admissão hospitalar ocorrem anualmente no país.

2. Qual é o significado de *lesão cerebral secundária*?

A lesão primária ocorre no momento do impacto e pode levar a dano celular irreversível por ruptura mecânica. A lesão secundária, por sua vez, é qualquer evento fisiológico que ocorra minutos, horas ou dias após a lesão inicial e que leve a dano adicional do tecido nervoso, contribuindo para uma disfunção neurológica permanente. Hipotensão, hipoxia, hipertensão intracraniana e convulsões são provavelmente as mais graves e freqüentes lesões secundárias após trauma craniano. A probabilidade de recuperação significativa da função após um trauma craniano é muito aumentada se lesões secundárias são prevenidas ou minimizadas.

3. O que a Escala de Coma de Glasgow avalia e qual é a sua importância?

A Escala de Coma de Glasgow (GCS) é um método amplamente usado para definir o nível de consciência do paciente após uma lesão traumática do cérebro. Uma pontuação, variando de 3 a 15, é obtida somando-se as melhores respostas motoras, verbais e de abertura de olhos do paciente.

Escala de Coma de Glasgow

ABERTURA DE OLHOS	RESPOSTA VERBAL	RESPOSTA MOTORA
1. Nenhuma	1. Nenhuma	1. Nenhuma
2. Estímulos dolorosos	2. Sons incompreensíveis	2. Postura extensora anormal
3. Estímulos verbais	3. Palavras inadequadas	3. Postura flexora anormal
4. Espontânea	4. Confusa	4. Retirada à dor
	5. Totalmente orientada	5. Localização da dor
		6. Obedece a comandos

A vantagem desse sistema de escala é sua objetividade, possibilidade de reprodução e simplicidade. A GCS tem grande valor prognóstico em pacientes com traumas cranianos, considerando a eventual recuperação neurológica. A gravidade da lesão craniana é categorizada em três níveis com base na GCS após a ressuscitação inicial:

Leve: GCS 13-15
Moderada: GCS 9-12
Grave: GCS 3-8

Em geral, considera-se que qualquer paciente com pontuação na GCS de 8 ou menos está em coma.

4. Descreva os fundamentos dos exames geral e neurológico no paciente com trauma craniano agudo.

Como sempre, seguir o ABC primeiro: A – Via Aérea, B – Respiração (*Breathing*) e C – Circulação. O exame neurológico é necessariamente abreviado e deve focalizar o nível de consciência (GCS), os reflexos pupilares à luz e os reflexos de tronco cerebral baixo para pacientes em coma profundo. A cabeça também deve ser palpada para detectar protusões ósseas e todas as lacerações de escalpo devem ser investigadas delicadamente para avaliar fraturas com depressões e corpos estranhos. Sinais de fratura de base de crânio devem também ser pesquisados, incluindo hemotímpano, otorréia ou rinorréia de líquido cerebroespinhal (LCR) e sensibilidade e equimose retromastóide (sinal de Battle) ou periorbitária ("olhos de quati"). Essa avaliação inicial, junto com a inspeção do pescoço e da coluna tóraco-lombar, não deve levar mais que 5 a 10 minutos.

5. Explique o significado de uma pupila dilatada após uma lesão traumática cerebral.

Uma pupila dilatada freqüentemente significa a compressão do terceiro nervo craniano no seu trajeto entre o mesencéfalo e a órbita. Mais comumente, tal alteração pupilar após trauma ocorre porque o *uncus* (lobo temporal medial) é empurrado sobre a borda tentorial por um hematoma em expansão. À medida que vai ocorrendo a herniação do *uncus*, a compressão do pedúnculo cerebral ipsilateral e do sistema reticular ativador resulta em hemiparesia contralateral e diminuição do nível de consciência, respectivamente (ver figura). Assim, uma pupila dilatada após um trauma pode indicar um hematoma intracraniano expansivo, uma compressão do tronco cerebral e uma hipertensão intracraniana (HIC). Na maioria dos

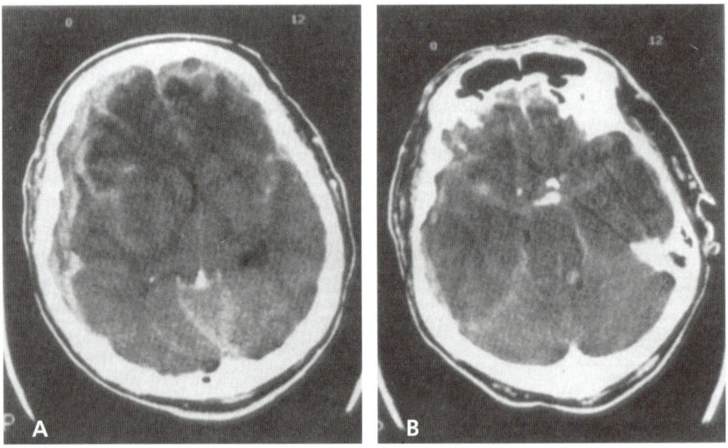

TC de crânio axial sem contraste mostrando *A*, hematomas subdurais agudos, maior à direita que à esquerda, com desvio da linha média e hemorragia subaracnoíde, e *B*, compressão de mesencéfalo secundária à herniação de *uncus* do lado direito. Uma contusão de mesencéfalo também é observada. O paciente sofreu essa contrafissura – em um ponto oposto ao golpe recebido ao cair de um telhado, batendo a cabeça e sofrendo uma fratura craniana occipital. Ele morreu. Observe que o hematoma subdural da direita estende-se sobre toda a região frontoparietal.

casos, o hematoma está do mesmo lado que a pupila dilatada. Esse achado deve induzir o tratamento empírico para reduzir a pressão intracraniana (PIC) em paciente comatoso e deve intensificar a urgência de obtenção de uma tomografia computadorizada (TC) de crânio. Uma paralisia de terceiro par, entretanto, também pode ser causada por trauma direto da órbita.

6. Quais são os três tipos principais de herniação cerebral?

Os tipos mais comuns de herniação cerebral são uncal, subfoiciana e tonsilar. A herniação uncal resulta de herniação da parte medial do lobo temporal (o *uncus*) por intermédio da borda tentorial (ver figura na Questão 5), comprimindo, assim, o terceiro par e o pedúnculo cerebral. A tríade de GCS em deterioração, dilatação pupilar e hemiparesia contralateral sugere fortemente uma herniação uncal. A herniação subfoiciana ocorre quando o giro do cíngulo de um lobo frontal hernia-se abaixo da foice do cérebro. A herniação tonsilar refere-se à passagem das tonsilas cerebelares pelo forame magno.

7. Os pacientes com herniação uncal sempre apresentam dilatação pupilar ipsilateral e hemiparesia contralateral?

Não. O fenômeno de corte de Kernohan ocorre quando o déficit-motor é ipsilateral ao lado da lesão em conseqüência de uma massa provocando o deslocamento do tronco cerebral, com resultante compressão do pedúnculo cerebral contralateral contra a margem tentorial oposta. Assim, os sinais de herniação podem ser falsamente localizatórios.

8. Como os achados neurológicos diferem entre os pacientes com hematomas epidural, subdural ou intracerebral?

Não existem achados neurológicos característicos que seguramente diferenciem os hematomas epidural, subdural ou intracerebral um dos outros.

9. Por que um estudo de imagem é necessário para avaliar os pacientes com trauma craniano?

O exame neurológico freqüentemente não prediz de forma fidedigna a patologia intracraniana e os sinais de herniação podem ser falsamente localizatórios. Uma TC de cérebro é sempre indicada no paciente com trauma craniano agudo. Uma TC axial sem contraste define rápida e inequivocamente quaiquer lesões intracranianas e determina se é necessária a intervenção neurocirúrgica de urgência. A obtenção de "janelas" ósseas e cerebrais ajudará a determinar o significado dos sinais neurológicos focais e se há fratura de crânio. A ressonância nuclear magnética (RNM) não é rotina no quadro agudo e não é boa para demonstrar hemorragia aguda.

10. A TC de crânio é necessária em todo paciente com trauma craniano?

A TC é indicada em todos os pacientes com trauma craniano com diminuição do nível de consciência (GCS < 15), incluindo aqueles que estão muito embriagados. Uma TC também é indicada em todos os pacientes com GSC de 15 que sofreram perda de consciência, estão amnésicos com relação à lesão, apresentam déficit neurológico focal ou têm sinais de fratura de crânio basilar ou calvário.

11. O que é a pressão de perfusão cerebral e qual a sua importância na conduta da lesão cerebral traumática?

Conceitualmente, a pressão de perfusão cerebral (PPC) é a diferença entre a pressão sangüínea da artéria carótida interna (entrada) e a pressão venosa cerebral (saída). Como a pressão venosa cerebral e a PIC tipicamente são muito semelhantes em magnitude, a PPC é estimada clinicamente por meio da pressão arterial média (PAM) menos a PIC. Em indivíduos normais, a PAM varia de 80-100 mmHg e a PIC é de 5-10 mmHg. Assim, a PPC varia de 70-95 mmHg. Em um padrão semelhante à lei de Ohm, o fluxo sangüíneo cerebral é proporcional à PPC dividida pela resistência cerebrovascular. Um importante objetivo no tratamento de pacientes com trauma craniano grave é manter a PPC em 70 mmHg.

12. Por que a manutenção de uma adequada pressão sangüínea é importante após um trauma craniano grave?

A auto-regulação da pressão é um mecanismo pelo qual é mantido um fluxo sangüíneo cerebral constante, apesar de amplas variações na PAM sistêmica ou na PPC. A auto-regulação é obtida pela vasodilatação arteriolar cerebral em resposta a uma diminuição na pressão sangüínea e, de maneira inversa, por vasoconstrição em resposta a um aumento na PAM. A auto-regulação da pressão normalmente tem um limite inferior de PPC de 40-50 mmHg e um limite superior de 140 mmHg. Após um trauma craniano, a auto-regulação da pressão está freqüentemente prejudicada e a maioria dos pacientes com trauma craniano grave necessita de PPC de, no mínimo, 60-70 mmHg para manter a auto-regulação e reduzir o risco de isquemia cerebral.

13. Por que e como a hiperventilação é usada no tratamento da HIC?

A hiperventilação-hipocapnia induzida resulta em vasoconstrição cerebral que diminui o volume sangüíneo cerebral, diminuindo, assim, a PIC. Apesar da efetividade da hipocapnia em reduzir a PIC, ela deve ser utilizada com cuidado em pacientes com trauma craniano grave, pois a hiperventilação excessiva ($PaCO_2$ 25-30 mmHg) pode causar isquemia cerebral. Recomenda-se que a $PaCO_2$ seja mantida na faixa de 30-35 mmHg ao se tratarem pacientes com trauma craniano nos quais haja suspeita de hipertensão intracraniana.

14. Que medidas iniciais devem ser tomadas para tratar a hipertensão intracraniana?

O tratamento deve começar antes da obtenção de uma TC em indivíduos que estejam em coma (GCS 8), que apresentem declínio precipitante do nível de consciência ou que desenvolvam assimetria pupilar ou hemiparesia, em virtude da probabilidade de que uma lesão traumática com efeito de massa seja a responsável pela sua deterioração. Tais intervenções incluem:

- *Intubação:* Controla a via aérea, impede a hipoxia e permite a ventilação controlada.
- *Hiperventilação leve:* Mantém a $PaCO_2$ em 30-35 mmHg com adequado volume corrente.
- *Sedação:* Auxilia a ventilação; tipicamente são usadas morfina ou fentanil.
- *Bloqueio neuromuscular:* Necessário para a intubação e previne o aumento da PIC em pacientes agitados ou com postura anormal, sendo o vecurônio ou o pancurônio os preferidos.
- *Manitol em bolo* (1,0 g/kg EV em bolo): Reduz a PIC de forma osmótica e aumenta a PPC. O manitol não deve ser administrado a pacientes hipotensos.
- *Fenitoína profilática* (18 mg/kg EV dose de ataque): Convulsões podem causar aumento precipitoso na PIC com resultante herniação.
- *Reposição de volume e prevenção da hipotensão:* É crucial para impedir a isquemia cerebral. A reposição agressiva de fluido (tipicamente soro fisiológico) e o suporte inotrópico podem ser necessários.

15. Que fatores devem ser considerados antes que uma craniotomia seja realizada para esvaziar um hematoma intracraniano secundário ao trauma?

Os fatores mais críticos são a situação neurológica do paciente e os achados na TC. A intervenção cirúrgica é indicada em todos os pacientes com deterioração clínica que apresentam um hematoma intracraniano expansivo, causando efeito de massa significativo e deslocamento do cérebro. Em geral, todos os hematomas epidurais, subdurais ou intracranianos agudos com significativo efeito de massa e evidência de PIC elevada justificam uma drenagem urgente. Os hematomas intracranianos agudos não podem ser removidos adequadamente através de orifícios realizados por brocas em conseqüência de sua consistência sólida; em vez disso, é necessária uma craniotomia para drenagem.

16. Descreva a etiologia e o aspecto radiológico dos hematomas epidurais.

Os hematomas epidurais tipicamente resultam de uma lesão direta sobre o local do hematoma (lesão por golpe) e com freqüência envolvem uma fratura de crânio que resulta em ruptura de uma artéria meníngea (mais comumente da artéria meníngea média). Como a camada mais externa à dura-máter é, na realidade, o periósteo craniano, faz-se necessária uma pressão arterial para descolar o periósteo do osso. O periósteo é muito aderido às linhas das suturas cranianas e, portanto, esses pontos de referências limitam a extensão dos hematomas epidurais. A tenda da dura resulta na forma bicôncava (de lente) dos hematomas epidurais (ver figura).

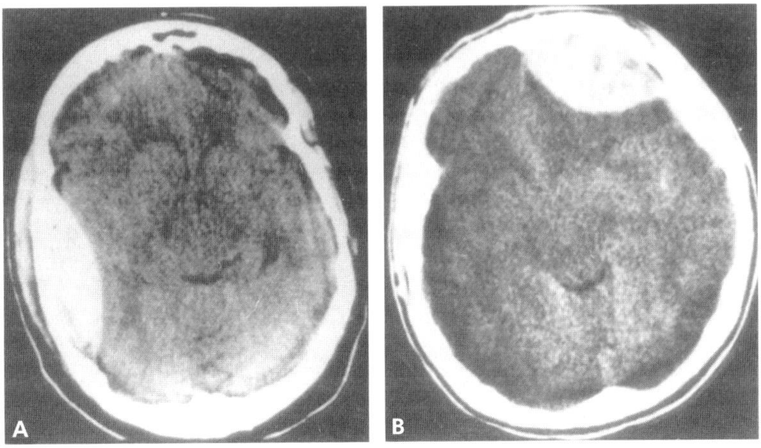

TC axial de crânio não-contrastada mostrando hematomas epidurais agudos em dois pacientes diferentes: *A*, hematoma em fossa média (temporal) direita; e *B*, hematoma em fossa frontal esquerda. Os dois hematomas são limitados em sua extensão pela sutura coronal.

17. Descreva a etiologia e o aspecto radiológico dos hematomas subdurais agudos.

Os hematomas subdurais freqüentemente ocorrem opostos ao local do impacto mecânico (lesão de contragolpe). Na maioria dos casos, as veias que fazem a ligação entre o cérebro e a dura são rompidas quando o cérebro recua para longe do calvário contralateral, resultando na formação de hematoma no espaço subdural. O espaço subdural é um espaço potencial que permite a expansão relativamente livre do hematoma. Dessa forma, o hematoma subdural freqüentemente estende-se por todo o hemisfério cerebral na forma de crescente (ver figura na Questão 5). A lesão parenquimatosa subjacente grave é muito mais comum em hematomas subdurais agudos do que em hematomas epidurais.

18. Todas as fraturas de crânio com afundamento justificam o tratamento cirúrgico?

As indicações para elevação cirúrgica de uma fratura craniana com afundamento geralmente são:

- Um ferimento contaminado.
- Um hematoma subjacente que necessita de drenagem independentemente da fratura de crânio.
- Uma deformidade cosmética significativa.
- Envolvimento de um seio paranasal.

As fraturas de crânio com afundamento abertas, sem complicações, podem ser tratadas no departamento de emergência com irrigação da ferida e fechamento.

19. Qual é o significado de rinorréia ou otorréia de LCR após um trauma craniano e como elas devem ser tratadas?

Uma fístula de LCR quase sempre significa uma fratura de base de crânio e apresenta o risco de desenvolvimento de meningite. Os locais mais comuns de fratura são o assoalho da fossa frontal e o osso petroso. A terapia conservadora, com manutenção da elevação da cabeça a 30° ou mais por 72 horas, é efetiva na maioria dos casos. Antibióticos profiláticos não devem ser administrados porque não foram comprovados benefícios na prevenção de meningite e, se essa ocorre, tal tratamento pode promover o crescimento de cepas resistentes. Para fístulas liquóricas resistentes ao tratamento conservador, a colocação de um dreno lombar externo de LCR é em geral efetiva.

20. Descreva os parâmetros essenciais para a monitoração de pacientes com trauma craniano grave (GCS 8).

O equipamento para monitoração de pacientes com lesão craniana grave deve incluir um monitor de PIC, um cateter venoso central e um cateter para pressão arterial. Os monitores fornecem dados contínuos que permitem avaliar e corrigir a PIC, o estado de volume e a pressão sangüínea respectivamente.

21. Que pacientes devem ser submetidos à monitorização da PIC?

Quase todo paciente que na ressuscitação inicial apresente uma pontuação na GCS de 8 ou menos merece monitoração. Na maioria dos casos, uma ventriculostomia é preferida pois permite tanto a monitoração da PIC quanto a drenagem de LCR. Outros tipos de transdutores de PIC que monitoram a pressão do parênquima cerebral também estão disponíveis. Às vezes refere-se ao monitor de PIC como um "pino", um termo que não é mais aplicável e que é enganador.

22. Que nível de PIC constitui hipertensão intracraniana que requer tratamento?

A PIC normal para um adulto hígido é de 5-10 mmHg. Uma PIC acima de 20 mmHg mantida por mais de cinco minutos tipicamente justifica o tratamento.

23. Descreva as medidas padronizadas para o tratamento de hipertensão intracraniana.

Entre as medidas necessárias de rotina estão a manutenção da normotermia, a elevação da cabeça para 30° com alinhamento neutro e a hiperventilação leve até uma $PaCO_2$ de 30-35 mmHg. Em virtude do risco de elevações agudas na PIC com atividade convulsiva, anticonvulsivantes (fenitoína) também devem ser administrados, pelo menos na primeira semana após a lesão. Quando elevações agudas e sustentadas na PIC ocorrem, tratamentos adicionais para controlar PIC geralmente são utilizados simultaneamente. Entre eles destacam-se a drenagem ventricular, a sedação narcótica (morfina ou fentanil) e o bloqueio neuromuscular (vecurônio ou pancurônio), seguido por manitol em bolo (0,5-1,0 g/kg). Em pacientes com hipertensão intracraniana persistente ou que está piorando, a possibilidade de um novo acúmulo ou formação de outro hematoma deve ser investigada por TC de crânio e, se presente, deve ser drenado com urgência.

24. O que é a terapia de PPC para PIC elevada e como ela é realizada?

A terapia de PPC é baseada na teoria de que pacientes com lesão craniana grave não são capazes de regular o fluxo sangüíneo cerebral normalmente, mesmo na presença de pressões sangüíneas normais. Aumentando-se a pressão sangüínea sistêmica com o objetivo de atingir uma PPC > 70 mmHg, acredita-se que a vasoconstrição reflexa resultará em diminuição na PIC, ainda que o fluxo sangüíneo cerebral permaneça ideal. O primeiro passo na terapia de PPC é a expansão do volume vascular com o objetivo de atingir uma pressão venosa central de 5-10 mmHg. Se a pressão de perfusão permanece insuficiente após a terapia com volume e tratamento para reduzir a PIC, o uso de hipertensão induzida (por agentes inotrópicos ou constritores) está em geral indicado. A eficácia da terapia de PPC não foi demonstrada em estudos randomizados, embora os conceitos de reposição de volume, prevenção de hipotensão sistêmica (pressão sangüínea sistólica < 90 mmHg) e manutenção de PPC 70 mmHg permaneçam objetivos aceitáveis do tratamento de lesão craniana.

25. Quais são as indicações para terapia com altas doses de barbitúricos em pacientes com trauma craniano grave?

Nos pacientes refratários às medidas regulares descritas para tratamento de HIC, os barbitúricos podem ser utilizados algumas vezes. Teoricamente, os barbitúricos em altas doses reduzem o metabolismo cerebral com diminuição do fluxo sangüíneo cerebral, volume sangüíneo e PIC. O índice de resposta (i. e., controle da PIC) variou de 30-80% em diferentes estudos. Para a terapia ser efetiva, ela deve ser instituída antes que qualquer lesão irreversível de tronco cerebral tenha ocorrido. As indicações para iniciar pentobarbitral em altas doses incluem a persistência de PIC acima de 30 mmHg com PPC menor que 70 mmHg e PIC acima de 40 mmHg apesar de PPC de 70 mmHg. Tais pacientes devem ser monitorados rigorosamente por causa do risco aumentado de complicações hemodinâmicas e pulmonares.

26. Qual é o papel dos corticosteróides no tratamento de pacientes com traumatismo craniano?

Nenhum. A incapacidade da terapia com corticosteróides em altas doses de controlar a PIC ou melhorar a evolução dos pacientes com trauma craniano foi demonstrada em vários estudos clínicos. Além disso, as complicações associadas, incluindo a diminuição da resposta imune, o encobrimento de infecção, a hemorragia gastrintestinal, a piora da cicatrização da ferida e a elevação dos níveis séricos de glicose, tornam as altas doses de glicocorticóides inadequadas para os pacientes com trauma craniano.

27. As convulsões pós-traumáticas são comuns? Os anticonvulsivantes reduzem os riscos?

Convulsões pós-traumáticas precoces, ocorrendo na primeira semana após a lesão, são vistas em aproximadamente 25% dos pacientes com hematomas e contusões intracranianos traumáticos. O uso de fenitoína durante a primeira semana após a lesão craniana reduz o risco de convulsões pós-traumáticas em 70-75% durante esse período. O uso de fenitoína com a manutenção de altos níveis séricos terapêuticos é recomendado durante o período agudo da lesão. A terapia anticonvulsivante profilática, todavia, não parece reduzir o risco de desenvolvimento de epilepsia pós-traumática; portanto, essa terapia é habitualmente suspensa uma semana após a lesão.

28. Por que a hiponatremia é um problema após trauma craniano?

A hiponatremia diminui o limite para convulsões e pode exacerbar o edema cerebral. Sódio sérico baixo (< 135 mmol/l) ocorre em quase 10% dos pacientes com lesão moderada ou grave. A hiponatremia em pacientes com trauma craniano é causada por perda cerebral de sal ou pela síndrome de secreção inapropriada do hormônio antidiurético (SIADH); ambas são caracterizadas por sódio sérico e osmolalidade sérica baixos e por sódio urinário e osmolalidade urinária inapropriadamente altos, em um quadro com funções renal, adrenal e tireoidiana normais. A principal distinção é que esses pacientes com SIADH geralmente são responsivos à restrição de fluidos, enquanto aqueles com perda cerebral de sal respondem à adição de volume e à administração de sódio. Terapia com soro hipertônico ou uréia EV são efetivas para o tratamento de hiponatremia significativa de < 130 mmol/l.

29. Quais são os determinantes mais importantes da recuperação neurológica após um trauma craniano?

Os fatores preditivos mais importantes de prognóstico ruim incluem idade avançada, pontuação baixa na GCS, resposta motora anormal (postura de decorticação ou descerebração), dilatação pupilar, hipotensão, hipoxia e hipertensão intracraniana sustentada. Entre os fatores preditivos de prognóstico pobre na TC estão os hematomas intracerebral e subdural agudos, as contusões múltiplas e hemorragia subaracnóide, a presença de cisternas mesencefálicas comprimidas e o desvio da linha média maior que 3 mm (ver tabela e figura a seguir). De forma importante, essas variáveis têm um efeito aditivo na morbidade e na mortalidade; quando vários fatores estão presentes, como idade avançada, baixa pontuação na GCS, dilatação pupilar e desvio da linha média na TC, as chances de uma boa recuperação estão acentuadamente diminuídas.

Principais fatores preditivos de evolução ruim após trauma craniano fechado

ACHADOS CLÍNICOS	ACHADOS NA TC
Idade avançada	Lesões em massa (subdural, hematoma intracerebral, contusões múltiplas)
Baixa pontuação na GCS	Cisternas mesencefálicas ausentes ou comprimidas
Resposta motora anormal	Desvio da linha média > 3 mm
Resposta pupilar anormal	Hemorragia subaracnóidea
PIC sustentada > 20 mmHg	
Hipotensão SBP < 90 mmHg	
Hipoxia PaO_2 < 60 mmHg	
Complicações sistêmicas	

Esses achados clínicos e de TC constituem os mais fortes indicadores de prognóstico em pacientes com trauma craniano.

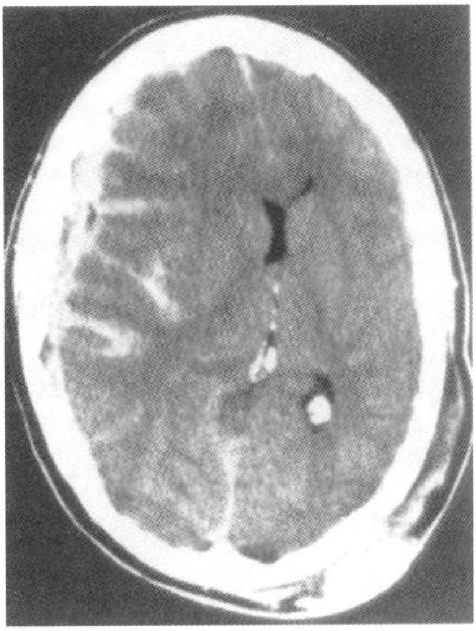

Essa TC axial de crânio sem contraste mostra um hematoma subdural agudo extenso do lado direito, hemorragia subaracnóidea e contusões cerebrais precoces com um grande desvio da linha média da direita para a esquerda. Tais achados, apesar da idade relativamente baixa do paciente (32 anos), são preditivos de uma evolução neurológica ruim.

30. Quantos pacientes realmente apresentam uma recuperação neurológica funcional após sofrerem um trauma craniano grave?

Na maioria dos estudos recentes, uma evolução favorável, definida como boa recuperação ou incapacidade moderada pela Escala de Evolução de Glasgow, foi alcançada em aproximadamente 50% dos pacientes, com taxa de mortalidade de aproximadamente 25%. Apesar da intervenção intensiva, a incapacidade a longo prazo ocorre em uma grande proporção dos sobreviventes de traumatismo craniano grave. Seqüelas neurofisiológicas significativas e incapacidades físicas são também comuns em pacientes que sofreram lesões mais leves.

31. Por que é importante obter radiografias da coluna cervical em pacientes com trauma craniano e quais são os pontos mais importantes em relação à realização desse exame?

Cinco a 10% das vítimas de trauma craniano apresentam lesão de coluna cervical. A radiografia lateral da coluna cervical deve visualizar a junção cervicotorácica. Se a junção C7-T1 não é vista na incidência lateral apesar da tração do braço ou incidência do nadador, então uma TC do nível C7-T1 deve ser realizada.

32. Quais são as seqüelas a curto e longo prazo do trauma craniano?

Nas primeiras semanas após a alta, queixas de cefaléia persistente, confusão ou distúrbio de marcha devem induzir à realização de uma nova TC para avaliar o desenvolvimento de hidrocefalia pós-traumática. O seguimento de longo prazo é ditado em grande parte pelo grau de incapacidade neurológica e física. Para os pacientes que receberam alta totalmente conscientes e independentes, as queixas mais comuns são de natureza neurofisiológica, com distúrbios de memória e comportamento ocorrendo mais freqüentemente. O encaminhamento para avaliação por um neurofisiologista é geralmente indicado. Os pacientes com significativo prejuízo neurocognitivo são mais bem conduzidos em uma unidade de reabilitação completa por várias semanas ou meses. *A recuperação da função, do momento da alta até seis meses após a lesão, pode ser dramática, mesmo em indivíduos vegetativos ou gravemente debilitados.* A melhora geralmente começa no platô de seis meses após a lesão e é tipicamente máxima por volta de um ano.

33. Que pacientes estão em risco para o desenvolvimento de hematoma subdural crônico?

Os hematomas subdurais crônicos tipicamente ocorrem em indivíduos com mais de 40 anos de idade. Uma história de trauma craniano é obtida em apenas metade a três quartos dos pacientes. Alcoolismo crônico é também um fator associado comum. Atrofia cerebral preexistente é observada em muitos indivíduos. Outros fatores incluem *shunts* ventriculares, desordens convulsivas e terapia anticoagulante (Coumadin).

34. Cite as manifestações típicas de um hematoma subdural crônico.

O hematoma subdural crônico pode mimetizar várias outras condições neurológicas, incluindo demência, acidente vascular cerebral, ataques isquêmicos transitórios, encefalites e outras lesões com efeito de massa. O paciente ou sua família freqüentemente não se lembram do evento traumático ou têm apenas uma vaga recordação de um trauma craniano aparentemente trivial. *Um diagnóstico equivocado inicial de demência é particularmente comum em pacientes idosos que apresentam declínio insidioso global da função mental, sem achados neurológicos focais.* Um erro diagnóstico na admissão ocorre em até 40% dos casos. A queixa mais comum é cefaléia, observada em até 80% dos indivíduos. Entre outros sintomas estão letargia, deterioração da memória, confusão, fraqueza, náuseas, vômitos e convulsões. Déficits motores e distúrbios de marcha são comuns.

35. Como é diagnosticado um hematoma subdural crônico?

TC e RM são os estudos de imagem primários para o diagnóstico. Na TC tais lesões são tipicamente iso ou hipodensas ao cérebro e podem se estender por uma grande parte da convexidade cerebral (ver figura da página seguinte).

36. Como o tratamento de um hematoma subdural crônico difere do tratamento de um hematoma subdural agudo?

Os pacientes com hematomas subdurais crônicos são efetiva e seguramente tratados com craniostomia por perfuratriz de rotação à beira do leito ou por orifícios por broca e drenagem em centro cirúrgico. Uma craniotomia raramente é necessária. Em contraste, os pacientes com hematomas subdurais agudos necessitam de craniotomia para esvaziamento, pois o hematoma está coagulado e não pode ser drenado pelos orifícios feitos por broca.

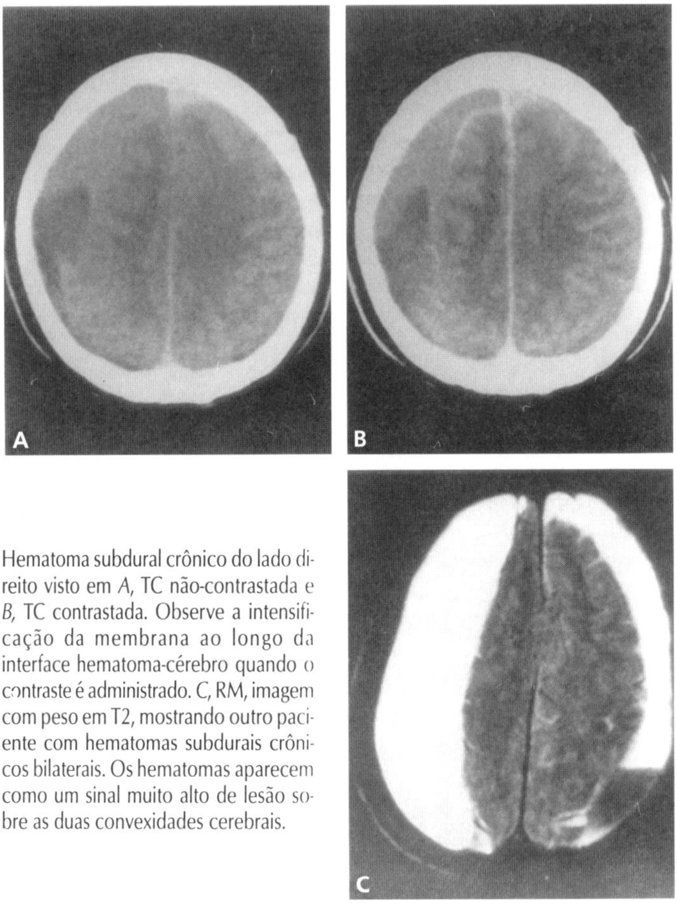

Hematoma subdural crônico do lado direito visto em *A*, TC não-contrastada e *B*, TC contrastada. Observe a intensificação da membrana ao longo da interface hematoma-cérebro quando o contraste é administrado. *C*, RM, imagem com peso em T2, mostrando outro paciente com hematomas subdurais crônicos bilaterais. Os hematomas aparecem como um sinal muito alto de lesão sobre as duas convexidades cerebrais.

REFERÊNCIAS BIBLIOGRÁFICAS

1. Alberico AM, Ward JD, Choi SC, *et al.*: Outcome after severe head injury, relationship to mass lesions, diffuse injury, and ICP course in pediatric and adult patients. *J Neurosurg* 67: 648-656, 1987.
2. Cooper PR (ed): *Head Injury*, 3rd ed. Baltimore, Williams & Wilkins, 1993.
3. Marshall LF, Gautille T, Klauber MR, *et al.*: The outcome of severe closed head injury. *J Neurosurg* 75(Suppl): S28-36, 1991.
4. Bouma GJ, Muizelaar JP, Choi Sc, *et al.*: Cerebral circulation and metabolism after severe traumatic brain injury: The elusive role of ischemia. *J Neurosurg* 75: 685-693, 1991.
5. Bouma GJ, Muizelaar JP, Bandoh K, *et al.*: Blood pressure and intracranial pressure-volume dynamics in severe head injury: Relationship with cerebral blood flow. *J Neurosurg* 77: 15-19, 1992.
6. Kelly DF, Nikas DL, Becker DP: Diagnosis and treatment of moderate and severe head injuries in adults. *In* Youmans J (ed): *Neurological Surgery*, 4th ed. Philadelphia, W.B. Saunders, 1995, p. 1618-1718.
7. Marmarou A, Anderson RL, Ward JD, *et al.*: Impact of ICP instability and hypotension on outcome in patients with severe head trauma. *J Neurosurg* 75: S59-S66, 1991.

8. Muizelaar JP, Marmouov A, Ward JD, *et al.*: Adverse effects of prolonged hyperventilation in patients with severe head injury: A randomized clinical trial. *J Neurosurg* 75: 731-739, 1991.
9. Narayan RK, Wilberger JE, Povlishock JT (eds): *Neurotrauma.* New York, McGraw-Hill, 1996.
10. Paulson OB, Strandgaard S, Edvinsson L: Cerebral autoregulation. *Cerebrovasc Brain Metab Rev* 2: 161-192, 1990.
11. Rosner MJ, Rosner SD, Johnson AH: Cerebral perfusion pressure: Management protocol and clinical results. *J Neurosurg* 83: 949-962, 1995.
12. Rosner MJ: Pathophysiology and management of increased intracranial pressure. *In* Andrews BT (ed): *Neurosurgical Intensive Care.* New York, McGraw-Hill, 1993, p. 57-112.
13. Teasdale G & Jennett B: Assessment of coma and impaired consciousness. A practical scale. *Lancet* 2: 81-84, 1974.

9. TRAUMA MAXILOFACIAL

Dennis-Duke R. Yamashita, D.D.S.

1. **Quais são as indicações para a realização de uma exploração do assoalho da órbita no tratamento de uma fratura complexa de zigomático?**
    - Enoftalmo maior que 3 mm.
    - Limitação da função extra-ocular.
    - Um defeito grande do assoalho da órbita com herniação de partes moles para o seio maxilar avaliada em TC.

2. **Na avaliação de um trauma orbitário, qual é o significado de uma equimose subconjuntival que não tem limite lateral?**

O sangramento sugere uma fratura de estrutura óssea orbitária, como a parede lateral da órbita, o assoalho da órbita ou a sutura zigomaticofrontal.

3. **O que é uma fratura orbitária por explosão?**

Na fratura orbitária por explosão clássica, a integridade de uma ou mais paredes da cavidade da órbita é perdida sem fratura da borda orbitária circundante. O trauma deve-se a um aumento quase instantâneo da pressão intra-orbitária. O assoalho da órbita é afetado na maioria das vezes, com lesão concomitante da parede medial em cerca de 50% dos casos.

4. **Quais são os sinais clínicos de uma fratura orbitária por explosão?**

Enoftalmo.
Diplopia (diferença no eixo visual).
Limitação de músculo extra-ocular (captura).
Parestesia de nervo infra-orbitário (se a fratura cruza o canal infra-orbitário).
Hemorragia subconjuntival (violação do periósteo).
Equimose e edema periorbitários.
Dor ao redor do olho e na área do seio maxilar.

5. **Qual é a parede da órbita mais freqüentemente envolvida na fratura orbitária por explosão?**

A parede inferior, que, embora não seja a mais fina, é a parede da órbita mais freqüentemente fraturada, particularmente na área medial ao sulco infra-orbitário. A parede lateral é a mais espessa, forte e a parede da órbita fraturada com menor assiduidade.

6. **Que ossos constituem a estrutura da órbita?**

Frontal, zigomático, maxilar, lacrimal, etmóide, esfenóide e palatino (processo orbitário). Observação: o processo orbitário do osso palatino é quase sempre esquecido.

7. **Qual é a profundidade média da borda orbitária até o canal óptico?**

As medidas seguintes são importantes na exploração e na reconstrução da órbita:

Borda infra-orbitária ao canal óptico	42 mm
Incisura orbitária superior ao canal óptico	45 mm

8. Como é descrito o telecanto traumático? Quais são as medidas intercantal, interpupilar e cantal lateral normais?

O telecanto traumático é descrito como um aumento na distância entre os cantos mediais dos olhos, que ocorre por fratura dos ossos aos quais os ligamentos cantais mediais estão fixados. As medidas relacionadas normais são (aproximadamente):

Intercantal	30 mm
Interpupilar	60 mm
Cantal lateral	90 mm

(Dica: Lembre-se das medidas 30, 60, 90 do triângulo reto.)

9. Que sinais e sintomas caracterizam a síndrome de fissura orbitária superior?

Os conteúdos da fissura orbitária superior são comprimidos pelo trauma (ou neoplasias), resultanto na síndrome específica. Os sintomas são relacionados às estruturas anatômicas dentro da fissura:

Nervo lacrimal	Nervo oculomotor
Nervo frontal	Nervo nasociliar
Nervo troclear	Nervo abducente

Os sinais e sintomas da síndrome da fissura orbitária superior incluem:

Oftalmoplegia	Pupila dilatada fixa
Ptose	Déficits sensoriais da fronte
Proptose	Perda do reflexo corneano

10. Forneça uma lista de materiais de implante utilizados para restaurar a continuidade do assoalho da órbita.

Osso autógeno
Cartilagem e enxertos homólogos
Materiais aloplásticos:
- Teflon R
- Revestimento de silicone
- Metilmetacrilato
- Fosfato de cálcio (HA)
- Nylon
- Ligas metálicas
- Marlex R
- Medpor R (polietileno poroso)
- Biorreabsorvíveis (Gelfilm R, Vicryl R, PDS R e Lactosorb R)

O material aloplástico mais freqüentemente usado é o MedporR.

11. Qual é a fixação anatômica do ligamento cantal medial? E do ligamento cantal lateral?

O ligamento (tendão) cantal medial tem duas cabeças: a cabeça fina profunda insere-se na crista lacrimal posterior e a cabeça espessa superficial, na crista lacrimal anterior.

O tendão cantal lateral (ligamento palpebral lateral) insere-se no tubérculo de Whitnal. O tubérculo está na parede orbitária lateral aproximadamente 2 mm inferior à sutura zigomática.

12. O que é o teste de ducção forçada e como ele é realizado?

O teste de ducção forçada é usado para determinar a existência de fraqueza muscular ou impedimento físico à motilidade ocular. A junção cornoescleral é segura na área do tendão muscular em questão e o globo é calmamente rodado. A incapacidade de rotação indica a captura de músculo ou fáscia. O teste também deve ser realizado após o reparo de parede ou assoalho da órbita para determinar invasão do(s) material(is) de enxerto nos tecidos moles da órbita, com resultante redução de mobilidade.

13. Quais são os testes Jones 1 e Jones 2 (testes com corante primário e secundário) e qual o seu significado?

Teste Jones 1: corante fluoresceína 2% é injetado no saco conjuntival. O nariz é examinado após cinco minutos para ver se o corante emerge pelo fluxo ductal normal.

Teste Jones 2: corante fluoresceína 2% é injetado nos pontos inferiores para observar se qualquer obstrução de fluxo é encontrada. Se o corante encontra um caminho até os pontos superiores, existe obstrução da drenagem na área abaixo do saco lacrimal. Se o corante aparece no nariz, após falha no teste Jones 1, há obstrução da drenagem abaixo do saco, a qual é normalmente reparável por meio de dacriocistostomia.

14. Qual é a diferença clínica entre a síndrome da fissura orbitária superior e a síndrome do ápice orbitário?

A síndrome do ápice orbitário inclui todos os sintomas e sinais clínicos da síndrome da fissura orbitária superior mais o envolvimento do nervo óptico (primariamente visual).

15. Qual é a classificação de Knight e North das fraturas orbitozigomáticas?

Em 1961, Knight e North descreveram a classificação de seis grupos de fraturas orbitozigomáticas com base na direção do deslocamento observado na incidência radiográfica de Water.

Grupo I: Fratura não-deslocada, sem evidência clínica ou radiológica de deslocamento.

Grupo II: Fraturas de arco. Fratura pura de arco zigomático causada por choque lateral direto no arco. Classicamente, três linhas de fratura são observadas, formando uma deformidade em forma de V na radiografia vértex-submental.

Grupo III: Fraturas de corpo não-rodadas. Tais fraturas são causadas por golpe direto na proeminência zigomática, que desvia o zigoma posterior e medialmente, resultando em achatamento da maçã do rosto.

Grupo IV: Fraturas de corpo medialmente rodadas. A causa dessas fraturas é um golpe por cima do eixo horizontal do zigoma que desvia o osso medial, inferior e posteriormente com rotação. As radiografias mostram o osso deslocado inferiormente na borda infra-orbitária e externamente ao arco malar ou internamente à sutura frontozigomática.

Grupo V: Fraturas de corpo lateralmente rodadas. Um golpe que se origina abaixo do eixo horizontal do zigoma resulta em deslocamento medial e posterior, com rotação lateral. Radiografias demonstram o deslocamento superior na margem infra-orbitária e o deslocamento lateral na sutura zigomática.

Grupo VI: Fraturas complexas. Fraturas cominutivas do corpo do zigoma.

16. Cite os sinais e sintomas que acompanham as fraturas de osso zigomático.

Equimose e edema periorbitário
Sensibilidade nervosa anormal
Achatamento da proeminência malar
Achatamento do arco zigomático
Equimose do sulco bucomaxilar
Equimose subconjuntival
Deformidade da margem da órbita
Trismo
Epistaxe
Crepitação por enfisema aéreo
Nível pupilar desigual
Diplopia
Enoftalmo

17. Que tipo de fratura do complexo malar produziria limitação dos movimentos mandibulares? Quais são as estruturas anatômicas envolvidas?

A limitação da abertura da boca freqüentemente acompanha as lesões zigomáticas (33%), com maior incidência em fraturas isoladas do arco zigomático (45%).

Controvérsia: A razão mais citada para a ausência de mobilidade após uma fratura é o golpe do processo coronóide da mandíbula pelos fragmentos deslocados do arco zigomático. Uma etiologia mais provável são espasmos musculares secundários ao choque dos fragmentos deslocados.

18. Como são tratadas as fraturas subcondilares isoladas em uma criança em desenvolvimento, diferentemente de um adulto?

Em geral, as crianças são submetidas a conduta não-cirúrgica para evitar uma potencial ruptura do centro de crescimento. Um período curto de imobilização imediata com fixação intermaxilar para alívio da dor, seguido por fisioterapia, reduz a chance de anquilose óssea com resultante deformidade mandibular. Muitos médicos acreditam que para crianças em fase de crescimento o potencial para remodelação dos restos condilares ou a formação de uma nova cabeça condilar é grande.

Tratamento das fraturas de côndilo

GRAVIDADE DA FRATURA	ADULTO	CRIANÇA
Sem deslocamento ou moderadamente deslocada		
Oclusão cêntrica sem dor	Dieta leve e observação	Dieta leve e observação
Má oclusão sem dor	Bloqueio de arcos e elásticos-guia	Bloqueio de arcos e elásticos-guia
Dor com ou sem má oclusão	Fixação intermaxilar por duas a quatro semanas e elásticos-guia, se necessário	Fixação intermaxilar por uma a três semanas e elásticos-guia se necessário
Gravemente deslocada	Redução da abertura com osteossíntese é a melhor opção	O mesmo que para sem deslocamento

19. A anquilose óssea de articulação temporomandibular (ATM) após trauma é causada por que mecanismo?

As duas causas classicamente reconhecidas dessa destruição tecidual são o trauma de ATM (não-cirúrgico e iatrogênico) e a osteomielite (otite média e mastoidite). Múltiplos fatores predispõem a ATM à anquilose:

1. O deslocamento do disco articular permite o contato ósseo direto entre o côndilo e a fossa glenóide.
2. O hematoma e os fragmentos ósseos na região da articulação proporcionam um ambiente osteoindutivo.
3. A imobilidade da articulação após um trauma por causa da fragmentação, da fixação intermaxilar ou por estados comatosos otimiza essa "cicatrização" óssea anormal.

20. Na avaliação clínica do paciente com trauma, que nervo(s) fornece(m) a inervação sensorial da pele sobre o ângulo mandibular?

O nervo auricular maior, um ramo do plexo cervical (C2, C3), fornece essa inervação.

21. Que fraturas faciais podem causar uma deformidade de mordida aberta com posição mandibular esquelética classe III? E com posição mandibular esquelética classe II?

As fraturas mandibulares de ângulo ou subcondilares com deslocamento bilateral podem causar a deformidade de mordida aberta com posição mandibular esquelética classe II (retrusão relativa da mandíbula). As fraturas de Le Fort deslocadas podem causar aparência esquelética classe III (protusão relativa da mandíbula) e uma deformidade de mordida aberta.

22. Como são conduzidas as fraturas de mandíbula no paciente desdentado?

Aparelhos cirúrgicos (ou dentaduras modificadas) que são fixados ao maxilar e à mandíbula podem ser utilizados para a redução fechada da fratura mandibular sem dentes. Se a mobilidade fisiológica da mandíbula for necessária, uma fixação esquelética rígida usando placas e parafusos ou dispositivos extra-orais pode ser utilizada.

23. Que fraturas mandibulares não são consideradas compostas?

Por definição, qualquer fratura na qual exista uma comunicação com uma ferida externa envolvendo a pele, a mucosa ou a membrana periodontal (chave) é considerada composta. As fraturas em questão incluiriam aquelas de processo coronóide, as subcondilares e as fraturas em todas as regiões desprovidas de dentes da mandíbula onde a mucosa permanece intacta.

24. Qual é o local mais comum de uma fratura de mandíbula?

Em ordem decrescente de ocorrência: corpo, côndilo, ângulo, sínfise, ramo e processo coronóide.

25. Na terapia de fraturas altamente cominutivas da mandíbula, como em ferimentos por arma de fogo, quais são os fatores que afetam o tratamento?

É freqüentemente impossível criar unidades estáveis pela colocação de placas internas, parafusos e fios. As maiores preocupações são:

1. O debridamento criterioso dos tecidos necróticos e contaminados com manipulação apropriada e lavagem.
2. O uso imediato de antibióticos parenterais.
3. A hemostasia e a eliminação de espaço morto, usando técnicas adequadas de drenagem.
4. A preservação do suprimento sangüíneo dos segmentos cominutivos; técnicas de abertura cirúrgica levariam a maior potencial de osteonecrose.
5. A manutenção da estabilidade dos segmentos ósseos.

26. Qual é a conduta para terceiros molares mandibulares quando eles estão envolvidos em fraturas de ângulo de mandíbula?

Os terceiros molares são mantidos caso estiverem em perfeitas condições e imóveis ou estiverem completamente impactados no osso e não-móveis ou fraturados. Geralmente, os terceiros molares em más condições ou parcialmente expelidos são removidos.

27. Que ossos faciais são os mais freqüentemente fraturados?

Os ossos nasais em virtude de sua posição saliente.

28. A epífora é causada pela interrupção do fluxo por meio de que estrutura?

O trauma nasorbitário apresenta um potencial para fragmentação e fratura do ducto nasolacrimal, pelo qual as lágrimas fluem. O ducto nasolacrimal, a conexão entre o saco lacrimal e a cavidade nasal, está dentro do canal ósseo nasolacrimal.

29. O que significa "olhos de quati"?

Os "olhos de quati" são equimoses periorbitátrias bilaterais comumente observadas como resultado de fratura da base da fossa craniana anterior.

30. Qual é o significado do sinal de Battle?

O sinal de Battle é uma equimose localizada atrás da orelha e indica uma fratura basilar de crânio da fossa craniana média.

31. Qual é o principal fator determinante na força destrutiva de uma bala: sua massa ou sua velocidade?

Isso fica evidente na equação da energia cinética (EC) e sua relação com a massa (M) e a velocidade (V) da bala.

$$EC = \frac{(M)(V)^2}{2}$$

32. Quais são as contra-indicações para a intubação endotraqueal no paciente que sofreu um trauma de cabeça e pescoço?

1. Lesão de coluna cervical suspeitada ou confirmada. O estabelecimento de uma via aérea protegida requer uma cricotireostomia em situação de emergência ou intubação controlada auxiliada por fibra óptica ou traqueostomia.

2. Suspeita de fraturas de fossa craniana anterior com rinorréia de LCR. A via nasal seria uma contra-indicação relativa em virtude da contaminação das meninges ou da violação do crânio pela cânula endotraqueal (ou tubo nasogástrico).

3. Edema retrofaríngeo observado nas radiografias de coluna cervical. As paredes da faringe podem ser violadas com subseqüente aspiração de materiais.

4. Laringe fraturada. Isso pode tornar a intubação endotraqueal impossível.

33. O que causa pupila fixa, dilatada em um paciente com trauma craniano?

Pressão supratentorial rapidamente crescente, habitualmente em conseqüência de lesão com efeito de massa ou hemorragia epidural, pode causar compressão do terceiro nervo craniano ipsolateral por herniação uncal ou tentorial. Fraqueza espástica contralateral do braço e da perna também pode ser observada na herniação uncal.

34. O que é a classificação de Le Fort das fraturas maxilares?

Fratura maxilar de Le Fort I é uma fratura transversa acima dos ápices dos dentes, por meio do seio maxilar e que cruza o septo nasal. Ela corre posteriormente pelos processos piramidais dos ossos palatinos e pelos processos pterigóides dos ossos esfenóides.

Fratura maxilar de Le Fort II é conhecida como fratura piramidal. Essa fratura segue o mesmo curso posterior que a de Le Fort I e continua anteriormente, de forma ascendente, próxima ao processo zigomático e ao forame infra-orbitário, pela margem orbitária inferior até o assoalho da órbita, cruzando a parede orbitária medial ao processo frontal, os ossos nasais (ou sutura nasofrontal) e o septo nasal.

Fratura maxilar de Le Fort III é conhecida como fratura de disjunção craniofacial. A fratura começa na sutura nasofrontal e continua por intermédio do processo frontal, seguindo as paredes orbitárias mediais, cruzando a sutura frontozigomática. A fratura continua pelos arcos zigomáticos e pelo processo pterigóide do osso esfenóide.

35. Quais são as causas de diplopia binocular traumática em lesões da região média da face?

A diplopia binocular é primariamente causada pela restrição ou captura de músculos extra-oculares, como visto no assoalho e na parede medial da órbita, bem como em fraturas com explosão. A diplopia também pode ser causada por deslocamento do ligamento suspensório medial ou lateral secundário a fraturas nasoetmoidais ou fraturas zigomaticomaxilares complexas.

36. Cite as áreas de suporte vertical do terço médio do esqueleto facial. Qual a sua importância?

As áreas de suporte são nasomaxilar, zigomaticomaxilar e pterigomaxilar. Sua importância está no fato de as regiões nasomaxilar e zigomaticomaxilar serem as mais freqüentemente usadas para a colocação de sistemas de fixação rígidos.

37. Para onde drenam os seios frontal e etmoidal?

O seio frontal drena pelo ducto nasofrontal para o meato médio.

O seio maxilar drena para o meato médio.

O etmoidal primariamente para o meato superior.

38. Quanta força é necessária para fraturar a região do seio frontal do crânio?

Aproximadamente 800-1.600 libras de força, o que é duas a três vezes mais que a força necessária para fraturar o zigoma, o maxilar ou a mandíbula.

39. Para manter a viabilidade das estruturas de apoio de dentes extraídos violentamente, qual é o maior período de tempo permitido no qual os dentes podem permanecer fora da boca antes do processo de reimplante?

Os objetivos do tratamento são a reimplantação o mais breve possível e a minimização do dano ao ligamento dentário e ao tecido da polpa. A velocidade com a qual a reimplantação é realizada é o fator mais importante. O tempo crítico parece ser de 20-30 minutos, após o qual a taxa de sucesso diminui significativamente. O contato com a superfície da raiz deve ser evitado e tampouco deve permitir que o dente resseque. O tratamento, se existe uma expectativa razoável de sucesso, incluirá a estabilização semi-rígida do dente por sete a 10 dias e a reavaliação para determinar a necessidade de tratamento adicional.

40. Por que deve ser realizado um exame intra-oral em um paciente com lesão maxilofacial?

O exame da cavidade oral pode fornecer ao clínico informações importantes. Se existe a presença de má oclusão, então fratura de maxilar ou mandíbula pode ter ocorrido. Dentes perdidos ou fraturados, em conseqüência do trauma, podem ter sido aspirados ou podem estar incrustados em lesões de partes moles adjacentes. Lacerações de língua podem sangrar profusamente e edema do assoalho da boca pode obstruir a via aérea. Movimento de segmentos da dentição pode indicar fraturas alveolares que necessitam de estabilização.

REFERÊNCIAS BIBLIOGRÁFICAS

1. Alling CC & Osborn DB: Maxillofacial Trauma. Philadelphia, Lea & Febiger, 1988.
2. Assael LA: The treatment of comminuted fractures of the mandible. *Atlas Oral Maxillofac Surg Clin North Am* 5: 159-162, 1997.
3. Bailey BJ, Johnson JT, Kabut RI, *et al.*: *Head and Neck Surgery-Otolaryngology*, Philadelphia, JB. Lippincott, 1993.
4. Ellis E & Zide MF: *Surgical Approaches to the Facial Skeleton*. Baltimore, Williams & Wilkins, 1995.
5. Fonseca RJ & Walker RV (eds): *Oral and Maxilofacial Trauma*. Philadelphia, W. B. Saunders, 1991.
6. Foster CA & Sherman JE (eds): *Surgery of Facial Bone Fractures*. New York, Churchill Livingstone, 1987.
7. Greenberg MS: *Handbook of Neurosurgery*, 3rd ed. Lakeland, FL, Greenberg Graphic, In., 1994.
8. Ochs MW & Buckley MJ: Anatomy of the orbit. *Oral Maxillofac Surg Clin North Am* 5: 419-429, 1993.
9. Pearl RM: Management of secondary orbital deformities. *Oral Maxillofac Surg Clin North Am* 5: 507-521, 1993.
10. Perrott DH & Kaban LB: Acute management of orbitozygomatic fractures. *Oral Maxillofac Surg Clin North Am* 5: 475-493, 1993.
11. Trope M: Protocol for treating the avulsed tooth. *J Calif Dent Assoc* 24: 43-49, 1996.
12. Weber WD: Treatment of mandibular fractures. *Atlas Oral Maxillofac Surg Clin North Am* 5: 77-125, 1997.

10. LESÕES OFTALMOLÓGICAS TRAUMÁTICAS

Jonathan C. Song, M.D.

1. Que tipos de lesões podem ser causadas por trauma fechado do olho?

Abrasões corneanas	Deslocamento de lente
Hifemas	Hemorragia vítrea
Irite traumática	Rasgos ou orifícios na retina
Midríase traumática	Descolamento de retina
Catarata	Fratura com explosão da órbita

2. Quando se deve suspeitar de ruptura de globo?

Deve-se suspeitar de globo aberto (rompido) com qualquer história de entrada de um objeto pontiagudo no globo ou de trauma fechado significativo. Os sinais clínicos incluem pupilas irregulares (apontando para a direção da lesão), globo com aspecto mole em virtude da diminuição da pressão intra-ocular e hemorragia subconjuntival grave. Um exame cuidadoso e delicado do olho é obrigatório para minimizar uma pressão adicional no globo. Tão logo se tenha a suspeita ou o diagnóstico de ruptura de globo, uma proteção *fox* deve ser colocada sobre o olho e uma consulta de emergência ao serviço de oftalmologia de referência deve ser realizada.

3. Que lacerações palpebrais requerem mais que um simples fechamento de pele?

A maioria das lacerações periorbitárias pode ser reparada com sutura simples da pele. Lacerações envolvendo a margem da pálpebra ou a linha cinzenta requerem técnicas adicionais para a aproximação da borda da pálpebra. Uma laceração envolvendo o ducto ou o sistema lacrimal pode exigir a colocação de tubos nasolacrimais. Lacerações que englobem a placa tarsal ou o músculo elevador podem requerer uma nova fixação do músculo antes do fechamento da pele. Esses tipos de laceração palpebral devem ser encaminhados para reparo com um oftalmologista ou cirurgião plástico.

4. Quais são as queixas comuns dos pacientes com abrasão corneana ou corpos estranhos na córnea?

Os pacientes geralmente apresentam olhos vermelhos e lacrimejantes, com queixa de fotofobia e dor. Anestesia tópica pode ser utilizada para oferecer mais conforto e possibilitar o exame, mas ela nunca deve ser prescrita ao paciente. Uso freqüente de anestésicos tópicos pode causar liquefação corneana. Uma vez que o olho esteja anestesiado, ele pode ser corado com fluoresceína e iluminado com uma lâmpada ultravioleta ou de Wood. Defeitos no epitélio da córnea irão absorver a fluoresceína e ficarão com coloração amarelo-alaranjada. Inspeção cuidadosa de toda a córnea deve ser feita para excluir corpos estranhos. Corpos estranhos não-incrustados podem ser removidos com um bastão com algodão úmido. Um corpo estranho encravado pode requerer remoção com agulha de calibre de 25 ou 27 ou *spud* do olho. Não devem ser removidos corpos estranhos que envolvam toda a espessura da córnea; encaminhamento imediato ao oftalmologista deve ser feito nesse caso. Uma abrasão corneana grande (envolvendo mais de um quarto da córnea) pode exigir um curativo compressivo (para limitar a motilidade ocular) e a instilação de colírio cicloplégico (para impedir espasmo de corpo ciliar) para maior conforto do paciente. A necessidade de profilaxia contra tétano também deve ser determinada.

5. Qual é a conduta em um hifema anterior?

Após um trauma, um hifema anterior pode ser observado como uma camada de células vermelhas que se acumulam na parte inferior da câmara anterior do olho. Ele também pode estar presente como uma nebulosidade difusa da câmara anterior. O paciente deve ser mantido em posição vertical com atividade mínima para prevenir novo sangramento. Entre as complicações estão o glaucoma e a coloração sangüínea da córnea.

6. Como se trata uma queimadura química do olho?

Primeiro é necessário determinar se o agente químico é um álcali ou um ácido. Substâncias químicas alcalinas podem penetrar pelo segmento anterior do olho causando lesão extensa muito rapidamente. O uso inicial de papel de nitrazina ajudará a determinar o pH pré e pós-irrigação. Irrigação copiosa é a chave, usando no mínimo dois litros de soro fisiológico e 15-20 minutos de irrigação. Uma irrigação adequada é alcançada quando o pH é corrigido até o nível neutro (i. e., 7). Isso deve ser checado 15 minutos após a última irrigação com papel de nitrazina.

7. O que causa anisocoria (midríase) traumática?

Um defeito eferente pupilar no qual uma pupila é dilatada (habitualmente de forma irregular) e não-reativa à luz direta ou consensual é geralmente resultado de lacerações de esfíncter na íris pelo trauma. Um cuidadoso exame do olho é obrigatório para excluir outras lesões oculares. Herniação uncal por lesão intracraniana deve ser considerada se existe diminuição do nível de consciência na presença de uma pupila arredondada, dilatada e não-reativa.

8. Como são tratadas as hemorragias subconjuntivais?

As hemorragias subconjuntivais são habitualmente benignas e se resolvem espontaneamente no período de duas a três semanas sem tratamento. Entretanto, um cuidadoso exame do olho deve ser realizado para excluir outras lesões oculares na vigência de trauma ocular.

9. Que testes radiológicos devem ser solicitados frente à suspeita de corpo estranho intra-ocular?

A história do paciente sobre o tipo de corpo estranho é importante. Objetos metálicos podem ser visualizados com radiografias simples da órbita. Entretanto, uma tomografia computadorizada (TC) da órbita com cortes axiais e coronais é necessária para a localização tridimensional. A ultra-sonografia orbitária é útil para a detecção de objetos não-metálicos. A ressonância magnética (RM) não deve ser solicitada inicialmente.

10. Quais são os sinais e sintomas de descolamento de retina?

Entre os sintomas clássicos estão as moscas volantes e os escotomas luminosos. O paciente também pode ver sombras semelhantes a cortinas na visão periférica. A visão central pode estar preservada inicialmente se o descolamento começa na periferia. À medida que o descolamento progride para envolver a mácula, a visão central diminui.

11. Quais são os sinais e sintomas de uma fratura com explosão?

Os pacientes com fraturas da parede orbitária inferior (fraturas com explosão) podem apresentar dor, sensibilidade local e visão dupla binocular. Os sinais críticos incluem movimento ocular restrito (especialmente olhar fixo para cima) por compressão do músculo reto inferior, diminuição da sensibilidade na margem orbitária inferior, protusão óssea palpável ao longo da margem inferior e enoftalmo (aspecto afundado do olho), que pode inicialmente ser mascarado pelo edema orbitário.

12. Como é diagnosticada a hemorragia retrobulbar?

Uma hemorragia retrobulbar traumática pode ocorrer após trauma craniano ou facial moderado ou grave. Proptose com resistência maior à compressão do olho envolvido quando comparado ao não-afetado está presente. A medida da pressão intra-ocular irá orientar a conduta. Cantotomia lateral e cantólise devem ser reservadas para pressões muito altas, nas quais há risco imediato para a visão. Uma TC de órbita deve ser realizada para documentar o sangue no espaço retrobulbar. Entretanto, isso pode ser adiado se a visão está ameaçada, instituindo-se a conduta antes do exame.

13. Quais são as paralisias de nervos cranianos mais comuns após trauma?

Podem ser observadas paralisias dos nervos III, IV e VI após trauma. Paralisias de nervos cranianos traumáticas habitualmente melhoram com o tempo, com resolução completa em cerca de seis meses.

14. Que lesões oftálmicas traumáticas requerem encaminhamento imediato ao oftalmologista?

- Rupturas de globo.
- Queimaduras químicas da córnea.
- Ruptura ou deslocamento de lentes.
- Hemorragia retrobulbar com pressão intra-ocular elevada.
- Lacerações de pálpebra envolvendo a margem da pálpebra, o sistema lacrimal ou a placa tarsal.

REFERÊNCIAS BIBLIOGRÁFICAS

1. Cullom RD & Chang B: *The Wills Eye Manual: Office and Emergency Room Diagnosis and Treatment of Eye Disease,* 3rd ed. Philadelphia, J.B. Lippincott, 1994.
2. Friedman NJ, Pineda R, Kaiser PK: *The Massachusetts Eye and Ear Infirmary Illustrated Manual of Ophthalmology.* Philadelphia, W.B. Saunders, 1998.
3. Joondeph BC: Blunt ocular trauma. *Emerg Med Clin North Am* 6: 147-167, 1988.
4. Sternberg P & Aaberg TM: The persistent Challenge of ocular trauma. *Am J Ophthalmol* 107: 421-424, 1989.

11. LESÃO DE OUVIDO, NARIZ E GARGANTA

Joel Sercarz, M.D.

1. Qual é a primeira etapa na conduta para pacientes com lesões de pescoço?

É fundamental assegurar a via aérea em pacientes com lesões de cabeça e pescoço. Freqüentemente, os pacientes com lesões fechadas graves apresentam lesões ósseas e de partes moles que comprometem a via aérea. A intubação pode ser tentada, mas algumas lesões requerem uma via aérea cirúrgica, pois o sangue e o trauma das partes moles obscurecem a visualização da laringe. Os traumatologistas devem estar familiarizados com as indicações e as técnicas de cricotireostomia e traqueostomia.

Devido aos riscos de obstrução de via aérea e aspiração, é necessário ter uma abordagem pró-ativa da conduta relacionada à via aérea nos pacientes com trauma.

2. A cricotireostomia é viável em todas as faixas etárias?

Em crianças com menos de sete anos de idade a membrana cricotireóide é muito curta em altura e próxima às cordas vocais. Existe um risco considerável de lesão das cordas vocais e da subglote adjacente quando a cricotireostomia é realizada nesse grupo etário. Em crianças menores, prefere-se a cricotireostomia ou a traqueostomia.

3. Em lesões penetrantes graves da laringe, a intubação é recomendada?

Quando há ruptura grave da laringe por trauma, a intubação não é recomendada. Existe risco de agravamento da lesão da mucosa ou de deslocamento das cartilagens laríngeas. É preferível realizar uma traqueostomia para assegurar a via aérea, seguida por uma tomografia computadorizada (TC) da laringe ou por uma exploração aberta (laringofissura) para determinar a extensão das lesões.

4. Que manobras podem ser usadas para melhorar a obstrução de via aérea provocada por deslocamento da língua na parede da faringe?

A manobra da mandíbula é realizada elevando-se a mandíbula, segurando-se o ramo e o ângulo e deslocando-os anteriormente. Tal manobra ajudará a estabilizar temporariamente a via aérea.

5. O trauma penetrante de pescoço ocorre especificamente em que zonas?

Uma lesão na zona 1 ocorre na base do pescoço, entre a cartilagem cricóide e a chanfradura do esterno. A zona 2 situa-se entre a cricóide e o ângulo da mandíbula. A zona 3 está entre o ângulo da mandíbula e a base do crânio. O local mais comum de lesões penetrantes é a zona 2.

6. Quais são alguns dos achados que indicam a necessidade de exploração imediata de lesões da zona 2 do pescoço?

Existem várias indicações para a exploração imediata do pescoço por lesões da zona 2. Essas incluem hematoma que se expande rapidamente ou presença de um grande ferimento com lesão óbvia de laringe, traquéia ou esôfago. Se o paciente está hemodinamicamente instável devido à perda de sangue, ainda assim a exploração do pescoço deve ser realizada.

7. Todas as lesões da zona 2 do pescoço devem ser exploradas?

A maioria dos especialistas em trauma acredita que nem todas as lesões de zona 2 que penetrem o platisma necessitam ser exploradas cirurgicamente. A exploração seletiva é realizada com base no quadro clínico e nos estudos diagnósticos.

Geralmente, os pacientes que não são explorados devem ser submetidos à angiografia para excluir lesões das artérias do pescoço. O estudo com Doppler de fluxo colorido provou ser sensível para lesões vasculares, sugerindo que exames não-invasivos podem reduzir a necessidade de angiografia no futuro.

8. Todas as lesões vasculares graves de pescoço são clinicamente aparentes?

Algumas lesões vasculares significativas, sobretudo em ferimentos de baixa velocidade, não são clinicamente aparentes e podem provocar complicações posteriores. Tais lesões arteriais incluem fístulas arteriovenosas e falsos aneurismas.

9. Como são avaliadas as lesões da zona 3 do pescoço?

Em lesões da zona 3 do pescoço, há risco de lesões vasculares na base do crânio. Na maioria dos casos, uma angiografia é necessária para avaliar os grandes vasos da base do crânio. Uma TC de osso temporal, seios e órbitas pode auxiliar a definir as lesões ósseas no trauma de zona 3.

A necessidade de outros estudos diagnósticos baseia-se na trajetória e na natureza da lesão. Na maioria dos casos, uma TC do pescoço e da base do crânio é necessária para definir melhor a lesão.

10. Como são tratados os pacientes com lesões penetrantes da zona 1?

As principais lesões vasculares da zona 1 podem ocorrer dentro do tórax e apresentar dificuldades de serem identificadas clinicamente. Portanto, a angiografia é necessária para a sua avaliação.

Estudos adicionais, como exames contrastados do esôfago, TC e broncoscopia, são realizados se clinicamente indicados.

11. Como é excluída a lesão penetrante do esôfago?

As lesões esofágicas podem ser excluídas com estudos contrastados, endoscopia ou exame direto durante a exploração do pescoço. Se a lesão é identificada, o reparo primário geralmente é bem-sucedido.

12. Qual é a conseqüência da demora no diagnóstico de lesão esofágica?

O diagnóstico precoce de lesões esofágicas é fundamental para prevenir abscessos em pescoço, mediastinite, sepse e estenose.

13. Quando o nervo facial é lacerado por um ferimento por faca, como é conduzida a lesão?

Se o nervo facial é lacerado na face, isso pode ser facilmente verificado ao exame físico de um paciente acordado. Se existe fraqueza de um ramo significativo do nervo facial, como o ramo mandibular ou frontal (zigomaticotemporal), uma exploração cirúrgica é realizada para a tentativa de reparo.

É freqüentemente difícil identificar os ramos distais do nervo facial. Quando esses ramos são encontrados, o nervo é reaproximado e suturado com fio de náilon fino, com auxílio de microscópico cirúrgico. Se existe uma falha nos segmentos dos nervos que impede um reparo livre de tensão, um enxerto nervoso para interposição é necessário.

14. Quando o nervo facial é paralisado após um ferimento por arma de fogo do osso temporal, como o paciente é avaliado e tratado?

Um ferimento por arma de fogo que causa dano ao nervo facial produz uma lesão muito mais séria que um ferimento por faca. Uma lesão do nervo facial no osso temporal deve ser explorada por meio de abordagem por mastoidectomia. Se a lesão ocorre em uma localização medial, como no gânglio geniculado na orelha média, a abordagem deve ser estendida para identificar o nervo proximalmente, por exemplo, no canal auditivo interno.

Após um ferimento por arma de fogo, há geralmente uma perda de um segmento do nervo, em toda a sua espessura, no ponto de impacto. Se os segmentos proximal e distal podem ser localizados, um enxerto nervoso em cabo é suturado entre os dois segmentos. Um nervo sensorial do pescoço é usado como doador, pois é acessível e apresenta um padrão de ramificação conveniente. O nervo sural da extremidade inferior é outro potencial nervo doador.

15. Quais são os dois tipos de fraturas de osso temporal e que tipos de perda auditiva causam?

Há dois tipos de fraturas de osso temporal: as longitudinais, que são grosseiramente paralelas ao osso petroso, e as transversas, que são perpendiculares a esse osso.

Como a fratura transversa do osso temporal tipicamente cruza a cóclea, os pacientes tipicamente estão surdos da orelha envolvida. As fraturas longitudinais tendem a produzir perda auditiva em conseqüência do deslocamento dos ossículos ou da fratura do canal externo, mas raramente levam à perda auditiva catastrófica.

16. Quais são as indicações de exploração cirúrgica de uma fratura de osso temporal?

As fraturas de osso temporal são exploradas se há paralisia completa de nervo facial ou fístula persistente de líquido cefalorraquidiano (LCR). A exploração de um nervo facial paralisado pode possibilitar a remoção de espículas ósseas do canal de Falópio ou a interposição de enxertos, se ocorreu destruição de um segmento do nervo facial.

A maioria das fístulas liquóricas que sucedem fraturas de osso temporal resolvem-se apenas com observação.

17. Como a laringe é avaliada para lesão importante após trauma de pescoço?

Existem dois testes importantes para a avaliação de potencial lesão de laringe. Primeiro, a via aérea deve ser examinada com um laringoscópio flexível. Se há significativas lacerações de mucosa, a exploração da laringe é necessária. Se possível, uma TC também deve ser realizada. Essa é a melhor maneira de avaliar a estrutura da laringe. Se uma fratura com deslocamento da cartilagem tireóide ou cricóide é identificada, um tratamento adicional será necessário.

18. Como são tratadas as fraturas de laringe?

A cartilagem tireóide deslocada deve ser tratada com exploração do pescoço e redução anatômica das cartilagens envolvidas. Se uma fratura com desvio da cartilagem tireóide não é tratada, alterações insidiosas de voz podem surgir como resultado da perda de simetria das pregas vocais.

Se há lesão significativa da mucosa, uma tirotomia com reparo aberto das lacerações mucosas geralmente impedirá a cicatrização e a estenose graves da laringe.

A cartilagem cricóide é o único anel completo na via aérea e cria um sítio potencial de estreitamento nessa região. As fraturas de cricóide, portanto, podem produzir estenose subglótica, devido à estenose membranosa ou pela fratura com desvio da estrutura da cartilagem.

19. O que é a separação laringotraqueal?

Uma separação da traquéia e da laringe é uma lesão potencialmente fatal na qual uma lesão transversa da traquéia produz uma descontinuidade da via aérea. Tais pacientes habitualmente apresentam uma grande lesão do pescoço e respiram pela laceração. As tentativas de intubação oral podem ser infrutíferas e até mesmo prejudiciais.

20. Como é tratada a separação laringotraqueal?

Uma traqueostomia imediata é necessária para estabilizar a via aérea em casos de separação laringotraqueal. Infelizmente, a traquéia pode sofrer retração para o tórax, tornando difícil a traqueostomia que deveria salvar a vida.

21. Quais são os locais mais comuns de fraturas mandibulares?

Os três locais mais comuns de fraturas de mandíbula são a fratura parassinfiseal pelo forame mental, o ângulo da mandíbula e a área subcondilar inferior à articulação temporomandibular. Mais comumente, duas fraturas ocorrem simultaneamente, pois as forças mecânicas produzidas no ponto de lesão são transmitidas a outras áreas da mandíbula.

22. Qual é o objetivo principal do tratamento das fraturas de mandíbula?

O objetivo prioritário no tratamento das fraturas de mandíbula é o restabelecimento da oclusão anatômica dos dentes. O reparo incorreto de fraturas de mandíbula freqüentemente produz significativa má oclusão.

23. Algum tipo de fratura de mandíbula constitui uma emergência?

Se há fraturas de mandíbula parassinfiseais bilaterais, a língua está livre para ser deslocada posteriormente e obstruir a via aérea. Isso ocorre porque existe perda do suporte anterior da língua fornecido primariamente pelo músculo e pelo tendão genioglossos. Tais fraturas bilaterais exigem fixação imediata.

24. Quais são algumas das complicações do tratamento de fratura de mandíbula?

Lesões do ramo marginal mandibular do nervo facial, nervo alveolar inferior e nervos mentais são muito comuns. Má oclusão é também um problema potencial comum, especialmente com fraturas cominutivas graves.

25. O que é a fixação maxilomandibular?

A fixação maxilomandibular (FMM) consiste em prender os dentes superiores e inferiores nas suas relações anatômicas normais, produzindo uma oclusão normal. Em algumas fraturas mandibulares, a imobilização com FMM é útil no processo de cicatrização, análogo ao uso de um molde para as extremidades.

26. Por que a FMM é necessária durante o tratamento de fraturas mesofaciais complexas?

A FMM proporciona um alinhamento anatômico dos dentes, que é necessário para produzir uma oclusão normal. Se as fraturas maxilares são reparadas sem atenção à oclusão, os dentes maxilares e mandibulares não ficarão opostos. Esse problema é muito mais difícil de tratar após a cicatrização das fraturas.

27. O que é uma fratura de Le Fort?

As fraturas maxilares graves são conhecidas como fraturas de Le Fort. Elas são classificadas pelo nível em Le Fort I, II e III e produzidas por forças anteriores, e seguindo as três áreas fracas do esqueleto da parte média do esqueleto facial. Cada uma dessas fraturas produz mobilidade dos dentes superiores e da maxila, o que se constitui em um sinal clínico valioso.

Tais fraturas são extremamente variadas e freqüentemente ocorrem em associação a fraturas de seio frontal, nasoetmóide e de mandíbula. A fratura Le Fort I é uma fratura transversa baixa do seio maxilar. Uma fratura de Le Fort II envolve o assoalho da órbita e o pilar lateral da face média. A fratura de Le Fort III atravessa a linha da sutura frontozigomática na lateral da órbita e cria uma separação completa entre a maxila e o osso frontal.

Tipicamente, essas fraturas produzem um alongamento da parte média da face, uma má oclusão e uma rotação de maxilar. As fraturas geralmente ocorrem em combinação com assimetria importante dos locais de fratura.

28. Qual é a característica radiológica de uma fratura de Le Fort?

Todas as fraturas de Le Fort incluem fraturas das placas pterigóides, que possibilitam a mobilidade do palato. Existem também lesões evidentes da maxila anterior e zigoma, embora tais achados variem substancialmente, dependendo do nível e da gravidade das fraturas.

29. Como são reparadas as fraturas de Le Fort?

Para tratar as fraturas de Le Fort, é necessária uma exposição ampla da maxila lesada. Pequenas placas de titânio são, então, colocadas por meio das várias linhas de fratura e presas com parafusos de titânio.

Geralmente, os pilares medial e lateral da maxila são reconstituídos. É necessário fixar a maxila ao osso estável. No caso de fraturas de Le Fort III, a maxila e o zigoma são fixados ao osso frontal do crânio, que é tipicamente um ponto estável. Em alguns casos com cominução grave, enxertos ósseos são necessários para reparar adequadamente as fraturas de Le Fort.

No futuro, placas bioabsorvíveis provavelmente serão usadas com maior freqüência. Elas estão disponíveis atualmente e provaram ser úteis no reparo de fraturas faciais pediátricas, nas quais a presença de placas pode ser prejudicial para o crescimento facial.

30. Como a face média é exposta para a fixação da fatura?

A parte média da face é exposta por baixo pela técnica de "desenluvamento", que consiste em uma incisão no sulco gengivobucal superior para os dentes maxilares. Então, as partes moles e a mucosa são elevadas da maxila, permitindo o reparo direto dos pilares lateral (zigomaticomaxilar) e medial (nasomaxilar) da face.

31. O que é a abordagem bicoronal e quais são áreas do esqueleto facial que ela pode expor?

A abordagem bicoronal é uma técnica muito versátil para fraturas graves do esqueleto facial e do osso frontal. Uma incisão é feita posteriormente à linha dos cabelos na fronte e é estendida até a prega pré-auricular. Um retalho é, então, levantado imediatamente superficial ao pericrânio, permitindo a exposição do seio frontal, dos tetos das órbitas, da sutura frontozigomática e do zigoma.

Se os nervos supra-orbitários são elevados de seus forames, é possível expor todo o osso nasal e o complexo etmóide pela incisão bicoronal.

32. O que é uma fratura trimalar?

Quando um impacto lateral lesa os ossos faciais, a proeminência malar freqüentemente absorve o golpe, produzindo uma fratura do zigoma sobre seus pontos de fixação à maxila e ao osso frontal. O arco zigomático também pode ser fraturado. A saliência malar é muito importante para a cosmese facial e a simetria deve ser restaurada nessa área durante o reparo da fratura.

33. Como as fraturas trimalares são reparadas?

Como nas fraturas de Le Fort, a maxila é exposta e a posição anatômica dos fragmentos ósseos é assegurada pela fixação com uma placa de titânio. Habitualmente, a incisão lateral no supercílio é utilizada para reparar a linha de sutura frontozigomática e a margem orbitária é exposta para reparar a fratura que está geralmente presente por intermédio do forame infra-orbitário.

34. Que problemas uma fratura nasal produz?

As fraturas nasais causam deslocamento dos ossos e do septo nasais, provocando problemas funcionais e estéticos. Se ocorre formação de hematoma adjacente à cartilagem septal, o septo pode perder seu suprimento sangüíneo e necrosar, com colapso do suporte nasal.

35. Quando uma fratura nasal é reparada?

Uma fratura nasal deve ser reparada até sete dias após a lesão ter ocorrido, enquanto ainda existe alguma mobilidade dos ossos. Na maioria dos casos, é feita uma tentativa de redução e modelagem fechadas do nariz a fim de colocar os ossos nasais na posição ideal. Alguns especialistas recomendam a redução aberta com técnicas de rinoplastia quando a redução fechada não é possível.

36. O que é uma fratura nasoetmoidal complexa?

Na fratura nasoetmoidal existe um deslocamento posterior dos ossos nasais e etmóide. A fratura freqüentemente produz um telecanto traumático, no qual o canto medial do olho é deslocado lateralmente em conseqüência da ruptura do tendão cantal medial. Ela também causa um deslocamento posterior da parte superior do nariz, o que se constitui em um sério problema estético.

Esse tipo de lesão habitualmente deve-se a um trauma fechado grave, como acidentes industriais ou com automóveis, por exemplo.

37. Como é tratada a fratura nasoetmoidal complexa?

Assim como muitas outras fraturas dos ossos faciais, as nasoetmoidais complexas são reparadas pela exposição das fraturas e pela colocação de microplacas de titânio para manter os ossos na posição anatômica. Se possível, a lâmina papirácea é reconstituída e o ligamento cantal medial é fixado firmemente ao osso pelo reparo para corrigir o telecanto traumático.

REFERÊNCIAS BIBLIOGRÁFICAS

1. Asensio JA, Valenziano CP, Falcone RE, Grosh JD: Management of penetrating neck injuries. The controversy surrounding zone II injuries. *Surg Clin North Am* 71: 267-296, 1991.
2. Gerst PH, Sharma SK, Sharma PK: Selective management of penetrating neck trauma. *Am Surg* 56: 553-555, 1990.
3. Gruss JS & Mackinnon SE: Complex maxillary fractures: Role of buttress reconstruction and immediate bone grafts. *Plast Reconstr Surg* 78: 9-22, 1986.
4. Schaefer SD & Close LG: Acute management of laryngeal trauma. *Ann Otol Rhinol Laryngol* 98: 98-104, 1989.

12. LESÕES PENETRANTES DE PESCOÇO

Juan A. Asensio, M.D., *John D. Berne*, M.D., *David E. Hanpeter*, M.D.,
e *Alfonso Antequera*, M.D.

1. O que torna a anatomia do pescoço tão peculiar?

O pescoço abriga muitas estruturas vitais confinadas dentro de um espaço muito pequeno. Entre os sistemas representados destacam-se o cardiovascular, o respiratório, o digestivo, o endócrino e o SNC. Além disso, as estruturas são revestidas por camadas fasciais que proporcionam a compartimentalização de todas as estruturas dentro do pescoço, limitando as hemorragias por lesões vasculares e minimizando a chance de exsangüinação.

2. Como o pescoço é anatomicamente dividido para fins de avaliação de lesões penetrantes?

O pescoço é dividido em três zonas:

Zona I: Estende-se da clavícula à cartilagem cricóide.
Zona II: Estende-se da cartilagem cricóide ao ângulo da mandíbula.
Zona III: Estende-se do ângulo da mandíbula à base do crânio.

O conhecimento da anatomia cervical, juntamente com o esforço para conceituar quais estruturas estão em cada zona, permite ao traumatologista instituir uma pesquisa diagnóstica sistemática das lesões.

3. Quais estruturas estão contidas na bainha da carótida?

A bainha da carótida é formada por três componentes da fáscia cervical e se comunica com o mediastino. Ela contém a artéria carótida, a veia jugular e o nervo vago. Além disso, os nervos de Hering inervam o bulbo carotídeo.

4. Quais são os achados de história e exame físico associados a lesões de estruturas vasculares do pescoço?

Uma história de sangramento, que pode ser profuso na cena do incidente traumático, a presença de choque, déficits neurológicos, como hemiparesia ou hemiplegia, e coma e presença de afasia indicam a existência de lesão de artéria carótida. As lesões de veia jugular também podem estar ocorrendo com hemorragia profusa, mas não produzirão alterações neurológicas.

Os achados de exame físico podem incluir a presença de hematoma pulsátil ou expansivo, a ausência de pulsos, a presença de ruídos e hemorragia externa ativa. Os achados de déficits neurológicos ao exame físico também são importantes.

5. Quais são os achados de história e exame físico associados a lesões faringoesofágicas?

Uma história de hematêmese, disfagia ou odinogafia indicará a presença desse tipo de lesões. Achados de exame físico como sensibilidade no pescoço, crepitação, enfisema subcutâneo e presença de bolhas ou escape de ar da ferida são importantes. A presença de sangue na faringe também pode indicar lesões faringoesofágicas.

6. Quais são os achados de história e exame físico associados a lesões laringotraqueais?

Uma história de dispnéia, alterações no tom e na qualidade da voz e inabilidade na fonação acompanhadas por hemoptise devem alertar o cirurgião de trauma quanto à presença de lesão laringotraqueal. Entre os achados de exame físico está sensibilidade sobre as cartilagens tireóide, cricóide ou nos anéis traqueais. A presença de crepitação, de enfisema subcutâneo e de bolhas de ar na ferida também é indicadora desses tipos de lesões.

7. Como são reanimados os pacientes com lesões penetrantes de pescoço?

Todos os pacientes de trauma devem ser ressuscitados usando os protocolos do *Advanced Trauma Life Support* (ATLS). Entretanto, a via aérea do paciente com lesão penetrante de pescoço deve ser assegurada precocemente, pois hematomas expansivos podem ocluir a via aérea rapidamente. A intubação precoce impedirá a perda da via aérea. A realização de cricotireoidostomia pode ser perigosa em virtude da violação dos planos de fáscias que são responsáveis pela contenção dos hematomas cervicais.

Sondas nasogástricas não devem ser passadas durante a fase de ressuscitação; elas podem fazer o paciente vomitar, liberando uma lesão vascular tamponada, o que resulta em hemorragia externa ativa. As sondas nasogástricas devem ser locadas no centro cirúrgico quando o paciente está sob anestesia geral.

8. Qual é a melhor forma de controlar hemorragia externa ativa do pescoço durante a avaliação e ressuscitação iniciais de lesões penetrantes de pescoço?

Uma pressão direta deve controlar toda hemorragia significativa até que o controle definitivo possa ser obtido no centro cirúrgico. O clampeamento cego na presença de hemorragia externa ativa pode lesar as estruturas vitais.

9. Como devem ser avaliados os pacientes com lesão penetrante de pescoço hemodinamicamente estáveis?

Os pacientes hemodinamicamente estáveis que necessitam de intervenção cirúrgica imediata podem ser avaliados a partir da investigação de três principais componentes anatômicos do pescoço: os sistemas cardiovascular, respiratório e digestivo. O arsenal investigativo inclui arteriografia, duplex colorido de fluxo, laringoscopia e broncoscopia, esofagoscopia e esofagografia e tomografia computadorizada (TC).

A arteriografia continua sendo o melhor exame para a avaliação de lesões vasculares; entretanto, o duplex colorido é confiável e não-invasivo. A laringoscopia e a broncoscopia facilitam a exclusão de lesões de laringe e traquéia. A TC pode ser um acessório valioso dessas técnicas na avaliação das estruturas do complexo laringotraqueal. As lesões esofágicas podem ser diagnosticadas com esofagografia, cuja sensibilidade é de 70-80%. Uma esofagoscopia rígida apresenta uma sensibilidade mais alta para diagnóstico de lesões do esôfago cervical; entretanto, ela requer anestesia geral e oferece risco de ruptura esofágica. A endoscopia flexível não é um instrumento útil para o estabelecimento de diagnóstico de lesões faringoesofágicas. Finalmente, incidências ântero-posterior (AP) e lateral simples do pescoço são ferramentas diagnósticas úteis porque auxiliam na localização e determinação da trajetória de projéteis em pacientes que sofreram ferimentos por arma de fogo no pescoço.

10. Quais são as indicações para a exploração formal do pescoço nos ferimentos penetrantes?

As indicações para exploração de ferimentos penetrantes anteriores do pescoço que violaram o platisma podem ser subdivididas de acordo com os sistemas orgânicos representados no pescoço. As indicações vasculares para a exploração são história de substancial perda de sangue, hemorragia persistente e atual e hematoma pulsátil ou em expansão. As indicações respiratórias incluem hemoptise, crepitação e disfonia. Entre as indicações digestivas, destacam-se a hematêmese, a disfagia e a crepitação. As indicações para exploração relativas ao sistema nervoso central incluem déficits neurológicos como afasia e hemiparesia ou hemiplegia.

11. Todas as lesões penetrantes de pescoço devem ser exploradas?

A exploração obrigatória de todas as lesões penetrantes de pescoço resultará em uma taxa negativa de aproximadamente 50%. Conduta seletiva em lesões penetrantes de pescoço é uma filosofia de tratamento que procura avaliar o pescoço utilizando uma variedade de ferramentas diagnósticas. Apenas os pacientes que exibem sintomas ou sinais clínicos consistentes com uma lesão devem ser explorados. Ademais, os pacientes que na avaliação diagnóstica apresentam sinais positivos que demandam intervenções cirúrgicas são explorados. O exame físico é considerado uma ferramenta de triagem valiosa e, acompanhado por várias modalidades diagnósticas, é usado para selecionar os pacientes que merecem intervenção cirúrgica. Essa abordagem terapêutica aumenta para 70% aproximadamente o índice de explorações positivas.

12. Quais são as abordagens, incisões e manobras-padrão utilizadas no centro cirúrgico para o tratamento das lesões penetrantes de pescoço?

Na mesa de operação, o paciente é colocado em posição supina com a cabeça estendida e rodada para o lado oposto à área a ser explorada, uma vez que a coluna cervical esteja radiologicamente limpa. A face, o pescoço e as regiões supraclavicular e torácica são incluídos no campo operatório, pois a ampliação da incisão-padrão do pescoço pode tornar-se necessária. As regiões da virilha e do tornozelo contralaterais também são preparadas e drapejadas separadamente, caso haja necessidade de retirar a veia safena para derivação.

O pescoço é explorado por meio de uma incisão padronizada na borda anterior do músculo esternocleidomastóideo, começando no ângulo da mandíbula e indo até a junção esternoclavicular. Tal incisão proporcionará a exposição de todas as estruturas dentro da zona II do pescoço. A incisão do pescoço também pode ser estendida como uma incisão supraclavicular, para a conduta da maioria das lesões de zona I, e também pode ser estendida como uma esternotomia mediana ou combinada com uma toracotomia anterolateral, visando a criar a toracotomia em "alçapão" ou "livro". Uma extensão da incisão padrão para a zona II de pescoço em direção à origem do músculo esternocleidomastóideo pode ser realizada para a obtenção de uma melhor exposição das lesões de zona III.

13. O que torna tão peculiares as lesões de artéria carótida?

Dentre todas as lesões de pescoço, as de artéria carótida são as mais difíceis e as que mais colocam a vida do paciente em risco. Elas são propensas à hemorragia ativa, que pode potencialmente ocluir a via aérea, tornando a intervenção cirúrgica desafiante. Seu potencial para causar problemas neurológicos fatais demanda excelente julgamento cirúrgico na abordagem e na conduta.

As lesões de artéria carótida ocorrem com uma freqüência de 11-13% em comparação com as demais lesões penetrantes de pescoço. A artéria carótida comum é a artéria carótida mais freqüentemente lesada, seguida pelas artérias carótidas externa e interna, respectivamente. Os quadros mais comuns incluem choque, hemorragia ativa e hematoma expansivo ou pulsátil. Também podem estar presentes déficits neurológicos.

14. Qual é a abordagem cirúrgica no tratamento de lesões de artéria carótida?

O mais importante objetivo da abordagem cirúrgica de lesões penetrantes de artéria carótida é o controle da hemorragia. A abordagem cirúrgica deve ser baseada na classificação pré-operatória do quadro neurológico do paciente. Ele deve ser classificado nas seguintes categorias:

A. Exame neurológico normal. Sem déficits.
B. Déficits neurológicos discretos definidos como fraqueza de uma extremidade superior ou inferior na ausência de outras lesões neurológicas.
C. Déficits neurológicos graves definidos como afasia ou hemiplegia.
D. Coma.
E. Estado neurológico indeterminado secundário à presença de choque.

Pacientes que se classificam nas categorias A, B, C e E devem ser submetidos a reparo primário e revascularização. Evidências abundantes sugerem que o reparo primário e a revascularização resultam em melhor evolução quando comparados à ligação. Na realidade, muitos déficits neurológicos serão corrigidos depois da revascularização. Nos pacientes que estão em coma ou apresentam déficits neurológicos fixos, a ligação é a melhor abordagem. Nos pacientes com estado neurológico indeterminado, o reparo primário e a revascularização também resultam em melhores evoluções. Freqüentemente, um exame neurológico completo não pode ser realizado na presença de choque.

15. Devem ser realizadas derivações durante o reparo de artéria carótida?

As derivações devem ser usadas segundo critério do cirurgião. O tratamento cirúrgico de pequenas lesões de carótida que podem ser reparadas rapidamente pode ser seguramente realizado sem seu uso. As derivações podem ser utilizadas na conduta de lesões de carótida complexas, particularmente naquelas que exigiriam o uso de derivação por enxerto e nas quais existe um fluxo de retorno diminuído do coto. O uso de derivações também deve ser considerado nos pacientes que apresentam déficit neurológico e hipotensão grave.

16. Como as lesões de artéria vertebral poderiam ser melhor descritas? Elas em geral ocorrem isoladamente?

As lesões de artéria vertebral são incomuns e correspondem a 1% de todas as lesões vasculares penetrantes de pescoço. Elas vêm sendo cada vez mais diagnosticadas em virtude do uso liberal de angiografia. Muitos de seus achados clínicos são secundários às lesões associadas. Lesões vasculares associadas ocorrem com freqüência de 13 a 19%. Fístulas arteriovenosas entre a artéria vertebral e seus pares venosos ocorrem com freqüência de 11%. Lesões faringoesofágicas associadas ocorrem com incidência de 19%. Em geral, essas lesões ocorrem em associação a outras lesões graves.

17. Qual é a melhor conduta para as lesões de artéria vertebral?

Se o paciente apresenta instabilidade hemodinâmica e sangramento profuso por uma lesão de artéria vertebral, a melhor conduta é a cirúrgica. O conhecimento da anatomia da artéria vertebral é importante para a determinação da abordagem operatória, que pode ser difícil. A artéria vertebral emerge da artéria subclávia e entra no forame intervertebral no nível da sexta vértebra cervical (C6). Ela então segue para cima e sai no nível da segunda vértebra cervical (C2) antes de entrar no crânio.

Se a lesão está localizada na primeira parte da artéria vertebral, entre sua origem e sua entrada no forame vertebral, a artéria pode ser ligada. A ligação da artéria em sua segunda porção, dentro do canal intervertebral, requer o destelhamento do canal, que pode ser desafiador. A ligação de sua terceira parte, quando ela emerge ao nível de C2, bem como a ligação de sua quarta porção que é intracraniana, requer abordagens combinadas por equipes de trauma e neurocirurgia. Observe que a maioria das lesões de artéria vertebral não exige tal abordagem.

18. Quais são as abordagens alternativas na conduta de lesões de artéria vertebral?

Com o avanço da radiologia intervencionista, a embolização tornou-se o procedimento de escolha para muitos pacientes. Uma hemorragia vigorosa habitualmente requer embolização proximal e distal. O mesmo pode ser dito para o controle de falsos aneurismas ou fístulas arteriovenosas. As artérias vertebrais trombosadas não necessitam de tratamento adicional. Às vezes, pequenas lesões da íntima da artéria vertebral são detectadas e não requerem tratamento. A avaliação angiográfica mais tardia geralmente revela uma completa cicatrização do vaso.

19. Qual é a freqüência das lesões faringoesofágicas dentre as lesões penetrantes de pescoço?

As lesões faringoesofágicas são relativamente raras. Elas ocorrem com incidência de 7-9% entre todas as lesões penetrantes de pescoço. Elas representam as lesões mais comumente perdidas no pescoço. A exclusão de tais lesões é a indicação citada com mais freqüência para a exploração de pescoço.

20. Como a demora no diagnóstico e no reparo das lesões faringoesofágicas afeta a evolução?

Tanto a demora no diagnóstico quanto na intervenção cirúrgica definitiva são citadas como os fatores mais importantes na morbidade e na mortalidade crescentes das lesões penetrantes de esôfago cervical. Sua morbidade e mortalidade aumentam se essas lesões não são detectadas e reparadas definitivamente dentro de um período de 24 horas.

21. Como as lesões faringoesofágicas são reparadas cirurgicamente?

A exploração cirúrgica do pescoço deve ser meticulosamente realizada. Todas as regiões onde é observada uma crepitação ou as áreas adjacentes a hematomas devem ser exploradas com cuidado. Passar uma sonda nasogástrica até o nível da origem do esôfago cervical e infundir soro fisiológico em um campo operatório seco ou ar em um campo operatório inundado pode detectar lacerações de esôfago cervical. A instilação de azul de metileno também pode delinear essas lesões. As lesões de esôfago cervical podem ser difíceis de detectar e têm sido perdidas durante a exploração cirúrgica.

Uma vez que o esôfago não possui uma camada serosa, os reparos podem ser difíceis. O reparo primário utilizando o fechamento de duas camadas é recomendado. A camada mucosa é aproximada por sutura com fio absorvível fino e a camada muscular do esôfago pode ser aproximada por sutura com fio fino não-absorvível. Em todos os casos, um sistema de drenagem fechado deve ser usado em caso de desenvolvimento de fístula. A necessidade de esofagostomia cervical para tratar essas lesões é extremamente rara.

22. Como são conduzidas as lesões de veia jugular?

O quadro clínico das lesões de veia jugular é semelhante ao das lesões arteriais no pescoço. As veias jugulares são as estruturas vasculares mais freqüentemente lesadas no pescoço. Elas tendem a sangrar profusamente, requerendo rápido controle proximal e distal. O risco de embolismo gasoso também deve ser considerado. As veias jugulares podem ser ligadas ou reparadas. Lembre-se de que a ligação da veia jugular interrompe um importante canal de retorno venoso do cérebro. A ligação das duas veias jugulares deve ser evitada a qualquer custo, uma vez que pode resultar em trombose de seio cavernoso.

Se a veia jugular precisa ser reparada, isso deve ser feito por meio de suturas vasculares de monofilamento fino. Às vezes a luz pode ser estreitada. A veia também pode trombosar. Nenhuma evidência sugere que embolismo pulmonar ocorra com maior freqüência com veias jugulares primariamente reparadas.

23. Qual é a conduta nas lesões laringotraqueais?

Todas as lesões sofridas pelo complexo laringotraqueal devem ser tratadas com acompanhamento próximo por otorrinolaringologistas. Muitas lesões necessitarão de abertura da cartilagem tireóide e reparo das cordas vocais.

As lesões laringotraqueais são definidas como simples ou complexas. As lesões traqueais simples, nas quais não houve perda de tecido, podem ser reparadas primariamente pela aproximação da mucosa e da cartilagem usando fios de sutura absorvíveis finos. Uma cânula endotraqueal passada distalmente a essas lesões ajudará a proteger o reparo. Em lesões complexas, nas quais segmentos de traquéia precisam ser ressecados, uma anastomose sem tensão, com boa vascularização, pode ser realizada utilizando fios de sutura finos, não-absorvíveis. O suprimento sangüíneo da traquéia entra lateralmente e deve ser preservado com cuidado. Traqueostomias são habitualmente necessárias para proteger esses reparos.

24. Comente a lesão de ducto torácico.

Lesões de ducto torácico são raras e habitualmente associadas a lesões de veias jugular ou subclávia. Em geral elas ocorrem por lesões penetrantes no lado esquerdo do pescoço. Se a lesão for detectada durante a cirurgia, o ducto torácico deve ser identificado e ligado duplamente com fio de sutura fino não-absorvível.

Um fluido branco leitoso drenará da incisão se lesões passarem despercebidas no procedimento inicial. O líquido deve ser enviado ao laboratório para a contagem de células e níveis de pH, proteína, gordura e triglicerídeos. Tais pacientes podem ser tratados de forma conservadora com hiperalimentação e dietas com baixo teor de gorduras. Se a fístula não cicatrizar em duas semanas, uma nova intervenção cirúrgica será necessária para a ligação do ducto cortado transversalmente.

25. O que são lesões complexas e combinadas e como são conduzidas?

As lesões complexas e combinadas têm uma trajetória transcervical extensa e compreendem lesões traqueoesofáficas combinadas, traqueal e vascular, esofágica e vascular ou lesões dos três sistemas. Algumas vezes elas requerem exploração e debridamento extenso.

Essas lesões apresentam morbidade e mortalidade extremamente altas secundárias às suas complicações, que são, principalmente, falha nos reparos vasculares, abscessos e fístulas traqueoseofágicas. Seu tratamento inclui reparo primário de todas as lesões quando factível, debridamento, se necessário, interposição de retalhos musculares entre todas as linhas de sutura e evitar traqueostomias, sempre que possível. Tais lesões devem ser drenadas por intermédio de sistemas fechados.

REFERÊNCIAS BIBLIOGRÁFICAS

1. Asensio JA, Valenziano CP, RE, Grosh JD: Management of penetrating neck injuries: The controversy surrounding zone II injuries. *Surg Clin North Am* 71: 267-296, 1991.
2. Demetriades D, Asensio JA, Velmahos G, Thal E: Complex problems in penetrating neck trauma. *Surg Clin North Am* 76: 661-683, 1996.

13. LESÕES DE COLUNA VERTEBRAL

Duncan Q. McBride, M.D.

1. O que é uma fratura de Jefferson?

Uma fratura de Jefferson é uma fratura com explosão de C1. Em conseqüência de um golpe axial na cabeça, que aplica diretamente força para baixo no crânio, as massas laterais do anel de C1 dirigem-se para longe da medula. Esse tipo de lesão pode ocorrer se um objeto pesado cai sobre a cabeça do paciente ou se uma pessoa, após uma queda, aterrissa com o topo de sua cabeça. Tipicamente, os pacientes estão neurologicamente intactos.

2. O que é uma fratura de enforcador?

Uma fratura de enforcador é uma fratura dos elementos posteriores de C2. Ela é habitualmente causada por extensão extrema da cabeça e do pescoço, mas tipicamente trata-se de uma lesão estável.

3. Descreva os três tipos de fratura de odontóide.

A fratura de odontóide tipo I envolve o ápice do dente. É uma avulsão do ápice com as estruturas ligamentosas fixadas a elas. Trata-se de uma lesão estável tratável com um colar cervical.

A fratura de odontóide tipo II cruza a base do dente, onde ele se fixa ao corpo de C2. Essa fratura cicatrizará apenas com imobilização se o dente foi deslocado menos de 5 ou 6 mm. De outra forma, a fusão C1-2 ou a fixação do odontóide com parafuso é necessária para estabilizar a lesão.

A fratura de odontóide tipo III inclui o corpo da vértebra C2 e cicatrizará apenas com imobilização.

4. Em uma lesão raquimedular, qual é a nomenclatura para o nível da lesão?

A nomenclatura-padrão identifica a lesão pelo nível funcional mais baixo da medula. Por exemplo, a lesão de coluna cervical de um paciente com incapacidade de contrair os músculos bíceps (inervado por C6) e tríceps (C7) e de um dermátomo C6 que apresenta alguma sensibilidade é identificada como uma lesão raquimedular C6.

5. Descreva as funções apresentadas em diferentes lesões raquimedulares médias e baixas completas.

C1-C4: Essas lesões resultam em quadriplegia dependente de ventilação mecânica. Não existem funções motora e sensorial nas extremidades superiores.

C5: Função deltóide permite abdução do ombro e há sensibilidade na parte lateral superior do braço.

C6: São mantidas a capacidade de contração do bíceps e as braquiorradiais, a função de extensão do punho e existe sensibilidade no polegar e no indicador.

C7: Estão presentes flexão de tríceps e punho, bem como sensibilidade do dedo médio.

C8: A função intrínseca da mão está presente com sensibilidade em toda a mão.

T1: Existe função lumbrical e sensibilidade em todo o braço.

6. Descreva a diferença entre a lesão raquimedular completa e incompleta.

Em uma lesão raquimedular completa, a medula está lesada irremediavelmente e as funções motora, sensorial ou elétrica (potenciais somatossensoriais evocados) abaixo do nível da lesão estão presentes. Em contrapartida, na lesão incompleta, alguma função está preservada, uma contração, um espasmo do esfíncter anal ou algum outro achado sensorial confiável e reproduzível.

7. Qual a diferença entre plegia e paresia?

O termo *plegia* descreve uma perda motora completa, e o termo *paresia* refere-se à fraqueza com alguma preservação da função motora.

8. Como a paresia é classificada?

A paresia, ou fraqueza motora, é classificada em uma escala de 0-5.

0: Nenhuma contração (plegia).
1: Contração notada no músculo por observação ou sensação, mas não movimentação da articulação em questão.
2: Capacidade de mover a articulação quando a gravidade é eliminada.
3: Capacidade de mover a articulação contra a gravidade, mas não contra a resistência.
4: Capacidade de mover contra a resistência, mas não com força total.
5: Força normal, capaz de sobrepujar a resistência normalmente.

Como a escala é fortemente ponderada para o final brando, muitos examinadores graduam a força usando categorias 4+ e 5-. Uma designação de 4+ é aquela na qual a articulação pode contrair contra uma resistência moderada, mas pode ser superada pelo examinador. A escala de fraqueza é tipicamente dada como a relação da quantidade de força que o músculo tem sobre 5.

9. O que é uma lesão de Brown-Séquard?

Trata-se de uma lesão raquimedular incompleta que envolve um lado da medula e com freqüência é resultante de uma facada nas costas ou no pescoço. Os achados típicos nessa lesão hemimedular são perda motora ipsilateral e diminuição da sensação de tato suave combinada com perda de sensibilidade à dor e temperatura contralateral, começando dois ou três planos abaixo da lesão. Isso se deve à decussação das fibras de dor e temperatura um ou dois planos acima da entrada de sua raiz. As sensações de vibração e posição ipsolaterais podem ser perdidas se a medula posterior estiver envolvida. O prognóstico de recuperação da função motora distal para um paciente com lesão de Brown-Séquard é bom em virtude do trato corticomedular anterior não-cruzado.

10. O que é uma lesão raquimedular anterior?

É uma lesão raquimedular incompleta que tipicamente ocorre com um tipo de lesão de flexão causando dano à medula anterior ou à artéria espinhal anterior. Nessa circunstância, a função motora e a sensibilidade à dor e à temperatura são perdidas, mas as sensações de tato suave, vibração e posição estão preservadas. O prognóstico de recuperação motora é pobre.

11. O que é uma lesão raquimedular central?

Na lesão raquimedular cervical incompleta, a disfunção motora das mãos e dos braços é desproporcionalmente pior que a das extremidades inferiores. Isso provavelmente deve-se à lesão da porção central do trato medular, lesando a substância cinza e as sinapses, com relativa preservação dos tratos mielinizados longos com curso distal. Tais pacientes em geral recuperarão a maior parte de sua função, mas os movimentos finos da mão podem permanecer imperfeitos.

12. Além da perda sensorial e motora, que achados sistêmicos estão tipicamente presentes quando um paciente com lesão raquimedular apresenta-se na sala de emergência?

Hipotensão está presente como conseqüência da vasodilatação distal. Bradicardia ocorre pela estimulação vagal descontrolada. Hipotermia pode estar presente devido à dilatação vascular distal. Retenção urinária sobrevém em decorrência de dano na inervação vesical. Priapismo pode ocorrer em lesões raquimedulares graves.

13. Qual é a conduta clínica atual para lesão raquimedular?

Atualmente é recomendada a infusão de 30 mg/kg de metilprednisolona durante uma hora sucedida por 5,4 mg/kg nas 23 horas subseqüentes. Hipotensão sistêmica e bradicardia podem ser tratadas com infusão de fluido inicialmente, acrescida de dopamina ou dobutamina. Atropina é administrada para bradicardia sintomática.

14. Quais são algumas conseqüências a longo prazo da lesão raquimedular?

Depressão respiratória ocorre por fadiga do diafragma não-assistido em pacientes com lesões cervicais abaixo de C4. Em virtude da ausência de sensação, a pele do paciente está altamente suscetível à ruptura e às feridas por pressão (úlceras de decúbito). Ílio intestinal ocorre. Geralmente, os pacientes também desenvolvem pancreatite por espasmo do esfíncter de Oddi. Infecções de trato urinário e pneumonia também são extremamente comuns após tais lesões. Trombose venosa profunda acontece em extremidades imóveis.

15. Qual é a diferença entre as lesões de cauda eqüina e de cone medular?

A lesão de cauda eqüina envolve as raízes nervosas lombares e sacrais. O quadro pode apresentar-se de forma altamente variável e mostrar perdas sensoriais e fraquezas motoras irregulares em dermátomos das extremidades inferiores irregulares, sendo a dor nas pernas uma característica comum.

A lesão de cone medular envolve a substância cinzenta que fornece inervação da região sacral. Essa lesão tipicamente inclui perda sensorial nos dermátomos sacrais (anestesia em sela) com perda de controle dos esfíncteres anal e vesical, função erétil e outras funções inervadas sacralmente. Dor e fraqueza nas pernas podem não estar presentes.

16. Como é definida a estabilidade da coluna vertebral?

Geralmente, a instabilidade de coluna vertebral é definida como a incapacidade de suportar peso sem deformação anatômica ou dor.

17. Existem definições específicas de estabilidade óssea da coluna?

Sim. A estabilidade da coluna óssea é definida de duas maneiras diferentes, ambas envolvendo um conceito de três colunas. A presença de lesão em duas das três colunas estabelece instabilidade.

Pode-se pensar na estrutura espinhal como tendo três colunas, da parte anterior para a posterior. A coluna anterior é a metade frontal do corpo vertebral e o ligamento longitudinal anterior; a coluna média é o corpo vertebral posterior, enquanto o ligamento longitudinal posterior e a terceira coluna são os elementos posteriores, incluindo os pedículos e as facetas.

O outro modo de pensar sobre as três colunas é que o disco e o corpo vertebrais constituem uma coluna e cada uma das duas facetas póstero-laterais é uma coluna autônoma.

18. Qualquer fratura de corpo vertebral produz instabilidade?

Não. Se um corpo vertebral é menos que 50% comprimido, a instabilidade não está presente.

19. Liste algumas lesões estáveis da coluna vertebral.

- Fraturas com avulsão em lágrima dos corpos vertebrais cervicais.
- Fratura de Clay-Shoveler (C6) ou outras fraturas de processos espinhosos.
- Fraturas com compressão de menos de 50% da altura vertebral.
- Fraturas laminar unilateral, de faceta ou de pedículo.
- Facetas cervicais bilaterais travadas, situação na qual as facetas inferiores ricochetearam sobre as facetas superiores do corpo inferior, são também consideradas estáveis, se não reduzidas.

20. Qual é o mecanismo típico de uma fratura por compressão de L1?

Quando uma pessoa cai de uma certa altura à altura de seus próprios pés, pernas ou cóccix, a carga de compressão axial é centrada sobre a coluna lombar superior devido à curvatura dupla em S da coluna vertebral. As forças compressivas tipicamente são transmitidas ao corpo de L1, que sofre fratura.

21. O que é uma fratura de Chance?

É outro tipo de fratura por compressão de L1, geralmente observada após um acidente com veículo automotor no qual o passageiro foi contido apenas na cintura e não no ombro. A flexão extrema anterior resultante provoca uma fratura instável por compressão do corpo vertebral de L1 e uma ruptura das facetas e dos ligamentos posteriores.

22. Que lesão neurológica é típica para fraturas de L1?

Em conseqüência da anatomia do canal vertebral, uma ampla variedade de lesões pode resultar de uma fratura de L1. O paciente pode estar completamente ileso ou ter uma lesão completa de todas as funções lombares e sacrais. Também há um espectro intermediário que inclui lesões completas ou parciais de cone medular e avulsões ou transecções completas ou parciais de raízes nervosas.

23. Qual é a conduta apropriada na sala de emergência para um paciente com suspeita de lesão de coluna vertebral instável?

O paciente deve ser imobilizado e estabilizado tão logo seja possível para prevenir lesão secundária de estruturas nervosas, o que abrangeria a imobilização cervical com um colar ou sacos de areia e o suporte vertebral utilizando uma tábua. O mais cedo possível devem ser realizados estudos radiológicos específicos que incluem de início uma série de raios X da coluna cervical, incluindo uma incidência com a boca aberta, e, em pacientes com lesão raquimedular ou de coluna vertebral reconhecida, uma série completa de radiografias da coluna. Em pacientes com lesões conhecidas da coluna cervical, essa deve ser imobilizada; o que é mais bem realizado com tração cervical. Devem ser utilizadas aproximadamente 5 libras por nível de lesão cervical. A tomografia computadorizada (TC) é o seguinte teste diagnóstico de escolha para avaliar lesões ósseas de todos os níveis.

Para prevenir lesão de pele, o paciente deve ser removido da tábua de suporte tão logo se julgue seguro. O tratamento clínico deve ser iniciado como descrito na Questão 13.

24. O que é o choque medular?

O choque medular é uma condição encontrada em pacientes que apresentam lesão raquimedular importante. Nas primeiras 24 horas, um paciente com lesão raquimedular pode manifestar uma completa ausência de reflexos tendinosos profundos e reflexos anais. Essa condição habitualmente começa a se reverter por si própria dentro de um dia. Tipicamente, os primeiros reflexos que retornam são o bulbo cavernoso ou de espasmo anal.

25. O que é o choque neurogênico?

O choque neurogênico é o nome para a hipotensão profunda que resulta de lesão raquimedular importante cervical ou torácica alta e perda da função simpática.

26. As crianças manifestam diferenças na lesão espinhal quando comparadas a adultos?

Sim. Em virtude de diferenças na anatomia em desenvolvimento, as crianças mostram uma quantidade desproporcional de lesões raquimedulares nos níveis C1-C2 ou nas zonas torácicas superiores. Como a coluna vertebral das crianças é mais flexível que a medula e os elementos neurológicos, as crianças tendem a manifestar lesão raquimedular sem anormalidades nas radiografias e na TC. Essa condição ocorre porque as partes moles são lesadas e os ossos e os ligamentos não sofrem fraturas ou rupturas.

27. Quais são as orientações gerais para uma cirurgia de coluna vertebral após trauma?

Os pacientes com lesão raquimedular incompleta com evidência de material estranho (osso, disco, corpo estranho) no canal vertebral devem ser descomprimidos imediatamente e estabilizados. Qualquer paciente com evidência de lesão de raiz nervosa decorrente de herniação de disco ou outra força compressiva deve ser descomprimido. Todos os pacientes com lesões vertebrais instáveis requerem estabilização cirúrgica ou imobilização com ortose rígida, como um colete em halo.

CONTROVÉRSIAS

28. Os pacientes com lesão raquimedular completa devem se submeter a cirurgia para descomprimir ou estabilizar a coluna?

As evidências históricas serviriam de argumento de que a cirurgia precoce em um paciente com lesão raquimedular total não tem efeito benéfico na recuperação da medula. Isso se deve à natureza irreversível da lesão raquimedular completa. Entretanto, um paciente com lesão incompleta grave pode se apresentar com choque medular e não ter função perceptível inicialmente, mas pode começar a recuperar algumas funções dentro de 24 horas. Portanto, se existe uma massa compressiva no canal vertebral, a remoção dessa força compressiva pode ser benéfica para a recuperação do paciente. Atualmente, um estudo prospectivo em nível está sendo conduzido para tentar responder cientificamente a essa questão.

29. Qual é a melhor maneira de estabilizar as fraturas com compressão de L1?

Muitos esquemas diferentes foram instituídos para tratar essa instabilidade com sucesso, destacando-se a imobilização prolongada com colete, permanecendo o paciente em posição de repouso, e a fixação interna com ferragens, com fusão posterior breve de um ou dois níveis *versus* fusões mais prolongadas. Fusão anterior também tem sido realizada com êxito. Isso pode incluir vertebrectomia completa ou parcial com fusão escorada por enxerto e fixação com uma placa. Finalmente, alguns médicos recomendam fixação e fusão anteriores e posteriores.

REFERÊNCIA BIBLIOGRÁFICA

1. Greenberg J (ed): *Handbook of Head and Spine Trauma.* New York, Marcel Dekker, 1994.

III. Trauma torácico

14. TRAUMA TORÁCICO PENETRANTE

Demetrios Demetriades, M.D., Ph.D., e *George C. Velmahos*, M.D.

1. Quais são os fatores determinantes do prognóstico das lesões cardíacas penetrantes?

Os seguintes fatores são cruciais na determinação da sobrevida em trauma cardíaco:

- Tempo da lesão à cirurgia. Cada minuto é importante! Avalie e encaminhe o mais rapidamente possível para o centro de traumatologia mais próximo de qualquer maneira (táxi, ambulância, helicóptero – o meio que estiver disponível).
- Mecanismo de lesão. As lesões por disparo de arma de fogo são cerca de três vezes mais letais do que os ferimentos por arma laminada.
- Local da lesão cardíaca. As lesões aórticas intrapericárdicas têm o pior prognóstico. As lesões de ventrículo esquerdo apresentam pior evolução que lesões de ventrículo direito. A parede relativamente espessa com pressões relativamente menores no ventrículo direito torna a combinação favorável.
- Espessura da lesão cardíaca.
- Tamponamento cardíaco. A presença de tamponamento melhora o prognóstico, pois impede a exsangüinação.
- Lesões associadas. A presença de lesões associadas, especialmente de estruturas vasculares, piora o prognóstico.
- Experiência do centro e da equipe de trauma.

2. Quais são os sintomas e sinais clínicos de tamponamento cardíaco?

- Paciente confuso, agitado (com freqüência atribuído erroneamente ao uso de álcool ou drogas ilícitas).
- Choque, taquicardia, pulsos periféricos fracos.
- Tríade de Beck (choque, distensão das veias do pescoço, bulhas cardíacas abafadas) é encontrada em cerca de 90% dos pacientes com tamponamento.
- Pulso paradoxal está presente em cerca de apenas 10% dos pacientes com tamponamento cardíaco.
- Toda lesão penetrante de tórax associada a choque é uma lesão cardíaca até prova em contrário.

3. Que exames são úteis para o diagnóstico de lesão cardíaca?

1. *Nenhum exame:* Não deve ser desperdiçado tempo precioso se o diagnóstico é óbvio.

2. *Ecocardiograma* é o exame de escolha nos modernos centros de trauma! É rápido, confiável e não-invasivo.

3. *Radiografia de tórax* é útil em cerca de 50% dos pacientes. Entre os achados suspeitos estão silhueta cardíaca aumentada, pneumopericárdio e mediastino superior alargado.

4. *ECG* é útil em cerca de 30% dos pacientes. Entre os achados habituais, destacam-se QRS baixo, ST elevado e ondas T invertidas.

5. *Medidas de pressão venosa central* (PVC). Suspeitar de tamponamento se PVC > 12 cm H_2O. Lembrar que muitas outras condições podem produzir tamponamento cardíaco (agitação, pneumotórax hipertensivo, sobrecarga de fluido, ventilação mecânica, cateter malposicionado. Por outro lado, tamponamento cardíaco associado a perda de sangue significativa pode não originar PVC alta.

6. *Pericardiocentese* é de valor limitado, mas tem sido abandonada pela maioria dos centros de trauma.

7. *Janela subxifóidea* é muito usada por alguns centros de trauma, mas não usada de maneira nenhuma por outros.

4. Qual é a incisão de escolha para reparo de lesão cardíaca?

É uma questão de preferência e experiência pessoais. Muitos traumatologistas preferem uma esternotomia mediana para a maioria das lesões cardíacas, reservando a toracotomia esquerda para lesões posteriores ou toracotomias em sala de emergência. Outros cirurgiões preferem a toracotomia esquerda para todos os casos.

5. É essencial fechar o pericárdio após o reparo de uma lesão cardíaca?

O pericárdio deve ser fechado se isso puder ser feito sem tensão. Uma abertura deve ser deixada na parte superior (base do coração) a fim de evitar tamponamento. Entretanto, isso nem sempre é possível em virtude do aumento do coração. Nesses casos o pericárdio deve ser mantido aberto.

6. Que teste pós-operatório deve ser realizado depois de um reparo bem-sucedido de uma lesão cardíaca?

Rotineiramente, ECG e ecocardiograma. Existe alta incidência de seqüela cardíaca tardia. Entre as complicações tardias relatadas, destacam-se os defeitos de septo, as lesões valvulares, as discinesias, a hipocinesia e os derrames pericárdicos.

7. Qual é o papel dos antibióticos profiláticos nos drenos de toracostomia?

A revisão de todos os estudos prospectivos randomizados mostrou que em traumas penetrantes os antibióticos profiláticos reduzem as infecções intratorácicas. A importância dos antibióticos profiláticos nos traumas fechados não está clara. Em relatos de casos, a maioria dos cirurgiões usa antibióticos.

8. Qual é a duração da antibioticoterapia profilática em traumas torácicos tratados com dreno de toracostomia?

O único estudo prospectivo randomizado disponível concluiu que uma única dose era tão boa quanto a profilaxia prolongada.

9. Quais são os fatores de risco para o desenvolvimento de empiema após inserção de dreno de toracostomia?

Técnica ruim.
Hemotórax residual.
Duração do dreno de toracostomia.
Violação do diafragma e contaminação peritoneal grosseira.
Ausência de profilaxia antibiótica.

10. Quais são as indicações para cirurgia de urgência em lesões penetrantes de tórax?

Indicação rigorosa para toracotomia: choque grave na ausência de pneumotórax hipertensivo.
Indicações moderadas para toracotomia:

- Choque leve respondendo à reposição de volume. A maioria desses pacientes pode ser tratada conservadoramente com raio X de tórax e ecocardiograma.

- Perda de sangue pelo dreno de toracostomia. Embora alguns autores sugiram que perda de sangue de 200-300 ml por hora durante três a quatro horas deva ser uma indicação para toracotomia, muitos discordam desse ponto de vista. Geralmente, uma perda de sangue > 1.200-1.500 ml é uma indicação forte de toracotomia. A decisão de operar ou observar o restante dos pacientes deve basear-se em muitos fatores, como estabilidade hemodinâmica e velocidade de perda de sangue. Lembrar que lesões cardiovasculares graves podem não estar associadas à perda de sangue significativa pelo dreno de toracostomia (i. e., tamponamento cardíaco, hemotórax coagulado). De forma inversa, lesões relativamente simples podem estar associadas a sangramento importante, que em geral estanca por si só (i. e., vasos intercostais).
- Lesões por disparo de arma de fogo transmediastinal. A maioria dos cirurgiões concorda que se o paciente está hemodinamicamente estável, ele deve ser avaliado adicionalmente por ecocardiograma, aortograma e esofagograma ou esofagoscopia. Se tais investigações são negativas, a conduta conservadora é segura.

11. Pneumotórax pequenos requerem uma toracostomia com dreno?

Muitos pneumotórax pequenos (< 20%) não necessitam de drenagem. Entretanto, se o paciente requer ventilação mecânica, a mera suspeita de presença de pneumotórax é uma forte indicação para toracostomia com inserção de dreno. Uma falha em inserir o dreno pode resultar em pneumotórax hipertensivo.

12. Que lesões tendem a sangrar menos: lesões pulmonares ou lesões hepáticas?

Lesões pulmonares sangram menos que lesões hepáticas por duas razões: os vasos pulmonares são sistemas de pressão mais baixa e os tecidos pulmonares são ricos em tromboplastina.

13. Qual é a conduta cirúrgica no sangramento contínuo pela trajetória de uma bala no parênquima pulmonar, longe do hilo?

Tractotomia com grampeador GIA e controle direto do sangramento com suturas.

14. Qual é a melhor técnica para pneumomectomia ou lobectomia de emergência?

A ressecção grampeada TA em massa é segura e rápida. Não há necessidade de isolamento e divisão de estruturas hilares individuais.

15. Qual é a taxa de mortalidade e a causa mais comum de morte após pneumectomia por trauma?

A mortalidade geralmente é maior que 50% e a causa mais comum de morte é a insuficiência cardíaca direita aguda. É essencial evitar a sobrecarga de fluido.

16. Que condições de trauma predispõem a embolismo gasoso?

Lesões de câmaras cardíacas de baixa pressão, pulmões e grandes veias.

17. Como é feito o diagnóstico e o tratamento do embolismo gasoso?

O diagnóstico é baseado no alto índice de suspeita em pacientes com lesões de alto risco. Algumas vezes bolhas de ar podem ser vistas nas veias coronárias. O tratamento deve incluir isolamento da fonte de ar (i. e., clampeamento venoso ou de hilo pulmonar) e aspiração do coração. Câmara hiperbárica pós-operatória pode ser benéfica.

18. Qual é a conduta em hemotórax retido?

Se existe hemotórax persistente após inserção de dreno por toracostomia, uma TC deveria ser realizada no segundo e quarto dias (é essencial diferenciar hemotórax, atelectasia e hematoma em parênquima).

Se existe coágulo importante, uma drenagem cirúrgica precoce (quatro a cinco dias após a admissão) é recomendada. Drenagem por toracoscopia é muito eficaz. Se essa técnica não estiver disponível, uma toracotomia pode ser necessária.

19. Em que se baseia o diagnóstico de perfuração do esôfago torácico?

1. Alto índice de suspeita em razão da direção da bala ou do trajeto da arma com lâmina.
2. Enfisema mediastinal é um achado radiológico suspeito.
3. O diagnóstico é confirmado por estudos com deglutição de contraste ou esofagoscopia.

20. Qual é a importância do diagnóstico precoce de perfuração do esôfago torácico?

A importância é extrema! Se o diagnóstico é retardado por mais de 12-16 horas, ocorre mediastinite grave, que torna o reparo difícil e apresenta mortalidade muito alta em virtude da sepse incontrolável.

21. Como é feito o diagnóstico de quilotórax traumático após uma lesão penetrante torácica?

Ele habitualmente sucede uma lesão na região supraclavicular esquerda (junção do ducto torácico/veia subclávia esquerda) ou uma lesão mediastinal. Pode estar presente como um fluido leitoso nas cavidades pleurais. Algumas vezes o fluido não tem a aparência leitosa característica, especialmente se o paciente não foi alimentado por via enteral. O diagnóstico é confirmado pelo alto conteúdo de proteína (> 3 g%), conteúdo total de gordura > 0,4 g%, pH alcalino, nível de triglicerídeos de mais de 200 mg% e acentuada predominância de linfócitos, embora tais achados nem sempre estejam presentes. Uma linfoangiografia pode confirmar o local de lesão do ducto torácico.

22. Qual é a conduta no quilotórax traumático?

Uma conduta conservadora com drenagem por tubo de toracostomia e uma dieta com baixo teor de gordura ou nutrição parenteral total são quase sempre bem-sucedidas.

23. Quais são as indicações para intervenção cirúrgica no quilotórax traumático?

A intervenção cirúrgica é indicada se uma fístula quilosa importante persistir após 10-14 dias de tratamento conservador.

24. Quais são os procedimentos operatórios para quilotórax persistente?

Três tipos de intervenções cirúrgicas podem ser considerados:

1. Toracotomia póstero-lateral direita e ligação em massa dos tecidos entre a aorta e o esôfago acima do diafragma.
2. Ligação por toracoscopia do ducto torácico.
3. Derivação pleuroperitoneal.

REFERÊNCIAS BIBLIOGRÁFICAS

1. Asensio JA, Steward MB, Murray J, *et al.*: Penetrating cardiac injuries. *Surg Clin North Am* 76: 685-724, 1996.
2. Demetriades D: Cardiac wounds: Experience with 70 cases. *Ann Surg* 203: 315-318, 1986.
3. Demetriades D, Breckon V, Breckon C, *et al.*: Antibiotic prophylaxis in penetrating injuries of the chest. *Ann Royal Coll Surg Engl* 73: 348-35, 1991.
4. Demetriades D & Rubinowitz B: Indications for thoracotomy in stab injuries of the chest: A prospective study of 543 patients. *Br J Surg* 73: 888-890, 1986.
5. Richardson DJ, Miller FB, Carrillo EH, Spain DA: Complex thoracic injuries. *Surg Clin North Am* 76: 725-748, 1996.

15. TRAUMA TORÁCICO FECHADO

George C. Velmahos, M.D.

1. **Quais são as lesões mais comuns após traumas torácicos fechados?**

Fraturas da caixa torácica.
Contusões e rupturas pulmonares.
Contusão miocárdica.
Ruptura de aorta.

2. **Qual é a utilidade da radiografia simples de tórax inicial?**

A radiografia simples de tórax inicial é habitualmente realizada com o paciente na posição supina e com técnica inadequada sob condições de emergência. Depender exclusivamente dela pode gerar falácias. Ela deve servir como um exame de triagem e não como um teste diagnóstico definitivo. Fraturas, hemopneumotórax e anormalidades mediastinais podem ser perdidas na radiografia inicial. Na presença de sintomas suspeitos, devem ser solicitadas novas radiografias ou exames adicionais.

3. **O que é um "mediastino alargado"?**

Uma largura mediastinal de mais de 8 cm na radiografia de tórax em posição supina é considerada anormal e deve ser melhor investigada, o que ocorre em 85% dos casos com lesão aórtica.

4. **Quais são as causas de alargamento mediastinal?**

Ruptura de aorta em 10-15% dos casos.
Fraturas de coluna torácica em 5-10% dos casos.
Fraturas de esterno, lesões de partes moles ou tamponamento cardíaco em 5% dos casos.
Nenhuma anormalidade nos 65-70% restantes.

5. **Há sinais radiográficos sugestivos de ruptura de aorta?**

Botão aórtico indistinto (25% dos casos).
Capuz apical (20%).
Fraturas de primeira e segunda costelas (15%).
Desvio de traquéia (10%).
Desvio nasogástrico (NG) (10%.
Brônquio fonte esquerdo deprimido (5%).

Outros sinais não-sensíveis, como fraturas de costela e derrame pleural, podem existir. O achado mais específico é o desvio de sonda NG. É importante lembrar que em 7% dos casos a radiografia simples pode estar completamente normal.

6. **Como se avalia um mediastino alargado?**

Repetir a radiografia simples de tórax na posição em pé. Embora aproximadamente 50% dos casos possam ser esclarecidos por esse método simples, a elevação do paciente com trauma fechado pode ser contra-indicada em razão da presença de choque ou por preocupação com a coluna vertebral.

Angiograma aórtico. Esse é o exame ideal para o diagnóstico de ruptura de aorta, tendo sensibilidade e especificidade de 97%. Entretanto, ele é invasivo, caro, consome tempo e trabalho e é associado a complicações em até 5% dos casos.

Tomografia computadorizada (TC) de tórax. Embora não seja precisa no diagnóstico de lesão aórtica, ela pode ser um excelente teste de triagem por seus altos índices de sensibilidade para a detecção da presença de hematoma mediastinal. É rápida, não-invasiva e pode fornecer informações adicionais sobre lesões associadas. Especialmente em casos que requerem uma TC de outras regiões do corpo (como é freqüentemente o caso em vítimas de trauma fechado), pode ser o exame de escolha para confirmar ou excluir a existência de alargamento de mediastino. A TC espiral é superior à TC convencional.

Ecocardiografia transesofágica. Um novo exame com graus variáveis de precisão (60-98%) em virtude da dependência do operador, podendo ser uma excelente alternativa para o paciente instável que não deve ser transportado para fora da unidade de terapia intensiva. Seu uso deve ser individualizado conforme a experiência existente em cada instituição.

7. Qual é o local típico de lesão aórtica?

Distal à subclávia esquerda em 93% dos casos. A transição da aorta ascendente fixa para a descendente mais móvel gera altas forças de cisalhamento ao redor do ducto arterioso. Lesões de arco e aorta ascendente ocorrem nos 7% restantes dos casos.

8. Qual é a taxa de mortalidade da lesão de aorta torácica?

Cerca de 85% dos pacientes morre no local do acidente. A taxa de mortalidade em pacientes que chegam vivos ao hospital é de 30%. A maioria desses indivíduos chega em extremos ou sofre ruptura antes da cirurgia. Em pacientes estáveis submetidos a reparo aórtico programado, a mortalidade é de 15%.

9. Que técnicas operatórias são utilizadas para o reparo aórtico?

Clampeamento e costura.
Desvio (derivação de Gott, desvio completo, desvio incompleto, bomba centrífuga).

10. Quais são as principais complicações após a cirurgia de aorta?

Complicações respiratórias (pneumonia, empiema, etc.).
Insuficiência renal.
Falha da linha de sutura (deiscência, aneurisma).
Paraplegia (10% dos casos).

11. Quais são os fatores de risco para o desenvolvimento de paraplegia?

Hipotensão intra-operatória, duração do clampeamento de aorta e técnica. Parece que se a aorta é clampeada por menos de 30 minutos, ambas as técnicas (clampeamento e costura ou desvio) são igualmente seguras. Entretanto, para reparos com duração superior a 30 minutos, as técnicas de desvio oferecem maior proteção medular. Hipotensão resultando em hipoperfusão da medula deve ser evitada em qualquer momento antes e durante o reparo.

12. Qual é o espectro do trauma cardíaco fechado?

1. Contusão miocárdica assintomática (apenas anormalidades no eletrocardiograma [ECG]).
2. Contusão miocárdica sintomática (choque cardiogênico ou arritmias).
3. Ruptura de parede livre ou parede septal.
4. Rupturas valvulares.
5. Trombose de artéria coronária.

13. Quais são os sintomas do trauma cardíaco fechado?

A maioria das contusões miocárdicas é assintomática. Grande parte dos pacientes com ruptura cardíaca não chega viva ao hospital. Instabilidade hemodinâmica ou arritmias cardíacas são manifestações comuns da contusão miocárdica importante.

14. Quais são os possíveis mecanismos da ruptura cardíaca?

Desaceleração aguda (queda de altura, acidentes com veículos automotores).

Compressão ântero-posterior potente.

Lacerações por fraturas de costelas ou de esterno.

Raramente, retorno maciço súbito de sangue venoso ao coração após trauma abdominal fechado.

15. Como é estabelecido o diagnóstico de contusão miocárdica?

Não existe nenhum teste diagnóstico altamente sensível ou específico, mas os seguintes devem ser considerados:

1. Mecanismo suspeito de lesão (dano significativo do volante, golpes na parte anterior do tórax) com fraturas de esterno, múltiplas fraturas de costelas ou equimoses precordiais associadas. Entretanto, alguns acreditam que tais lesões não são fatores de risco significativos para trauma cardíaco fechado.
2. Sintomas e sinais clínicos como choque cardiogênico e arritmias.
3. Enzimas cardíacas. Creatininafosfoquinase (CPK), desidrogenase láctica (DLH) e CPK-MB foram utilizadas, mas não provaram valor preditivo na contusão miocárdica, pois os músculos esqueléticos lesados, que contêm todas essas enzimas, podem obscurecer as pequenas quantidades liberadas pelas células miocárdicas lesadas.
4. ECG. Embora o ECG inicial possa não ser conclusivo, é raro existir trauma fechado cardíaco sem alterações de ECG nas primeiras 12 horas após a admissão. Infelizmente, tais alterações são inespecíficas e consistem em distúrbio de ritmo (predominantemente taquicardia sinusal) ou anormalidades de condução (predominantemente bloqueio de feixe de ramo direito).
5. Ecocardiograma. Sensível para o diagnóstico de anormalidades da motilidade da parede ou defeitos anatômicos, é recomendado na investigação de pacientes com anormalidades no ECG ou instabilidade hemodinâmica inexplicada.
6. Exame com radionuclídeos (MUGA). Sugere-se que seja específico e sensível para detecção de anormalidades graves, mas não pode ser usado como exame de triagem.

16. Qual é a maneira adequada de se avaliar um paciente com suspeita de trauma miocárdico fechado?

1. Realizar ECG e dosagem de CPK-MB na admissão de pacientes com sintomas ou mecanismo de lesão suspeitos.
2. Repetir ECG oito a 12 horas após a admissão.
3. Observar o paciente durante esse período em um leito monitorizado (não necessariamente na unidade de terapia intensiva).
4. Realizar um ecocardiograma no caso de instabilidade hemodinâmica inexplicada, achados anormais no ECG ou níveis de enzimas cardíacas anormais.
5. Alta após 12 horas na ausência de sintomatologia sugestiva, achados anormais em exames ou lesões associadas.

17. Qual é o tratamento para o trauma cardíaco fechado?

A maioria dos pacientes com trauma cardíaco fechado não requer qualquer tratamento além de observação. Ondas de ECG e níveis de enzimas quase sempre retornam ao normal dentro de uma semana. Uma pequena porcentagem de pacientes (2-5%) pode desenvolver arritmias significativas com comprometimento hemodinâmico, necessitando de antiarrítmicos (habitualmente lidocaína EV). Os pacientes com contusão miocárdica confirmada por ecocardiografia ou MUGA devem ser mantidos no hospital até que testes repetidos não revelem achados anormais.

A sobrevida de pacientes com ruptura cardíaca depende do reconhecimento e reparo cirúrgico imediatos.

Embora complicações tardias após trauma cardíaco fechado não-tratado tenham sido relatadas na literatura, elas são extremamente raras.

18. Que tipos de lesões traqueobrônquicas e pulmonares ocorrem após trauma torácico fechado?

Pneumotórax ou hemotórax após trauma torácico fechado são habitualmente resultado de lesão direta por costelas fraturadas. Fístulas de ar com grande volume persistentes levantam a possibilidade de lesão traqueobrônquica, exigindo avaliação broncoscópica.

Contusão pulmonar pode ser o resultado de um trauma fechado direto, com ou sem um componente de desaceleração aguda. Ela pode não ser radiologicamente aparente no estágio inicial, o que pode permitir uma falsa sensação de segurança. A deterioração do estado respiratório durante as horas seguintes não é incomum em tais casos e pode pegar de surpresa o médico inexperiente. Um alto índice de suspeita apoiado por exames apropriados (radiografias de tórax seqüenciais, gasometrias sangüíneas), monitoração adequada (saturação de oxigênio) e vigilância clínica rigorosa são os únicos meios de evitar problemas importantes.

19. Qual é a importância das fraturas de costelas?

As fraturas de costelas superiores (primeira e segunda) podem estar associadas à ruptura de aorta. As fraturas de costelas inferiores estão associadas a lesões de fígado e baço. Múltiplas fraturas de costelas podem resultar em dor importante, rigidez muscular, expansão pulmonar inadequada e desenvolvimento de insuficiência respiratória. Analgesia e fisioterapia adequadas são essenciais para evitar tais complicações.

20. Quais são os métodos de controle de dor em pacientes com fraturas múltiplas de costelas?

Analgesia epidural (cateter locado no espaço epidural).

Analgesia paradural (cateter locado próximo à medula, junto às raízes nervosas).

Analgesia intercostal (injeções freqüentes nos espaços intercostais correspondentes próximo aos nervos intercostais).

Analgesia controlada pelo paciente (PCA).

Analgesia convencional (analgesia IM, EV ou VO).

Cateteres locados no espaço epidural fornecem o controle de dor mais efetivo com menor número de efeitos adversos. Esse método é o tratamento de escolha em pacientes com dor importante e risco de complicações respiratórias.

21. O que é tórax fundido?

Tórax fundido é definido como três ou mais costelas consecutivas que estão cada qual fraturadas em pelo menos dois locais. Um tórax fundido é mal-associado à função mecânica do hemitórax correspondente, o que se torna evidente pela respiração paradoxal. Nessa condição, o hemitórax afetado move-se para dentro, enquanto o hemitórax oposto expande-se durante a inspiração. Aproximadamente 30-40% dos pacientes com tórax fundido necessitam de suporte ventilatório mecânico. A contusão pulmonar subjacente contribui para o desenvolvimento de insuficiência respiratória mais do que a falta de movimento torácico coordenado.

22. Como são tratados os pacientes com tórax fundido?

1. Monitorar rigorosamente a freqüência respiratória e a saturação de oxigênio.
2. Fornecer oxigênio adicional por máscara ou cateter nasal.
3. Manter baixo o limiar para suporte mecânico de ventilação antes que o paciente descompense completamente.
4. Proporcionar adequado controle da dor, idealmente por métodos de analgesia epidural.

Estabilização interna por fixação cirúrgica da costela também tem sido utilizada em alguns centros, com pretensos bons resultados. Não há experiência extensa com esse método.

23. O que é asfixia traumática?

Essa condição é provocada por um aumento agudo na pressão intravascular das regiões do tronco superior e da cabeça e pescoço devido à compressão súbita do tórax. Hiperemia difusa acima do sítio de compressão é característica dessa entidade e é atribuída à ruptura de pequenos vasos e extravazamento de sangue. Hemorragia subconjuntival também é típica. Hipertensão intracraniana pode ocorrer em conseqüência de micro-hemorragias.

24. Quais são as armadilhas mais comuns no diagnóstico e no tratamento de pacientes com trauma torácico fechado?

- Falha na inclusão de outros diagnósticos, além de lesões aórticas no diagnóstico diferencial de alargamento de mediastino (especialmente fratura de coluna torácica).
- Subestimação de uma contusão pulmonar importante, pois o aspecto da radiografia inicial é enganosamente inexpressivo.
- Uso de TC de tórax como exame diagnóstico para lesão de aorta em vez de uma ferramenta de triagem para detectar precisamente hematoma mediastinal que exija investigação adicional.
- Falha em manter um índice razoável de suspeita de trauma aórtico em pacientes com mecanismos de lesão de alta energia, mas radiografias normais (o raio X de tórax pode ser normal em até 7% dos pacientes com lesão aórtica).
- Falha em reconhecer contusão miocárdica como razão da instabilidade hemodinâmica na ausência de sangramento.
- Falha em providenciar analgesia adequada e suporte ventilatório precoce em pacientes com tórax fundido ou múltiplas fraturas de costelas.

REFERÊNCIAS BIBLIOGRÁFICAS

1. Cachecho R, Grindlinger G, Lee VW: The clinical significance of myocardial contusion. *J Trauma* 33: 68-73, 1992.
2. Durham RM, Zuckerman D, Wolverson M, *et al.*: Computed tomography as a screening exam in patients with suspected blunt aortic injury. *Ann Surg* 220: 699-704, 1994.
3. Fabian TC, Richardson JD, Croce MA, *et al.*: Prospective study of blunt aortic injury: Multicenter trial of the American Association for the Surgery of Trauma. *J Trauma* 42: 374-383, 1997.
4. Harman PK & Trinkle JK: Injury to the heart. In Moore EE, Mattox KL, Feliciano DV (eds): *Trauma*, 2nd ed. Norwalk, CT, Appleton & Lange, 1991, p. 373-391.
5. Smith MD, Cassidy JM, Souther S, *et al.*: Transesophageal echocardiography in the diagnosis of traumatic rupture of the aorta. *N Engl J Med* 332: 356-362, 1995.

IV. Trauma de diafragma e abdômen

16. LESÕES DE DIAFRAGMA

James A. Murray, M.D., *Demetrios Demetriades,* M.D., Ph.D., e *Juan A. Asensio,* M.D.

1. Quais são as características externas que correspondem ao diafragma durante a expiração completa?

A posição dos hemidiafragmas no tórax é dinâmica. Durante a expiração não-forçada, o folheto direito eleva-se até o quarto espaço intercostal e o esquerdo eleva-se até o nível do quinto espaço intercostal. Ambos os diafragmas ascendem ao nível da linha do mamilo anteriormente e à extremidade da escápula posteriormente.

2. Quais são as três principais aberturas no diafragma e quais estruturas passam através de cada uma delas?

O diafragma tem três aberturas.

1. O hiato aórtico está no nível de T12 e permite a passagem da aorta, do ducto torácico e da veia ázigo.
2. O hiato esofágico está localizado no nível de T10 e contém o esôfago e os nervos vagos.
3. O hiato caval está no nível de T8 e contém apenas a veia cava inferior.

3. Qual é o gradiente de pressão por intermédio do diafragma entre a cavidade abdominal e a cavidade torácica?

A pressão na cavidade abdominal varia durante a respiração normal de +2 cm a +10 cm de H_2O. A pressão intrapleural pode variar de −5 cm a −10 cm de H_2O. Na posição supina o gradiente pleuroperitoneal flutua de +7 cm a +20 cm de H_2O. Com a inspiração máxima, esse gradiente pode exceder 100 cm de H_2O. Um aumento correspondente na pressão intra-abdominal pode obter um gradiente de pressão de 150 cm a 200 cm de H_2O.

4. Qual é a inervação do diafragma?

O diafragma é inervado pelo nervos frênicos. Eles surgem das terceira, quarta e quinta raízes nervosas cervicais, cursando ao largo do escaleno no pescoço e ao largo do mediastino póstero-lateral no pericárdio. O nervo frênico insere-se no diafragma na junção do pericárdio e do tendão central. Ele, então, espalha-se lateralmente e divide-se em ramos anterior e posterior que passam circunferencialmente pelo anel periférico do músculo.

5. Como diferem as lesões fechadas e penetrantes do diafragma?

As lesões penetrantes do diafragma habitualmente produzem perfurações de 1 a 2 cm no diafragma. As lesões penetrantes podem causar lacerações maiores em conseqüência da natureza curva do diafragma. Se o objeto penetrante tem uma trajetória mais tangencial, a perfuração pode ser maior.

Lesões fechadas resultam geralmente em lacerações maiores (7-10 cm), rasgando em um padrão radial, envolvendo o diafragma póstero-lateral. Todas as áreas do diafragma podem ser envolvidas em lesões fechadas. Setenta e cinco por cento das lesões fechadas de diafragma envolvem o hemidiafragma esquerdo. Em um trauma penetrante, os ferimentos por arma de fogo envolvem os dois diafragmas igualmente, os ferimentos por arma laminada envolvem o diafragma esquerdo com mais freqüência, presumivelmente porque o agressor é destro.

De forma global, a incidência de lesões diafragmáticas por trauma fechado é de 5%. Em traumas abdominais fechados, a incidência é de cerca de 1,5%. Em estudos de autópsias, uma incidência de 7,5% foi relatada.

6. Quais são os achados físicos associados a lesões diafragmáticas?

O diagnóstico de lesões diafragmáticas pode ser difícil. As lesões penetrantes podem não produzir sintomas na ausência de herniação. Os achados físicos ou as alterações hemodinâmicas são habitualmente decorrentes de lesões associadas. Na ausência de tais lesões associadas, o diagnóstico de lesão diafragmática pode não ser considerado. Se estão presentes vísceras herniadas, pode haver proeminência e imobilidade do tórax, ausência de ruídos respiratórios, ausculta de ruídos intestinais no tórax ou percussão timpânica sobre o tórax.

7. Quais são os aspectos radiológicos associados a lesões diafragmáticas nas lesões fechadas e penetrantes?

Os achados radiológicos associados a lesões diafragmáticas podem variar de normal a herniação óbvia de víscera intestinal. A radiografia de tórax pode ser normal em até 50% dos pacientes. Outras podem demonstrar alterações inespecíficas como elevação, contorno irregular ou de nebulosidade à falta de visualização do hemidiafragma. Não é incomum ver pequenos derrames pleurais ou hemo ou pneumotórax associados. Nenhum desses achados é diagnóstico de lesões diafragmáticas, mas pode aumentar a preocupação de alguém. A herniação diafragmática óbvia no quadro agudo é mais comum em trauma fechado pelo maior tamanho do defeito. Uma radioluscência observada no hemitórax, próxima à base do pulmão, provavelmente representa uma víscera, que pode ou não estar associada a um nível hidroaéreo. Se uma sonda nasogástrica é inserida e não atravessa o diafragma, então uma herniação gástrica por meio do defeito está presente. Um pneumotórax associado a ar livre no abdômen pode ser devido a uma víscera rota em associação à perfuração do diafragma.

Herniações colônica e gástrica podem ser diagnosticadas com estudos contrastados. Tomografia computadorizada (TC) é útil se herniação está presente. A presença de intestino ou omento dentro da cavidade torácica pode ser bem visualizada com esse exame. A TC não será capaz de identificar pequenas perfurações associadas a lesões penetrantes na ausência de herniação, lembrando que exames subsidiários não devem ser realizados em pacientes hemodinamicamente instáveis.

8. Que outras condições em trauma podem ser associadas à elevação do diafragma?

Entre outras condições traumáticas freqüentemente associadas com um hemidiafragma elevado estão: lesão diafragmática, hemotórax subpulmonar, rigidez muscular decorrente da dor torácica pleurítica por fraturas de costelas associadas, hematoma subfrênico ou paralisia do nervo frênico.

9. Que outras condições podem parecer radiologicamente similares à lesão diafragmática?

Outras condições que parecem radiologicamente semelhantes a uma lesão diafragmática e devem ser incluídas no diagnóstico diferencial incluem: atelectasias, derrames pleurais, contusões pulmonares, pneumotórax loculados, eventração e paralisia de nervo frênico.

10. Qual diafragma é mais provavelmente perfurado em um trauma fechado?

O hemidiafragma esquerdo é o mais freqüentemente envolvido no trauma fechado. Aproximadamente 2/3 das lesões são isoladas no diafragma esquerdo. No terço remanescente, o hemidiafragma direito é envolvido isoladamente ou em lesões bilaterais. Postula-se que o fígado protege o hemidiafragma direito. Estudos experimentais sugeriram que o diafragma esquerdo pode ter alguma fraqueza intrínseca comparado ao direito.

11. Quais são as lesões associadas às lesões diafragmáticas?

Nas lesões penetrantes, as cavidades torácica e abdominal podem conter órgãos lesados. O comprometimento hemodinâmico ou respiratório é habitualmente devido a lesões associadas. A maioria das lesões torácicas penetrantes pode ser tratada sem uma cirurgia. Se o paciente tem sensibilidade abdominal ou instabilidade hemodinâmica, o abdômem deve ser explorado.

A incidência de lesões intra-abdominais associadas em trauma penetrante do diafragma é de 75%, enquanto 25% das lesões de diafragma são isoladas. A maioria dos órgãos lesados é formada de vísceras abdominais superiores, ou seja, baço, fígado, estômago, esôfago e intestino delgado. Um exame completo de toda a cavidade abdominal é necessário.

Em pacientes com traumas fechados, é provável que existam lesões extensas dentro e fora do abdômen e do tórax. Em pacientes com ruptura fechada de diafragma, a porcentagem de lesões intra-abdominais associadas é 100% se o hemidiafragma direito está envolvido. Ruptura do hemi-diafragma esquerdo é associada a lesões intra-abdominais em 77% dos casos. Entre outras lesões associadas estão traumas cranianos e fraturas de pelve e ossos longos. Também existe risco aumentado de lesões de aorta torácica em lesões diafragmáticas fechadas.

12. Que outros exames estão disponíveis para a avaliação de pacientes com lesões diafragmáticas?

Lavagem peritoneal diagnóstica (LPD) tem sido usada amplamente para a avaliação de pacientes com trauma abdominal fechado. É uma boa ferramenta diagnóstica para a avaliação de potenciais lesões intra-abdominais. Entretanto, ela não se constitui em um método confiável para o diagnóstico de lesões diafragmáticas isoladas. Lesões isoladas do diafragma, especialmente por trauma penetrante, podem não estar associadas a hemorragia intraperitoneal importante. A LPD pode ser falsamente negativa nesses casos. Os órgãos que sofrem herniação para o tórax podem sangrar para a cavidade torácica e a LPD pode ser falsamente negativa. Em lesões penetrantes uma LPD é, novamente, indigna de confiança. A contagem de glóbulos vermelhos foi diminuída em alguns estudos para melhorar a sensibilidade do exame. Isso pode levar a uma maior incidência de laparotomias negativas por lavagem falsamente positiva.

Pneumoperitônio, estudos contrastados das cavidades pleural ou peritoneal, cintilografia nuclear, ultra-sonografia e muitos outros exames foram explorados para auxiliar o diagnóstico de lesões diafragmáticas, mas nenhum demonstrou ser confiável.

Alguns autores sugeriram laparotomia obrigatória para assegurar adequada avaliação do diafragma pela visualização direta.

Atualmente, técnicas cirúrgicas minimamente invasivas proporcionam métodos fidedignos de avaliação para examinar o diafragma. Laparoscopia e toracoscopia hoje estão sendo utilizadas para avaliação de pacientes estáveis com suspeita de lesões diafragmáticas. Cada uma apresenta vantagens e desvantagens, mas proporcionam um exame completo do diafragma sem a necessidade de uma operação aberta formal.

13. Qual é o melhor método para diagnosticar uma lesão diafragmática oculta?

A laparoscopia diagnóstica permite uma visualização direta do hemidiafragma esquerdo. Essa técnica minimamente invasiva permite o diagnóstico precoce de lesões diafragmáticas ocultas antes que se desenvolvam complicações letais. Ela deve ser realizada em todos os pacientes com lesões penetrantes da região toracoabdominal esquerda independentemente de sinais clínicos ou achados radiológicos. Freqüentemente a radiografia de tórax é normal ou revela achados inespecíficos.

14. Quais são as complicações associadas às hérnias diafragmáticas?

Os pacientes com hérnias diafragmáticas podem ser assintomáticos, com o diagnóstico sendo realizado durante um exame de rotina se as hérnias não são identificadas no quadro agudo. Queixas gastrintestinais associadas a sintomas obstrutivos são comuns. Isso pode ser devido ao encarceramento do estômago, do cólon ou do intestino delgado. Estrangulação intestinal, necrose intestinal e perfuração podem ocorrer. Tais pacientes podem apresentar dificuldades cardíacas e respiratórias. A função cardíaca pode estar comprometida em virtude da compressão dos ventrículos, que impede o enchimento adequado. O efeito de massa também pode causar um deslocamento do mediastino, prejudicando o retorno venoso ao coração. O estado respiratório do paciente pode ser afetado pela compressão do parênquima ipsilateral. Em casos crônicos, os pacientes podem apresentar aspiração em conseqüência de hérnia gástrica, resultando em pneumonia crônica. Outras complicações comumente associadas a hérnias diafragmáticas incluem sepse, insuficiência respiratória, pneumonia, empiema e infecções de feridas. A taxa global de complicações pode chegar a 60% em lesões fechadas, comparadas a 40% em traumas penetrantes.

15. Quando as hérnias diafragmáticas tardias se apresentam?

Uma lesão diafragmática, se não reparada no quadro agudo, pode desenvolver complicações e herniação em qualquer momento. Isso pode ocorrer de horas a anos após a lesão inicial. Em hérnias tardias o diagnóstico de hérnia diafragmática freqüentemente não é suspeitado, pois a história de trauma é omitida ou tão remota que o paciente não julga que ela seja significativa o suficiente para fornecer a informação.

16. Que abordagem cirúrgica deve ser utilizada no reparo de lesões diafragmáticas?

No quadro agudo, as lesões diafragmáticas devem ser reparadas pelo abdômen para avaliar a presença de lesões intra-abdominais associadas. Isso é verdadeiro tanto para rupturas penetrantes quanto fechadas do diafragma. Evacuação da cavidade torácica pode ser realizada pela perfuração do diafragma ou por toracotomia separada, se necessária. A cavidade torácica pode ser avaliada para a existência de sangramento no momento da cirurgia. Na herniação tardia crônica, permanece o debate sobre qual incisão deve ser realizada: uma celiotomia ou uma toracotomia. Muitos cirurgiões preferem uma abordagem abdominal. Uma celiotomia permite a avaliação adequada do intestino quanto à viabilidade após a redução. Se é necessária ressecção, ela é mais bem realizada com os intestinos no abdômen do que no tórax. Uma toracotomia permite que a lise das adesões, que podem ter se formado na parede torácica, seja realizada seguramente nas hérnias crônicas. Isso impedirá lesões inadvertidas do intestino e contaminação do tórax se for tentada uma redução manual pelo abdômen.

17. Que fatores impedem a cicatrização das lesões diafragmáticas?

- A cicatrização pode ser prejudicada pelo movimento constante do diafragma.
- O gradiente de pressão através do diafragma permite um fluxo constante de fluido peritoneal do abdômen para o tórax, impedindo a cicatrização de uma lesão.
- Uma porção de omento ou víscera pode obstruir a perfuração e impedir a cicatrização, "pondo um pé na porta".

18. Que órgãos apresentam uma maior probabilidade de herniação por meio de uma perfuração do diafragma?

O estômago é o órgão mais comumente envolvido nas hérnias diafragmáticas, seguido em ordem crescente de freqüência pelo cólon, pelo baço, pelo intestino delgado, pelo fígado e pelo rim. O omento é freqüentemente envolvido em tais defeitos.

REFERÊNCIAS BIBLIOGRÁFICAS

1. Adamthwaite DN: Penetrating injuries to the diaphragm. *Injury* 14: 151-158, 1982.
2. Arnoff RJ, Reynolds J, Thal ER: Evaluation of diaphragmatic injuries. *Am J Surg* 144: 671-675, 1982.

3. Asensio JA, Demetriades D, Rodriguez A: Injuries to the diaphragm. In Feliciano DV, Moore EE, Mattox KL (eds): *Trauma,* 3rd ed. Norwalk, CT, Appleton & Lange, 1996, p. 461-486.
4. Degiannis E, Levy RD, Sofianos C, *et al.*: Diaphragmatic herniation after penetrating trauma. *Br J Surg* 83: 88-91, 1996.
5. Demetriades D, Kakoyiannis S, Parehk D, *et al.*: Penetrating injuries to the diaphragm. *Br J Surg* 72: 824-826, 1988.
6. Drews JA, Mercer EC, Benfield JR: Acute diaphragmatic injuries. *Ann Thorac Surg* 16: 67-78, 1973.
7. Fabian TC, Croce MA, Stewart RM, *et al.*: A prospective analysis of diagnostic laparoscopy in trauma. *Ann Surg* 217: 557-565, 1993.
8. Feliciano DV, Cruse PA, Mattox KL, *et al.*: Delayed diagnosis of injuries to the diaphragm after penetrating wounds. *J Trauma* 28: 1135-1144, 1988,
9. Ivatury RR, Simon RJ, Stahl WM: A critical evaluation of laparoscopy in penetrating abdominal trauma. *J Trauma* 34:822-828, 1993.
10. Ivatury RR, Simon RJ, Weksler B, *et al.*: Laparoscopy in the evaluation of the intrathoracic abdomen after penetrating injury. *J Trauma* 33: 101-108, 1992.
11. Jackson AM & Ferreira AA: Thoracoscopy as an aid to the diagnosis of diaphragmatic injury in penetrating wounds of the lower chest: A preliminary report. *Injury* 7: 213-217, 1976.
12. Madden MR, Paull DE, Finkelstein JL, *et al.*: Occult diaphragmatic injury from stab wounds to the lower chest and abdomen. *J Trauma* 29: 292-298, 1989
13. Merlotti GJ, Dillon BC, Lange DA, *et al.*: Peritoneal lavage in penetrating thoracoabdominal trauma. *J Trauma* 28: 17-23, 1988.
14. Miller L, Bennett EV, Root HD, *et al.*: Management of penetrating and blunt diaphragmatic injuries. *J Trauma* 24: 403-409, 1984.
15. Murray JA, Demetriades D, Asensio JA, *et al.*: Penetrating left thoracoabdominal trauma: The incidence and clinical presentation of diaphragmatic injuries. *J Trauma* 43: 624-626, 1997.
16. Oschner MG, Rozycki GS, Lucente F, *et al.*: Prospective evaluation of thoracoscopy for diagnosing diaphragmatic injury in thoracoabdominal trauma: A preliminary report. *J Trauma* 34: 704-710, 1993.
17. Spann JC, Nwariaku FE, Wait M: Evaluation of video-assisted thoracoscopic surgery in the diagnosis of diaphragmatic injuries. *Am J Surg* 170: 628-631, 1995.
18. Talbert J, Gruenberg JC, Sy G, *et al.*: Peritoneal lavage in penetrating thoracic trauma. *J Trauma* 20: 979-981, 1980.
19. Thal ER: Evaluation of peritoneal lavage and local exploration in lower chest and abdominal stab wounds. *J Trauma* 17: 642-648, 1977.
20. Uribe RA, Pachon CE, Frame SB, *et al.*: A prospective evaluation of thoracoscopy for the diagnosis of penetrating thoracoabdominal trauma. *J Trauma* 37: 650-654, 1994.
21. Wise L, Conners J, Hwang YH, *et al.*: Traumatic injuries to the diaphragm. *J Trauma* 13: 946-950, 1973.

17. PRINCÍPIOS DE TRAUMA ABDOMINAL

Frederic S. Bongard, M.D.

1. **Quais são as três regiões do abdômen?**
As três regiões distintas do abdômen são a cavidade peritoneal, o espaço retroperitoneal e a pelve.

2. **O que constitui o abdômen superior?**
O abdômen superior é a porção do espaço peritoneal coberta pela caixa torácica, incluindo o diafragma, o fígado, o baço, o estômago e o cólon transverso.

3. **O que constitui o abdômen inferior?**
O abdômen inferior é constituído pelo intestino delgado e pelo restante do intestino grosso intra-abdominal.

4. **O que está contido no retroperitônio?**
O retroperitônio contém a aorta, a veia cava, o pâncreas, os rins, as glândulas supra-renais, os ureteres e partes do duodeno e do cólon.

5. **O que está contido na pelve?**
Na pelve estão contidos o reto, a bexiga, os vasos ilíacos e, nas mulheres, os órgãos genitais.

6. **Qual é o órgão sólido abdominal mais freqüentemente lesado?**
No trauma fechado, o baço. O fígado é o mais comumente lesado em trauma penetrante.

7. **Qual é a víscera oca mais freqüentemente lesada?**
O intestino delgado.

8. **Em que porcentagem de pacientes o hemoperitônio causa achados "peritoniais"?**
Cerca de 20% dos pacientes com hemoperitônio agudo têm exame físico benigno na apresentação inicial.

9. **Na inspiração, o diafragma ascende até que espaço intercostal?**
Com a respiração profunda, o diafragma pode alcançar até o quarto espaço intercostal. Isso é motivo de preocupação, pois os pacientes com lesões penetrantes abaixo do nível dos mamilos podem apresentar lesões abdominais.

10. **Qual é a causa mais comum de distensão abdominal após cirurgia?**
Aerofagia e insuflação não-intencional do estômago com o ambu são as causas mais comuns de distensão abdominal pós-traumática.

11. **Quando uma sonda nasogástrica deve ser inserida?**
Uma sonda nasogástrica (SNG) é útil para o diagnóstico e o tratamento e deve ser inserida tão rápido quanto possível, assim que o pescoço e a via aérea do paciente tenham sido assegurados e o acesso endovenoso, obtido. A descompressão do estômago do ar ingerido fará com que o paciente sinta-se mais confortável. Sangue obtido da sonda deve alertar o clínico sobre a possibilidade de lesão gastrintestinal. Quando está presente trauma facial, o sangue obtido da SNG pode ter sido deglutido. Se fraturas faciais

graves estão presentes, a SNG deve ser colocada pela boca (orogástrica) para impedir a possibilidade de inserção no cérebro por meio de uma fratura na placa crivosa.

12. Fraturas de costelas inferiores são tipicamente associadas a que lesões intra-abdominais?
Hepáticas e esplênicas.

13. Lesões de coluna torácica baixa são tipicamente associadas a que lesões abdominais?
As lesões de pâncreas e intestino delgado.

14. Fraturas de processos transversos da coluna lombar são tipicamente associadas a que lesões abdominais?
As lesões de vísceras abdominais e rins.

15. Fraturas pélvicas são tipicamente associadas a que lesões?
As lesões de órgãos ou vasos pélvicos e de estruturas retroperitoniais, particularmente geniturinárias.

16. Que órgãos abdominais ou pélvicos são mais freqüentemente lesados após um trauma fechado?
O fígado, o baço e os rins são os mais comumente lesados após um trauma abdominal fechado. Entretanto, a incidência de lesão intestinal e de fraturas de coluna lombar aumenta com o uso incorreto do cinto de segurança.

17. Após um trauma fechado, que parte do diafragma é mais freqüentemente lesada?
Embora as lesões de diafragma possam se localizar em qualquer parte de sua substância (e possam estar associadas a trauma cardíaco ou pericárdico), a localização mais comum é na porção póstero-lateral esquerda.

18. Quais são os achados característicos da ruptura diafragmática na radiografia de tórax?
Elevação do hemidiafragma esquerdo e uma bolha de ar no tórax à esquerda são achados comuns. Hemotórax ou velamento do ângulo costofrênico esquerdo também podem estar presentes. A colocação de uma SNG pode ser útil, pois a radiografia pode mostrá-la enrolada no hemitórax esquerdo.

19. A anilase sérica normal exclui lesão pancreática?
Os níveis de amilase sérica podem estar normais na presença de lesão pancreática e não necessariamente excluem trauma de pâncreas.

20. A elevação da concentração de amilase sérica é indicativa de lesão pancreática após um trauma fechado?
Não. Não é raro as vítimas de trauma fechado sofrerem lesões de múltiplos órgãos, incluindo lesões de cabeça e pescoço, que podem causar elevação da amilase sérica proveniente da glândula salivar.

21. Após um acidente com veículo automotor, um paciente apresenta-se com uma equimose linear que cruza a parede abdominal. Qual é a causa mais provável?
Uso incorreto de cinto de segurança, que cruza o abdômen na sua parte superior, provoca esse achado. São motivo de preocupação as potenciais lesões de vísceras ocas intra-abdominais subjacentes.

22. O que é uma fratura de Chance?
É uma fratura transversa de um corpo vertebral torácico baixo ou lombar, habitualmente produzida por um mecanismo de flexão-extensão desordenado. As fraturas de Chance são comuns com o uso de cintos de segurança e são fortemente associadas a lesões intestinais. Alguns autores até mesmo afirmam

que, a menos que um paciente alerta apresente abdômen ou exame físico completamente benignos, a presença de uma fratura de Chance torna obrigatória uma exploração abdominal ou uma lavagem peritoneal diagnóstica.

23. Que órgãos abdominais são mais freqüentemente lesados por trauma penetrante?

O fígado, o intestino delgado, o cólon e o estômago são as vísceras abdominais mais comumente lesadas por trauma penetrante.

24. Ferimentos por faca e arma de fogo devem ser conduzidos de forma diferente?

Em virtude dos efeitos de cavitação, dissipação de energia e alteração na trajetória, o dano causado por um disparo por arma de fogo não pode ser previsto confiavelmente. Por essa razão, muitos especialistas explorarão todos os pacientes, exceto os com ferimentos muito superficiais por arma de fogo. Quando existem dúvidas em relação a se a bala penetrou na cavidade abdominal, pode ser usada laparoscopia. Embora a laparoscopia esteja se tornando uma modalidade *diagnóstica*, até o momento poucos médicos iriam confiar somente nela para excluir uma lesão visceral após um trauma penetrante (especialmente por disparo de arma de fogo).

25. Por que as lesões penetrantes de flanco e costas são motivo de preocupação especial?

Lesões nessas áreas podem causar perfuração de vísceras retroperitoniais como rins, duodeno, pâncreas ou porções do cólon. Enquanto a hemorragia por lesão renal pode aparecer na tomografia computadorizada (TC), a violação de uma víscera oca nessa localização é difícil de detectar e pode levar a morbidade importante se não diagnosticada e tratada de forma oportuna.

26. Qual é a taxa de mortalidade das fraturas expostas de pelve?

Muito alta, próxima a 50%.

27. As fraturas pélvicas mais freqüentemente estão associadas a que outras lesões?

Lesões geniturinárias (especialmente em homens) e vasculares, embora lesões gastrintestinais ocorram ocasionalmente. Hemorragia causada por ossos pélvicos fraturados ou por ruptura de vasos associados pode causar perda extensa de sangue e hipotensão.

28. Qual é o método preferido de tratamento de sangramento por fraturas pélvicas?

O ponto-chave da conduta é a redução do volume pélvico, o que diminui o espaço onde os vasos lesados podem sangrar. Isso é conseguido com mais facilidade com a fixação da pelve, geralmente necessitando de colocação de um fixador externo. Embolização por angiografia é um tratamento adjuvante útil quando o sangramento persiste. Cirurgia para hemorragia por fratura pélvica é o último recurso.

29. Hemorragias importantes ocorrem por que tipo de fraturas pélvicas?

Por aquelas localizadas posteriormente, tipicamente envolvendo a articulação sacroilíaca.

30. Se um fixador externo não pode ser rapidamente colocado em um paciente com hemorragia por fratura pélvica, que terapia alternativa pode ser utilizada?

Um traje CMAC (calças militares antichoque) ou uma roupa pneumática antichoque (RPAC) podem ser colocados até que a fixação externa definitiva possa ser realizada.

31. Cite algumas indicações gerais para celiotomia em um paciente com suspeita de lesão abdominal.

1. Hipotensão com evidência de lesão abdominal.
2. Peritonite.
3. Hipotensão recorrente apesar de reposição adequada.

4. Ar extraluminal na radiografia de tórax ou abdômen.
5. Lesão diafragmática.
6. Perfuração intraperitoneal da bexiga na cistografia.
7. Evidência na TC de lesão intra-abdominal ou retroperitoneal.
8. Estudo contrastado do trato gastrintestinal superior ou inferior indicando lesão.
9. Hiperamilasemia persistente em um paciente com achados físicos abdominais.

32. Como Harry Houdini morreu?

Houdini tinha 52 anos quando foi golpeado quatro vezes no abdômen por um boxeador que assistia ao seu espetáculo de mágica. Ele morreu de peritonite em 31 de outubro de 1926, em Detroit, Michigan. Ele prometeu que sua maior ilusão seria retornar "do outro lado". Ainda estamos esperando-o...

REFERÊNCIAS BIBLIOGRÁFICAS

1. American College of Surgeons: *Advanced Trauma Life Support Course for Physicians,* 5th ed. Chicago, American College of Surgeons, 1993.
2. Blaisdell FW & Trunkey DD: *Trauma Management,* v. 1. Abdominal Trauma. New York, Thieme-Stratton, 1982.
3. Fabian TC & Croce MA: Abdominal trauma, including indications for celiotomy. *In* Feliciano DV, Moore EE, Mattox KL (eds): *Trauma.* Stamford, CT, Appleton & Lange, 1996.

18. SÍNDROME DE COMPARTIMENTO ABDOMINAL

Jonathan R. Hiatt, M.D.

1. Quais são as características que definem uma síndrome de compartimento?

A síndrome de compartimento é o resultado de uma pressão elevada em um espaço limitado pela diminuição do tamanho do compartimento ou pelo aumento de seu conteúdo. As pressões são elevadas devido ao aumento do fluido intersticial ou do edema celular. Como resultado, a circulação, assim como a função e a viabilidade dos tecidos ou estruturas dentro desse espaço, é comprometida.

2. Cite os locais comuns onde a síndrome de compartimento ocorre.

As síndromes de compartimento ocorrem mais freqüentemente nas extremidades, geralmente nas pernas. Entretanto, elas podem ocorrer em qualquer espaço confinado, incluindo o crânio, as órbitas, os rins ou o abdômen.

3. Quais são as causas comuns de síndrome de compartimento?

A maioria das síndromes de compartimento é relacionada a trauma. As causas traumáticas incluem fraturas, lesões por esmagamento e explosão e trauma cirúrgico. As síndromes de compartimento também podem suceder isquemia e reperfusão subseqüente, como também pode ocorrer com uma lesão arterial de uma extremidade. Por exemplo, uma isquemia prolongada de uma extremidade inferior por uma lesão da artéria femoral pode produzir uma síndrome de compartimento nos compartimentos da perna, distais à distribuição da artéria femoral.

4. Cite as cinco características principais da síndrome de compartimento abdominal (SCA).

1. Pressões ventilatórias elevadas.
2. Pressão venosa central elevada.
3. Diminuição do débito urinário.
4. Distensão abdominal maciça.
5. Reversão desses distúrbios com descompressão abdominal.

5. Qual é a pressão intraperitoneal normal e por que ela é importante?

A pressão intraperitoneal (abdominal), geralmente expressa em mililitros de mercúrio (mmHg), é aproximadamente zero, embora ela possa ser levemente positiva ou negativa. Os cirurgiões criam condições de pressão intraperitoneal aumentada com insuflação do abdômen para operações laparoscópicas. Quando a pressão abdominal eleva-se a níveis patológicos, descritos neste capítulo (Questão 7), SCA pode ocorrer.

6. De que formas a pressão abdominal pode ser medida e quais são as mais aplicáveis na clínica?

A pressão intra-abdominal (PIA) pode ser medida por técnicas diretas e indiretas. Nas técnicas diretas, um dispositivo de medida, como uma agulha conectada a um sistema de manometria, é colocado diretamente na cavidade peritoneal. A técnica direta mais freqüentemente utilizada é o sistema insuflador eletrônico, usado para medida das pressões produzidas pelo pneumoperitônio de dióxido de carbono nas cirurgias laparoscópicas. Nas técnicas indiretas, as pressões são medidas através da parede de uma estrutura intra-abdominal, via um dispositivo de permanência. Mesmo podendo se utilizar as pressões de veia cava inferior (VCI) e intragástrica, a pressão vesical é a mais usada atualmente. A bexiga serve como um diafragma passivo para volumes de 50-100 ml e as pressões vesicais mostraram estar correlacionadas à PIA para pressões variando de 5-70 mmHg. Operacionalmente, o cateter de demora vesical é conectado ao sistema manométrico e a PIA pode ser medida à beira do leito em um sistema rápido e simples. Observe que um transdutor de pressão fornecerá leituras em mmHg, enquanto um manômetro de água lê cm H_2O, que pode ser convertido (1 mmHg = 1,36 cm H_2O).

7. Classifique e liste as causas de SCA.

As causas podem ser agudas ou crônicas (ver adiante). As causas agudas são espontânea, pós-operatória, traumática e iatrogênica. A mortalidade da SCA atinge 40% em relatos reunidos.

Causas de SCA

AGUDA	CRÔNICA
Peritonite	Ascite
Abscesso intra-abdominal	Tumores
Ílio ou obstrução intestinal	Gravidez
Ruptura de aneurisma de aorta abdominal	Diálise peritoneal
Hemorragia intra-abdominal	
Fechamento abdominal inelástico	
Tamponamento abdominal	
Oclusão vascular mesentérica	
Pneumoperitônio	

8. Identifique os principais quadros clínicos nos quais a SCA é mais freqüentemente encontrada e descreva os fatores mais importantes que contribuem para o seu desenvolvimento nesses quadros.

A maioria dos casos de SCA é encontrada em associação a traumas importantes. Mecanismos multifatoriais são responsáveis por SCA pós-traumática. Entre tais mecanismos estão hipoperfusão de vísceras com choque hemorrágico, reposição de grande volume de fluido, fechamentos abdominais rígidos, algumas vezes com tamponamento, em pacientes que se submeteram à laparotomia exploradora, e uso de ventilação com pressão positiva. O conteúdo do compartimento abdominal pode estar aumentado acentuadamente por intestinos edemaciados, coagulopatia hemorrágica e uso de compressas para tamponamento de superfícies sangrantes.

9. Descreva os principais efeitos fisiopatológicos da PIA aumentada em: (1) parede abdominal, (2) retorno venoso, (3) perfusão visceral mesentérica, (4) função renal, (5) função pulmonar e (6) hemodinâmica.

Todos estão acentuadamente perturbados com aumentos importantes da PIA.

1. *Parede abdominal.* Com uma PIA crescente, a parede abdominal torna-se mais rígida e a complacência cai segundo um padrão linear.

2. *Retorno venoso.* O retorno venoso está diminuído. Entre as causas dessa diminuição, destacam-se o fluxo diminuído da VCI e a elevação do diafragma. O fluxo da VCI está diminuído em conseqüência do acúmulo de sangue no retroperitônio, de obstrução pela crura diafragmática e de diminuição do fluxo venoso das pernas. A elevação diafragmática produz pressões de enchimento ventricular aumentadas e complacência cardíaca diminuída, retardando o retorno do sangue ao coração.

3. *Perfusão visceral mesentérica.* O fluxo sangüíneo visceral declina linearmente com a PIA crescente. A perfusão das artérias mesentéricas, da mucosa intestinal e do fígado está diminuída, com resultante isquemia visceral, que pode ser quantificada pela tonometria gástrica.

4. *Função renal.* O fluxo sangüíneo renal, a taxa de filtração glomerular e o débito urinário estão diminuídos. A oligúria é uma característica da SCA e ocorre como conseqüência da diminuição do débito cardíaco e da compressão da aorta e das veias e artérias renais, mas não do ureter. Um trabalho experimental clássico mostrou que o efeito no débito urinário é graduado: a oligúria é observada com PIA de 15-20 mmHg, enquanto que uma PIA maior que 20 mmHg produzirá anúria. Os efeitos do débito urinário não são revertidos pela correção do déficit do débito cardíaco isoladamente; a PIA deve ser diminuída por descompressão abdominal.

5. *Função pulmonar.* As cavidades torácicas são comprimidas pela distensão abdominal e a complacência pulmonar cai. As pressões ventilatórias elevadas, como a oligúria, são características da síndrome. As pressões de artéria pulmonar e a resistência vascular pulmonar estão elevadas. Os distúrbios dos gases sangüíneos arteriais incluem hipoxemia, hipercapnia e acidose. Trata-se de uma acidose combinada, com componentes respiratórios (hipercapnia) e metabólicos (hiperperfusão). Observe que tais distúrbios pulmonares podem ser exacerbados pela adição de pressão positiva no final da expiração (PEEP, usado para tratar hipoxemia pela abertura das vias aéreas colapsadas), porque o PEEP aumentará ainda mais a pressão intratorácica.

6. *Hemodinâmica.* O débito cardíaco está deprimido em virtude dos volumes sistólicos acentuadamente diminuídos, apesar da taquicardia compensatória. A pré-carga está diminuída, em conseqüência do retorno venoso diminuído e da pressão intratorácica elevada, encontrando-se pós-carga aumentada, em razão da resistência vascular sistêmica elevada. A tabela a seguir mostra os efeitos habituais da SCA que seriam observados pelo uso de instrumentos de monitoração modernos (cateteres arterial e de artéria pulmonar; pressões ventilatórias).

Efeitos hemodinâmicos e ventilatórios da SCA

↑	↓	↔
Freqüência cardíaca	Débito cardíaco	Pressão sangüínea média
Resistência vascular sistêmica (RVS)		
Pressão de artéria pulmonar (AP)		
Pressão de cunha de capilar pulmonar (PCCP)		
Pressão venosa central (PVC)		
Pressão de pico de via aérea		

10. Forneça um sistema de graduação para SCA de acordo com a pressão vesical medida e descreva suas implicações como um sistema para tratamento.

As elevações de pressão podem ser descritas como leves, moderadas e graves. Na principal e mais recente revisão, Burch e colaboradores propuseram o sistema mostrado na tabela a seguir.

A SCA é rara para elevações grau II e pode se desenvolver insidiosamente com grau III. Grau IV é uma emergência cirúrgica, com progressão para disfunção orgânica fatal e parada cardíaca se o abdômen não for descomprimido.

11. Liste os fatores combinados que podem exacerbar os efeitos nos sistemas orgânicos da SCA.

Doenças preexistentes (cardíaca, pulmonar, renal).
Grandes volumes de fluidos, que aumentam o conteúdo abdominal.
Posição de Trendelenburg, que aumenta a compressão diafragmática pelo conteúdo abdominal.
PEEP, descrito anteriormente.

Sistema de graduação para SCA

GRAU	PRESSÃO VESICAL		CONDUTA
	cm H_2O	mmHg	
I	10-15	7-11	Pressões pós-operatórias normais
II	15-25	11-18	Indicada monitoração rigorosa
III	25-35	18-26	A maioria requer descompressão
IV	> 35	> 26	Todos requerem descompressão

Adaptada de Burch JM, Moore EE, Moore FA, Franciose R: The abdominal compartment syndrome. *Surg Clin North Am* 76:833-842, 1996.

Lesões associadas, particularmente aquelas que produzem sangramento e coagulopatia.

12. Cite as duas principais intervenções cirúrgicas que são necessárias para o tratamento de SCA.

1. Descompressão abdominal.
2. Fechamento da parede abdominal.

13. Quais são as conseqüências fisiológicas mais importantes da descompressão abdominal e como elas se relacionam com a conduta do paciente antes e durante a descompressão cirúrgica?

Os efeitos da descompressão abdominal no paciente com SCA são dramáticos. As funções cardíaca, respiratória e renal melhoram acentuadamente. O débito cardíaco aumenta, a resistência vascular sistêmica diminui e o débito urinário melhora. O anestesista freqüentemente relatará melhoras substanciais na mecânica ventilatória, bem como na diurese rápida. Deve-se reconhecer que uma queda transitória na pressão sangüínea secundária à vasodilatação periférica pode ocorrer e assistolia secundária à reperfusão da lesão também foi relatada.

Antes da descompressão, esforços agressivos são direcionados para a restauração do volume intravascular com sangue e derivados e maximização do transporte de oxigênio. Monitoração hemodinâmica invasiva e acesso vascular de grande calibre são essenciais. Defeitos de coagulação e hipotermia devem ser corrigidos na medida do possível. Entretanto, SCA pode se desenvolver durante ressuscitação maciça após cirurgia para a lesão mais importante. Quando a deterioração clínica é acentuada, com anúria, disfunção ventilatória e instabilidade hemodinâmica, a descompressão abdominal pode ser necessária antes que as metas terapêuticas tenham sido alcançadas.

14. Quais são as opções para o fechamento abdominal no momento da descompressão?

As opções incluem o tamponamento aberto, o fechamento da pele ou o fechamento com prótese. O tamponamento aberto apresenta alto risco de fistulização, evisceração e perda maciça de fluidos. A pele pode ser fechada sobre a fáscia aberta por meio de suturas ou grampos, mas o risco aqui é de compressão recorrente. Fechamentos com próteses são mais freqüentemente usados. Vários tipos de malhas protéticas estão disponíveis, mas como eles são muito caros, o uso de uma bolsa de irrigação de três litros aberta, esterilizada, suturada à fáscia ou à pele, é preferido por muitos cirurgiões.

15. Descreva o *timing* e as opções para o fechamento abdominal tardio.

O segundo fechamento abdominal é realizado quatro a sete dias após a descompressão. O estado hemodinâmico deve estar estável e a diurese deve ter ocorrido, com peso corporal próximo ao nível pré-mórbido. O paciente volta ao centro cirúrgico e a prótese é removida. O abdômen é explorado, com inspeção comedida das linhas de sutura e pesquisa de coleções de líquido purulento. Pode ser apropriado medir a pressão vesical nesse momento, se existe qualquer dúvida sobre se compressão recorrente pode ser criada com o fechamento da parede abdominal. Entre as opções cirúrgicas está o fechamento definitivo da parede abdominal nessa oportunidade. Alternativamente, um fechamento em etapas pode ser escolhido, com malha ou enxertos de pele usados na operação atual. Se o fechamento é feito em etapas, o definitivo é realizado, no mínimo, três a seis meses após a cirurgia. O paciente deve estar essencialmente saudável, com boa nutrição, e a parede abdominal deve ser lisa e flexível; o edema "lenhoso" deve ter se resolvido e a pele e as estomias, se presentes, devem ser frouxas e protuberantes. Como retalhos e expansores de tecido são algumas vezes necessários, a assistência de um cirurgião especialista em reconstruções importantes pode ser benéfica.

16. Resuma as decisões críticas na conduta da SCA.

1. Reconhecer a síndrome clínica em um paciente com fatores de risco.
2. Medir a PIA quando o diagnóstico está em questão.
3. Identificar o paciente para quem a descompressão abdominal será uma intervenção salvadora.
4. Preparar a descompressão cirúrgica do paciente.
5. Selecionar o método para fechamento temporário da parede abdominal após a descompressão.
6. Escolher o momento oportuno para a segunda cirurgia para novo fechamento abdominal.
7. Selecionar a técnica para fechamento secundário ou reconstrução posterior definitiva.

A SCA é uma condição desafiadora para a qual o cuidado intensivo criterioso e o tratamento cirúrgico têm o potencial de salvar uma condição de outra maneira freqüentemente fatal.

REFERÊNCIAS BIBLIOGRÁFICAS

1. Barnes GE, Laine GA, Giam PY, *et al.*: Cardiovascular responses to elevation of intra-abdominal pressure. *Am J Physiol* 248: R208-R213m 1985.
2. Burch JM, Moore EE, FA, Franciose R: The abdominal compartment syndrome. *Surg Clin North Am* 76: 833-842, 1996.
3. Cullen DJ, Coyle JP, Teplick R, Long MC: Cardiovascular, pulmonary, and renal effects of increased intra-abdominal pressure in critically ill patients. *Crit Care Med* 17: 118-121, 1989.
4. Harmon PK, Kron, IL, McLachlan HD, *et al.*: Elevated intra-abdominal pressure and renal function. *Ann Surg* 196: 594-597, 1982.
5. Kashtan J, Green JF, Parsons EQ, Holcroft JW: Hemodynamic effects of increased abdominal pressure. *J Surg Res* 30: 249-255, 1981.
6. Perry MO: Compartment syndromes and reperfusion injury. *Surg Clin North Am* 68: 853-864, 1988.
7. Richardson JD & Trinkle JK: Hemodynamic and respiratory alterations with increased intra-abdominal pressure. *J Surg Res* 20: 401-404, 1976.
8. Richards WO, Scovill W, Shin B, Reed W: Acute renal failure associated with increased intra-abdominal pressure. *Ann Surg* 197: 183-187, 1983.
9. Schein M, Wittmann DH, Aprahamian CC, Condon RE: The abdominal compartment syndrome: The physiological and clinical consequences of elevated intra-abdominal pressure. *J Am Coll Surg* 180: 745-753, 1995.

V. Trato gastrintestinal

19. LESÕES HEPÁTICAS E BILIARES

Hernan I. Vargas, M.D.

LESÕES HEPÁTICAS

1. As lesões hepáticas são comuns?

Sim. O fígado é o órgão sólido mais freqüentemente lesado.

2. Quais são os mecanismos comuns de trauma hepático?

Cerca de 80% das lesões hepáticas são resultantes de trauma abdominal penetrante e cerca de 20% resultam de trauma fechado. As lesões de órgãos sólidos podem ser difíceis de diagnosticar. As lesões fechadas de fígado podem ocorrer por trauma direto ou compressão do tronco. Os pacientes com fraturas de costelas do lado direito apresentam incidência mais alta de lesões hepáticas. Desaceleração rápida pode ser responsável por avulsão das veias hepáticas ou por lesões de veia cava inferior retro-hepática.

3. O mecanismo de lesão influencia as formas de diagnóstico das lesões hepáticas?

Sim. As vítimas de lesão abdominal penetrante geralmente requerem uma laparotomia exploratória. Essa é a forma pela qual as lesões hepáticas são descobertas nesses pacientes.

Os pacientes que sofreram trauma fechado do abdômen são explorados somente se estiverem hemodinamicamente instáveis. Os pacientes que estão hemodinamicamente estáveis são submetidos a métodos diagnósticos menos invasivos, como lavagem peritoneal diagnóstica (LPD), tomografia computadorizada (TC) ou ultra-sonografia (US).

4. Qual é a modalidade diagnóstica de escolha nos pacientes hemodinamicamente estáveis com trauma abdominal fechado?

Os exames são selecionados de acordo com as circunstâncias individuais e a disponibilidade dos diferentes centros. A TC é o exame mais freqüentemente usado, pois fornece sensibilidade e especificidade altas no diagnóstico de trauma abdominal, particularmente para o tratamento de lesão de órgão sólido. A LPD tem sensibilidade de 98% para sangue na cavidade peritoneal, mas a especificidade é baixa. A taxa de laparotomias não-terapêuticas baseadas em uma LPD positiva varia de 25 a 67%. Avaliação por US está se tornando mais popular porque não é invasiva, é rápida, barata e freqüentemente está disponível, além de apresentar especificidade de 80% e ser altamente sensível (99%), embora requeira um cirurgião experiente e, assim, seja operador-dependente.

5. As lesões hepáticas sempre oferecem risco de vida?

Não. A mortalidade por lesões hepáticas é inferior a 10%. As lesões hepáticas podem ser estratificadas, de acordo com a sua gravidade, em seis classes, como esquematizado a seguir.

Escala de lesão hepática

GRAU	DESCRIÇÃO DA LESÃO	FREQÜÊNCIA
I	< 10% subcapsular. Laceração < 1cm	15%
II	10-50% subcapsular. Laceração 1-3 cm	55%
III	> 50% subcapsular ou ruptura ou expansão. Hematoma intraparenquimatoso grande	25%
IV	Ruptura de parênquima (25-75% do fígado)	3%
V	>75% ruptura de parênquima. Lesão vascular importante	2%
VI	Avulsão hepática	< 1%

6. É possível tratar um trauma hepático fechado conservadoramente?

Sim. Vinte a 50% dos pacientes com lesão hepática fechada requerem intervenção cirúrgica. Os pacientes tratados de modo conservador devem estar hemodinamicamente estáveis e não devem apresentar sinais peritoniais. A necessidade de transfusão relacionada à lesão deve ser mínima. A TC deve delinear a lesão hepática e não devem existir lesões de vísceras ocas associadas. Os pacientes que apresentam lesão muito grave na TC têm maior probabilidade de não responder bem à conduta conservadora e devem ser rigorosamente monitorados.

7. Quais são alguns dos riscos da conduta conservadora?

- Pode ocorrer hemorragia como conseqüência de um período de observação prolongado. O cirurgião deve tomar muito cuidado para não atribuir o sangramento a uma segunda fonte (fratura óssea, hemorragia externa). Se existe qualquer evidência de sangramento, uma nova TC pode mostrar um hematoma hepático em crescimento.
- Ocasionalmente, uma embolização por meio de angiografia pode fornecer um controle vascular e interromper a hemorragia em um paciente estável.
- Raramente (< 5%), uma lesão entérica ou outra lesão intra-abdominal pode não ser diagnosticada.
- Com freqüência, ruptura de ducto biliar com formação de coleção de bile pode ocorrer, mas é raro ter significado clínico (1%).
- Formação de abscesso intra-hepático.

8. A maioria dos pacientes com lesão hepática penetrante é candidata a tratamento conservador?

Não. A maioria dos pacientes com lesão abdominal penetrante requer uma laparotomia exploradora para avaliar toda a cavidade peritoneal (examinar os órgãos sólidos e as vísceras) e o retroperitônio. Excepcionalmente, um paciente estável e assintomático com uma lesão toracoabdominal direita pode ser tratado com sucesso pela laparoscopia, evitando, assim, a cirurgia aberta.

9. Quais são os princípios da conduta cirúrgica?

Exposição e exploração adequadas do abdômen; uso de uma incisão na linha média com retrator subcostal apropriado.

Controle do sangramento por tamponamento do abdômen e compressão direta do fígado.

Reposição de volume.

Avaliação da lesão.

10. O que é a manobra de Pringle?

A manobra de Pringle consiste de oclusão do influxo hepático por clampeamento cruzado da tríade-porta. A segurança dessa manobra durante períodos prolongados de tempo é incerta. Tempos de oclusão de 30-60 minutos são comumente observados. Experimentalmente, até 90 minutos de isquemia não-térmica foram bem tolerados pelo fígado sob condições controladas. Alguns cirurgiões têm usado empiricamente hipotermia local e corticosteróides sistêmicos como tentativa de evitar lesão hepática adicional em casos nos quais um clampeamento cruzado prolongado (mais de 20 minutos) é necessário.

11. Quais são algumas das manobras técnicas convencionais usadas para o controle de hemorragia hepática?

Uso de eletrocautério ou *laser* com feixe de argônio para controlar lacerações superficiais ou superfícies cruentas.

Uso de suturas do fígado (ponto em rede com sutura absorvível).

Hepatorrafia com fratura *finger* e controle individual dos vasos que estão sangrando e dos ductos lesados.

Debridamento do parênquima hepático desvascularizado e friável.

Reconstrução com um retalho de pedículo de omento.

12. Com que freqüência a hemorragia de uma lesão hepática não é controlada com as técnicas convencionais?

Em aproximadamente 5% dos pacientes que se submetem à conduta operatória de uma lesão hepática, o sangramento não é controlado com as técnicas convencionais. Em pacientes que desenvolvem uma coagulopatia ou naqueles que estão hemodinamicamente instáveis, o tamponamento peri-hepático é usado para controlar a hemorragia. Outras indicações para tamponamento peri-hepático são hematoma subcapsular grande ou lesões bilobares graves.

13. Qual é o diagnóstico de um paciente com hemorragia venosa escura na parte posterior do fígado após terem sido realizados a manobra de Pringle, a compressão e o tamponamento do fígado? Como é conduzida essa lesão?

Lesão de veia cava retro-hepática ou de veia hepática. Entre as opções para o tratamento estão:

Mobilização completa do fígado e reparo das lesões venosas.

Abordagem transparenquimatosa das veias hepáticas.

Realização de uma derivação cavoatrial. Uma derivação cavoatrial é uma derivação intraluminal que temporariamente desvia da cava o retorno dos rins e da metade inferior do corpo para o átrio direito. Ela é colocada cirurgicamente pelo átrio direito dentro da VCI, em geral por uma esternotomia mediana. Se considerada, essa é uma manobra a ser realizada precocemente, antes que surjam complicações metabólicas ou hemodinâmicas graves.

14. Um paciente desenvolve icterícia, hemorragia gastrintestinal alta, hematoquesia e dor abdominal em cólica duas semanas após um acidente com veículo automotor. Qual é o diagnóstico clínico?

Hematobilia, que significa hemorragia no interior da árvore biliar. Ela em geral é confirmada por endoscopia alta, pela observação do sangramento via ampola de Vater. Esses pacientes são submetidos a estudos adicionais e tratados durante a angiografia por embolização do vaso que está sangrando ou do pseudo-aneurisma. Se a embolização não é bem-sucedida, uma hepatotomia com exposição direta do vaso que está sangrando ou uma ressecção hepática podem ser necessárias. Entretanto, há perda significativa de sangue e morbidade e mortalidade operatórias altas associadas a tal procedimento.

LESÕES BILIARES

15. Quais são os mecanismos comuns de lesão biliar?

Uma lesão penetrante é a causa mais comum de lesões biliares. Ferimentos por faca causam transecção ou laceração da árvore e da vesícula biliares. Ferimentos por arma de fogo causam lacerações ou lesões por esmagamento e são freqüentemente associados a lesões vasculares.

A árvore biliar pode ser danificada por lesão direta com compressão sobre a coluna ou durante eventos com desaceleração rápida nos pontos de fixação. A vesícula biliar pode ser contundida, lacerada ou sofrer avulsão quando uma força direta ou de cisalhamento é aplicada à cavidade peritoneal ou quando há um aumento súbito na pressão do ducto e ruptura.

16. Qual é o fator preditivo de evolução mais significativo em pacientes que sofrem trauma de vesícula biliar?

O prognóstico é firmado com base nas lesões associadas. Se uma lesão de vesícula biliar é reconhecida precocemnte, o prognóstico é excelente na ausência de outras lesões associadas.

17. Como as lesões biliares são encontradas em pacientes com trauma abdominal penetrante?

Elas geralmente serão identificadas no momento da laparotomia exploradora. Ocasionalmente, uma lesão pode ser perdida na exploração inicial. Nesses casos, os pacientes podem apresentar evidência de icterícia obstrutiva, ascite biliar ou sepse. Conforme a síndrome clínica, uma lesão pode ser documentada por paracentese, mapeamento com ácido hepatoimunodiacético ou colangiopancreatografia retrógrada endoscópica (PCRE). A PCRE permite a definição anatômica do nível da lesão e fornece um mapa para a reconstrução subseqüente.

18. Verdadeiro ou falso: lesões fechadas de árvore biliar apresentam sintomas no início da sua evolução e são facilmente reconhecíveis.

Falso. Os pacientes apresentam escape de bile retro ou intraperitoneal. Em qualquer caso, a ausência de irritação causada pela bile estéril pode ser responsável pela escassez de sintomas. Uma TC abdominal que demonstre uma coleção de fluido no retroperitônio, em volta do duodeno ou ascite é freqüentemente interpretada como sangue.

19. Qual é o local mais comum de lesão de ducto biliar extra-hepático no trauma fechado?

A lesão ocorre mais freqüentemente na área suprapancreática, na junção do pâncreas e do ducto biliar comum.

20. Qual é o exame pré-operatório necessário para ruptura biliar intra-hepática?

Uma TC de abdômen é importante para identificar qualquer possível lesão de parênquima hepático com ruptura biliar intra-hepática. Se nenhuma evidência de lesão parenquimatosa é observada, outras potenciais fontes de escape biliar são a vesícula biliar ou a árvore biliar extra-hepática. Uma PCRE pré-operatória é valiosa por fornecer informações úteis para o planejamento da abordagem cirúrgica.

21. Quais são os princípios cirúrgicos na conduta para o paciente com lesão de ducto biliar?

Estabilizar o paciente e tratar imediatamente as lesões vasculares e as vísceras sólidas e ocas que ofereçam risco de vida.

Examinar cuidadosamente o trato biliar na cirurgia. Usar colangiografia para auxiliar a definição da anatomia.

Se seguro e possível, realizar o reparo ou a reconstrução biliar imediatamente. No paciente instável ou naquele com lesões graves associadas, a abordagem mais segura é marcar as extremidades do ducto e exteriorizar o fluxo de bile por drenagem da região.

22. Qual é o modo de reconstrução preferido em um ducto biliar completamente transeccionado após um ferimento por faca?

Uma anastomose término-terminal primária é apropriada se não houver desvascularização ou lesão das bordas do ducto cortado transversalmente. Essa é provavelmente uma das poucas ocasiões em que esse modo de reconstrução é aceitável. Se existe perda segmentar de ducto biliar, desvascularização ou lesão do ducto seccionado, a abordagem preferida é uma Roux em Y-colédoco ou hepatojejunostomia.

REFERÊNCIAS BIBLIOGRÁFICAS

1. Feliciano DV: Biliary injuries as a result of blunt and penetrating trauma. *Surg Clin North Am* 74: 897-908, 1994.
2. Patcher HL & Feliciano DV: Complex hepatic injuries. *Surg Clin North Am* 76: 763-782, 1996.

20. LESÕES ESPLÊNICAS

Gideon P. Naudé, MBChB

1. O baço é comumente lesado em traumas?

Ruptura esplênica é a causa mais comum de lesão abdominal importante. Acidentes com veículos automotores são as causas mais freqüentes de lesão esplênica fechada.

2. A lesão esplênica está associada apenas a traumas graves?

Não. A lesão ocasionalmente é tão trivial que o paciente apresenta-se sem uma história de trauma.

3. Que indícios levantam suspeita de lesão esplênica em trauma fechado?

História de trauma envolvendo o quadrante superior esquerdo do abdômen ou a parte inferior esquerda do tórax.

Dor e sensibilidade abdominais.

Fraturas de costelas da porção inferior esquerda do tórax.

Dor referida na extremidade do ombro esquerdo.

Anemia progressiva em determinações seriadas do hematócrito.

Sinais de choque como taquicardia e hipotensão.

4. Como é confirmado o diagnóstico de ruptura esplênica?

Os pacientes gravemente lesados são conduzidos imediatamente à cirurgia, onde a causa exata da hemorragia intraperitoneal (p. ex., ruptura de baço) será determinada.

As lesões menos graves são diagnosticadas clinicamente. Hematologicamente, as taxas de hemoglobina e de hematócrito em declínio e a contagem de leucócitos crescente – por exemplo, acima de 15.000 u/l – podem indicar uma ruptura esplênica. À ultra-sonografia, pode ser visualizado sangue no retroperitônio e a lesão esplênica pode ser observada. Radiografias simples de abdômen freqüentemente não contribuem. Entre os sinais positivos estão aumento do baço, costelas fraturadas na porção inferior esquerda do tórax e deslocamento do gás no cólon transverso inferiormente e da bolha gástrica medialmente. Raramente, plicaturas da grande curvatura do estômago são vistas em virtude da dissecção do sangue no ligamento gastresplênico. A arteriografia é precisa. Ela é usada particularmente na avaliação de pacientes tratados conservadoramente e com ruptura tardia. A tomografia computadorizada com contraste tornou-se a mais valiosa ferramenta na avaliação da conduta conservadora de baços lesados. Além disso, o diagnóstico de pacientes que requerem cirurgia pode ser feito precocemente, antes que ocorra instabilidade hemodinâmica. Uma paracentese revelando sangue intraperitoneal pode indicar o diagnóstico.

5. Como o Comitê de Pontuação de Lesões Orgânicas (OIS) gradua as lesões esplênicas fechadas?

A graduação é baseada no hematoma e no tamanho da laceração, de grau 1 a 5 em ordem crescente de gravidade. (Ver tabela adiante.)

6. Quais são as indicações para esplenectomia após trauma?

Lesão irreparável de baço, como lesões grau 4 e 5.

Perda sangüínea importante levando à instabilidade hemodinâmica.

Lesões múltiplas quando o tempo não pode ser desperdiçado em um reparo.

Coagulopatia, hipotermia e condições clínicas ou cirúrgicas associadas que impossibilitem a extensão da cirurgia.

Grau	*Hematoma*	*Laceração*
1	Subcapsular, não-expansivo, 10% da área de superfície	Laceração capsular, 1 cm de profundidade no parênquima, sem sangramento.
2	Subcapsular, não-expansivo, 10-50% da área de superfície. Intraparenquimatoso, não-expansivo, 2 cm de diâmetro.	Laceração capsular, sangramento ativo, 1-3 cm de profundidade no parênquima, sem envolvimento de vasos trabeculares.
3	Subcapsular, 50% da área de superfície ou expansivo. Hematoma subcapsular roto com sangramento. Hematoma intraparenquimatoso 2 cm ou expansivo.	3 cm de profundidade no parênquima ou envolvimento de vasos trabeculares.
4	Hematoma intraparenquimatoso roto com sangramento.	Envolvendo vasos hilares ou segmentares produzindo desvascularização importante (25% do baço)
5	Baço completamente despedaçado.	Lesão vascular hilar que desvasculariza o baço.

7. A lesão esplênica penetrante é conduzida da mesma maneira que o trauma fechado?

Não. Em razão do perigo de lesão de órgãos próximos e adjacentes – como estômago, cólon, intestino delgado, pâncreas e cavidade torácica – a exploração é realizada em quase todos os pacientes. O tratamento definitivo da lesão esplênica depende dos achados operatórios, sendo a esplenectomia ou o reparo do baço realizados.

8. Os cirurgiões sempre causam dano ao baço?

Sim. Cerca de 1/5 de todas as esplenectomais é realizada por lesão esplênica iatrogênica durante a cirurgia de órgãos vizinhos, como o estômago, o cólon, o pâncreas e o hiato, ou durante uma vagotomia.

9. A esplenectomia é a única opção de conduta para lesão esplênica?

Não. O tratamento conservador é freqüentemente empregado (particularmente em crianças) se não há hemorragia com risco de vida. Naqueles que necessitam de laparotomia, os menos gravemente lesados podem ser submetidos a procedimentos que preservem o baço.

10. Descreva as alternativas à esplenectomia total.

As lacerações e as rupturas capsulares menos importantes podem ser tratadas com eletrocautério, coagulação com feixe de argônio e aplicação de gel hemostático (trombina tópica, celulose oxidada ou colágeno microfibrilar), ou cobrindo a lesão com uma malha absorvível.

As lesões maiores são tratadas com debridamento e reparo por sutura, com ligação cuidadosa dos vasos da região lesada para prevenir o sangramento posterior. Uma esplenectomia parcial é realizada nos casos de destruição parcial do baço com preservação da parte remanescente. Uma malha absorvível pode ser usada para envolver todo o baço e tamponar qualquer sangramento adicional. Para preservar a função esplênica completa, 30-40% da massa esplênica devem ser mantidos, bem como o suprimento sangüíneo hilar. Os fragmentos esplênicos envolvidos no omento (e outras formas de autotransplante) têm sobrevivido.

11. Qual é a freqüência de ruptura tardia do baço e quando ela ocorre?

A ruptura tardia do baço ocorre em aproximadamente 5% das lesões esplênicas por trauma fechado. A maioria (80%) ocorre dentro das primeiras duas ou três semanas, mas algumas apresentam-se meses e até mesmo anos mais tarde.

12. Qual é o mecanismo da ruptura esplênica tardia?

As lesões menos importantes do baço resultam em hemorragia intraparenquimatosa ou sangramento contido por pregas peritoniais ou omento. Com a decomposição do hematoma e a liquefação das células, a pressão osmótica leva a um aumento na água do hematoma, expandindo seu tamanho e, conseqüentemente, aumentando a pressão, levando à ruptura e conseqüente hemorragia.

13. Com que freqüência opta-se pela conduta conservadora e qual a freqüência de seu sucesso?

Cerca de 25% das rupturas esplênicas são tratadas de forma conservadora. Observam-se os sinais de hemorragia dos pacientes e eles são submetidos à cirurgia caso esses se manifestem. TCs seriadas são realizadas para assegurar que a hemorragia extracapsular não é excessiva. Desses pacientes tratados conservadoramente, cerca de 1/4 necessitarão de cirurgia. Em crianças, 70% das lesões esplênicas são tratadas conservadoramente, com um índice de sucesso de 90%.

14. Que pacientes são mais indicados para o tratamento conservador de uma ruptura esplênica?

Aqueles que sofreram trauma fechado no qual a hemorragia é subcapsular ou uma quantidade muito pequena de sangue é intraperitonial.

Aqueles nos quais o baço é o único órgão afetado e não existem outras lesões que exijam laparotomia.

Em crianças com menos de seis anos de idade e particularmente abaixo dos dois anos devem ser feitos todos os esforços para preservar o baço.

15. Qual é o quadro hematológico após uma esplenectomia por trauma?

O número de glóbulos vermelhos não se altera significativamente, mas corpos de inclusão como os corpos de Howell-Jolly surgem. (Um sinal útil de que a esplenectomia é completa e que nenhum *spleniculi* está presente.)

O número de leucócitos aumenta imediatamente após a esplenectomia, com os granulócitos aumentando inicialmente. Após várias semanas os granulócitos normalizam-se e os monócitos e os linfócitos aumentam.

As plaquetas em geral aumentam modestamente para cerca de 500.000 por um período de tempo prolongado. Se havia hiperesplenismo antes da lesão e da esplenectomia, a contagem pode chegar a mais de um milhão, tornando o paciente suscetível a trombose.

16. Quais são as complicações da esplenectomia?

- Hemorragia pós-operatória.
- Atelectasia, pneumonia e derrame pleural, pois a cirurgia é no quadrante superior esquerdo e causa diminuição do esforço de respiração e de tosse.
- Pancreatite e lesão da cauda do pâncreas.
- Lesão gástrica ou necrose na grande curvatura, levando a peritonite ou fístula gástrica, o que pode ser devido à lesão direta ou à desvitalização durante a ligação dos vasos gástricos curtos.
- O aumento da contagem de plaquetas ocasionalmente causa trombose.
- Infecção fulminante pós-esplenectomia.
- Abscesso subfrênico.

17. Qual é a mortalidade da esplenectomia e da esplenorrafia?

A esplenectomia tem mortalidade de 12-23% e a esplenorrafia, de 0-10%, o que se deve ao fato de que, em pacientes esplenectomizados, as lesões associadas são mais graves, incluindo lesões intracranianas, torácicas, pélvicas e intra-abdominais adicionais. A esplenectomia por si só é responsável por muito poucas mortes.

18. Quais são os fatores nos pacientes esplenectomizados que os tornam suscetíveis à sepse pós-esplenectomia?

As crianças pequenas são mais suscetíveis (80% de todos os casos). A incidência é maior se o paciente sofre de algum distúrbio hematológico. Outros fatores que aumentam o risco de sepse são:

- Remoção diminuída das bactérias do sangue após a esplenectomia pelo fato de o baço ser o local dos muitos macrófagos fixos necessários para eliminar as bactérias da circulação.
- O baço é o local de maturação das células *killer* naturais, dos linfócitos T auxiliadores e das células T citotóxicas supressoras.
- Produção deficiente de opsoninas, properdina e tuftsina, tornando certas bactérias mais resistentes às defesas do organismo.
- Níveis diminuídos de IgM e IgG.

19. Que organismos são mais freqüentemente envolvidos na sepse pós-esplenectomia?

Streptococcus pneumoniae, Haemophilus influenzae e *Neisseria meningitides.*

20. Quando a sepse pós-esplenectomia ocorre mais freqüentemente?

Em crianças, a maior incidência é nos primeiros dois anos após a esplenectomia. Em adultos, a maioria ocorre após um ano e mais da metade após os cinco anos.

21. Como é descrita clinicamente a sepse pós-esplenectomia fulminante?

A condição começa com sintomas prodrômicos semelhantes a uma gripe, progredindo para choque e febre alta por sepse que não sofre resistência, em geral septicemia, freqüentemente levando a coagulação vascular disseminada e morte.

22. Qual é a mortalidade da síndrome de sepse pós-esplenectomia?

A mortalidade da infecção pós-esplenectomia fulminante varia entre 50 e 80%, estando as crianças em maior risco.

23. Como pode ser previnida a sepse pós-esplenectomia?

- São feitos todos os esforços (especialmente em crianças) para preservar o máximo possível de baço.
- Vacina pneumocócica polivalente (Pneumovax) é administrada o mais rápido possível.
- Antibióticos profiláticos administrados durante um período prolongado de tempo podem ser efetivos na prevenção da infecção.
- Os pacientes são alertados para procurar tratamento logo no início de qualquer suspeita de infecção.

24. Qual é o momento ideal para a administração da vacina pneumocócica?

A vacina deve ser administrada tão logo quanto possível após a esplenectomia e repetida a cada quatro ou cinco anos. Na esplenectomia eletiva, a vacina é administrada antes da cirurgia.

25. A vacina pneumocócica polivalente (Pneumovax) oferece proteção completa contra sepse pós-esplenectomia?

Não. Ela é efetiva contra 80% dos agentes causais e antibióticos profiláticos são necessários por períodos prolongados para prevenir infecção, particularmente em crianças pequenas.

26. Quando deve ser realizada uma esplenorrafia?

- Quando o paciente não tem uma lesão que destruiu totalmente o baço ou interrompeu completamente o suprimento sangüíneo esplênico.

- Quando o paciente não está em risco de morrer por exsangüinação.
- Quando não existem lesões adicionais múltiplas e há tempo disponível para esse procedimento que consome muito mais tempo.
- Quando a condição geral do paciente é boa e não há hipotermia nem coagulopatia.

27. Como pode ser descrito o procedimento de esplenorrafia?

A lesão esplênica é debridada, o coágulo sangüíneo é removido, os vasos da área lesada são ligados e a cápsula esplênica é reparada. Uma hemostasia completa é essencial e eletrocautério, coagulação com feixe de argônio e aplicação de cola de fibrina podem ser utilizados com esse fim. O baço é freqüentemente envolvido em uma malha absorvível para assegurar uma hemostasia adicional. Devem ser evitados drenos em lesões esplênicas isoladas, pois eles contribuem com a maior incidência de infecção. Se lesões adicionais múltiplas, por exemplo, gástrica, pancreática contribuem com a ou colônica, estão presentes, os drenos podem ser inevitáveis.

REFERÊNCIAS BIBLIOGRÁFICAS

1. Bongard FS, Stamos MJ, Passaro E: *Surgery: A Clinical Approach.* New York, Churchill Livingstone, 1977.
2. Nyhus LM & Baker RJ: *Mastery of Surgery,* 2nd ed. Boston, Little, Brown, 1992.
3. Pickărdt B, *et al.*: Operative splenic salvage in adults. *J Trauma* 29: 1386, 1989.
4. Pitcher ME, Cade RJ, Mackay JR: Splenectomy for trauma: Morbidity, mortality and associated abdominal injuries. *Aust NZ J Surg* 59: 461, 1989.
5. Way LW: *Current Surgical Diagnosis and Treatment,* 10th ed. Norwalk, CT, Appleton & Lange, 1994.

21. LESÕES GÁSTRICAS

Gideon P. Naudé, MBChB, e *Francois H. Van Zyl*, M.S.

1. Trauma fechado do estômago é comum?

Não. As perfurações do estômago por trauma fechado compreendem apenas 1% das lesões intra-abdominais. Elas geralmente ocorrem quando o estômago está cheio e uma força direta é aplicada sobre ele, como em um acidente com veículo automotor ou uma queda violenta.

2. Por que o trauma fechado do estômago é incomum?

A posição relativamente protegida do estômago vazio e a sua flexibilidade protegem-no da maioria dos traumas fechados. A força necessária para romper um estômago vazio é geralmente suficiente para causar lesões fatais em outros órgãos e é por isso que raramente são vistos pacientes com ruptura de estômago por trauma fechado. O estômago cheio rompe-se com menos força aplicada sobre ele.

3. Qual é a freqüência das lesões penetrantes de estômago?

De todas as lesões penetrantes intra-abdominais, o estômago é lesado em 20% dos pacientes. Vários órgãos são geralmente envolvidos em um ferimento por faca ou por disparo de arma de fogo, como o estômago, o cólon transverso, o omento, o intestino delgado, o baço e o fígado.

4. Quais são as causas de necrose gástrica?

Corrosivos ingeridos podem causar necrose gástrica. Um trauma cirúrgico durante uma vagotomia altamente seletiva, bem como uma fundoplicatura anti-refluxo, pode levar a necrose da curvatura menor. A desvascularização durante um trauma é uma causa rara.

5. As perfurações gástricas geralmente são fáceis de diagnosticar?

Geralmente sim. O mecanismo de lesão – trauma por faca, ferimento por disparo de arma de fogo ou trauma fechado – deve sugeri-lo. O abdômen agudo com sensibilidade, defesa e recuo habitualmente está presente precocemente, pois o escape de suco gástrico causa irritação peritoneal grave. A opacidade do fígado pode desaparecer à medida que gás livre fica sobre ele. Exames por imagens confirmam o diagnóstico. A lavagem peritoneal pode mostrar sangue ou conteúdo gástrico. A perfuração pode ser um achado incidental em uma laparatomia com múltiplas lesões abdominais.

6. Sob que circunstâncias o exame clínico não é confiável?

Em pacientes inconscientes, com lesão raquimedular ou intoxicados por álcool ou analgésicos narcóticos. Nesses pacientes, outras modalidades diagnósticas são necessárias, como tomografia computadorizada, lavagem peritoneal e laparotomia diagnóstica.

7. Que modalidades diagnósticas são geralmente utilizadas para diagnosticar uma perfuração gástrica?

Radiografias de tórax (em pé) e de abdômen (em decúbito lateral) freqüentemente revelam gás no abdômen. A lavagem peritoneal pode revelar sangue e conteúdo gástrico na cavidade peritoneal. A TC com contraste indica precisamente a perfuração gástrica e ar e fluido extraluminais.

8. O que indicaria cirurgia em um paciente que ingeriu corrosivos?

Peritonite generalizada, se perfuração gástrica tivesse ocorrido. A cirurgia impediria que o material cáustico se espalhasse por toda a cavidade abdominal, causando lesão cáustica em outros órgãos intra-abdominais.

9. Qual é a conduta em uma perfuração cáustica do estômago?

Deve ser realizada uma laparotomia e é essencial uma lavagem peritoneal com irrigação copiosa para remover todo material cáustico. A perfuração é então tratada por excisão de quantidades variáveis de estômago necrótico, dependendo do tamanho da lesão.

10. Que incisão é usada para explorar o abdômen na suspeita de perfuração gástrica?

Uma incisão em linha média ou paramediana superior esquerda. Essa incisão pode ser estendida se estiverem presentes outras lesões que não possam ser alcançadas por uma incisão oblíqua ou transversa.

11. Ao explorar o estômago, que manobras são realizadas?

A curvatura maior é segura firmemente e puxada para baixo para se visualizar toda a porção anterior do estômago. A bolsa menor é aberta abaixo da grande curvatura do estômago para inspecionar a região posterior do estômago quanto a sinais de lesão.

12. Como a perfuração fechada do estômago é reparada?

As lesões fechadas do estômago ocorrem freqüentemente por pressão e deve-se tomar o cuidado de assegurar que as bordas da ferida estejam viáveis, o que exige a excisão das bordas até que um sangramento saudável seja encontrado. As bordas da ferida são, então, reparadas em duas camadas com um fio de sutura absorvível. Uma sonda nasogástrica é deixada no estômago para prevenir a distensão gasosa pós-operatória e o estresse excessivo da anastomose. Em lesões muito graves, pode ser necessária uma gastrectomia parcial ou mesmo total.

13. Qual é a conduta em uma perfuração pontiaguda do estômago?

Na laparotomia, o estômago é inspecionado para a localização das feridas de entrada e saída. Ambos os ferimentos são reparados. É realizada uma lavagem peritoneal e o abdômen é irrigado com quantidades copiosas de soro fisiológico até que esteja limpo. Uma sonda nasogástrica é deixada no local para impedir a distensão pós-operatória com tensão da linha de sutura. Antibióticos de amplo espectro são administrados para prevenir infecção pós-operatória.

14. Qual é o quadro clínico habitual de um paciente que apresenta lesão traumática do diafragma, com o estômago e outras vísceras abdominais no tórax?

O paciente geralmente apresenta uma história de trauma fechado grave, freqüentemente com fratura de pelve (ela é um indicador da gravidade da lesão) ou trauma penetrante do tórax com lesão de diafragma. A história de trauma pode ter ocorrido meses ou mesmo anos antes de o paciente apresentar o quadro agudo. O quadro pode ser decorrente de obstrução intestinal. Isso freqüentemente causa sintomas de pressão no tórax levando a insuficiência respiratória ou a perfuração de estômago ou intestino causando um derrame pleural infectado.

15. Como é feito o diagnóstico de lesão traumática do diafragma com o estômago ou outra víscera abdominal no tórax?

O exame físico pode revelar macicez no hemitórax esquerdo com ruídos respiratórios diminuídos. Algumas vezes, ruídos hidroaéreos são auscultados no tórax. A radiografia de tórax pode revelar o estômago ou o intestino no tórax, particularmente se uma sonda nasogástrica foi passada e ficou no tórax. Radiografias contrastadas ou TC confirmarão o diagnóstico.

16. Como o estômago pode ser utilizado na lesão esofágica?

Se uma quantidade significativa de esôfago é perdida e um reparo primário não pode ser realizado, então o estômago pode ser utilizado para repor o esôfago perdido e uma anastomose entre o esôfago e o estômago pode ser realizada no tórax ou até mesmo no pescoço.

17. Complicações pós-operatórias são comuns após lesão e reparo gástrico?

As complicações pós-operatórias são relativamente comuns após lesão e reparo gástrico. O estômago tem um suprimento sangüíneo muito rico e anastomoses gástricas cicatrizam bem e raramente sofrem deiscência com escape. O conteúdo gástrico apresenta relativamente poucas bactérias, comparado ao conteúdo intestinal inferior, particularmente do cólon distal. Quando laparotomia e reparo, bem como limpeza peritoneal, são realizados de maneira oportuna, é raro haver infecção.

18. Quais são as complicações da perfuração gástrica?

Peritonite generalizada sucede perfuração gástrica não-tratada, o que pode conduzir a septicemia e sepse generalizadas. Abscessos subfrênicos ocorrem após tratamento inadequado e mesmo em uma pequena porcentagem de pacientes adequadamente tratados. Deiscências de linhas de suturas gástricas são raras, como também o são as fístulas gástricas. As infecções de feridas ocorrem com maior freqüência em qualquer paciente no qual o conteúdo gástrico ou intestinal contaminou o ferimento.

19. Como são diagnosticadas as complicações da perfuração gástrica?

Clinicamente, o paciente pode apresentar sinais de peritonite ou infecção, com temperatura elevada e contagem de leucócitos aumentada. Coleções de fluido subfrênicas e outras intra-abdominais podem ser diagnosticadas por ultra-sonografia ou TC. O fluido que vaza pela ferida ou pelo sítio de drenagem deve ser testado para o pH. Se o teste é ácido, isso indica uma fístula gástrica. Radiografias contrastadas e TC podem demonstrar uma fístula gástrica.

20. Qual é a abordagem para um abscesso subfrênico?

Coleções subfrênicas pequenas, de desenvolvimento recente, têm sido tratadas com sucesso apenas com antibióticos. Em geral, contudo, os abscessos subfrênicos são drenados por meio da colocação de uma agulha ou cateter no abscesso, com visualização por ultra-sonografia ou TC. Se esse método relativamente não-invasivo não for bem-sucedido, então uma drenagem cirúrgica, geralmente por meio de uma abordagem extraperitoneal, é utilizada.

21. Qual é a abordagem para uma fístula gástrica aguda?

Uma fístula gástrica aguda pode ser tratada com sucesso mantendo-se o estômago vazio e descomprimido por sonda nasogástrica ou sucção, enquanto o paciente é alimentado por nutrição parenteral total através de um cateter central. A maioria das fístulas fechará com essa forma de terapia. Sinais de peritonite ou falha do tratamento clínico devem indicar exploração cirúrgica com reparo.

22. Quando a avaliação do abdômen com radiografias não é confiável para o diagnóstico de lesão gástrica?

Em ferimentos penetrantes das costas nos quais a perfuração da parede posterior do estômago ocorreu sem lesão da parede anterior ou sem extravazamento do conteúdo gástrico para a cavidade peritoneal geral. A TC é valiosa nessa situação para indicar lesão da parede abdominal posterior e fluido na bolsa menor. Observação contínua pode também obter sinais que originalmente estavam ausentes.

23. Que teste diagnóstico indicaria melhor a necessidade de cirurgia em um ferimento por disparo de arma de fogo que penetrou na cavidade peritoneal?

Um ferimento por disparo de arma de fogo que penetra a cavidade abdominal requer uma laparotomia para avaliar e tratar a lesão.

24. Como são tratados os ferimentos por disparo de arma de fogo tangenciais?

Se estão presentes sinais peritoniais, é realizada uma laparotomia. Na ausência de sinais peritoniais, uma lavagem peritoneal, uma TC ou uma laparoscopia podem ser realizadas para demonstrar a penetração e a lesão intra-abdominal.

REFERÊNCIAS BIBLIOGRÁFICAS

1. Ivatury RR & Cayten CG (eds): *The Textbook of penetrating Trauma.* Media, PA Williams & Wilkins, 1996.
2. Moore EE, Mattox KL, Feliciano DV (eds): *Trauma,* 2nd ed. Norwalk, CT, Appleton & Lange, 1991.
3. Read RA, Moore EE, Moore FA, Burch JM: Blunt and penetrating abdominal trauma. *In* Zinner MJ, Schwartz SI, Ellis H (eds): *Maingot's Abdominal Operations.* Stamford, CT, Appleton & Lange, 1997.
4. Wilson RF & Walt AJ: *Management of Trauma: Pitfalls and Practices,* 2nd ed. Baltimore, Williams & Wilkins, 1996.

22. TRAUMA DUODENAL E PANCREÁTICO

Mary-Anne Purtill, M.D., e *Bruce E. Stabile,* M.D.

1. Qual é a freqüência das lesões de duodeno? Que mecanismos contribuem para elas?

Apesar de relativamente incomuns, elas são responsáveis por 35% de todas as lesões abdominais. Trauma penetrante contribui para aproximadamente 3/4 dessas lesões. O trauma duodenal fechado geralmente é causado por desaceleração abrupta, comprimindo o duodeno retroperitoneal contra a coluna ou causando uma explosão de uma alça duodenal fechada, cheia de ar. Golpes fortes na região epigástrica, como uma lesão por volante em motoristas ou guidom de bicicleta em crianças, são as causas mais comuns de lesão duodenal por trauma fechado. As lesões duodenopancreáticas combinadas são geralmente secundárias a trauma penetrante e correspondem a 1/4 de todas as duodenais.

2. Qual é a mortalidade associada a lesão duodenal?

Como as lesões duodenais são relativamente raras, poucos estudos estão disponíveis para elucidar sua verdadeira incidência e mortalidade. Entretanto, historicamente, elas apresentam uma alta taxa de mortalidade. As taxas de mortalidade de militares por lesões duodenais relatadas entre as guerras Civil e da Coréia foram de 40-100%. Dados recentes sobre grandes centros urbanos para tratamento de trauma mostraram um decréscimo progressivo na mortalidade, nos últimos 20 anos, de 35 para 17%.

3. Quais são as características anatômicas do duodeno? Com que variações anatômicas o cirurgião de trauma deve estar familiarizado?

O duodeno é o começo do intestino delgado, medindo cerca de 21 cm de comprimento. Ele se localiza aproximadamente entre a primeira e terceira vértebras lombares. O duodeno consiste de porções superior, descendente, transversa e ascendente; elas também são conhecidas como primeira, segunda, terceira e quarta porções, respectivamente. A primeira porção do duodeno está localizada dentro da cavidade peritoneal, enquanto que as outras três porções são retroperitoniais. O duodeno é fixado onde ele entra e sai do retroperitônio, logo atrás do esfíncter pilórico e no ligamento de Treitz, respectivamente. O bulbo duodenal constitui a primeira porção. O ducto biliar comum entra no duodeno medialmente na segunda porção pela ampola de Vater e serve como marco divisório da segunda e da terceira porções. A artéria e a veia mesentéricas superiores são os marcos que dividem a terceira e a quarta porções, sendo que a veia mesentérica inferior fica próxima da quarta porção, na flexura duodenojejunal. O duodeno divide o suprimento de sangue, de forma tênue, com o pâncreas, com vasos perfurantes que se originam da artéria gastroduodenal e dos arcos formados pelas artérias pancreaticoduodenais superior e inferior. Existem muitas variações anatômicas nessa área com as quais o cirurgião deve estar familiarizado. A artéria gastroduodenal origina-se da artéria hepática comum em 82% da população, da artéria hepática esquerda em 11% da população, da artéria hepática direita em 7% e raramente das artérias celíaca ou mesentérica. Uma artéria hepática direita retroduodenal anômala origina-se da artéria mesentérica superior em 25% da população.

4. Quanto fluido é processado ou conduzido pelo duodeno diariamente?

O volume de fluido que atravessa o duodeno varia entre 5 a 10 l diários. Esse grande volume de líquido, que é ativado pelas enzimas digestivas e pela bile, é responsável pela resposta inflamatória intensa associada a lesões duodenais.

5. Como as lesões duodenais são diagnosticadas?

As lesões duodenais por trauma penetrante são mais freqüentemente diagnosticadas durante a cirurgia. A localização retroperitoneal profunda do duodeno dentro do abdômen torna-o um órgão relativamente protegido, sendo a laparotomia exploradora geralmente empreendida em virtude de outras lesões mais aparentes. Trauma fechado do duodeno é ainda mais difícil de diagnosticar. Um alto índice de suspeita baseado no mecanismo de lesão e achados de exame físico podem levar a estudos diagnósticos adicionais. A queixa de dor epigástrica intensa, desproporcional aos achados de exame físico, deve levantar a suspeita de lesão duodenal.

6. A lavagem peritoneal é útil para o diagnóstico de lesões duodenais?

Embora a lavagem peritoneal diagnóstica (LPD) seja uma ferramenta valiosa para a detecção precoce de lesão intra-abdominal, ela tem papel limitado na avaliação do duodeno retroperitoneal. Estudos mostraram LPD positiva em 50-70% dos pacientes com lesão duodenal, embora a maioria desses estivesse associada a outras lesões intra-abdominais.

7. Devem ser realizadas radiografias simples de abdômen quando há suspeita de lesão duodenal?

Radiografias de abdômen simples horizontais e transversas laterais são úteis para sugerir perfuração duodenal quando bolhas de gás estão presentes no retroperitônio adjacente ao músculo psoas direito, ao redor do rim direito ou anterior à coluna lombar superior. Fraturas de processo transverso das vértebras lombares são indicativas de trauma retroperitoneal vigoroso e servem como fatores preditivos de lesão pancreática ou duodenal.

8. Qual é a precisão da tomografia computadorizada quando comparada a séries gastrintestinais superiores para o diagnóstico de lesões duodenais?

Nenhum estudo randomizado avaliou esses dois exames; entretanto, ambos são razoavelmente precisos no diagnóstico de lesão duodenal. A acurácia das imagens varia de 57 a 88%. Para cada estudo ser adequado, o contraste deve ser visualizado em algum ponto dentro de todas as porções do duodeno sem extravazamento. Ar retroperitoneal ou meio de contraste oral extravazado constituem provas de lesão.

9. A ultra-sonografia é útil para o diagnóstico de trauma duodenal?

Existe pouca experiência com esta modalidade no diagnóstico de trauma duodenal. O uso recente de ultra-sonografia por cirurgiões de trauma no serviço de emergência deve fornecer informações úteis no futuro próximo.

10. Qual sistema de classificação da gravidade da lesão é utilizado para lesões duodenais?

O Organ Injury Scaling Comittee da American Association for Surgery of Trauma desenvolveu sistemas de graduação para lesões orgânicas específicas com o objetivo de facilitar pesquisa clínica e melhora contínua da qualidade. Números crescentes indicam complexidade crescente das lesões. (Ver tabela adiante.)

11. Como é mais bem conseguida a exposição operatória do duodeno?

Todas as lesões abdominais devem ser exploradas por uma incisão em linha média que se estenda do processo xifóide à sínfise púbica. A exploração completa do duodeno consiste na visualização das quatro porções do órgão. Entre os achados intra-operatórios que sugerem lesão duodenal destacam-se coloração de bile ou crepitação de tecidos ao redor do duodeno e hematoma do lado direito do retroperitônio. Mobilização completa do duodeno deve ser realizada com o uso das manobras de Kocher ou de Cattell. Elas permitem a visualização completa das porções anterior e posterior do duodeno. Deve-se ter em mente que muitas estruturas vasculares importantes estão na vizinhança do duodeno, incluindo a veia cava inferior (VCI), a aorta, a artéria hepática, a veia-porta e os vasos esplênicos e mesentéricos. Se é identificado sangramento no retroperitônio à direita, é prudente assegurar-se que os controles proximal e

Grau		Descrição da lesão
I	Hematoma Laceração	Envolvendo porção única do duodeno Espessura parcial, sem perfuração
II	Hematoma Laceração	Envolvendo mais de uma porção Ruptura < 50% da circunferência
III	Laceração	Ruptura 50-75% da circunferência de D2 Ruptura de 50-100% da circunferência de D1, D3, D4
IV	Laceração	Ruptura > 75% da circunferência de D2 Envolvendo ampola ou ducto biliar comum distal
V	Laceração Vascular	Ruptura maciça do complexo duodenopancreático Desvascularização do duodeno

distal da aorta e o controle distal da VCI estão imediatamente disponíveis antes que a exploração da região seja realizada.

12. Como a manobra de Kocher é realizada?

A manobra de Kocher é realizada pela incisão nas fixações peritoniais laterais do duodeno e pela mobilização das segunda e terceira porções do duodeno medialmente, com uma combinação de dissecção cortante e romba. O primeiro assistente deve proporcionar a tração suave da alça em C duodenal, enquanto o cirurgião realiza a dissecção. Se um grande hematoma está presente na região, uma boa visualização pode ser muito difícil. Sob tais circunstâncias, é útil passar uma sonda nasogástrica (SNG) pelo piloro para a alça em C, de forma que palpação possa ser utilizada para ajudar a identificação da parede duodenal.

13. Como é realizada a manobra de Cattell?

Mais corretamente denominada manobra de Cattell e Braasch, ela é útil para a inspeção completa da terceira porção do duodeno, exigindo mobilização da flexibilização hepática do cólon e mobilização para cima do intestino delgado. A mobilização do intestino delgado é realizada por meio de incisão aguda das fixações retroperitoniais do quadrante inferior direito ao ligamento de Treitz, com reflexão *cephalad* do intestino delgado e rotação visceral medial direita.

De forma alternativa, a terceira e quarta porções do duodeno podem ser bem visualizadas e palpadas pela realização de uma manobra de Kocher ampliada e incisão do ligamento de Treitz.

14. Todos os hematomas duodenais requerem intervenção cirúrgica?

Os hematomas duodenais são lesões que ocorrem tipicamente em conseqüência de brincadeiras de crianças ou abuso infantil, mas também podem ocorrer em adultos. Aproximadamente 50% de todos os hematomas duodenais em crianças são atribuíveis a abuso infantil. Os sintomas de obstrução ao esvaziamento gástrico que ocorrem podem levar até 48 horas para se apresentar; isso é o resultado do deslocamento de fluidos para o hematoma duodenal hiperosmótico. O diagnóstico pode ser feito por TC com duplo contraste ou radiografias contrastadas do trato gastrintestinal superior que mostram o sinal de "mola enrolada" ou "moedas empilhadas". A lesão geralmente é considerada um problema não-cirúrgico e os melhores resultados são obtidos com tratamento conservador. Entretanto, em 20% dos casos há lesões associadas, as quais devem ser excluídas antes de se optar por uma abordagem não-cirúrgica. O tratamento conservador consiste de descompressão nasogástrica e nutrição parenteral. O tempo médio para a resolução de um hematoma é de 10-14 dias. Após duas semanas de terapia conservadora, uma nova avaliação e laparotomia exploradora para drenagem do hematoma devem ser consideradas.

15. Quando deve ser realizado o reparo primário de lacerações duodenais?

Aproximadamente 80% de todas as lesões duodenais podem ser reparadas seguramente com a utilização de princípios e técnicas cirúrgicas simples. O debridamento de lesões até o tecido tornar-se viável e fechamento seguro com camada dupla devem propiciar resultados satisfatórios para a maioria das lacerações graus I, II e III.

Para lesões grau III extensas e todas as graus IV e V, cirurgia mais complexa é necessária. A decisão sobre que tipo de cirurgia é necessária baseia-se no quadro do paciente, mecanismo de lesão (fechada ou penetrante), tempo decorrido entre a lesão e o reparo, lesões associadas, perda de sangue, estabilidade hemodinâmica e a experiência do cirurgião com os procedimentos disponíveis. Os procedimentos mais freqüentemente usados incluem duodenorrafia com drenagem externa, duodenorrafia com duodenostomia com sonda transduodenal ou anterógrada, técnica de ostomia tripla com gastrostomia e jejunostomias retrógrada e anterógrada, e ressecção duodenal com duodenostomia ou duodenojejunostomia. Menos comumente estão, entre os procedimentos utilizados, os retalhos serosos jejunais e os enxertos de pedículo omental.

16. Todas as lesões duodenais devem ser drenadas?

A maioria dos cirurgiões com experiência concorda que, em face de lesão duodenal traumática, no mínimo drenagem externa deve ser providenciada, pois permite a detecção e o controle precoces de fístulas duodenais. O dreno preferivelmente é um sistema fechado simples, de borracha de silicone macia, colocado adjacente ao reparo. O dreno não deve ser colocado em contato com a linha de sutura porque pode facilitar a formação de fístula.

17. O que significa "diverticulização" do duodeno?

Diverticulização do duodeno significa fechamento primário da ferida duodenal, vagostomia com sonda lateral, vagotomia, antrectomia e gastrojejunostomia termino-lateral (Billroth II) e drenagem com tubo em T do ducto biliar comum. O objetivo é desviar completamente os conteúdos gástrico e biliar do duodeno reparado. Também uma fístula duodenal lateral potencialmente descontrolada deve ser desviada para controlar a fístula duodenal final.

18. O que é uma "exclusão pilórica"?

Atualmente, esta abordagem conservadora é o procedimento válido para desviar secreções gástricas de uma região de lesão duodenal ou pancreático-duodenal combinada grave. Pela primeira vez sugerida por Vaughn, em 1977, consiste de um fechamento com sutura interna do piloro (por meio de gastrotomia), seguido por gastrojejunostomia. Geralmente não é realizada vagotomia. O fechamento do piloro é reaberto em duas semanas a dois meses, dando à lesão duodenal tempo para cicatrizar. Funcionalmente, a gastrojejunostomia fecha em tempo. Tal procedimento é uma cirurgia mais rápida, menos tecnicamente envolvida que a diverticulização do duodeno e parece ser igualmente efetivo enquanto a ampola de Vater estiver intacta.

19. Qual é a incidência de lesão pancreática por trauma?

Assim como com as lesões duodenais, trauma pancreático é incomum, com uma incidência recentemente relatada de 7% em grandes centros de trauma. A maioria das lesões do pâncreas deve-se ao trauma penetrante (75%), com o remanescente decorrendo de golpes agudos no epigástrio em trauma fechado.

20. Qual é o percentual de mortalidade associada a lesões pancreáticas?

O percentual de mortalidade relatado para lesões pancreáticas durante a Guerra da Coréia foi de 22%. Estudos mais recentes mostraram uma mortalidade global aproximada de 18%, embora a taxa caia para 3% quando a lesão é limitada exclusivamente ao pâncreas.

21. Qual é o número médio de órgãos abdominais adicionais lesados quando um trauma de pâncreas é identificado? Que órgãos adicionais são geralmente lesados?

Os três órgãos mais comumente lesados em associação ao trauma pancreático são: o fígado (50%), o estômago (48%) e demais estruturas vasculares importantes (43%). Entre os outros órgãos freqüentemente lesados estão o intestino delgado e o cólon (39%), o baço (21%), os rins (20%), o duodeno (20%) e o trato biliar (5%). Mais de 90% dos pacientes com lesões pancreáticas tiveram no mínimo outra lesão intra-abdominal, com o número médio de 3,4.

22. O nível de amilase sérica é um bom indicador de lesão pancreática?

Embora a mais alta concentração de amilase no corpo esteja no pâncreas, os níveis séricos de amilase ou isoamilase não demonstraram ser indicadores confiáveis de lesão pancreática. O valor preditivo positivo de uma amilase elevada para lesão pancreática em trauma fechado é de apenas 10%. Entretanto, com uma amilase normal após trauma fechado existe uma probabilidade de 95% de que não exista lesão da glândula. O valor das determinações seriadas de amilase é que um nível crescente assinala a necessidade de estudos adicionais.

23. Cite algumas considerações anatômicas importantes para o tratamento de lesões pancreáticas?

Ao mesmo tempo em que o pâncreas tem uma posição profunda relativamente protegida no abdômen retroperitoneal, ele está intimamente associado a várias estruturas importantes. Além do pâncreas estão a veia cava inferior, aorta, rim esquerdo, as duas veias renais e a artéria renal direita. A cabeça do pâncreas está dentro de uma curva do duodeno, o corpo sobre a coluna vertebral e a cauda está no hilo esplênico. A artéria esplênica tem uma trajetória serpiginosa pela borda superior do pâncreas e a veia esplênica está atrás da glândula, logo acima de sua margem inferior.

O ducto pancreático principal de Wirsung via de regra atravessa todo o comprimento da glândula logo acima de seu centro. O ducto de Wirsung em geral termina se unindo ao ducto biliar comum e desembocando no duodeno através da ampola de Vater. O ducto menor de Santorini geralmente ramifica-se do ducto pancreático principal no pescoço do pâncreas e desemboca no duodeno pela papila menor, localizada cerca de 2,5 cm acima da papila principal. Existem muitas variações na anatomia do sistema ductal pancreático e familiaridade com as variações comuns é aconselhável.

O suprimento arterial e a drenagem venosa do pâncreas são razoavelmente constantes. Entretanto, origens anômalas fora da artéria mesentérica superior e das artérias hepática comum e hepática direita torna-os propensos à lesão durante manipulação pancreática. A maior parte do suprimento sangüíneo duodenal é dependente de uma fonte vascular pancreática. É importante observar que as funções endócrina e exócrina do pâncreas são razoavelmente bem mantidas após ressecção de até 80% da glândula.

24. Qual é o limite anatômico que divide a cabeça do corpo e cauda do pâncreas?

O limite anatômico usado para dividir o pâncreas proximal do distal são os vasos mesentéricos superiores que passam atrás do pescoço do pâncreas. Inexiste distinção anatômica real dentro da própria glândula.

25. Como são classificadas as lesões pancreáticas?

De acordo com o Organ Injury Scaling Comittee da American Association for the Surgery of Trauma, as lesões pancreáticas são classificadas de acordo com a gravidade. (Ver tabela adiante.)

26. Quais exames diagnósticos são usados para avaliar as lesões pancreáticas?

Como com as lesões duodenais, a maioria das lesões penetrantes de pâncreas são descobertas durante a cirurgia quando o paciente é submetido à laparotomia exploradora de emergência por trauma penetrante abdominal. Trauma fechado do pâncreas não pode ser diagnosticado fidedignamente por meio

Grau		Descrição da Lesão
I	Hematoma	Contusão leve sem lesão de ducto
	Laceração	Laceração superficial sem lesão de ducto
II	Hematoma	Contusão importante sem lesão de ducto ou perda de tecido
	Laceração	Laceração importante sem lesão de ducto ou perda de tecido
III	Laceração	Transecção distal ou lesão parenquimatosa com lesão de ducto
IV	Laceração	Transecção proximal ou lesão parenquimatosa envolvendo a ampola de Vater
V	Laceração	Ruptura maciça da cabeça do pâncreas

de radiografias simples de abdômen ou LPD. TC do abdômen pode revelar uma anormalidade do pâncreas ou adjacente ao pâncreas, embora a lesão da glândula possa levar dias para aparecer na TC.

27. Colangiopancreatografia retrógrada endoscópica (PCRE) tem algum papel no diagnóstico de lesões pancreáticas?

A PCRE não desempenha nenhum papel na avaliação de um paciente hemodinamicamente instável. Entretanto, ela pode ser muito útil na determinação da etiologia de hiperamilasemia persistente ou de sintomas abdominais inexplicados relacionados a trauma de pâncreas.

28. Como o pâncreas é exposto durante a cirurgia?

Em um paciente magro, geralmente o corpo do pâncreas pode ser adequadamente visualizado e palpado retraindo-se o estômago para baixo; isso expõe o pâncreas pelo ligamento gastro-hepático, que de alguma forma é transparente. Para avaliar completamente o pâncreas, deve-se penetrar na bolsa menor por intermédio de uma incisão no ligamento gastrocólico. Para visualização da porção posterior do pâncreas, as seguintes manobras devem ser realizadas: mobilização da flexura hepática do cólon, *kocherization* ampla, incisão das fixações retroperitoniais inferiores do pâncreas e mobilização e rotação medial do baço. Incisão do ligamento de Treitz também pode ser útil.

29. Que técnicas operatórias são utilizadas para reparar ou tratar lesões pancreáticas?

Se, após uma exploração cuidadosa e delicada o sistema de ductos do pâncreas encontra-se intacto, a lesão pancreática pode ser tratada com drenagem externa fechada simples. Fístulas de ductos menores em lesões grau I e II fecharão em poucos dias ou semanas caso a drenagem seja adequada. Lesões grau III são distais à veia mesentérica superior e tratadas por pancreatectomia distal. Lesões de graus IV e V exigem procedimentos alternativos mais complexos para assegurar boas evoluções.

30. Cite algumas opções disponíveis no momento da cirurgia para avaliar a integridade do ducto pancreático?

Lesões importantes de ducto ocorrem em cerca de 15% das lesões traumáticas do pâncreas e em geral aparecem prontamente na inspeção visual. Lesões de ducto podem não ser aparentes nas lesões penetrantes de cabeça, pescoço ou porção central do pâncreas. Após mobilização e inspeção completas do pâncreas, pancreatografia pode ser realizada frente à suspeita de lesão de ducto principal.

Como a maioria dos pacientes com trauma pancreático grave apresenta outras lesões e freqüentemente está hemodinamicamente instável, é incorreto realizar exame intra-operatórios que consumam muito tempo e que possam ser realizados mais adiante. Freqüentemente, drenagem ampla da lesão pancreática é o melhor para o paciente.

Quando há necessidade de avaliar o ducto pancreático, é prudente obter um colangiograma do ducto biliar comum para assegurar sua integridade. Isso pode ser feito com colangiograma por agulha, através da vesícula biliar. O orifício de punção pode ser fechado por sutura com fio absorvível. Em casos de anatomia anormal do ducto pancreático (i. e., o ducto pancreático drena diretamente para o duodeno), o colangiograma não será útil para avaliação do mesmo. Se existe lesão duodenal aberta associada, a ampola pode ser cateterizada diretamente e realizado um colangiopancreatograma retrógrado. Uma transecção da cauda também pode ser feita para cateterização direta do sistema ductal. Entretanto, o ducto pode ser muito pequeno e difícil de identificar, correndo-se o risco de formação de fístula. Uma PCRE intra-operatória foi relatada, mas raramente é realizada.

31. Quais são as opções de conduta no caso de identificação de lesão de ducto pancreático distal?

Se uma lesão de ducto distal é identificada, a opção mais segura é uma pancreatectomia distal. Após o pâncreas desvitalizado distal ter sido removido, o ducto principal deve ser identificado e fechado com ponto em U. Devem ser colocados drenos na região para controlar qualquer fístula que possa se formar no local da cirurgia.

Os procedimentos para salvamento do pâncreas distal, como pancreatojejunostomia, apresentam taxas inaceitavelmente altas de formação de fístula. Como as funções exócrina e endócrina são bem preservadas com até 80% de ressecção da glândula, tais procedimentos não são mais recomendados.

32. Quando é realizada uma pancreatectomia distal é aconselhável tentar a preservação do baço?

Embora a preocupação sobre sepse pós-esplenectomia possa tornar a preservação do baço atrativa, o tempo operatório adicional (cerca de uma hora), a perda de sangue potencialmente grande e a necessidade de transfusão superam em geral os benefícios. No quadro de trauma pancreático, pode ser tecnicamente desafiador isolar a artéria e a veia esplênicas da glândula. Portanto, geralmente não é recomendado tentar a preservação do baço em um trauma pancreático complicado.

33. Quando está indicado o procedimento de Whipple?

Pancreatoduodenectomia como cirurgia de emergência acarreta uma taxa de mortalidade muito alta. Em geral, a única indicação para o procedimento de Whipple para trauma é quando a própria lesão traumática já praticamente realizou a cirurgia (i. e., a cabeça do pâncreas é transeccionada ou destruída).

34. Quais são alguns dos princípios e procedimentos utilizados no tratamento de lesões pancreaticoduodenais combinadas?

Lesões pancreáticas e duodenais combinadas são incomuns. Elas geralmente são secundárias a trauma penetrante e estão associadas a outras lesões intra-abdominais. Revisão de um grande estudo de lesões pancreática e duodenal combinadas demonstrou que 24% dos pacientes foram submetidos a reparo simples e drenagem, 50% foram submetidos a reparo e exclusão do piloro e 10% necessitaram de pancreatoduodenectomia. A conduta cirúrgica dessas lesões é ditada pelo estado do ducto biliar comum distal e da ampola de Vater, bem como pelo grau de trauma duodenal. Assim, um colangiograma deve ser realizado em todos os pacientes com lesões combinadas duodenal-pancreáticas. Se o ducto biliar comum e a ampola de Vater estão intactos, reparo primário do duodeno pode ser feito e o tratamento apropriado do pâncreas realizado. Isso será suficiente na maioria dos pacientes. Entretanto, quando a ruptura do ducto pancreático não pode ser avaliada (instabilidade hemodinâmica na mesa de operação), drenagem ampla do pâncreas deve ser realizada em vez de ressecção pancreática. Se tal paciente desenvolve fístula enterocutânea, fístula pancreática ou abscesso intra-abdominal no período pós-operatório, exames adicionais, como mapeamento com ácido hepatoaminodiacético (HIDA), PCRE, colangiograma por ressonância magnética ou transepático podem ser realizados para excluir lesão importante de ducto. Com base nessa avaliação, conduta cirúrgica apropriada ou tratamento conservador pode ser instituído.

Com lesão duodenal grave em conjunção com uma lesão pancreática, é prudente proteger o reparo duodenal por exclusão pilórica ou diverticulização do duodeno.

35. Qual é o melhor momento para remover drenos colocados por uma lesão pancreática?

Diferentes durações de drenagem pancreática são usadas dependendo do mecanismo e do grau de lesão. Em geral, a drenagem de fluido deve ser testada para o nível de amilase. Se o nível é mais alto que o nível sérico, o dreno deve ser deixado no local até que o paciente esteja ingerindo alimentos, a drenagem seja mínima e o conteúdo de amilase não seja maior que o do soro.

36. Qual é o papel dos análogos de somatostatina no trauma pancreático?

Somatostatina e seus análogos têm efeito inibitório na secreção exócrina pancreática basal e estimulada. Embora o uso de análogos de somatostatina não tenha provado alterar a taxa ou tempo de fechamento das fístulas pancreáticas, eles podem ser úteis no tratamento global de pacientes com trauma pancreático. Em lesões pancreáticas de uma magnitude que apresente alto potencial de fistulização pancreática (graus III-V), uso de profilaxia com somatostatina deve ser considerado. Em lesões de menor grau onde o débito de drenagem pós-operatório é alto em amilase, terapia com somatostatina deve ser iniciada.

37. Quais são algumas das complicações comuns associadas a trauma pancreático?

Entre 20 e 40% dos pacientes que sofrem trauma pancreático apresentam complicações associadas. Fístulas pancreáticas e duodenais são os problemas mais comuns e ocorrem em até 20% dos pacientes com lesão duodenal e 35% daqueles com lesão pancreaticoduodenal combinada. Abscesso intra-abdominal desenvolve-se em até 25% desses pacientes. Pancreatite complica a lesão em 18% dos pacientes. Hemorragia pós-operatória geralmente exige nova cirurgia, embora algumas vezes ela possa ser tratada por embolização arteriográfica transcateter. Formação de pseudocisto é em geral associada à lesão pancreática fechada que é tratada de modo conservador. Assumindo que a glândula era normal antes da lesão, pseudocistos com freqüência podem ser tratados por drenagem percutânea simples. Entretanto, primeiro deve ser verificado por PCRE que nenhuma lesão importante de ducto passou despercebida. Uma lesão importante de ducto requer intervenção cirúrgica ou sondagem endoscópica do ducto.

38. Quando alguém que sofreu lesão pancreática pode ser alimentado?

A evolução pós-operatória do paciente com trauma pancreático pode ser imprevisível. Por essa razão, as recomendações sobre o início da alimentação no período pós-operatório devem ser individualizadas. Em virtude da freqüência de lesões associadas e ílio paralítico prolongado, muitos pacientes exigem suporte de alimentação parenteral, pelo menos inicialmente. Ocasionalmente, um paciente com lesão pancreática grave será beneficiado pela passagem de uma sonda de jejunostomia durante o procedimento inicial para eliminação da alimentação enteral pós-operatória.

REFERÊNCIAS BIBLIOGRÁFICAS

1. Asensio JA: Duodenum. *In* Ivatury RR & Cayten CG (eds): *The Textbook of Penetrating Trauma.* Media, PA, Williams & Wilkins, 1996.
2. Feliciano D, Martin T, Cruse P, *et al.*: Management of combined pancreaticoduodenal injuries. *Ann Surg* 205: 673, 1987.
3. Jones RC: Pancreas. *In* Ivatury RR & Cayten CG (eds): *The Textbook of Penetrating Trauma.* Media, PA, Williams & Wilkins, 1996, p. 631-642.
4. Jurkovich GJ: Injury to the duodenum and pancreas. *In* Feliciano DV, Moore EE, Mattox KL (eds): *Trauma.* Stamford, CT, Appleton & Lange, 1996, p. 573-594.
5. Kadell BM, Zimmerman PT, Lu DSK: Radiology of the abdomen. *In* Zinner MJ, Schwartz SI, Ellis H (eds): *Maigot's Abdominal Operations.* Stamford, CT, Appleton & Lange, 1997, p. 3-116.

6. Krige J, Beningfield SJ, Funnell IC: Pancreatic trauma. *In* Pitt HA, Carr-Locke DL, Ferrucci JT (eds): *Hepatobiliary and Pancreatic Disease: The Team Approach to Management.* Boston, Little, Brown, 1995, p. 421-435.
7. Moore EE, Cogbill TH, Malangoni MA, *et al.*: Organ injury scaling. *Horiz Trauma Surg* 75: 2, 1995.
8. Read RA, Moore EE, Moore FA, Burch JM: Blunt and penetrating abdominal trauma. *In* Zinner MJ, Schwartz SI, Ellis H (eds): *Maingot's Abdominal Operations,* Stamford, CT, Appleton & Kange, 1997, p. 763-786.
9. Ridgeway MG & Stabile BE: Surgical management and treatment of pancreatic fistulas. *Surg Clin North Am* 76: 1159-1173, 1996.

23. LESÕES TRAUMÁTICAS DE INTESTINO DELGADO, CÓLON, RETO E ÂNUS

Dat T. Nguyen, M.D., e *Michael J. Stamos*, M.D.

1. Cite os três órgãos abdominais mais comumente lesados em trauma penetrante (ferimentos por arma laminada e disparo de arma de fogo), em ordem decrescente de freqüência.

Intestino delgado, fígado e cólon. A incidência de lesão de intestino delgado em trauma penetrante é mais alta (> 80%) em pacientes com ferimentos por disparo de arma de fogo. Para pacientes com ferimentos por arma laminada, a incidência é mais baixa e está entre 30 e 50%. O fato de o intestino delgado ocupar a maior parte da cavidade abdominal explica essa alta incidência de lesão.

2. Lesão de intestino delgado é comum em trauma abdominal fechado?

O intestino delgado não é freqüentemente lesado em trauma abdominal fechado. A incidência dessa lesão varia de 5-15%. Os três órgãos mais comumente lesados em trauma abdominal fechado, em ordem decrescente de freqüência, são fígado, baço e rim.

3. Que segmentos do intestino delgado são geralmente lesados em trauma fechado?

Em acidentes com veículos automotores (AVA), o mecanismo de lesão é por cisalhamento, esmagamento ou explosão. Jejuno proximal e ílio terminal são as regiões mais seguidamente lesadas, pois o intestino delgado é separado de seus "pontos de ancoragem" (ligamento de Treitz e ceco). Raramente, o intestino delgado, em especial o duodeno, é lesado por ser esmagado contra a coluna ou a pelve. A alça de intestino delgado comprimida pode sofrer ruptura decorrente da alta pressão intraluminal.

4. Que tipo de trauma abdominal tem a incidência mais alta de lesão de cólon: trauma por arma laminada, por disparo de arma de fogo ou fechado?

Como o intestino delgado, a mais alta incidência de lesão de cólon ocorre em ferimentos por disparo de arma de fogo (25-30%). Para ferimentos abdominais por arma laminada, a incidência é de aproximadamente 5-10%. A incidência mais baixa de lesão de cólon está associada a trauma fechado (3-10%).

5. Como o trauma fechado produz lesão de cólon?

Os mesmos mecanismos descritos para lesão de intestino delgado fechada também se aplicam à lesão fechada de cólon. Ceco (por força explosiva), cólon transverso (por esmagamento), flexura hepática e esplênica e sigmóide (por força de cisalhamento) são localizações típicas de tais lesões de cólon.

6. Qual é a localização mais comum de órgãos lesados em pacientes com ferimentos por arma laminada?

Os órgãos localizados do lado esquerdo do abdômen são mais freqüentemente lesados do que aqueles do lado direito, pois a maioria dos agressores é destra.

7. Qual é o melhor teste diagnóstico para excluir a possibilidade de lesão de órgão em um paciente com ferimento por disparo de arma de fogo no abdômen?

A despeito de seu estado hemodinâmico, um paciente com ferimento provocado por disparo de arma de fogo não-tangencial ao abdômen necessita de uma laparotomia exploradora. Para pacientes estáveis com ferimento por arma de fogo tangencial ao abdômen, se existe pouca suspeita de violação de peritônio e talvez lesões de órgãos intra-abdominais, uma laparoscopia ou tomografia computadorizada (TC) abdominal com contraste triplo podem ajudar a determinar a necessidade da laparotomia.

8. Laparotomia exploradora é necessária para todos os pacientes com ferimentos abdominais por arma laminada?

Se a exploração local do ferimento por arma laminada ou laparoscopia não demonstra nenhuma evidência de violação de fáscia ou peritônio, a laparotomia exploradora não é necessária.

9. Uma laparotomia exploradora deve ser realizada em todos os pacientes com ferimento por arma laminada com penetração de peritônio?

Se evisceração intestinal ou omental é encontrada ou se existe evidência de peritonite ou comprometimento hemodinâmico, uma laparotomia exploradora deve ser realizada imediatamente. Entretanto, se o exame inicial é julgado indigno de confiança ou se não demonstrou nenhum de tais achados, uma lavagem peritoneal diagnóstica (LPD) pode ajudar a determinar a necessidade de intervenção cirúrgica.

10. Que achados de LPD sugerem que ocorreu lesão intestinal?

Contagem de leucócitos > 500/cc ou achado de materiais fecais sugerem lesão intestinal. Da mesma forma, um grande número de bactérias na coloração de Gram também sugere uma lesão similar. Aspiração de sangue macroscópico por um cateter de LPD indica hemorragia intra-abdominal. De maneira contrária, uma variação ampla de limites de hemáceas – de > 10.000 a > 100.000/cc – tem sido utilizada para determinar a presença de hemorragia intra-abdominal. Uma laparotomia exploradora deve ser realizada se existe evidência de lesão intestinal ou sangramento intra-abdominal importante na LPD.

11. Existe alguma circunstância especial em trauma fechado no qual se deve ter alto índice de suspeita de lesão de vísceras ocas?

Embora a incidência de lesões de intestinos delgado e grosso seja relativamente pequena em trauma fechado, os pacientes que estavam usando apenas um cinto no colo no momento do acidente com veículo automotor apresentam maior risco de perfuração intestinal. Portanto, é necessário um grande índice de suspeita de lesão intestinal ao se proceder à avaliação de um paciente vítima de AVA com marca de cinto de segurança cruzando seu abdômen.

12. Como deve ser avaliado o abdômen de um paciente com ferimento provocado por arma laminada no flanco ou nas costas?

Lesão retroperitoneal (duodeno, cólons direito e esquerdo) freqüentemente é difícil de avaliar, pois o peritônio intacto pode impedir que o sangue e o conteúdo intestinal extravasem para a cavidade abdominal. Uma TC com contraste triplo (EV, oral e enema) pode ajudar nessa avaliação. Além disso, um período de observação rigorosa com avaliação freqüente dos sinais vitais e exame físico, amilase e contagem de leucócitos seriados permitirá a detecção precoce dessas lesões intestinais retroperitoniais.

13. Que dado de exame físico ou achados laboratoriais sugerem possível lesão intestinal?

Se dor abdominal, sensibilidade, defesa, descompressão brusca, ausência de ruídos hidroaéreos, leucocitose crescente, amilase elevada e febre são encontrados na avaliação, especialmente durante a observação rigorosa de um paciente com trauma abdominal, existe uma forte possibilidade de lesão intestinal.

14. Em que situações o exame abdominal pode não ser confiável para a detecção de lesões de órgãos intra-abdominais?

Se o paciente tem um trauma craniano, lesão raquimedular, lesão perturbadora grave ou intoxicação por álcool, o exame abdominal pode não ser digno de confiança. Portanto, testes ou procedimentos diagnósticos adicionais como LPD, laparoscopia ou TC podem ser usados para avaliação de lesões de órgãos intra-abdominais.

15. As radiografias simples de abdômen são úteis na avaliação de trauma abdominal fechado ou penetrante?

As radiografias simples de abdômen geralmente não são úteis na avaliação de trauma abdominal. Ar livre habitualmente não é observado em radiografias simples de pacientes com lesão de víscera oca produzida por facada ou trauma fechado. A radiografia simples mais freqüentemente é obtida para documentar a trajetória de ferimentos por projéteis ou a presença de balas ou corpos estranhos intra-abdominais.

16. Se existe uma grande suspeita de lesões de vísceras ocas, que exame deve ser realizado para excluir completamente tal possibilidade?

A LPD é o melhor teste diagnóstico para avaliar lesões intestinais. Entretanto, se a LPD é negativa e existe uma forte suspeita de lesão intestinal, uma laparotomia exploradora deve ser realizada.

17. Como é detectada a maioria das lesões colônicas?

A maioria das lesões colônicas é encontrada na laparotomia exploradora. Portanto, quando existe forte suspeita de lesões de vísceras ocas, o caminho seguro é uma exploração abdominal.

18. Cite as indicações de laparotomia exploradora em pacientes com trauma.

Instabilidade hemodinâmica.
Sinais ou sintomas peritoniais.
Ferimentos penetrantes em tronco abaixo dos mamilos.
Ar livre no peritônio.
Balas ou chumbinhos.
LPD positiva.
Forte suspeita de lesão intestinal.

19. Quando devem ser administrados antibióticos a um paciente com possíveis lesões intra-abdominais?

Quando se decide que o paciente necessita de uma laparotomia exploradora, devem ser administrados antibióticos por via endovenosa. Deve ser escolhido um antibiótico de amplo espectro com cobertura para anaeróbios e aeróbios gram-negativos. Uma cefalosporina de segunda geração, como cefoxitina ou cefotetan, é indicada.

20. Quais são os objetivos ou prioridades de uma laparotomia exploradora?

Não existe momento para reparar lesões intestinais quando o paciente está perdendo muito sangue e está à beira da morte. Portanto, hemostasia (controle da exsangüinação) deve ser a primeira prioridade. Medidas temporárias para controlar o extravasamento de conteúdo intestinal devem ser a prioridade seguinte. A exploração para lesões associadas deve, então, ser realizada. Finalmente, as lesões intestinais são localizadas.

21. Quais das seguintes técnicas de anastomose é melhor para o reparo de uma pequena lesão intestinal: sutura manual de camada única, sutura manual de dupla camada ou fechamento com grampeador?

Todas as técnicas são apropriadas para o reparo de uma pequena lesão intestinal única. A técnica de grampeamento consome menos tempo e, assim, é melhor para um paciente com lesões múltiplas. A técnica de camada única não tem camada hemostática interior de sutura; assim a hemorragia submucosa deve estar sob controle antes do fechamento.

22. Como pequenas lesões intestinais múltiplas e adjacentes devem ser tratadas?

A ressecção completa do pequeno segmento contendo as áreas lesadas, com uma anastomose, deveria ser a conduta mais apropriada. Tal abordagem resultaria em apenas uma linha de anastomose. Em contraste, o reparo primário de múltiplas lesões adjacentes levaria a duas ou mais linhas de anastomose. A anastomose pode ser realizada por meio da técnica de sutura manual com camada única ou dupla ou pela técnica de grampeamento.

23. Qual é o risco da dissecção de um longo segmento de intestino delgado?

Se um segmento longo de intestino delgado é ressecado, o paciente corre o risco de desenvolver a síndrome do intestino curto. Como regra geral, em um adulto, no mínimo 60 cm de intestino delgado e valva iliocecal intacta são necessários para evitar a síndrome do intestino curto.

24. Um hematoma mesentérico de intestino delgado deve ser explorado?

Nem todos os hematomas mesentéricos precisam ser explorados. Um hematoma em expansão deve ser explorado e a hemorragia, controlada. Um grande hematoma adjacente à parede do intestino delgado deve ser explorado para excluir perfuração intestinal.

25. Qual é a melhor conduta para a maioria das lesões penetrantes de cólon?

A maioria das lesões colônicas é mais bem tratada com reparo primário. O reparo primário mostrou estar associado a menores incidências de abscessos intra-abdominais e de infecção de ferida do que a exteriorização do cólon lesado como uma colostomia.

26. Existe alguma contra-indicação para o fechamento primário de lesões penetrantes de cólon?

Não existe uma contra-indicação absoluta universalmente aceita para o fechamento primário de lesões colônicas. Na realidade, os estudos não demonstraram de modo consistente qualquer correlação entre as evoluções das lesões colônicas e o choque, o número de transfusões sangüíneas, a extensão da contaminação por fezes, a extensão e localização das lesões de cólon ou o mecanismo de lesão. A mortalidade não-relacionada ao cólon, entretanto, está relacionada à gravidade do choque e ao número e à extensão das lesões orgânicas associadas.

27. Existe alguma situação na qual deve ser realizada a ressecção de cólon?

Uma grande lesão destrutiva do cólon ou um cólon desvascularizado em conseqüência de lesão mesentérica são mais bem tratados com uma ressecção.

28. Quando deve ser considerada a criação de uma colostomia?

Em um paciente com instabilidade hemodinâmica intra-operatória persistente e comorbidades importantes (doenças clínicas), uma colocolostomia (anastomose cólon-cólon) após uma ressecção de cólon pode estar em risco de deiscência de anastomose. A criação de uma colostomia nessa situação pode ser apropriada.

29. Existe outra opção além de reparo primário, ressecção com anastomose e colostomia?

Não. Segundo relatos, um reparo primário pode ser exteriorizado da mesma maneira que uma colostomia e então recolocado na cavidade abdominal em sete a dez dias, se estiver cicatrizado. Contudo, essa exteriorização é desnecessária e está associada à alta freqüência de ruptura de anastomose. Ademais, ainda existe risco de deiscência anastomótica após o reparo de cólon cicatrizado ser recolocado no abdômen.

30. Quanto tempo deve-se esperar antes de realizar o fechamento da colostomia?

A colostomia pode ser desfeita durante a mesma hospitalização – no período de uma a duas semanas após a primeira operação, se todas as lesões de cólon estiverem comprovadamente cicatrizadas e o paciente não apresentar complicações. Segundo relatos, o fechamento precoce de colostomia é mais fácil e rápido e apresenta menor perda sangüínea. Entretanto, a maioria das colostomias é fechada após no mínimo seis semanas de recuperação.

31. Existe alguma diferença na conduta das lesões de cólon fechadas quando comparadas à das penetrantes?

Em geral, as lesões de cólon fechadas são tratadas como descrito anteriormente para lesões penetrantes de cólon. Porém, as lesões colônicas fechadas habitualmente requerem ressecção em virtude da grande destruição de cólon produzida pelo mecanismo fechado. Novamente, as comorbidades e a hemodinâmica intra-operatória dos pacientes são os fatores mais importantes na decisão sobre a criação de uma colostomia.

32. Verdadeiro ou falso: a taxa de mortalidade de pacientes com lesão de cólon está geralmente relacionada ao cólon.

Falso. A taxa de mortalidade nesses pacientes está habitualmente relacionada à gravidade das lesões associadas. A associação de lesões vasculares abdominais importantes resulta em mortalidade mais alta.

33. A incisão abdominal deve ser fechada se forem encontradas e tratadas lesões intestinais durante a laparotomia exploradora?

Embora a fáscia abdominal possa ser fechada, a pele e o tecido subcutâneo geralmente são deixados abertos. Se é encontrada uma contaminação mínima, a pele pode ser reaproximada com observação pós-operatória rigorosa da incisão. Se surgem quaisquer sinais de infecção, a pele deve ser reaberta e feitos curativos com compressas úmidas.

34. Quanto tempo os antibióticos devem ser mantidos no período pós-operatório?

Dependendo da gravidade da contaminação, os antibióticos endovenosos são geralmente mantidos por dois a cinco dias.

35. Lesões retais são comuns em trauma?

Lesões retais são raras e representam 3-5% de todas as lesões de cólon. Elas freqüentemente ocorrem como resultado de uma lesão por disparo de arma de fogo ou penetração no reto de um objeto estranho. Entretanto, elas também podem ocorrer como resultado de trauma fechado. Fraturas pélvicas podem lacerar o reto. Além disso, a alta pressão produzida por um AVA pode explodir o assoalho pélvico e causar lesões retais e anais.

36. É necessário um exame retal em pacientes com trauma?

Além da avaliação para lesão raquimedular e lesão geniturinária, um exame retal é essencial para excluir lesões anais e retais. Uma laceração perianal em associação à diminuição do tônus do esfíncter anal sugere uma lesão anal ou sacral. Sangramento retal sugere lesão retal e requer avaliação adicional.

37. Como se avalia melhor uma lesão retal?

Um sigmoidoscópio rígido deve determinar a existência de qualquer lesão retal. Entretanto, o reto geralmente não está preparado para esse exame. Um enema com gastrofina pode ser usado para determinar a presença de lesão retal.

38. O reto deve ser mobilizado para avaliação durante uma laparotomia exploradora?

A lesão retal deve ser avaliada no período pré-operatório, se o paciente estiver estável, com proctoscopia ou enema com gastrofina. No período intra-operatório, esses mesmos procedimentos podem também ser realizados. Geralmente o reto não deve ser mobilizado durante a laparotomia para sua avaliação em razão da potencial contaminação da cavidade peritoneal com extravasamento retal e porque a potencial desvascularização do reto prejudicará sua cicatrização.

39. Deve ser realizado reparo primário de uma lesão retal?

De forma contrária às lesões de intestino delgado e cólon, o reparo primário de lesões retais extraperitoniais geralmente não é recomendado. Entre as razões estão: a gravidade das lesões retais pode tornar difícil a avaliação adequada, a presença de outras lesões pélvicas importantes pode complicar o reparo retal primário (como fraturas pélvicas graves e/ou hematoma pélvico grande), e o reparo adequado é difícil em decorrência das restrições anatômicas da pelve óssea. As lesões retais proximais intraperitoniais devem ser tratadas de forma semelhante às lesões de cólon.

40. Qual é a conduta para lesão retal extraperitoneal?

Em decorrência das razões citadas, uma lesão retal extraperitoneal habitualmente é tratada pelo desvio fecal com colostomia proximal e desgaste retal distal, com ou sem drenagem pré-sacral. A lesão retal é avaliada quanto à cicatrização subseqüentemente, de forma eletiva, com proctoscopia e/ou enema com bário. Uma vez que a lesão esteja completamente cicatrizada, a colostomia é desfeita.

41. Existe alguma situação na qual o reparo primário de lesão retal é factível?

Se o paciente está estável, tem contaminação mínima e nenhuma outra lesão associada, uma lesão retal simples e acessível pode ser reparada por via transanal. Uma drenagem pré-sacral pode ser realizada se o reparo não foi o ideal. Não foi relatada nenhuma diferença na morbidade entre pacientes com reparo retal primário e pacientes com desvio fecal proximal. Além disso, a morbidade em pacientes com reparo primário geralmente não está diretamente relacionada ao reparo.

42. Qual é a causa mais comum de lesão anal?

A causa mais comum de lesão anal é o trauma iatrogênico obstrétrico (grandes episiotomias ou lesões anais puerperais por grandes lacerações). Ferimentos por disparo de arma de fogo e lacerações produzidas por corpo estranho penetrante são outras causas, muito menos comuns, de lesão anal.

43. Deve ser realizado reparo primário em uma lesão anal?

As lesões anais obstrétricas são com freqüência identificadas e reparadas imediatamente. Para lesões anais produzidas por disparo de arma de fogo ou associadas a outras lesões pélvicas ou com grande ferida perineal, o objetivo primário do tratamento é em geral o debridamento do tecido necrótico e o desvio fecal proximal. As lesões anais são reparadas subseqüentemente, de forma eletiva.

44. Cite as complicações pós-operatórias em pacientes com lesões de intestino delgado, cólon, reto e ânus.

A complicação mais comum é a infecção de ferida, que ocorre em aproximadamente 15-20% dos pacientes. Abscessos intra-abdominais também ocorrem com freqüência significativa (5-15%). Vazamento, ruptura e fístula anastomóticos são incomuns. Vale a pena notar que abscessos intra-abdominais têm maior incidência em pacientes tratados com colostomia do que em pacientes com reparo primário de cólon.

45. Como é tratada a infecção de ferida?

Uma reabertura da incisão e mudanças de curativos úmidos freqüentes são geralmente adequadas. Antibióticos endovenosos podem ser necessários se existem sinais sistêmicos de infecção ou eritema da pele circundante (celulite).

46. Como deve ser tratado o abscesso intra-abdominal?

Com TC, muitos abscessos podem ser seguramente drenados por via percutânea. Entretanto, se o paciente continua a apresentar sinais e sintomas de sepse apesar da drenagem percutânea e da antibioticoterapia EV, deve ser realizada uma laparotomia exploradora.

47. Qual é a taxa de mortalidade associada a lesões colônicas e retais?

As taxas de mortalidade para pacientes com lesões de cólon e reto geralmente variam de 2-12%. Espera-se que a taxa de mortalidade seja maior na presença de outras lesões orgânicas associadas, mas a maioria resulta de complicações não-relacionadas ao cólon.

REFERÊNCIAS BIBLIOGRÁFICAS

1. Beck DE & Opelka FG: Pelvic and perineal trauma. *Persp Colon Rect Surg* 6: 134-155, 1993.
2. Carrillo EH, Somberg LB, Ceballos CE, *et al.*: Blunt traumatic injuries to the colon and rectum. *J Am Coll Surg* 183: 548-552, 1996.
3. Ivatury RR & Cayten CG: *The Textbook of Penetrating Trauma.* Baltimore, Williams & Wilkins, 1996.
4. Jacobson LE, Gomez GA, Broadie TA: Primary repair of 58 consecutive penetrating injuries of the colon: Should colostomy be abandoned? *Am Surg* 63: 170-177, 1997.
5. Levine JH, Longo WE, Pruit C, *et al.*: Management of selected rectal injuries by primary repair. *Am J Surg* 172: 575-580, 1996.
6. Levy RD, Strauss P, Aladgem D, *et al.*: Extraperitoneal rectal gunshot injuries. *J Trauma* 38: 273-277, 1995.
7. Moore EE, Mattox KL, Feliciano DV: *Trauma,* 2nd ed. Norwalk, CT, Appleton & Lange, 1991.
8. Sasaki LS, Allaben RD, Golwala R, Mittal VK: Primary repair of colon injuries. A prospective randomized study. *J Trauma* 39: 895-901, 1995.
9. Sasaki LS, Mittal V, Alladen RD: Primary repair of colon injuries: A retrospective analysis. *Am Surgeon* 60: 522-527, 1994.
10. Schultz SC, Magnants CM, Richman MF, *et al.*: Identifying the low-risk patient with penetrating colonic injury for selective use of primary repair. *Surg Gynecol Obstet* 177: 237-242, 1993.
11. Steward RM, Fabian TC, Croce MA, *et al.*: Is resection with primary anastomosis following destructive colon wounds always safe? *Am J Surg* 168: 316-319, 1994.
12. Ulualp KM, Sirin F, Eyuboglu E, *et al.*: Management of rectal trauma. *Contemp Surg* 44: 37-41, 1994.
13. Velmahos, GC, Degiannis E, Wells M, *et al.*: Early closure of colostomies in trauma patients – A prospective randomized trial. *Surgery* 118: 815-820, 1995.
14. Wilson RF & Walt AJ: *Management of Trauma: Pitfalls and Practices,* 2nd ed. Baltimore, Williams & Wilkins, 1996.

VI. Trauma geniturinário

24. TRAUMA GENITURINÁRIO

Johannes H. Naudé, MBChB

LESÕES PENIANAS

1. Qual deve ser a conduta quando o zíper da roupa de um menino pequeno prende-se firmemente ao prepúcio?

Separar o zíper da roupa. Fazer um bloqueio circular do pênis e sedar a criança. Se a melhor tentativa de liberar o zíper falhar, fazer uma circuncisão, mas sempre com o consentimento dos pais.

2. Como é tratada uma mordedura por cão no pênis?

Deve-se assegurar que não existe possibilidade de raiva canina. Administrar cobertura antibiótica de amplo espectro e não suturar primariamente o ferimento. A sutura secundária pode ser realizada uma ou duas semanas mais tarde, se necessário.

3. O que é uma "fratura" do pênis e como ela é tratada?

Diferentemente das morsas, os humanos não têm osso no pênis e essa não é uma lesão ortopédica. O termo refere-se à laceração da parede fibrosa do corpo cavernoso (túnica albugínea). Ela é causada por flexão forçada do pênis ereto e geralmente resulta de uma penetração executada com mais entusiasmo do que precisão. É sentida uma dor súbita no pênis, que rapidamente torna-se edemaciado e se desvia do lado da lesão. A laceração pode se estender até a uretra, caso em que haverá saída de sangue pelo meato externo. O tratamento é feito por reparo cirúrgico da laceração e, no caso de envolvimento uretral, cistostomia suprapúbica.

4. Como ocorre uma lesão do pênis em desenluvamento e como ela deve ser tratada?

Geralmente trata-se de uma lesão que ocorre em agricultura ou indústria, na qual as calças dos pacientes e a pele peniana são atingidas por uma correia ou corrente em movimento. A pele peniana freqüentemente está desvitalizada; a pele, ou seja, a borda do corte da qual não há sangramento livre, deve ser excisada e reposta por meio de um enxerto cutâneo em *split*.

LESÕES TESTICULARES

5. Qual é a conduta para um ferimento no testículo causado por arma de fogo?

O testículo é explorado e testado quanto à sua vitalidade (cor e sangramento livre na incisão). Se viável, ele é suturado; do contrário, é removido. Se a lesão é bilateral, defende-se uma abordagem conservadora para que não exista qualquer dúvida sobre quem causou a castração: se o agressor ou o cirurgião.

6. Qual é o tratamento para hematocele traumática?

Uma grande hematocele (sangue dentro da túnica vaginal após trauma) pode indicar a ruptura da túnica albugínea do testículo. Isso pode ser confirmado por ultra-sonografia, e o testículo deve ser explorado; deve ser efetuada hemostasia, e a túnica albugínea deve ser reparada. Se houver dúvida, a exploração é a opção mais segura, pois pode ocorrer atrofia testicular após um tratamento conservador.

LESÕES URETRAIS

7. Um homem que sofreu uma queda a cavaleiro de um andaime apresenta edema doloroso do períneo e incapacidade de urinar. Qual é a conduta nesse caso?

Uma uretrografia ascendente diagnosticará a ruptura de uretra bulbar, que é mais bem tratada pela cistostomia suprapúbica e pelo reparo tardio.

8. Qual é a melhor abordagem para ferimentos por projéteis de baixa velocidade (armas de mão) da uretra masculina distal?

Reparo imediato e cistostomia suprapúbica obtiveram a menor incidência de formação de estenose.

9. Exames por imagem adicionais são necessários para estabelecer o diagnóstico de ruptura de uretra posterior em um homem com fratura de pelve e sangue no meato externo?

Não, tais características são diagnósticas de ruptura de uretra. Estudos adicionais podem fornecer informações sobre a extensão da lesão.

10. Qual é o tratamento inicial, mínimo e essencial de um paciente com fratura de pelve e ruptura de uretra?

Cistostomia suprapúbica. O urologista pode, posteriormente, decidir mais tarde sobre a conduta adicional.

11. Por que a fratura de pelve e a ruptura de uretra são associadas à mortalidade importante?

É necessária muita força para fraturar a pelve e esses pacientes freqüentemente apresentam lesões abdominais, torácicas e cranianas associadas.

12. O que torna o exame retal imperativo em pacientes com fratura de pelve e ruptura de uretra?

Uma lesão retal não-reconhecida terá conseqüências desastrosas, como sepse de origem pélvica, septicemia e morte.

CONTROVÉRSIA

13. Como são tratadas as rupturas de uretra membranosa?

De uma das seguintes maneiras:

1. Realinhamento imediato sobre um cateter.
2. Apenas cistostomia inicial suprapúbica (SP), seguida por reparo anastomótico três a seis meses depois.

	Vantagens	*Desvantagens*
Realinhamento	Técnicamente fácil Micção estabelecida precocemente Retorno precoce ao trabalho	Índice de estenose muito alto Instrumentação uretral repetida para manter a patência
Apenas cistostomia (SP) (Reparo Tardio)	90% de cura permanente	Necessita alto grau de habilidade Cateter-*bound* por 4-6 meses

LESÕES VESICAIS

14. Que exame confirma o diagnóstico de ruptura de bexiga?

Cistografia. Raios X obtidos com a bexiga cheia e durante a drenagem demonstrarão ruptura vesical intra e extraperitonial.

15. Como os exames bioquímicos séricos de rotina podem alertar para o diagnóstico de ruptura de bexiga intraperitoneal?

Um aumento desproporcional no sangue de uréia nitrogenada em relação à creatinina sérica é observado. Como a uréia é uma molécula menor, ela é absorvida muito mais prontamente pelo peritônio do que a creatinina.

16. Como a ruptura vesical extraperitoneal é tratada na ausência de outra lesão abdominal?

Apenas por cateterização uretral simples.

17. Um paciente pode sofrer uma ruptura vesical intraperitoneal traumática sem história de trauma?

Sim. Um paciente alcoolizado pode sofrer um golpe na bexiga do qual ele não se recorda no dia seguinte.

18. Uma cistografia pode apresentar resultado falso-negativo em uma ruptura vesical intraperitoneal?

Sim. Uma rolha de omento ou um nó de intestino podem, temporariamente, selar a ruptura vesical se for instilado contraste insuficiente. Deve se persistir com a instilação até que o paciente a ache intolerável ou que o escape seja visualizado. Lembre-se do raio X de drenagem! Uma bexiga cheia poderia ocultar contraste no saco de Douglas.

19. Como um ferimento por bala retrovesical deve ser tratado?

Reparar a bexiga e cateterizar, reparar o reto, interpor omento entre a bexiga e o reto, fazer uma colostomia terminal e limpar o segmento colônico distal por irrigação, além de administrar cobertura antibiótica completa.

20. No caso de lesão vesical acidental durante histerectomia, a formação de fístula vesicovaginal deve ser prevenida. Qual é a melhor maneira de fazê-lo?

Ser cuidadoso no reparo da bexiga e na interposição de omento entre a bexiga e a vagina.

LESÕES DE URETER

21. A maioria das lesões de ureter é iatrogênica. Cite três situações nas quais isso pode acontecer.
Histerectomia.
Remoção de massa ovariana.
Colectomia.
Cirurgia de aneurisma de aorta.
Extração de um cálculo do ureter.
Procedimentos uretroscópicos.

22. Qual é o diagnóstico mais provável em uma paciente submetida a histerectomia que apresenta febre e drenagem de uma grande quantidade de pus seguida por fluido aquoso através da vagina, uma semana após a cirurgia?
Fístula urinária para a vagina, a qual pode ser uma fístula ureterovaginal ou vesicovaginal.

23. A ligação de ureter invariavelmente leva à dor severa no flanco?
Não. A maioria dos pacientes é assintomática.

24. A drenagem de fluido de um ferimento pode ser prontamente identificada como urina?
Sim. Se é urina, sua concentração de creatinina será muitas vezes maior que a do sangue. Entretanto, um alto grau de equilíbrio pode ocorrer no tecido ou na cavidade peritoneal.

LESÕES RENAIS

25. Que exames radiológicos devem ser realizados em um paciente que se envolveu em um acidente com veículo automotor e que apresenta hematúria franca (visível)?
Urografia excretora (ou TC) e cistografia retrógrada. O último exame é importante porque a urografia excretora pode perder uma ruptura de bexiga.

26. Um paciente não está, e não esteve, em choque e tampouco tem fraturas de costelas, contusão lombar ou abrasões, mas apresenta hematúria microscópica. Ela deve ser investigada?
O produto de achados positivos significativos nessa situação é tão baixo que o custo não é compensador.

27. Se trauma um mínimo resulta em hematúria franca, o que isso pode indicar?
Um rim anormal. Hidronefrose ou tumor renal podem estar presentes.

28. Quais são as indicações para cirurgia em trauma renal fechado?
Hemorragia persistente. Não se pode permitir que o paciente sangre até a morte.
Um rim despedaçado ou com múltiplas lacerações importantes.
Lesão vascular.
Extravasamento de contraste (controverso).

29. Qual o seguimento que deve ter um paciente que sofreu lesão renal alguns meses depois?
Ultra-sonografia renal ou urografia excretora e avaliação da pressão sangüínea.

REFERÊNCIAS BIBLIOGRÁFICAS

1. Cass AS (ed): *Genitourinary Trauma.* Cambridge, MA, Blackwell Scientific Publications, 1988.
2. Guerriero WG & Devine CJ (eds): *Urologic Injuries.* Norwalk, CT, Appleton-Century-Crofts, 1984.
3. Hinman F: *Atlas of Urologic Surgery.* Philadelphia, W.B. Saunders, 1989.
4. Mitchell JP: *Urinary Tract Trauma.* Bristol, Wright, 1984.
5. Smith RB & Ehrlich RM (eds): *Complications of Urologic Surgery,* 2nd ed. Philadelphia, W. B. Saunders, 1990.
6. Tanagho EA & McAninch JW (eds): *Smith's General Urology,* 4th ed. Norwalk, CT, Appleton & Lange, 1995.
7. Turner-Warwick RT: Prevention of complications resulting from pelvic fracture, urethral injuries and from their surgical management. *Urol Clin North Am* 16: 335, 1989.
8. Walsh PC, Retik AB, Stamey TA, Vaughan ED (eds): *Campbell's Urology,* 6th ed. Philadelphia, W.B. Saunders, 1992.
9. Webster GD, Kirby RS, King LR, Goldwasser B (eds): *Reconstructive Urology.* Cambridge, MA, Blackwell Scientific Publications, 1993.

VII. *Trauma ortopédico*

25. LESÕES DE PARTES MOLES EM FRATURAS PÉLVICAS

Gideon P. Naudé, MBChB

1. O que causa fraturas pélvicas?

Trauma fechado, especialmente lesões em veículos automotores, assim como quedas, lesões por esmagamento e explosões. Pacientes idosos com osteoporose podem sofrer uma fratura após uma queda não tão importante.

2. As lesões pélvicas são graves?

As fraturas pélvicas importantes têm uma taxa de mortalidade muito alta, decorrente da fratura e das lesões associadas.

3. O que levanta a suspeita de uma fratura pélvica?

Incapacidade de suportar peso sem dor mesmo em fraturas menos graves, além de deformidade grave em casos extremos, com contusão e formação de hematoma, levanta suspeitas.

4. Como é testada a estabilidade da pelve?

Anteriormente, deve ser pressionada a sínfise púbica. Lateralmente, deve ser feita pressão sobre as asas dos ilíacos, e a articulação do quadril deve passar por uma série completa de movimentos. Se é sentida dor ou dificuldade de movimentação, radiografias em três incidências devem ser obtidas (ântero-posterior [AP], lateral e oblíqua).

5. Qual a conduta em uma fratura pélvica fechada, não-complicada e sem deslocamento?

A porção anterior da pelve não contribui para o suporte de peso. Fraturas não-complicadas nessa região são tratadas sintomaticamente e os pacientes são mantidos em repouso no leito até que a dor melhore. Os pacientes são então mobilizados conforme a tolerância. Em fraturas posteriores, a lesão do plexo lombossacral deve ser excluída. A mobilização é mais gradual porque essa é uma área de suporte de peso.

6. Rupturas diafragmáticas estão associadas a fraturas pélvicas?

Sim. Se uma lesão por esmagamento é grave o suficiente para causar uma fratura pélvica, ela também pode causar uma ruptura diafragmática, que deve ser excluída com estudos por imagens.

7. Qual é a principal causa de mortalidade nas lesões pélvicas?

Hemorragia e choque decorrente da fratura pélvica ou de lesões adjacentes.

8. De onde vem o sangramento em uma fratura pélvica?

A hemorragia provém dos ossos fraturados. O sangramento também ocorre de artérias e veias pélvicas laceradas.

9. Quanto sangue pode ser perdido em uma fratura pélvica fechada?

Em uma fratura fechada, sem deslocamento, a hemorragia pélvica e retroperitoneal pode chegar a 4 litros. Esse é um sangramento fatal se não for realizada a reposição de fluido. As fraturas com desvio podem sangrar muito mais, algumas vezes grande parte do volume de sangue transfundido. As fraturas expostas não têm limite para a quantidade de sangue que pode ser perdida e podem continuar sangrando até que uma hemostasia cirúrgica seja realizada.

10. Quais são as lesões de partes moles mais comuns associadas a fraturas pélvicas?

1. Músculo: Essa é a lesão de partes moles mais comum e pode levar a hematomas, dor e incapacidade de deambular.
2. Sistema urinário: Rupturas de uretra e bexiga podem ocorrer, particularmente em fraturas púbicas com deslocamento.
3. Genital: Lesões genitais masculinas e femininas algumas vezes ocorrem com fraturas pélvicas.
4. Trato intestinal: Lesões retais, bem como perfurações de intestino delgado grandes e pequenas, podem ocorrer.

11. Quais são as prioridades no tratamento de uma fratura pélvica?

Primeiro, as lesões circulatórias e respiratórias associadas que ofereçam risco de vida. As fontes abdominais de sangramento, como ruptura de baço ou fígado, são tratadas a seguir. A hemorragia pélvica pode ser controlada por fixadores externos, angiografia com embolização ou tamponamento cirúrgico em laparotomia. A fixação definitiva da fratura não é urgente e pode esperar até que o paciente esteja estabilizado.

12. Os trajes CMAC são úteis no tratamento de choque em fraturas pélvicas?

Não existe prova absoluta de que os trajes CMAC tenham alguma relevância no tratamento de qualquer lesão inferior do corpo. Os trajes são úteis no tratamento de fraturas pélvicas graves com hemorragia, pois fornecem mais tempo para a realização de arteriografia e embolização. As desvantagens dos trajes CMAC incluem o comprometimento respiratório decorrente da pressão no abdômen, levando à elevação do diafragma e a um possível aumento na pressão sangüínea causando maior sangramento acima do nível do traje.

13. Como deve ser tratado o choque em um paciente com fratura pélvica?

Inicialmente, o paciente é tratado com infusão de cristalóide. Sangue pode ser administrado se a hemorragia é rápida ou se o hematócrito torna-se muito baixo. Na ausência de lesões que exijam exploração do abdômen ou do tórax, um fixador externo é aplicado. Isso causa redução da fratura e diminui o sangramento por aumento da pressão entre as extremidades fraturadas dos ossos, o que irá estancar a hemorragia dos fragmentos ósseos e o sangramento venoso.

14. Qual é a conduta em hemorragia arterial?

Se o sangramento persiste após ter sido aplicado um fixador externo e inexiste qualquer anormalidade do mecanismo de coagulação, então uma arteriografia com embolização das artérias que estão sangrando é realizada. Se a hemorragia ainda persiste, o controle cirúrgico é realizado por operação e ligação ou reparo dos vasos que estão sangrando.

15. O que leva à suspeita de lesão urinária?

Em qualquer lesão fechada importante, deve ser excluída lesão urinária. Nas fraturas pélvicas, as fraturas púbicas e a diastáse da sínfise púbica devem alertar o examinador sobre a probabilidade de lesões uretrais ou vesicais. Sangue no meato é altamente sugestivo de ruptura de uretra. Uma próstata em posição alta ao exame retal sugere uma ruptura completa de uretra. Hematúria indica lesão urinária e deve ser investigada. Anúria pode ser decorrente de uma ruptura vesical com extravasamento de urina para o abdômen. Edema peniano e escrotal também pode ser um sinal de extravasamento de urina.

16. Como deve ser conduzida uma lesão urinária associada à lesão pélvica?

Uma cistostomia suprapúbica é realizada como procedimento de emergência no caso de uma lesão uretral. A uretra é reparada em um segundo momento. Uma ruptura vesical é reparada primariamente se existe um vazamento intraperitoneal. Em alguns vazamentos extraperitoniais da bexiga, a drenagem por cateter é realizada até que a lesão tenha cicatrizado.

17. O que levanta a suspeita de lesão intestinal associada à fratura pélvica?

Clinicamente, um quadro de abdômen agudo após uma fratura pélvica deve alertar o médico sobre a possibilidade de lesão intestinal. Sangue no reto é motivo de suspeita de lesão retal ou intestinal. Gás livre no abdômen na radiografia abdominal é virtualmente diagnóstico de lesão intestinal. Estudos por imagem com contraste podem demonstrar lesão intestinal. Laparoscopia diagnóstica ou laparotomia pode ser realizada se a suspeita é grande.

18. O que é a síndrome do compartimento abdominal?

O compartimento abdominal é uma pressão anormalmente elevada no abdômen que pode suceder a trauma no abdômen e na pelve (infecção, tumores, pneumoperitônio, isquemia, hemorragia e várias outras causas foram identificadas), levando a:

- Comprometimento respiratório decorrente da elevação diafragmática.
- Diminuição do retorno venoso e conseqüente queda no débito cardíaco.
- Diminuição da perfusão visceral (rins e intestino) com oligúria, anúria e isquemia intestinal.

A pressão intra-abdominal é geralmente medida por meio de uma sonda vesical de demora (método indireto) ou por dispositivo de medida intraperitoneal ou intravenoso (IVC).

19. Como é tratada a síndrome de compartimento abdominal?

A estratégia terapêutica é baseada na gravidade do aumento de pressão como a seguir:

- *Leve:* Sem sintomas ou com sintomas mínimos e pressão abaixo de 25 cm de água, o paciente é observado rigorosamente e a pressão é monitorada.
- *Moderada:* Sintomática com ventilação, pressão sangüínea, fluxo renal e mesentérico limítrofes e pressão entre 25 e 35 cm de água; a maioria dos pacientes requer descompressão.
- *Grave:* Se a pressão abdominal está acima de 35 cm de água, essa é uma condição com risco de vida e todos os pacientes necessitam de descompressão.

Em pacientes necessitando de descompressão, o abdômen é descomprimido e a condição causal é tratada. O abdômen é então tamponado e deixado aberto ou fechado sem elevação de pressão (usando material protético). O fechamento formal é realizado mais tarde, quando a condição estabilizar.

20. Qual é a mortalidade das fraturas pélvicas?

A mortalidade varia entre 12 e 50%, dependendo da fratura ser aberta ou fechada, bem como da presença e da gravidade das lesões associadas.

REFERÊNCIAS BIBLIOGRÁFICAS

1. Bongard FS, Stamos MJ, Pessaro E (eds): *Surgery: A Clinical Approach.* New York, Churchill Livingstone, 1977.
2. Jerrard DA: Pelvic fractures. *Emerg Med Clin North Am* 11: 147, 1993.
3. Mitchell JP: *Urinary Tract Trauma.* Bristol, Wright, 1984.
4. Perry MO: Compartment syndromes and reperfusion injury. *Surg Clin North Am* 68: 853-864, 1988.
5. Way LW (ed): *Current Surgical Diagnosis and Treatment,* 10th ed. Norwalk, CT, Appleton & Lange, 1994.

26. TRAUMA ORTOPÉDICO

Jackson Lee, M.D.

1. Qual é o papel da graduação de Gustilo-Anderson nas fraturas expostas?

Na graduação de Gustilo-Anderson, o tipo I em geral tem uma ferida com menos que 1 cm e habitualmente está associado a uma lesão de partes moles por mecanismo de fora para dentro. Existe lesão de partes moles e contaminação mínimas. O tipo II envolve ferimentos com mais de 1 cm de comprimento, mas geralmente menores que 10 cm, e apresenta contaminação e lesão de partes moles moderadas. As lesões tipo III têm ferimentos com mais de 10 cm de extensão e são subdivididas em A, B e C, dependendo do grau de perda de partes moles. No tipo IIIA, existe esmagamento grave, mas a cobertura do osso com partes moles é possível. O tipo IIIB apresenta perda de partes moles de tal extensão que é necessária a reconstrução de partes moles para a cobertura do osso. O tipo IIIC apresenta lesão neurovascular exigindo reparo para tornar o membro viável. Além disso, toda contaminação de terceiro de fazenda é tipo III, a despeito do tamanho do ferimento.

A graduação de Gustilo-Anderson (G-A) é primariamente uma tentativa de correlacionar o prognóstico baseada no tamanho inicial da ferida. Mais recentemente, ela tem sido utilizada para orientar o tratamento. A confiabilidade do sistema de graduação tem sido questionada, entretanto, em virtude da fraca concordância entre os observadores. Todavia, ainda é útil. É importante realizar uma graduação real durante a cirurgia após toda a região da lesão ter sido visualizada.

2. Descreva o papel dos antibióticos no tratamento de fraturas expostas.

Os antibióticos têm importância crucial na diminuição das taxas de infecção em fraturas expostas. Geralmente, indica-se uma cefalosporina de primeira geração em uma fratura exposta tipo I, com a associação de um aminoglicosídio para tipos III e IV. Ademais, se há contaminação por terra, penicilina é adicionada para proteger contra clostrídios. Nenhum estudo demonstrou aumento de benefício com o uso de antibióticos por mais de 48 horas. Embora a literatura esteja sujeita à interpretação, muitos autores recomendam o esquema anterior por 48 horas, reiniciando o tratamento antes de cada debridamento, até que o fechamento da ferida tenha ocorrido.

3. Quais são as opções para conseguir revestimento por partes moles em fraturas expostas de tíbia?

A tíbia é singular no sentido de que é um osso longo com uma grande margem subcutânea. Quando lesada, essa margem subcutânea apresenta problemas relacionados ao fechamento da ferida. Se o defeito causado pela lesão é pequeno, freqüentemente é possível o fechamento primário tardio, contanto que pouca tensão seja colocada nas bordas do ferimento. Nos 2/3 proximais da maioria das tíbias, retalhos locais rotacionais como retalhos de gastrocnênio ou soleo, podem ser usados uma vez que tais grupos musculares não tenham sido traumatizados pela lesão. Em várias lesões ou no terço distal, a transferência de tecido livre é necessária para realizar o revestimento.

4. Por que é importante realizar debridamentos seriados deliberadamente programados nas fraturas expostas de alto grau?

Durante o debridamento inicial, o objetivo é visualizar completamente toda a área da lesão. Entretanto, ao se conseguir essa visualização, é freqüentemente difícil determinar que tecido é viável, particularmente nas margens. Assim, é importante deixar esse tecido questionável para permitir que ele se "manifeste" e para minimizar o debridamento excessivo de tecidos sãos.

5. **Quando o ferimento de uma fratura exposta deve ser fechado primariamente?**

O ferimento de uma fratura exposta nunca deve ser submetido a fechamento primário. Em fraturas expostas de baixo grau (tipo I), pode-se permitir que a ferida pequena cicatrize por segunda intenção. Em lesões de alto grau, o fechamento primário da ferida no momento do debridamento inicial *não* deve ser realizado pelas seguintes razões:

- O fechamento pode originar um ambiente anaeróbio que pode levar a sepse por clostrídios.
- Em virtude da grande superfície lesada, tais ferimentos tendem a exsudar uma quantidade moderada. O fechamento possibilitará a formação de um hematoma, que pode subseqüentemente infectar-se.
- O fechamento primário da ferida não é conducente para uma segunda observação e debridamento obrigatórios.

6. **Qual é o momento para o fechamento da ferida no tratamento de uma fratura exposta?**

Os ferimentos de fraturas expostas devem ser fechados quando a ferida está limpa e livre de tecido necrótico, o que em geral ocorre após o segundo debridamento. Conseguir o revestimento dos ferimentos de fraturas expostas cinco ou seis dias após a lesão é importante. Um retardo nesse fechamento tem sido correlacionado a uma alta taxa de infecção.

7. **Quais são as indicações absolutas para a realização de uma amputação primária de uma tíbia exposta?**

- Transecção anatômica do nervo tibial posterior em uma fratura exposta de tíbia com lesão arterial.
- Lesão por esmagamento grave com período de isquemia quente > 6 horas.

8. **Quais são as indicações relativas para a amputação primária de uma tíbia exposta?**

Politrauma grave associado
Lesões de pé ipsilateral graves
Previsão de um curso prolongado de recuperação pela idade avançada ou condição fisiológica
Contaminação maciça do ferimento
Necrose de um segmento intercalar substancial da musculatura da panturrilha

9. **O que é um joelho flutuante e que complicações freqüentemente estão associadas a essa lesão?**

A fratura de fêmur associada à fratura de tíbia ipsilateral é conhecida como joelho flutuante. Tal lesão ocorre mais freqüentemente em traumas múltiplos. Trata-se de uma combinação extremamente difícil de tratar com tração e exige estabilização imediata. Existe alto risco de lesão vascular. A complicação pós-lesão mais freqüente é a perda da extensão da movimentação do joelho, que leva à evolução funcional ruim.

10. **Em um paciente com fratura de fêmur secundária a trauma fechado, por que é essencial obter boas radiografias de pelve ântero-posterior (AP) e do quadril ipsilateral (AP)?**

Em um paciente com fratura de diáfise femoral secundária a trauma fechado, é essencial obter essas incidências para excluir fratura de colo femoral ipsilateral concomitante. Tal lesão rara, se não tratada, tem conseqüências devastadoras para o paciente. Em estudos publicados, mesmo com um alto grau de vigilância, essa lesão continua a ser perdida em 30% das vezes.

11. **Quais são as controvérsias associadas ao tratamento de fraturas de diáfise e de colo femoral ipsilaterais?**

A controvérsia envolve o método de estabilização dessa combinação de lesões. Claramente o colo femoral é a lesão com menos opções de reconstrução caso ocorram necroses de cicatrização ou avascular decorrentes de estabilização ou redução inadequadas. Por outro lado, a realização de redução e estabilização ideais da fratura de colo femoral antes comprometerá as opções para a estabilização da fratura de diáfise femoral. A estabilização do colo femoral geralmente envolve o uso de parafusos ou pinos revestidos, tornando impossível a fixação femoral anterógrada padrão. Tradicionalmente, a diáfise femoral é, então, tratada com fixação por placa; mas, mais recentemente, a fixação femoral retrógrada tornou-se uma opção.

12. Quais são as vantagens da estabilização precoce de fraturas de ossos longos no paciente com lesões múltiplas?

Fraturas de ossos longos podem ser estabilizadas a qualquer momento no período perilesão sem comprometimento significativo da função. Entretanto, a estabilização precoce (nas primeiras 24 horas após a lesão) contribui para diminuir as complicações pulmonares, incluindo derivação pulmonar secundária à posição supina forçada, melhor toalete pulmonar, diminuição da dependência à analgesia narcótica e diminuição da incidência da síndrome do desconforto respiratório do adulto (SDRA) e síndrome de embolia gordurosa. Johnson e colaboradores demonstraram retrospectivamente que a incidência de SDRA em pacientes com Pontuação da Gravidade da Lesão (ISS) > 40 é cinco vezes maior naqueles cuja estabilização femoral foi adiada do que naqueles que foram submetidos à estabilização imediata. Bone e colaboradores mostraram conclusivamente, em um estudo randomizado prospectivo, que os paciente cujas fraturas de fêmur foram estabilizadas imediatamente têm melhora estatisticamente significativa na função pulmonar, quando comparados ao grupo que teve estabilização tardia.

13. Quais são as controvérsias a respeito do tratamento de um paciente politraumatizado com lesão pulmonar e fratura de fêmur?

Relatos recentes indicam maior incidência de SDRA e mortalidade em pacientes com lesão pulmonar associada grave que foram submetidos precocemente (< 24 horas de lesão *versus* > 24 horas) à fixação dilatada intramedular de fraturas femorais diafisárias. Os produtos liberados na circulação sistêmica durante o processo de dilatação podem ter efeitos deletérios no tecidos pulmonares lesados. Os dados não sugerem que estabilização precoce da fratura deva ser evitada nesse grupo de pacientes, mas que métodos alternativos de fixação, que não requeiram dilatação do canal intramedular, devem ser utilizados. Tais métodos alternativos de fixação incluem fixação intramedular em dilatação e fixação com placa. Alimentando essa controvérsia estão vários estudos que falharam em confirmar a observação original. Mais recentemente, um estudo multicêntrico foi realizado comparando pacientes politraumatizados (ISS > 17) com fraturas de fêmur tratadas com fixação com placa ou fixação intramedular com dilatação; nenhuma diferença em SDRA, pneumonia e taxa de mortalidade foi encontrada. Além disso, não foi encontrada nenhuma diferença nesses pacientes com ou sem lesão pulmonar ou naqueles sem fratura de fêmur e uma lesão pulmonar.

14. Quais são as controvérsias a respeito do uso de fixação intramedular com ou sem dilatação no tratamento de fratura de fêmur?

A fixação intramedular de uma fratura de fêmur pode ser realizada com ou sem dilatação. O processo de dilatação do canal intramedular permite que seja definido o diâmetro interno do canal femoral, o que apresenta várias vantagens, destacando-se a possibilidade de colocação de um implante de diâmetro maior. Isso é importante porque a força do implante é proporcional à quarta potência de seu raio. Outra vantagem é que, pela dilatação do canal intramedular normalmente cônico para um diâmetro conhecido, a área de contato entre o implante e o osso é aumentada, possibilitando uma melhor fixação.

Recentemente, entretanto, a segurança da dilatação tem sido questionada. A embolização do conteúdo da medula para a circulação venosa pode ter efeitos deletérios no parênquima pulmonar lesado, levando ao uso de fixação intramedular sem dilatação, necessitando do uso de implantes de diâmetros menores, com pior contato do implante ósseo. Em vários estudos comparativos, uma tendência à taxa de não-união mais alta e falhas de implante têm sido observadas em certos grupos de fratura, como aquelas que afetam o terço distal da diáfise femoral. Algumas vantagens da fixação sem dilatação são a duração de cirurgia mais curta e a menor perda de sangue, mas tais vantagens parecem ser marginais e podem não sobrepujar as desvantagens.

15. O que é uma fratura de fêmur subtrocantérica?

Uma fratura de fêmur subtrocantérica é uma fratura da diáfise femoral que ocorre abaixo da linha intertrocantérica e incorpora as fraturas que ocorrem no terço proximal do fêmur. Sua presença, sobretudo em pacientes jovens, implica uma lesão de alta energia. Falhas de implante ocorrem com mais assiduidade que o habitual em decorrência das altas forças fisiológicas presentes na região combinadas com a cicatrização mais lenta do osso cortical.

16. O que faz com que os implantes ortopédicos quebrem?

Todos os implantes ortopédicos que são giratórios ou submetidos a estresse repetitivo quebrarão. Isso é referido como *insuficiência por fadiga*. Quando implantes ortopédicos são usados para fixar fraturas, um curso ocorre entre a cicatrização da fratura e a falha do implante. Para fixações de fraturas mais bem-sucedidas, quando a cicatrização da fratura está completa, o implante é protegido de movimento adicional. Se a cicatrização da fratura não ocorre, como em uma não-consolidação, o implante é ciclado continuamente até que a insuficiência por fadiga ocorra.

17. Qual é o significado de uma fratura de colo femoral em um paciente jovem?

A presença de fratura de colo femoral em um adulto jovem implica em trauma de alta energia. Diferentemente das fraturas de colo femoral que tipicamente ocorrem em idosos, resultando de trauma trivial e refletindo estado de osteopenia, tal fratura em um paciente jovem só pode ocorrer por transferência de muita energia. Tais fraturas são consideradas emergências cirúrgicas em virtude do risco elevado de necrose avascular. Em um paciente idoso, a substituição protética constitui-se em uma opção terapêutica comum. Essa não é uma boa escolha para o paciente jovem. Com a transferência mais alta de energia, existe um risco mais elevado de lesão do tênue suprimento sangüíneo da cabeça do fêmur.

SÍNDROME DE COMPARTIMENTO

18. O que é a síndrome de compartimento?

A síndrome de compartimento ocorre quando a pressão em um compartimento fascial aumenta até um nível em que a função dos músculos, dos nervos ou dos vasos sangüíneos que atravessam esse compartimento esteja comprometida.

19. Quais são algumas causas comuns de síndrome de compartimento?

Hemorragia resultante de lesão, esforço excessivo, compressão externa e isquemia prolongadas.

20. Qual é o sinal mais confiável de síndrome de compartimento em um paciente acordado?

Dor fora de proporção é o sinal mais confiável. Submeter os músculos do compartimento suspeito à extensão passiva suave produzirá uma dor que é extremamente intensa e desproporcional à lesão.

21. Como é monitorizada a síndrome de compartimento em um paciente comatoso?

O método aceito é a utilização de medidas contínuas por haste de cateter dos compartimentos em questão.

22. O que é o delta P?

O delta P é a diferença entre a pressão arterial média e a pressão do compartimento. Se a diferença de pressão é menor que 40, está indicada uma fasciotomia.

23. Quais são algumas das seqüelas da síndrome de compartimento não-diagnosticadas?

Nos estágios iniciais, o paciente pode desenvolver mioglobinúria, que pode levar a insuficiência renal. Além disso, a extremidade pode se tornar infectada, conduzindo a sepse sistêmica. Essas duas complicações podem levar a falência de múltiplos órgãos e morte. Seqüelas tardias podem percorrer a gama de algo tão leve quanto um pé caído em conseqüência de lesão do nervo tibial até algo tão grave quanto uma extremidade completamente insensata, não-funcional, com fibrose muscular e contraturas articulares.

EXTREMIDADE SUPERIOR

24. Que déficit sensorial ocorre com uma paralisia de nervo interósseo anterior?

O nervo interósseo anterior é, na maior parte, um nervo motor puro e não tem componente sensorial que possa ser detectado em um exame físico de rotina.

25. Descreva a diferença entre paralisia de nervo radial e paralisia de nervo interósseo posterior.

Na paralisia de nervo radial, a função de todos os músculos inervados pelo radial é perdida, incluindo os extensores de punho e o ramo sensorial, que proporciona sensibilidade do primeiro espaço interdigital dorsal da mão. O nervo interósseo posterior é um ramo motor que sai após o supinador do antebraço; assim, a função dos extensores de punho é mantida, bem como a sensibilidade do primeiro espaço interdigital. Na paralisia de nervo interósseo posterior apenas os extensores das articulações MCP são excluídos.

26. A presença de politrauma afeta o tratamento de uma fratura de úmero?

As fraturas de úmero que são tratadas de forma conservadora em uma tala funcional evoluem muito bem, com alto índice de consolidação e baixas taxas de complicações; sendo assim, esse é o tratamento de escolha quando uma fratura de úmero ocorre como lesão isolada. Na presença de politrauma, entretanto, uma redução aberta com fixação interna ou pino intramedular dessas fraturas podem ser vantajosos. Lesões de extremidade inferior e fraturas de úmero bilaterais são boas indicações. A estabilização dessa fratura pode ajudar na mobilização mais precoce do paciente e pode facilitar cuidados de enfermagem melhores.

FRATURAS PÉLVICAS

27. Quais são as fontes de hemorragia em um paciente com fratura pélvica?

Um paciente que sofre ruptura pélvica importante foi submetido a trauma de alta energia. As lesões associadas são, portanto, muito comuns. Não é incomum o paciente ter fontes intratorácicas e intraperitoniais de sangramento. Uma hemorragia de fratura pélvica é proveniente de três fontes principais: superfícies de fratura óssea expostas, rupturas de complexos venosos e sangramento arterial.

28. Descreva a importância do espaço retroperitoneal na hemorragia pélvica.

O espaço retroperitoneal é um espaço potencial. No caso de sangramento pélvico, esse espaço pode acomodar até 4 litros de sangue antes que possa ocorrer tamponamento. Em virtude da natureza esférica da pelve, se a instabilidade óssea ocorreu em decorrência de uma fratura, o volume pode aumentar. A quantidade de aumento nesse volume é proporcional à quarta potência do raio, mostrando, assim, como uma pequena alteração pode afetar a potencial perda de sangue.

29. Qual é o papel da fixação externa em um paciente com fratura pélvica?

A fixação externa é usada para a estabilização aguda temporária em um paciente que esteja hemodinamicamente instável. O fixador externo funciona estabilizando a fratura pélvica e impedindo o deslocamento adicional, controlando o volume retroperitoneal e permitindo o tamponamento do hematoma. Além disso, limitando o movimento do local de fratura, a fixação externa minimiza o sangramento adicional pelos locais de fratura e plexos venosos. Infelizmente, ela desempenha um pequeno papel no controle do sangramento arterial. Outro benefício da fixação externa no período perilesão é que, proporcionando estabilidade, o paciente terá menor dependência de analgesia opiácea, facilitando, assim, o quadro pulmonar e a mobilização. A fixação externa não é utilizada para fixação definitiva, pois ela não tem a capacidade de manter uma redução precisa durante a cicatrização da fratura. A fixação definitiva envolve a redução aberta e a fixação interna após o paciente estar hemodinamicamente estável e a hemorragia ativa ter cessado.

30. Qual é o momento da fixação externa no paciente hemodinamicamente instável?

A fixação externa é mais bem aplicada tão logo o diagnóstico de ruptura pélvica mecanicamente instável seja realizado. Em muitos centros de trauma, ela é realizada no centro cirúrgico antes da laparotomia exploradora. Para pacientes em condições extremas, a fixação externa pode ser realizada imediatamente no pronto-socorro. Muitos desses protocolos são modificados para se adequar à "cultura" particular do centro de trauma. Em muitos centros de trauma, a angiografia está prontamente disponível no momento da observação; nesses locais, uma angiografia imediata pode ser a melhor escolha. Naqueles centros onde a angiografia não está disponível, a fixação externa deve ser utilizada inicialmente e, se não for atingida a estabilidade hemodinâmica, deve ser realizada uma angiografia. É importante lembrar que a angiografia permitirá o controle do sangramento arterial, mas terá pouco efeito sobre sangramento venoso ou a hemorragia do local da fratura; a fixação externa pode controlar a última, mas não o primeiro.

31. Que tipos de fixação externa estão disponíveis para pelve?

Uma fixação externa pode ser aplicada anterior ou posteriormente. Dois tipos de estruturas foram descritos para estruturas anteriores: a estrutura de Slatis e a estrutura de Pittsburgh. A estrutura de Slatis é simples e facilmente aplicada. Ela controla principalmente a porção anterior de uma ruptura de pelve enquanto proporciona algum controle, embora fraco, da ruptura posterior.

O projeto da estrutura de Pittsburgh foi uma tentativa de aumentar o controle das rupturas posteriores com um projeto de estrutura anterior mais complexa. Mais recentemente tem havido um impulso para desenvolver e utilizar uma estrutura tipo braçadeira em C que é aplicada diretamente à ruptura posterior para obter um melhor controle. Embora vários estudos tenham demonstrado sua efetividade, sua vantagem sobre uma estrutura simples anterior não está clara. Uma curva de estudo está envolvida no uso da braçadeira em C e também existe o risco de lesão de estruturas neurovasculares próximas à incisura ciática maior, que inclui a artéria glútea superior e o nervo ciático.

32. Quando a fixação externa não é efetiva em rupturas pélvicas?

A fixação externa não é efetiva no controle do volume retroperitoneal e do movimento do local da fratura quando há fratura de asa de ilíaco ou fratura acetabular concomitante. Por isso é preferível examinar uma radiografia AP de pelve de boa qualidade antes de aplicar um fixador externo.

33. Explique que informação adicional é obtida com incidências dos limites inferior e superior da pelve. Por que essa informação adicional é importante?

A incidência do limite inferior da pelve, obtida com o feixe do raio X direcionado obliquamente 45° em direção cefalocaudal, com um cassete colocado sobre o paciente em posição supina, demonstra melhor as deformidades ântero-posteriores, incluindo as rupturas da sínfise púbica e os deslocamentos da articulação sacroilíaca. O deslocamento anterior ou posterior da hemipelve lesada é mais bem observado nessa incidência. A incidência do limite superior da pelve é obtida com o feixe do raio X direcionado obliquamente 45° na direção cefalocaudal e demonstra melhor instabilidade vertical e fraturas de corpos sacrais.

34. Qual é o significado de sangue no meato?

Sangue no meato é um indicativo de lesão uretral. A ausência de sangue no meato, entretanto, não exclui uma lesão uretral, especialmente se o paciente está sendo examinado precocemente (dentro de uma hora) no período perilesão.

35. Qual é o significado de próstata em posição alta em um paciente com fratura pélvica?

A presença de próstata elevada em um paciente com fratura pélvica é patognomônica de lesão uretral. Entretanto, a ausência dessa condição não exclui uma lesão uretral.

36. O que determina a estabilidade mecânica da pelve?

O anel pélvico consiste de dois ossos ilíacos unidos posteriormente pelo sacro. Esses ossos não são inerentemente estáveis; a estabilidade da estrutura é completamente dependente das estruturas ligamentosas. Anteriormente, a porção púbica dos ossos ilíacos é unida pela sínfise púbica. Posteriormente, ligamentos sacroilíacos anterior e posterior muito fortes fornecem estabilidade. Além desses, há ligamentos que vão do sacro ao ísquio, conhecidos como ligamentos sacrotuberosos e ligamentos sacroespinhosos. Na ausência de descontinuidade óssea secundária à fratura, a lesão dessas estruturas ligamentosas causará instabilidade mecânica da pelve. As estruturas ligamentosas não são observadas nas incidências radiológicas; portanto, é possível que a pelve esteja excessivamente instável com radiografias de aspecto normal, enfatizando a importância do exame clínico.

37. Descreva as lesões posteriores que podem ocorrer em uma fratura instável da pelve.

Quando uma ruptura instável da pelve ocorre, a presença de uma lesão anterior, como uma sínfise púbica alargada ou uma fratura de ramo púbico, implica em uma lesão posterior concomitante. As lesões posteriores que podem se formar da lateral para a linha média são fraturas de ílio, fratura com deslocamento da articulação sacroilíaca e fratura de corpo sacral. As fraturas do corpo sacral são classificadas nas que são laterais ao forame sacral, as que atravessam o forame e as mediais ao forame. Lesões nas raízes dos nervos sacrais são comuns nessas fraturas que ocorrem pelo forame sacral.

REFERÊNCIAS BIBLIOGRÁFICAS

1. Bone LB, Johnson KD, Weigelt J, Scheinberg R: Early versus delayed stabilization of femoral fractures: A prospective randomized study. *J Bone Joint Surg* 71A:336-340, 1989.
2. Bosse MJ, MacKenzie EJ, Riemer BL, *et al.*: Adult respiratory distress syndrome, pneumonia, and mortality following thoracic injury and a femoral fracture treated either with intramedullary nailing with reaming or with a plate. *J Bone Joint Surg* 79A: 799-809, 1977.
3. Browner BD, Jupiter JB, Levine AM, Trafton PG (eds): *Skeletal Trauma,* Philadelphia, W.B. Saunders, 1992.
4. Heppenstall RB, Scott R, Sapiga A, *et al.*: A comparative study of the tolerance of skeletal muscle to ischemia. *J Bone Joint Surg* 68A: 820-827, 1986.
5. Kasser JR (eds): *Orthopaedic Knowledge Update 5.* Rosemont, IL, American Academy of Orthopaedic Surgeons, 1996.
6. Rockwood CA, Green DP, Bucholz RW, *et al.* (eds): *Fractures,* 4th ed. Philadelphia, Lippincott-Raven, 1996.

VIII. Trauma vascular

27. TRAUMA VASCULAR

Carlos E. Donayre, M.D.

1. Quais são os mecanismos mais comuns pelos quais as lesões arteriais ocorrem?

Em virtude da alta incidência de trauma urbano nos Estados Unidos, as lesões penetrantes por disparo de arma de fogo são a causa mais comum de lesões arteriais. Elas são seguidas por ferimentos por arma laminada, que, por sua vez, predominam sobre as lesões fechadas. As lesões fechadas tendem a se originar de acidentes com veículos automotores, quedas ou atividades recreativas. Deslocamentos ou fraturas articulares produzem compressão, torção e forças de cisalhamento que podem levar a lesões de íntima ou transmurais. Os vasos das extremidades inferiores são os mais freqüentemente lesados em virtude de sua maior extensão, localização relativamente superficial e grande proximidade dos ossos longos.

Recentemente, os rápidos avanços na cardiologia e na radiologia intervencionista aumentaram o número de procedimentos invasivos realizados e esses procedimentos têm sido associados a lesões arteriais femoral, axilar e braquial. Tais complicações iatrogênicas são diretamente relacionadas ao diâmetro e comprimento do cateter e ao tempo de permanência do cateter nessa posição. (Curiosidade: Os diâmetros dos cateteres são relatados em tamanhos franceses [Fr]: Tamanho francês/3 = diâmetro em mm. Por exemplo, um cateter 9 Fr tem 3 mm de diâmetro.) Sexo feminino, diabete e doença vascular periférica preexistente estão associados à maior incidência de lesões vasculares iatrogênicas.

2. Quais são os sintomas de apresentação comuns de lesão vascular periférica?

Entre os sinais mais "fortes" estão hemorragia pulsátil, hematoma expansivo, frêmito palpável, sopro audível e isquemia regional como evidenciado pelos "6 Ps": dor (*pain*), parestesia, palidez, paralisia, pecilolotermia (sangue frio) e ausência de pulsos. Entre os sinais "leves" destacam-se história de hemorragia moderada, lesão próxima a uma artéria importante (proximidade), pulsos diminuídos mais palpáveis (índice tornozelo-braquial < 0,9) ou déficit neurológico periférico.

3. O que é a relação ou índice tornozelo-braquial (ITB)?

O índice tornozelo-braquial é a comparação entre a medida da pressão sistólica no tornozelo e a medida da pressão sistólica braquial, utilizando um transdutor Doppler e um manguito de pressão sangüínea de tamanho apropriado. A pressão sistólica Doppler é a quantidade de milímetros de mercúrio (mmHg) na qual o fluxo arterial pode ser detectado com o transdutor Doppler. O ITB normal na média das pessoas está entre 0,9 e 1,1. As pressões devem ser obtidas e comparadas para as artérias tibiais posteriores (ATP) e artérias pediosas dorsais (APD) para evitar a perda de uma lesão. (Curiosidade: A artéria tibial anterior origina as APDs, mas está congenitamente ausente em 2% da população. É a artéria predominante do pé. Em 7% dos indivíduos a artéria fibular é a principal fonte de sangramento do pé. A ATP está ausente em 5% da população.)

Observação: O ITB estará diminuído em pessoas mais velhas com doença vascular periférica preexistente e será normal em pacientes que sofreram lesão isolada de artéria profunda (principal suprimento de sangue da musculatura da coxa, não em continuidade direta com a artéria poplítea). ITBs não são tão confiáveis na extremidade superior em virtude do grande número de vasos colaterais no ombro e na região do cotovelo.

4. Que tipos de lesões vasculares ocorrem comumente?

Laceração é a lesão mais freqüentemente sofrida por artérias e veias. A transecção está associada à isquemia distal de membro por interrupção do fluxo sangüíneo em decorrência da interrupção da continuidade vascular ou trombose proximal e distal devido à retração das extremidades vasculares lesadas. Armas de alta velocidade (velocidade de boca > 1.500 pés/seg) criam uma cavidade temporária que fragmenta e rompe a camada média e endotélio dos vasos adjacentes. Tal efeito de deslocamento resulta em contusões vasculares e trombose ou espasmo segmentar associados. Pseudo-aneurismas (aneurismas falsos) surgem quando a continuidade do vaso é mantida por no mínimo uma das camadas da parede vascular, habitualmente a adventícia. Fístulas arteriovenosas surgem quando uma artéria e uma veia intimamente aderentes sofrem uma lesão que cria uma comunicação anormal entre elas.

5. A proximidade da lesão em relação a um vaso importante é indicação de arteriografia ou exploração cirúrgica?

Aqueles pacientes com fortes sinais de lesão vascular, como esquematizado na Questão 2, podem, em geral, ser levados diretamente ao centro cirúrgico para intervenção operatória, embora as circunstâncias variem. No paciente hemodinamicamente estável com fortes sinais de lesão arterial, uma angiografia pode ser realizada para delinear a lesão e formular um planejamento apropriado para sua conduta (escolha da incisão e exposição). A avaliação diagnóstica em um paciente com sinais leves de lesão arterial é variada e não tão direta quanto descrito. Os pacientes com lesões penetrantes em "proximidade" de vasos importantes, com pulsos, mas ITBs anormais, devem ser submetidos a arteriografia. Se o ITB é > 0,9, o paciente pode ser submetido a exames clínicos seriados durante um período de tempo definido ou deve ser submetido a estudo não-invasivo (avaliação com duplex) para excluir lesões arteriais ou venosas.

6. Qual é o conduto preferido para a reconstrução arterial em lesões vasculares periféricas?

A veia safena magna (VSM), a mais longa veia do corpo, é o conduto preferido para a reconstrução vascular periférica em pacientes com trauma. Ela geralmente é retirada da extremidade contralateral. Remoção da VSM intacta da extremidade lesada geralmente é evitada no caso de veias principais do sistema venoso profundo terem sofrido uma lesão não-reconhecida. Além do mais, os pacientes com trauma exigindo repouso no leito ou imobilização prolongados são propensos a desenvolver trombose venosa profunda. A remoção da VSM de um paciente com lesão ou trombose do sistema venoso profundo pode resultar em edema debilitante de extremidade inferior e desenvolvimento de úlceras venosas crônicas. (Curiosidade: A veia femoral superficial é parte do sistema venoso profundo da coxa. Ela é chamada de superficial porque acompanha a artéria femoral superficial.)

7. O que é a síndrome de compartimento? Definir suas etiologia e patogênese.

As síndrome de compartimento aguda é definida como o aumento de pressão dentro de um espaço limitado, que compromete a perfusão sangüínea dos capilares e ameaça a viabilidade dos tecidos. Entre as causas desse aumento de pressão no compartimento estão: (1) acúmulo de sangue decorrente de hemorragia por fraturas, desordens hemorrágicas (hemofilia), anticoagulação ou lesão vascular e (2) formação de edema após trauma (lesão óssea e de partes moles), lesão térmica, cirurgia, lesão por esmagamento, isquemia ou exercício extenuante. A formação de edema é o fator central da patogênese da síndrome de compartimento. Quando a pressão intracompartimental excede 30 mmHg, o fluxo linfático para fora é bloqueado, os capilares sofrem danos e sua permeabilidade é aumentada. O vazamento de proteína resultante leva a aumento na pressão oncótica e diminuição da reabsorção de fluido, com aumento ainda maior na pressão do compartimento e diminuição da perfusão tecidual. Esse círculo vicioso de aumento na pressão tecidual levando a isquemia e formação de edema causa aumentos adicionais na pressão do tecido com perfusão tecidual inadequada, anoxia e, por último, necrose tecidual. Contraturas incapacitantes podem resultar da necrose muscular se as síndromes de compartimento não são reconhecidas e tratadas prontamente.

8. Descreva os sinais e sintomas de síndrome de compartimento aguda de extremidade inferior.

A síndrome de compartimento aguda é sugerida pelos seguintes sintomas e sinais físicos:

1. Déficits de nervos periféricos.
2. Dor, freqüentemente desproporcional ao quadro clínico e que piora com a movimentação passiva dos grupos musculares afetados.
3. Fraqueza motora.
4. Tensão palpável do compartimento envolvido.
5. Perda de pulsos nos estágios finais, que freqüentemente assinala lesão muscular e nervosa irreversível.

A função nervosa é mais sensível à isquemia que a função dos músculos esqueléticos. Assim, o sinal mais precoce de pressão aumentada no compartimento é a perda de discriminação de dois pontos (Curiosidades: As fibras nervosas de condução rápida são as primeiras a interromper seu funcionamento com pressões de compartimento elevadas.)

9. Quais são os conteúdos dos quatro compartimentos fasciais da extremidade inferior?

Os quatro compartimentos da extremidade inferior nos quais a síndrome de compartimento é mais comum são: anterior, lateral, posterior profundo e posterior superficial (ver figura).

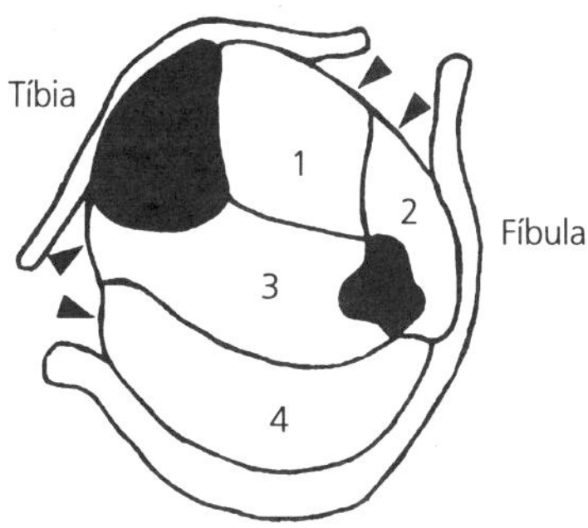

O compartimento anterior é o mais suscetível ao desenvolvimento de síndrome de compartimento aguda e freqüentemente ocorre de forma isolada. Os músculos do compartimento anterior são inervados pelo nervo fibular profundo, responsável pela sensibilidade do primeiro espaço interdigital. A artéria tibial anterior fornece o suprimento vascular para tal compartimento. (Curiosidade: Os dorsiflexores do pé e os artelhos são os músculos tibial anterior, extensor curto dos dedos, extensor longo do hálux e *tertious* fibular.)

O compartimento lateral (fibular) é o segundo compartimento mais freqüentemente envolvido da porção inferior da perna. Os únicos dois músculos a ocupar o compartimento lateral são inervados pelo nervo fibular superficial, que é responsável pela sensibilidade da parte mediana do dorso do pé. Não há vasos muito importantes nesse compartimento. (Curiosidades: Os músculos fibulares longo e curto são responsáveis pela eversão do pé.)

Dos dois compartimento restantes, o posterior profundo é o mais freqüentemente envolvido na síndrome de compartimento. Os músculos do compartimento posterior profundo são inervados pelo nervo tibial, que é responsável pela sensibilidade da sola do pé. (Curiosidade: Os músculos que ocupam o compartimento profundo são: tibial posterior, flexor longo dos dedos e flexor longo do hálux e os controladores da flexão plantar dos pododáctilos. Necrose muscular por isquemia resulta em aspecto em garra dos artelhos.) A artéria tibial posterior passa por esse compartimento.

O compartimento posterior superficial é o menos freqüentemente envolvido na síndrome de compartimento. Deve-se sempre suspeitar de síndrome do compartimento posterior profundo quando houver envolvimento compartimental superficial. Os músculos do compartimento posterior superficial são inervados pelo nervo tibial, que passa por fora desse compartimeto. (Curiosidade: Os músculos que ocupam o compartimento superficial são: gastrocnêmio, soleo e plantar, que controla a flexão plantar do tornozelo. Necrose muscular isquêmica desse compartimento também resulta em aspecto em garra dos dedos do pé, além de deformidade eqüinovara do tornozelo.) O único nervo dentro desse compartimento é o sural, responsável pela sensibilidade da parte lateral do dorso do pé e região maleolar lateral. Os ramos das artérias tibial posterior e fibular fornecem o suprimento vascular desse compartimento.

10. Quais são as indicações para a realização de uma fasciotomia?

Fasciotomias de extremidade inferior são indicadas para prevenir ou tratar síndromes de compartimento. A doutrina clássica estabelece que, após seis horas de isquemia aguda, a descompressão do compartimento deve ser realizada para aliviar ou prevenir a hipertensão intracompartimental. Lesões arteriovenosas periféricas combinadas, ligação de vasos importantes sem reconstrução vascular, presença de choque mantido ou prolongado, lesões por esmagamento e lesão ou edema extensos de partes moles exigem a realização de fasciotomias. Dados objetivos podem ser obtidos por medida direta das pressões de compartimento com manômetros de agulha, cateteres de Wick ou cateteres com transdutores de estado sólido. Valores acima de 40 mmHg indicam a necessidade de fasciotomia.

11. Como são realizadas as fasciotomias de extremidades inferiores?

O termo *fasciotomia* refere-se à incisão cirúrgica de um compartimento fascial com o objetivo de aliviar a pressão excessiva que se desenvolveu em conseqüência de lesão de extremidade. Os compartimentos fasciais contêm estruturas neurovasculares que são suscetíveis à lesão quando pressões compartimentais excessivas e sustentadas se desenvolvem (ver Questão 7). Os quatro compartimentos da extremidade inferior podem ser descomprimidos utilizando-se incisões únicas ou duplas ou por excisão fibular também acompanhada por uma incisão única. Independentemente da técnica empregada, todos os compartimentos devem ser descompressados. A fasciotomia de incisão dupla é a abordagem mais comumente usada em razão de sua simplicidade e rapidez com a qual pode ser realizada. Uma incisão anterolateral é feita a meio caminho entre a tíbia e a fíbula, mas deve-se ter cuidado para evitar lesão do nervo fibular superficial no compartimento lateral. Uma segunda incisão posteromedial é feita 2 cm posterior à margem medial da tíbia para evitar lesão do nervo e veia safena (ver figura na Questão 9).

12. Em um paciente com uma lesão periférica que inclui osso, artéria, veia e partes moles, qual é a ordem de reparo?

Tipicamente, as lesões ósseas são reparadas primeiro para fazer com que o membro volte ao seu comprimento normal. Se não for necessária uma reconstrução complexa, a veia é reparada a seguir, sucedida pelo reparo arterial. Lesões de partes moles são reparadas por último, depois que o suprimento vascular da extremidade afetada é restabelecido. Em caso de isquemia prolongada, a artéria deve ser reparada primeiro, depois a veia, seguida por osso e partes moles. Não esquecer de que fasciotomias devem ser realizadas antes de reparos arteriais complexos, ferimentos por disparo de arma de fogo ou lesões por esmagamento para proteger a circulação colateral e evitar isquemia prolongada da extremidade afetada. Lesões ósseas complicadas, que exigem grande manipulação, podem, às vezes, ser tratadas pela realização de uma derivação arterial que proporcione circulação durante o reparo do osso. Isso reduz a possibilidade de ruptura inadvertida ou comprometimento do reparo arterial, que pode ser realizado seguramente após o osso ter sido estabilizado. Entretanto, o uso de um desvio arterial requer anticoagulação, que pode complicar o tratamento das lesões associadas. Julgamento clínico correto e comunicação aberta entre os vários profissionais envolvidos em tais reparos complexos são necessários para evitar perda do membro ou mesmo da vida.

13. Quando se deve tentar salvar um membro ao se lidar com uma extremidade mutilada?

A avaliação da lesão de uma extremidade envolve a avaliação de pele e tecido subcutâneo, músculos e tendões, ossos, articulações, artérias, veias e nervos periféricos. Com o objetivo de restaurar com sucesso a melhor função possível do membro, um cirurgião com experiência deve realizar uma avaliação completa e cuidadosa no centro cirúrgico, após a qual a prioridade adequada pode ser dada a cada componente da lesão. A Pontuação de Gravidade da Extremidade Mutilada (*Mangled Extremity Severity Score* – MESS) determina pontos nas quatro seguintes categorias: esqueleto e partes moles, choque, isquemia e idade (ver adiante). Com base na pontuação combinada obtida, os princípios de conduta para a tentativa de salvamento podem ser estabelecidos e um prognóstico para salvamento do membro e função favorável pode ser determinado. Um MESS total de 7 ou mais sugere a necessidade de amputação primária. Amputação primária é também recomendada se a extremidade estiver completamente insensível, pois tais pacientes sentem-se melhor com próteses de membros.

Pontuação de gravidade da extremidade mutilada

	PONTOS	CARACTERÍSTICAS
Esqueleto e partes moles	1	Baixa energia
	2	Média energia
	3	Alta energia
	4	Esmagamento maciço
Choque	0	Normotenso (PS sistólica > 90)
	1	Hipotensão transitória
	2	Hipotensão prolongada (> 30 minutos)
Isquemia	0	Nenhuma
	1	Leve
	2	Moderada
	3	Avançada
Idade	0	< 30 anos
	1	30-50 anos
	2	> 50 anos

14. As lesões venosas devem ser reparadas?

Muitos cirurgiões vasculares preferem reparo venoso à ligação para lesão traumática para impedir que se formem êmbolos da veia ligada e para proporcionar drenagem venosa, mesmo que apenas temporária. Entretanto, nenhuma evidência sólida indica que isso é verdadeiro. Na realidade, no seguimento inicial, 50% dos reparos venosos complexos estarão trombosados, embora os proponentes do reparo venoso argumentem que a recanalização pode ocorrer. Em certas situações, tais como quando se lida com um paciente jovem, hemodinamicamente estável, o reparo venoso é altamente desejável, pois a restauração da drenagem venosa adequada aumenta o influxo arterial. Assim, as veias poplíteas, bem como as lesões arteriovenosas combinadas, devem ser reparadas sempre que possível.

15. Qual é a melhor exposição para uma lesão de artéria subclávia?

Em geral, para obter controle proximal da artéria subclávia direita, uma esternotomia mediana é indicada. A esternotomia mediana (ver *A* na figura a seguir) é a incisão mais versátil e mais freqüentemente empregada para o controle e reparo de vasos do arco aórtico. Controle proximal da artéria subclávia esquerda (ASC-E) não é tão simples. O trajeto posterior e lateral do arco aórtico desloca a origem da ASC-E para fora do campo de visão quando uma esternotomia mediana é utilizada. Uma toracotomia anterolateral no quarto espaço intercostal proporciona o controle mais rápido da origem desse vaso no tórax (ver *B* na figura). Exposição adicional da VSC-E pode ser conseguida por uma segunda incisão ao longo ou acima da clavícula, a qual, se combinada com uma esternotomia mediana, pode ser usada para criar um "alçapão" (ver *A, B* e *D* na figura). Uma transsecção ou excisão medial da clavícula é necessária para permitir que o alçapão seja aberto liberando o caminho, aumentando o acesso para os vasos subclávios esquerdos. Se é necessária uma ressecção proximal da clavícula, ela deve ser realizada de forma subperiostal para evitar lesão do feixe neurovascular subjacente. A extensão da incisão de esternotomia mediana na direção cefálica, ao longo da margem anterior do músculo esternocleidomastóideo, fornece uma excelente exposição da artéria carótida comum e da veia jugular interna (ver *1* e *2* na figura).

Para o controle de lesões da artéria subclávia distal, uma incisão supraclavicular pode ser realizada (ver *3* e *4* na figura a seguir), o que exige divisão da cabeça lateral dos músculos esternocleidomatóideo e escaleno anterior. Deve-se tomar cuidado para não lesar os nervos frênico, laríngeo recorrente e vago. (Curiosidade: O nervo frênico localiza-se na superfície ventral do músculo escaleno anterior. Os nervos laríngeos recorrentes formam uma alça ao redor da artéria subclávia à direita e ao redor do arco aórtico e ligamento arterioso do lado esquerdo.)

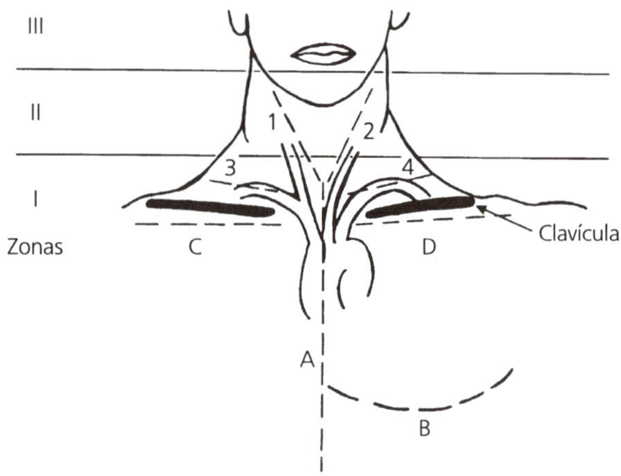

16. Quais são os limites da artéria axilar?

A borda lateral da primeira costela define a origem da artéria axilar, que origina a artéria braquial ao cruzar a borda lateral do músculo redondo maior. A artéria axilar é dividida em três porções anatômicas pelo músculo peitoral menor (ver figura a seguir). A primeira parte (proximal) é medial ao músculo peitoral menor e é relativamente fixa e anterior ao plexo braquial. A segunda porção (média) cursa abaixo do músculo peitoral menor e a terceira parte (distal) estende-se da borda lateral do peitoral menor até a borda lateral do músculo redondo maior. (Curiosidade: A primeira parte da artéria axilar tem um ramo, a artéria torácica suprema. A segunda tem dois, as artérias toracoacromial e torácica lateral. Finalmente, a terceira parte tem três ramos, as artérias subescapular e circunflexas lateral e medial.) Uma incisão infraclavicular generosa e transecção do músculo peitoral pode ser usada para obter controle e exposição da artéria axilar proximal (ver *C* e *D* na Questão 15). Uma extensão dessa incisão lateralmente é necessária para maior acesso às artérias axilar distal e braquial proximal, ou também pode ser utilizada uma incisão separada ao longo da borda lateral do músculo peitoral maior. Deve-se salientar que a morbidade a longo prazo de lesões da raiz do pescoço e da região do ombro está relacionada à freqüente incidência de lesões concomitantes de plexo braquial e não à isquemia. Controle e exposição dos vasos axilar proximal e subclávia distal pode ser difícil e exigir trabalho intenso em uma vítima jovem de trauma muscular. Nesse tipo de paciente (se hemodinamicamente estável e sem sangramento ativo) colocação de balões intraluminais no momento da angiografia diagnóstica pode facilitar muito o tratamento dessas lesões desafiadoras.

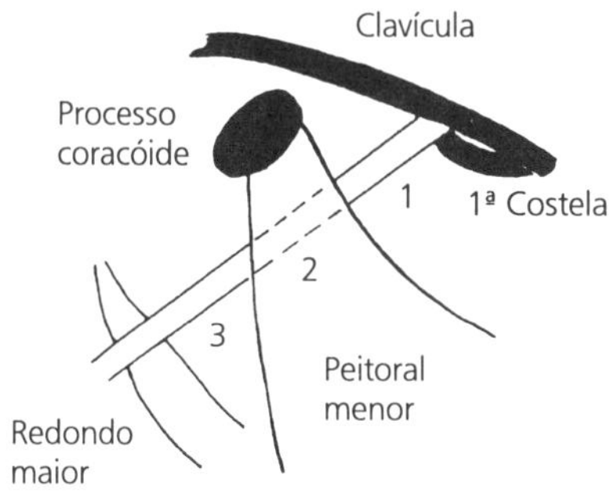

17. Quais são as zonas do pescoço?

Em trauma, o pescoço geralmente é dividido em três regiões anatômicas. A zona I (saída do tórax) estende-se da cartilagem cricóide às clavículas. Essa região é considerada um distrito "lotado", pois abriga as artérias carótidas proximais, os vasos subclávios, o arco aórtico e ramos, os ápices pulmonares, o mediastino superior, a tireóide, a traquéia, o esôfago e o ducto torácico. A zona II estende-se da cartilagem cricóide ao ângulo da mandíbula. A zona III vai da área acima do ângulo da mandíbula até a base do crânio (ver figura na Questão 15).

18. Que camada do pescoço deve ser violada para que a lesão seja considerada penetrante?

O músculo platisma deve ser violado para que uma lesão de pescoço seja considerada penetrante. Como nenhuma estrutura vital está acima do músculo platisma, a ausência de penetração do platisma previne a necessidade de avaliação adicional. (Curiosidade: O platisma é o único músculo que não se origina ou termina em um osso.) Entretanto, as lesões penetrantes do pescoço não devem ser investigadas, cateterizadas ou exploradas "localmente" no pronto-socorro para excluir violação do platisma. Tais manobras podem desalojar um coágulo e resultar em hemorragia incontrolável, com risco de vida.

19. Qual é a avaliação diagnóstica apropriada para lesão penetrante da zona II do pescoço sem hematoma, hemorragia ou déficit neurológico significativos?

Duas abordagens básicas foram propostas para avaliar a lesão anteriormente descrita em um paciente hemodinamicamente estável, sem fortes sinais de lesões vasculares aerodigestivas (presença de ar subcutâneo, asfixia, escape de ar maciço). A avaliação conservadora baseia-se em angiografia dos grandes vasos e esofagograma (primeiro com gastrografina e depois, se negativo, com bário) combinados com esofagoscopia e broncoscopia rígidas. Tal abordagem seletiva fornece aproximadamente 95% de certeza de que não há lesão cirúrgica. Um procedimento alternativo, e talvez mais barato, baseia-se na exploração direta da zona II do pescoço com esofagoscopia rígida suplementar e broncoscopia, se necessário. Os proponentes dessa abordagem argumentam que essa zona é a mais fácil de expor e avaliar no centro cirúrgico e eles acrescentam que o custo pode ser ainda mais reduzido se a exploração for feita ambulatorialmente.

Uma arteriografia inicial das zonas I e III é recomendada no paciente hemodinamicamente estável. A exposição e avaliação das potenciais lesões vasculares nessas regiões habitualmente são difícieis e enganadoras. Uma angiografia de alta qualidade pode prevenir uma exploração desnecessária e ajudar na seleção da incisão adequada para expor corretamente e reparar a lesão. Em tais pacientes com lesões fechadas de pescoço, as indicações para exploração cirúrgica estão menos claras porque um trauma fechado das artérias carótidas é relativamente raro. Assim, a arteriografia está recomendada para pacientes selecionados com trauma fechado de pescoço a fim de excluir lesões de carótida que possa resultar em déficits neurológicos transitórios ou fixos.

20. Qual é a incidência de lesões vasculares abdominais em pacientes que estão recebendo tratamento em centros urbanos de trauma? Qual é a etiologia mais comum de lesão vascular abdominal importante?

A incidência de lesão vascular abdominal em conflitos militares é de apenas 2-3%. Na área civil, a ela aumentada em 10 vezes, para 25-35%. As lesões militares de vasos abdominais são habitualmente letais em virtude do grande poder de fogo usado no campo. A demora no transporte para centros cirúrgicos especializados também tem impacto negativo nesse tipo de lesão.

A incidência de lesão de vasos abdominais importantes em pacientes com trauma fechado é de 5-10%. Os pacientes com ferimentos penetrantes por arma laminada no abdômen também apresentam uma incidência semelhante de lesões vasculares de 10%. Não é de surpreender que os ferimentos por disparo de arma de fogo sejam responsáveis por 35% de todas as lesões vasculares abdominais.

21. Que tipos de lesões vasculares são produzidas por trauma abdominal fechado?

O trauma abdominal fechado por acidentes com veículos automotores está associado a lesões por desaceleração. Uma desaceleração rápida pode resultar em avulsão de pequenos ramos arteriais ou lacerações de íntima em grandes artérias, pois a aorta e seus ramos principais estão relativamente fixos no retroperitônio. O intestino delgado e o cólon livremente móveis de imediato provocam avulsão de ramos da relativamente fixa artéria mesentérica superior. Um movimento anterior rápido de desaceleração dos rins pode produzir laceração de íntima e trombose dos vasos renais. Outro padrão de lesão vascular em trauma abdominal fechado é a assim chamada aorta do cinto de segurança. Esse tipo de lesão ocorre quando o cinto de segurança esmaga a aorta contra a coluna, resultando em grande laceração ou saliência da íntima com trombose subseqüente.

22. Quais são os principais ramos da aorta abdominal e qual é o nível aproximado de sua ramificação?

Principais ramos da aorta abdominal

RAMO	NÍVEL APROXIMADO DE RAMIFICAÇÃO
Eixo celíaco	T12
Artéria mesentérica superior	L1
Artérias renais direita e esquerda	L2
Artéria mesentérica inferior	entre L3 e L4
Bifurcação da aorta	borda inferior de L4

23. Todos os hematomas retroperitoniais devem ser rotineiramente explorados?

Não. Em um trauma fechado, os hematomas não-expansivos do retroperitônio não precisam ser explorados. Na realidade, o salvamento de rins é mais bem-sucedido nessas situações nas quais o hematoma não é violado cirurgicamente. Entretanto, tal esquema de conduta não é tão verdadeiro para o trauma penetrante. Geralmente, o percurso da bala (ou da faca) é acompanhado pelo cirurgião.

A exposição da aorta supracelíaca é necessária quando um hematoma central nessa região é identificado. O controle proximal da aorta pode ser obtido no hiato diafragmático ou, ocasionalmente, no tórax, por uma incisão de toracotomia separada. A exposição da aorta é então obtida pela rotação visceral medial do cólon esquerdo, do baço, do pâncreas e do estômago para a linha média. O rim esquerdo também pode ser rodado ao mesmo tempo (conhecido coloquialmente como manobra de Mattox) para permitir uma visualização adicional da aorta abdominal. A dissecção é iniciada levando para baixo a "linha branca de Toldt", com posterior divisão do ligamento de Treitz e mobilização da quarta porção do duodeno. Uma dissecção retroperitoenal fechada é, então, realizada para permitir a rotação das vísceras medialmente (com freqüência, o hematoma existente auxilia nessa manobra). Tal abordagem proporciona a exposição da aorta do nível do diafragma à bifurcação e pode ser realizada com rapidez, e pouco risco de complicação, se feita apropriadamente.

24. Existe diferença entre as condutas para hematomas pélvicos decorrentes de trauma fechado e para aqueles que se devem a lesões penetrantes?

Sim, algumas das lesões mais letais encontradas são os ferimentos por disparo de arma de fogo na região pélvica. Hematomas pélvicos por fraturas são observados em trauma fechado e tendem a ser de natureza venosa. Hematomas retroperitoniais decorrentes de ferimentos por disparo de arma de fogo habitualmente não estão intactos e não podem tamponar a hemorragia venosa. Além do mais, a hemorragia pode ser vigorosa pelas lesões arteriais associadas. A lesão das artérias ilíacas comum e externa deve ser reparada para diminuir o risco de amputação, caso seja realizada ligação (40-50% de risco de perda de membro se acompanhada por hipotensão prolongada). As artérias ilíacas internas lesadas podem ser ligadas com impunidade e mesmo ligação bilateral pode ser realizada para controlar a hemorragia.

A anatomia venosa complexa da pelve não se presta a reparos diretos, e, em face de exsangüinação por lesão penetrante de uma veia ilíaca, a transecção da artéria ilíaca pode ser justificada com o objetivo de obter um controle rápido e adequado da hemorragia. Após a lesão venosa ter sido reparada, a artéria ilíaca pode ser reanastomosada. Se depois do controle da hemorragia arterial o sangramento venoso ainda persistir, a pelve deve ser tamponada com chumaços na laparotomia e as veias ilíacas ligadas.

25. Como são reparadas as lesões aórticas?

As lesões aórticas podem ser reparadas diretamente (uma redução de 50% no diâmetro da aorta é prontamente tolerada), ressecadas e reparadas com anastomose término-terminal, consertadas com material autólogo ou prostético ou ainda substituídas por enxerto prostético. A substituição da aorta por material prostético pode ser realizada mesmo que tenha ocorrido contaminação entérica por lesões intestinais associadas. Manobras adjuvantes, como irrigação copiosa com soro fisiológico, cobertura do enxerto prostético com omento e terapia antibiótica prolongada devem ser adotadas. O curso pós-operatório nesses pacientes pode ser complicado por sepse, formação de pseudo-aneurisma e explosão de aorta.

26. A veia-porta pode ser ligada?

Sim, ligação da veia-porta é compatível com sobrevida. Entretanto, se isso é feito, uma reposição de fluido agressiva e maciça deve ser realizada para reverter a hipovolemia periférica transitória, que resulta da hipervolemia esplâncnica. Outra alternativa quando se depara com veias-porta que não podem ser reparadas é a realização de uma derivação portocava.

27. O transdutor Doppler foi projetado para ser segurado a que ângulo do vaso?

A base para o uso de dispositivos Doppler é a detecção de modificações de freqüência que ocorrem quando o ultra-som encontra-se com o sangue em movimento. Essa relação e o efeito da freqüência transmitida é expressa pela equação de Doppler:

$$\text{Alteração de freqüência} = \frac{2F \times V \times \cos \Theta}{C}$$

onde 2 = ciclo de disparo do ultra-som; C/F = comprimento de onda do ultra-som; e V cos = velocidade de aproximação entre os eritrócitos e transdutor do ultra-som.

A fim de maximizar a alteração de freqüência mencionada, o transdutor de Doppler deve ser mantido em um ângulo de 60°, pois o cosseno de 60° = 1.

28. Qual era a ocupação de Doppler?

Christian Doppler (1803-1853), matemático e físico austríaco, originalmente descreveu a mudança no grau de intensidade que resultava de uma alteração na freqüência das ondas de som. Radiação eletromagnética emitida por um objeto em movimento também exibe o efeito Doppler. A radiação emitida por um objeto que se move em direção ao observador é comprimida e sua freqüência parece aumentar, sendo, denominada, assim, de desvio para o azul. Em contraste, a radiação emitida por um objeto que se move para longe é distendida, ou com desvio para o vermelho. Os desvios para o espectro vermelho cosmológicos resultam de expansão do espaço. Apesar de Doppler ter primeiro notado esse efeito observando trens que passavam, não há evidência de que ele houvesse desempenhado alguma atividade profissional como condutor de ferrovia ou engenheiro!

REFERÊNCIAS BIBLIOGRÁFICAS

1. Bongard FS, Wilson SE, Perry OM (eds): *Vascular Injuries in Surgical Practice.* Norwalk, CT, Appleton & Lange, 1991.
2. Feliciano DV, Moore EE, Mattox KL (eds): *Trauma,* 3rd ed. Stamford, CT, Appleton & Lange, 1996.
3. Ivatury R & Cayten CG (eds): *The Textbook of Penetrating Trauma.* Baltimore, Williams & Wilkins, 1996.

28. LESÕES VASCULARES CERVICAIS

Christian de Virgilio, M.D.

INFORMAÇÕES GERAIS

1. Para identificar a localização de lesões penetrantes, o pescoço é dividido em três zonas. Quais são elas?

A zona I estende-se a partir de 1 cm acima da clavícula inferiormente, incluindo a base do pescoço e a entrada do tórax. A zona II vai de 1 cm acima da clavícula ao ângulo da mandíbula. A zona III estende-se do ângulo da mandíbula até a base do crânio.

2. Por que é importante identificar qual zona do pescoço foi penetrada pela lesão?

Traumas penetrantes das zonas I e III do pescoço podem lesar vasos importantes que são cirurgicamente inacessíveis por meio de uma incisão cervical-padrão (p. ex., artéria inominada ou subclávia na zona I; artéria carótida intracraniana em lesões de zona III). Além disso, muitas lesões importantes de vasos nessas áreas podem não estar prontamente aparentes ao exame clínico. Assim, uma arteriografia pré-operatória é geralmente recomendada para lesões penetrantes de zonas I e III em pacientes hemodinamicamente estáveis.

3. Quais são as estruturas mais comumente lesadas nos traumas cervicais penetrantes?

A artéria carótida comum é a mais freqüentemente lesada. Lesões venosas associadas ocorrem em 27% dos pacientes com trauma cervical penetrante. Doze por cento têm lesões de artérias vertebral, subclávia e inominada. As lesões de traquéia e laringe ocorrem em 9% dos pacientes; as de esôfago e faringe, em 4% e as de coluna vertebral e plexo braquial, em 2%.

ETIOLOGIA

4. Qual é o mecanismo mais freqüente de lesão fechada de carótida comum?

Hiperextensão do pescoço com rotação contralateral de cabeça causando compressão da artéria contra o processo transverso de coluna cervical.

5. Cite outros mecanismos descritos de lesão fechada de carótida.

Golpes diretos no pescoço, trauma intra-oral fechado, fraturas de base de crânio, massagem carótida terapêutica e diagnóstica e tentativa de estrangulamento.

6. Qual é o mecanismo mais comum de trauma de artéria vertebral?

Noventa e cinco por cento das lesões traumáticas de artéria vertebral são resultantes de trauma penetrante.

DIAGNÓSTICO

7. Que achados neurológicos são comumente associados a trauma de artéria carótida?

Hemiparesia, hemiplegia, síndrome de Horner ipsilateral, disfunção de nervos cranianos (IX, X, XI, XII) e coma.

8. Que sinais são considerados *inequívocos* de lesão de artéria carótida?
Hematoma expansivo ou pulsátil, sinais de sangramento arterial definitivo e hemiparesia ou hemiplegia.

9. Que sinais são considerados *duvidosos* de lesão de artéria carótida?
Hematoma estável, lesão de nervo adjacente (IX, X, XI e XII pares cranianos), proximidade da lesão à artéria carótida, presença de choque e história de sangramento arterial.

10. Por que freqüentemente existe uma demora no diagnóstico de lesão fechada de carótida?
Os pacientes com lesão fechada de carótida podem não desenvolver sintomas por horas ou dias após a lesão. Isso ocorre porque o trauma fechado com freqüência causa uma lesão de íntima em vez de hemorragia. A lesão de íntima pode causar trombose imediata ou tardia. Além do mais, os pacientes com lesão fechada de carótida seguidamente têm lesão craniana associada, tornando a avaliação neurológica difícil. As anormalidades neurológicas também podem ser incorretamente atribuídas à lesão craniana. Deve-se ter em mente que o achado de hemiplegia em um paciente acordado deve levantar a suspeita de lesão fechada de carótida.

11. É comum pacientes com trauma isolado de artéria vertebral apresentarem sintomas neurológicos?
Não. A circulação posterior do cérebro é suprida por duas artérias vertebrais que formam a artéria basilar. Assim, oclusão de uma única artéria vertebral causaria sintomas apenas no caso raro de atresia da artéria vertebral contralateral.

TRATAMENTO INICIAL E AVALIAÇÃO

12. Qual é o tratamento inicial da lesão vascular cervical?
O tratamento inicial deve ser direcionado para o ABC: vias aéreas, respiração (*breathing*) e circulação. Com lesão vascular óbvia, o controle de via aérea deve ser alcançado por aspiração e intubação endotraqueal. Raramente o controle de via aérea pode exigir cricotireoidostomia ou traqueostomia, mas deve ser tomado cuidado para evitar penetração do hematoma, pois isso pode levar a exsangüinação.

13. Qual é o próximo passo na conduta?
O próximo passo é controlar a hipovolemia por pressão digital direta caso exista sangramento externo ativo e estabelecimento de dois acessos endovenosos de grande calibre. Uma via endovenosa deve ser colocada na extremidade inferior se existir lesão de zona I (no caso de lesão venosa importante de extremidade superior, que evitará infusão de fluido no espaço extravascular). O sangue deve ser enviado para tipagem e prova cruzada, hemograma completo, tempo de protrombina, tempo de tromboplastina parcial e eletrólitos.

14. Os pacientes com lesões vasculares presumidas podem ser classificados em três grupos. Quais são eles?
Os pacientes do grupo I apresentam lesão vascular óbvia com risco de vida que exige cirurgia imediata. O grupo II tem lesão vascular óbvia sem risco de vida e há tempo para uma avaliação completa. O grupo III apresenta ferimentos na proximidade dos vasos carotídeos, mas sem sinais óbvios de lesão vascular.

IMAGENS PRÉ-OPERATÓRIAS

15. Quais radiografias são recomendadas?

Uma radiografia de tórax é recomendada para excluir hemotórax, pneumotórax e alargamento de mediastino. Uma radiografia do pescoço é obtida para pesquisar evidências de fratura vertebral e ar subcutâneo, que é sugestivo de lesão traqueal ou esofágica. Raios X de crânio podem mostrar o trajeto de uma bala pela demonstração de fragmentos intracranianos do projétil ou da fratura de crânio. Em pacientes com suspeita de lesão fechada de carótida, uma tomografia computadorizada de crânio pode ser obtida para excluir hemorragia intracraniana.

16. Qual é o fundamento lógico para obtenção de uma arteriografia pré-operatória?

A arteriografia pré-operatória deve ser usada apenas em pacientes hemodinamicamente estáveis sem hemorragia ativa ou hematomas expansivos. A arteriografia ajuda a identificar a lesão e outras lesões sobre as quais não se havia suspeitado, ajuda a planejar o tipo de incisão cirúrgica e, algumas vezes, pode possibilitar o tratamento conservador se não existir lesão ou se essa for mínima. A arteriografia é útil principalmente em lesões penetrantes de zonas I e III do pescoço. As lesões de zona I podem danificar os grandes vasos do mediastino. A abordagem cirúrgica para tais lesões geralmente exige uma incisão de esternotomia mediana para o controle proximal das artérias inominada e carótida direita e comum esquerda e uma toracotomia ântero-lateral esquerda para o controle da artéria subclávia esquerda. As lesões de zona III podem danificar a artéria carótida intracraniana, a qual é considerada cirurgicamente inacessível. Nesses casos, pode ser necessária uma embolização percutânea.

17. Existe um papel para a arteriografia pré-operatória nas lesões penetrantes de zona II?

Sim. As lesões de zona II que penetravam o platisma eram conduzidas historicamente por exploracão cirúrgica obrigatória para excluir lesões de carótida e trato aerodigestivo (esôfago e traquéia). Entretanto, mais recentemente, uma abordagem conservadora tem sido defendida em virtude da alta incidência de explorações de pescoço negativas. Com o objetivo de excluir tais lesões, uma combinação de arteriografia, endoscopia ou deglutograma com gastrofina é recomendada. Se tais exames são negativos, a exploração cirúrgica pode ser evitada.

CONDUTA

18. Quais são as alternativas terapêuticas no tratamento de lesão de carótida?

A observação com ou sem anticoagulação, a ligação da artéria carótida e a reconstrução arterial.

19. Que fatores influenciam a escolha de uma dessas alternativas?

Vários fatores influenciam a decisão sobre a conduta, incluindo a presença de hemorragia arterial ativa, o mecanismo de lesão (aberto *versus* penetrante), a localização da lesão da carótida (intracraniana *versus* extracraniana), a presença e o grau de déficit neurológico (i. e., paresia leve, paralisia ou coma) e a duração do intervalo entre a lesão e o seu reconhecimento. Os pacientes com hemorragia arterial ativa requerem exploração cirúrgica imediata.

20. Como o mecanismo de lesão altera a abordagem terapêutica?

As lesões penetrantes da carótida em geral devem ser reparadas cirurgicamente em razão do risco de sangramento. Uma exceção seria uma lesão de carótida intracraniana que é cirurgicamente inacessível. Em raras ocasiões, lesões mínimas (como um retalho de íntima pequeno e não-oclusivo) podem ser tratadas com observação. As lesões fechadas tendem a ser tratadas conservadoramente, pois a maioria é reconhecida de forma tardia. A lesão com freqüência resulta em dissecção e trombose da artéria, que pode se estender até a porção intracraniana inacessível da carótida. Se não existe contra-indicação, heparina é habitualmente recomendada para lesão fechada de carótida.

21. Como a presença de um déficit neurológico influencia a conduta?

Existe controvérsia sobre se a artéria carótida lesada deve ser ligada ou reparada na presença de déficit neurológico, por temor de converter um infarto isquêmico em hemorrágico. Tal preocupação é intensificada frente à grande demora (superior a seis horas) entre o início do déficit neurológico e a tentativa de reparo. A maioria dos cirurgiões defende uma tentativa de reparo da artéria carótida lesada contanto que a lesão seja cirurgicamente acessível (i. e., não se origine ou se estenda para a carótida intracraniana), o déficit neurológico seja leve ou moderado (i. e., o paciente não está comatoso) e não tenha havido demora excessiva da lesão à cirurgia (inferior a seis horas).

22. Quais são as técnicas utilizadas para reparar a artéria carótida?

O reparo da artéria carótida pode ser realizado por arteriorrafia lateral ou por ressecção seguida por anastomose primária ou interposição de enxerto de veia safena reversa. Os enxertos prostéticos geralmente não são recomendados por temor de infecção do enxerto. As lesões de artéria carótida externa podem ser tratadas com ligação.

23. Qual é a conduta recomendada para lesão de artéria vertebral?

As lesões de artéria vertebral podem ser tratadas por embolização ou ligação cirúrgica. A embolização pode ser realizada por bobinas metálicas, gelfoam ou balões destacáveis. A ligação cirúrgica requer ligação proximal e distal da artéria por meio de incisão cervical. A ligação distal da artéria vertebral é tecnicamente mais exigente, uma vez que a artéria cursa pelos forames das vértebras cervicais de C6 a C1.

REFERÊNCIAS BIBLIOGRÁFICAS

1. Clark G: Penetrating and blunt extracranial carotid injuries. *In* Ernst C, Stanley J (eds): *Current Therapy in Vascular Surgery.* Philadelphia, Mosby, 1991, p. 609-612.
2. Fry R: Penetrating and blunt vertebral artery trauma. *In* Ernst C, Stanley J (eds): *Current Therapy in Vascular Surgery.* Philadelphia, Mosby, 1991, p. 613-616.
3. Liekweg W & Greenfield L: Management of penetrating carotid arterial injury. *Ann Surg* 188: 587-592, 1978.
4. Martin R, Eldrup-Jorgensen J, Clark D, Bredenberg C: Blunt trauma to the carotid arteries. *J Vasc Surg* 14: 789-795, 1991.
5. Parikh A, Luchette F, Valente J, *et al.*: Blunt carotid artery injuries. *J Am Coll Surg* 185: 80-85, 1997.
6. Perry M: Injuries of the brachiocephalic vessels. *In* Rutherford R (eds): *Vascular Surgery.* Philadelphia, W.B. Saunders, 1989, p. 604-612.
7. Perry M: Carotid artery trauma. *Semin Vasc Surg* 4: 147-152, 1991.
8. Reid J & Weigelt J: Forty-three cases of vertebral artery trauma. *J Trauma* 28: 1007-1012, 1988.
9. Towne J, Neis D, Smith J: Thrombosis of the internal carotid artery following blunt cervical trauma. *Arch Surg* 104: 565-568, 1972.
10. Unger, S, Tucker S, Mrdeza, M, *et al.*: Carotid arterial trauma. *Surgery* 87: 477-487, 1980.

29. TROMBOSE VENOSA PROFUNDA

Frederic S. Bongard, M.D., e *Mary-Anne Purtill*, M.D.

1. O que é uma trombose venosa profunda (TVP) e onde se localiza?

Uma TVP é um coágulo sangüíneo (trombo) no sistema venoso profundo. A TVP desenvolve-se mais freqüentemente nas veias tibiais posteriores, na veia poplítea logo acima do joelho, na veia femoral comum e nas veias pélvicas. Apesar das opiniões anteriores, os trombos significativos formam-se nas veias das extremidades superiores, bem como no sistema axilo-subclávia.

2. O que é a tríade de Virchow?

Virchow descreveu três fatores que contribuem para formação de trombos venosos:

1. Alteração da integridade da parede vascular.
2. Estado hipercoagulável.
3. Estase de fluxo sangüíneo.

É interessante saber que Rudolf Virchow era um patologista que morreu de cirrose de Laennec.

3. Os pacientes com trauma apresentam maior risco de desenvolvimento de TVP?

Sim. Embora o risco de tromboembolismo venoso esteja aumentado após o trauma, a verdadeira incidência é desconhecida.

4. Qual é a incidência de TVP em pacientes com trauma?

A incidência de TVP em indivíduos com trauma não é conhecida precisamente porque nem todos os pacientes com trauma se submetem a testes de triagem rotineiramente. Uma estimativa razoável da incidência é cerca de 10%. A incidência em autópsia está entre 4 e 20%.

5. Quais são alguns fatores de risco que predispõem os pacientes com trauma a desenvolvimento de TVP?

O risco para TVP aumenta quanto maior o número de dias passados imobilizado no hospital e quanto mais transfusões forem recebidas. Os pacientes mais velhos (> 45 anos) ou que apresentam anormalidades de coagulação na admissão, conforme demonstrado por tempo de tromboplastina parcial (TTP) aumentado, também estão em maior risco.

Outros estudos identificaram trauma fechado, fraturas de coluna com ou sem déficit neurológico, subluxações, traumas cranianos (pontuação na Escala de Coma de Glasgow < 7), fraturas pélvicas e lesões venosas importantes como fatores de risco.

6. Qual o efeito do trauma leve a moderado sobre o tempo de protrombina (TP) e TTP?

Em pacientes com lesões mínimas, o TP e o TTP permanecem essencialmente normais. Em pacientes mais gravemente lesados, os resultados desses exames estão elevados precocemente e costumam retornar ao normal em quatro a seis horas.

7. Qual é o efeito da hipotermia sobre a cascata de coagulação?

Como a cascata de coagulação é uma série de passos enzimáticos dependentes de temperatura, a hipotermia diminui a velocidade na qual esses passos ocorrem e aumenta o tempo necessário para a coagulação do sangue.

8. Qual é a anormalidade de coagulação mais comum em pacientes que morreram após trauma?

Até 97% de tais pacientes apresentam TPs anormais, enquanto 72% apresentam contagem de plaquetas anormal e 70% têm TTPs anormais.

9. Que tipo de lesão causa o distúrbio mais significativo na cascata de coagulação?

O trauma craniano.

10. Quais são os fatores de risco para o desenvolvimento de embolismo pulmonar (EP) após trauma?

Os pacientes que desenvolveram EP têm maior probabilidade de ter trauma fechado grave, pontuação na GCS < 8, choque na admissão ou fraturas de pelve ou extremidades inferiores. Eles também tendem a apresentar pontuação na Escala de Gravidade da Lesão (ISS) de 16 ou mais na presença de uma lesão pélvica ou de extremidade.

11. O exame físico é preciso no diagnóstico de TVP?

Os achados de exame físico são falsamente negativos em 50% dos pacientes com TVP e falso-positivos em pacientes com sintomas relacionados a outras condições que não a TVP.

12. Que porcentagem dos pacientes que morreu por EP tinha o diagnóstico de TVP no momento do óbito?

Menos que 20%.

13. Cite alguns métodos comumente utilizados para o diagnóstico de TVP em pacientes com trauma.

Flebografia com radionuclídeos, ultra-som duplex e venografia.

14. Como o fibrinogênio marcado com radionuclídeo é usado no diagnóstico de TVP?

O fibrinogênio marcado com radionuclídeo (^{125}I) circulante na corrente sangüínea é incorporado ao trombo em desenvolvimento. Embora o método seja útil para a detecção de trombos na panturrilha, ele não é benéfico para a detecção de trombos pélvicos e coágulos já estabelecidos. O método requer 18-72 horas até que o diagnóstico seja estabelecido e tem um número significativo de falso-positivos. Em virtude do risco de infecção com origem no sangue, o fibrinogênio marcado com radionuclídeo não está mais disponível nos Estados Unidos.

15. O que é a flebografia com radionuclídeos?

A flebografia com radionuclídeo usa albumina microagregada marcada com tecnécio-99m, injetada em uma veia dorsal de ambos os pés. Torniquetes são aplicados nos tornozelos, forçando a substância para o sistema venoso profundo, onde seu trajeto ascendente na perna é rastreado por uma câmara-gama especial. As veias poplíteas, femorais e ilíacas são vistas como duas colunas de radioatividade bem-definidas. As veias ilíacas são vistas com menor definição do que as veias das extremidades em decorrência da mistura venosa da pelve. Obstrução venosa é indicada por não-enchimento, visualização de canais colaterais, ascensão lenta do isótopo e áreas residuais de atividade aumentada. O aparecimento do marcador em veias superficiais é sugestivo de oclusão venosa profunda. Embora a acuidade dessa técnica varie entre os autores, sua correlação total com a flebografia venosa convencional tem sido relatada como tão alta quanto 89-96%.

16. Qual é a exatidão do exame com duplex no diagnóstico de trombose venosa profunda *assintomática* em estudos de vigilância pós-operatória?

Por localização, a precisão em estudos relatados é:

- Membro total: 81-97%.
- Acima do joelho: 93-100%.

- Abaixo do joelho: 83-97%.

17. Quais são as medidas profiláticas mais comumente usadas para prevenir TVP em pacientes com trauma? Elas são efetivas?

São usados heparina subcutânea em baixas doses, dispositivos de compressão seqüencial e meias antiembolismo, embora nenhum deles tenha demonstrado ser efetivo em pacientes que sofreram trauma.

Um estudo interessante de Ruiz (reportado em 1985) randomizou 100 pacientes com trauma consecutivos, com pontuação na Escala de Gravidade de Lesão (ISS) maior que 10 para nenhum tratamento (controle) ou profilaxia com heparina subcutânea para trombose venosa profunda. Vinte e oito por cento daqueles que receberam heparina desenvolveram TVP, enquanto apenas 2% dos controles não-tratados desenvolveram TVP! A falta de eficácia pode ser explicada pelo fato de o tratamento ser geralmente introduzido após lesão, permitindo, assim, o desenvolvimento do coágulo.

18. Existe um grupo de pacientes no qual essas medidas podem ser efetivas?

Um estudo recente de Knudson e colaboradores randomizou 400 pacientes para receber heparina subcutânea ou botas de compressão seqüencial. Um grupo-controle também foi incluído e não recebeu profilaxia. Nenhum dos grupos experimentais teve redução significativa na incidência de TVP, exceto o subgrupo de pacientes com trauma craniano (que não poderia receber heparina), no qual os dispositivos de compressão venosa seqüencial foram mais efetivos do que nenhum tratamento para a prevenção de TVP.

19. Os filtros de veia cava são úteis na profilaxia de EP entre pacientes com trauma?

A ausência de eficácia das medidas padrões estimularam alguns clínicos a tentar o uso de filtros de veia cava. Um estudo recente reportou 63 pacientes de alto risco nos quais filtros profiláticos foram inseridos. Trinta por cento desenvolveram TVP e 1% sofreu EP. Exames de seguimento com ultra-som duplex abdominal encontraram taxas de patência dos filtros de 30 dias em 100% e taxas de patência de dois anos em 96%.

20. Qual é a taxa de mortalidade entre pacientes com trauma que sofreram EP?

Cerca de 25%.

21. Qual é o mecanismo de ação da heparina?

A heparina liga-se à antitrombina III para impedir a conversão da protrombina para trombina. O mecanismo postulado de ação da terapia com heparina em baixas doses é a intensificação da antitrombina III. A heparina *não* dissolve os coágulos estabelecidos.

22. O que é a heparina de baixo peso molecular (HBPM)?

A HBPM é preparada a partir de heparina-padrão (não-fracionada). A HBPM não prolonga o TTP ativado, mas retém a sua habilidade de inibir o fator X ativado.

23. Quais são algumas das vantagens da HBPM sobre a heparina não-fracionada?

A HBPM parece apresentar menos complicações hemorrágicas, produzir menos trombocitopenia e ter meia-vida mais previsível que a heparina não-fracionada.

24. A HBPM é efetiva em pacientes com trauma?

Um estudo do Canadá comparou (usando venografia) 344 pacientes randomizados que receberam heparina não-fracionada em baixas doses ou HBPM (enoxaparina). Quarenta e quatro por cento daqueles que receberam heparina em baixas doses desenvolveram TVP, enquanto 31% dos que receberam enoxaparina desenvolveram TVP. As taxas de trombose venosa proximal foram de 15 e 6%, respectivamente. A redução de risco com enoxaparina comparada à heparina em baixas doses foi 30% para todas as TVP e 58% para trombose venosa proximal. Um aumento não-significativo em hemorragia importante foi observado no grupo que recebeu enoxaparina.

A HBPM também foi utilizada com resultados encorajadores em pacientes com trauma raquimedular e naqueles que sofreram trauma ortopédico.

25. Os trombolíticos são úteis no tratamento de pacientes de trauma com TVP e EP?

Os agentes trombolíticos incluem estreptoquinase, uroquinase e ativador de plasminogênio tecidual (APT). Tais agentes, diferentemente da heparina, realmente dissolvem os coágulos estabelecidos. Entretanto, pode ocorrer um estado lítico sistêmico, com dissolução de coágulos em qualquer lugar do corpo. Portanto, esses agentes não têm sido utilizados como rotina nos pacientes com trauma. Eles são especificamente contra-indicados nos pacientes com hemorragia intracraniana.

26. Como funcionam os dispositivos de compressão seqüencial?

Acredita-se que os dispositivos de compressão seqüencial tenham dois efeitos que previnam TVP. Primeiro, eles comprimem as pernas para aumentar a velocidade venosa e esvaziar os reservatórios venosos do sangue estagnado. Nesse aspecto, estimulam a atividade bombeadora normal dos músculos. Segundo, e talvez de maior importância, a compressão das veias causa a liberação do ativador plasminogênio, que aumenta a atividade fibrinolítica. Teoricamente, esse efeito fibrinolítico pode ser produzido colocando-se uma vestimenta compressiva ao redor de um braço.

27. Qual é o sítio mais comum de origem de EPs clinicamente significativas?

As veias da pelve e da coxa (sistema iliofemoral).

28. O coumadin (warfarin) é útil na prevenção de TVP e EPs em pacientes com trauma?

Não. A ação do coumadin diminui a síntese dos fatores de coagulação dependentes de vitamina K. Portanto, o coumadin leva cerca de 48 horas para ter efeito – muito depois que os coágulos começaram a se formar nas veias dos pacientes com trauma imobilizados.

29. Como o dextran de baixo peso molecular previne TVP?

O efeito provavelmente é multifacetado. O dextran 40 recobre a superfície das plaquetas, reduzindo sua adesão. Isso impede o empilhamento de plaquetas nos vasos cujos endotélios foram lesados, bem como nas cúspides das válvulas venosas. Isso também aumenta o volume de plasma e diminui a viscosidade sangüínea.

30. Como o warfarin obteve essa denominação?

Um esforço de pesquisa para determinar a causa da hemorragia fatal do gado foi financiado pela University of **W**isconsin **A**lumni **R**esearch **F**oundation. Quando o composto foi identificado na dieta dos animais, ele foi denominado WARF-arin.

REFERÊNCIAS BIBLIOGRÁFICAS

1. Dennis JW, Menawat S, Von Thron J, *et al.*: Efficacy of deep venous thrombosis prophylaxis in trauma patients and identification of high-risk groups. *J Trauma* 35: 132-138, 1993.
2. Geerts WH, Jay RM, Code KI, *et al.*: A comparison of low-dose heparin with low-molecular-weight heparin as prophylaxis against venous thromboembolism after major trauma. *N Engl J Med* 335: 701-707, 1996.
3. Hoyt DB, Simons RK, Winchell RJ, *et al.*: A risk analysis of pulmonary complications following major trauma. *J Trauma* 35: 524-531, 1993.

4. Knudson MM, Lewis FR, Clinton A, *et al.*: Prevention of venous thromboembolism in trauma patients. *J Trauma* 37: 480-487, 1994.
5. Rogers FB: Venous thromboembolism in trauma patients. *Surg Clin North Am* 75: 279-291, 1995.
6. Rogers FB, Shackford SR, Ricci MA, *et al.*: Routine prophylactic vena cava filter insertion in severely in jured trauma patients decreases the incidence of pulmonary embolism. *J Am Coll Surg* 180: 641-647, 1995.
7. Ruiz AJ, Hill SL, Berry RE: Heparin, deep venous thrombosis, and patients. *Am J Surg* 162: 159-162, 1991.

IX. *Endocrinologia*

30. PROBLEMAS ENDÓCRINOS EM TRAUMA

Elizabeth Beale, MBBCh, Mmed, MRCP

DIABETE MELITO

1. Como o diabete melito pode complicar o tratamento de um paciente que sofreu um trauma?

- Problemas metabólicos agudos precipitados pelo trauma. Por exemplo:
  - Cetoacidose diabética
  - Coma hiperosmolar hiperglicêmico não-cetótico
  - Hiperglicemia causando, por exemplo, depleção de volume com deterioração hemodinâmica, gastroparesia
  - Desequilíbrio eletrolítico (hipercalemia, hipocalemia, hipernatremia, hiponatremia, hipofosfatemia)
  - Hipoglicemia
  - Aumento da decomposição de proteínas
  - Início recente de diabete
- Alteração orgânica crônica. Por exemplo:
  - Nefropatia e função renal prejudicada
  - Doença cardiovascular com risco muito aumentado de doença cardíaca isquêmica e vasculatura periférica comprometida
  - Neuropatia periférica e autonômica levando a complicações como hipotensão postural
  - Doença do olho diabético, incluindo catarata ou retinopatia, mobilidade prejudicada
- Aumento das infecções
  - A mais comum infecção pós-operatória em diabéticos é infecção do trato urinário.
  - Infecções dos pés causam a maior morbidade global em diabéticos.
  - Hiperglicemia prejudica a função fagocítica dos neutrófilos bem como outros mecanismos de defesa do hospedeiro.
- Má cicatrização de ferimentos
  - Catabolismo aumentado em diabéticos malcontrolados
  - Função de fibroblastos prejudicada por hiperglicemia descontrolada
  - Doenças macro e microvasculares
- Problemas clínicos associados
  - Obesidade em diabete melito não-insulino-dependente (DMNID)
  - Hipertensão em DMNID
- Medicação relacionada
  - Insulina: as doses necessitam ser ajustadas freqüentemente à medida que o estado do paciente se altera
  - Agentes orais: esses agentes freqüentemente necessitarão ser substituídos por insulina

Interações medicamentosas: álcool, por exemplo, pode causar hipoglicemia grave com agentes hipoglicemiantes orais

2. **Quais são os princípios da conduta no diabético gravemente enfermo?**
   - A glicose deve ser mantida na faixa de 90-180 mg/dl.
   - A insulina regular por infusão endovenosa contínua é o tratamento de escolha.
   - A glicose sangüínea capilar deve ser monitorada com precisão, de hora em hora, à beira do leito e verificada intermitentemente no laboratório.
   - Quando a glicose estiver < 250 mg/dl, soluções contendo glicose devem ser infundidas com a insulina. A infusão de insulina deve ser mantida para prevenir cetoacidose. Um fluido de manutenção comumente utilizado é a glicose 5% a 100 ml/hora.
   - Os níveis de potássio sérico e o balanço de fluido devem ser monitorados freqüentemente e ajustados corretamente.
   - Os fatores que podem precipitar uma crise metabólica aguda, como infecção ou infarto do miocárdio, devem ser prevenidos ou tratados imediatamente.
   - Estar alerta para complicações como cetoacidose diabética, coma hiperosmolar não-cetótico e hipoglicemia.

3. **Cite um exemplo de um esquema de infusão de insulina adequado para o tratamento de um paciente diabético com trauma gravemente enfermo na UTI e no período pré-operatório.**

1. Adicionar 25 unidades de insulina regular em 250 ml de soro fisiológico (1 U/ 10 ml).
2. Lavar o equipo com 50 ml da solução.
3. Monitorar a glicemia a cada hora à beira do leito e a cada seis horas no laboratório.
4. Fornecer fluidos de manutenção e reposição na medida do necessário, incluindo soluções contendo glicose, quando a glicose estiver < 250 mg/dl.
5. Administrar insulina via endovenosa por infusão contínua.

GLICOSE SANGÜÍNEA	INSULINA	
mg/dl	U/h	ml/h
< 80	0,0	0,0
81-100	0,5	5,0
101-140	1,0	10
141-180	1,5	15
181-220	2,0	20
221-260	2,5	25
261-300	3,0	30
301-340	4,0	40
> 341	5,0	50

6. Se a glicemia estiver < 80 mg/dl, suspender administração de insulina EV e fornecer 25 ml de glicose 50% em água. Quando a glicose estiver > 80 mg/dl a infusão de insulina pode ser reiniciada.
7. Um paciente com cetoacidose diabética necessitará de doses maiores do que essas, geralmente cerca de 0,1 U/kg/hora. Um paciente com sepse, outro estresse físico importante, obesidade ou que esteja recebendo corticosteróides pode também precisar de altas doses.
8. Doses mais baixas podem ser adequadas em pacientes normalmente tratados apenas com dieta ou agentes orais, ou < 50 U insulina/dia.

4. Esquematize um regime que possa ser usado no período perioperatório em um paciente diabético que recebe agentes hipoglicemiantes orais.

1. Como regra geral, todos os diabéticos recebem insulina no período perioperatório.
2. A medicação oral habitual é administrada na noite anterior à cirurgia.
3. A cirurgia é programada para o início do dia.
4. Insulina e infusões de glicose endovenosas, como esquematizado na Questão 3, são iniciadas no mínimo duas a três horas antes da operação para obter glicemia na faixa de 90-180 mg/dl no período pré-operatório.
5. Insulina e infusões de glicose endovenosas são mantidas no período pós-operatório até que a alimentação seja bem tolerada.
6. Pode ser necessário administrar esquemas com múltiplas doses de insulina por vários dias antes de reintroduzir os agentes orais.

5. A regra geral é que todos os diabéticos devem receber insulina no período peri-operatório. Quando pode ser feita uma exceção?

Algumas vezes pode ser feita uma exceção no caso de pacientes DMNID que estão bem controlados (glicose sangüínea em jejum [GSJ] < 180 mg/dl, hemoglobina glicosilada [HbA1c] < 10%) com dieta ou agentes orais, que são submetidos a cirurgias com menos de duas horas, quando cavidade corporal não é penetrada e quando a ingesta de alimentos será reiniciada poucas horas após a cirurgia.

6. Calcular a dose aproximada de insulina diária para um homem diabético com 70 kg que está recebendo infusão de nutrição parenteral total padrão-(NPT) com 25% de glicose a 100 ml/hora.

1. Velocidade basal inicial de insulina de 1 U/h.
2. A insulina adicional habitual com NPT é 2-3 U/100 ml de glicose 25%, ou seja, 2-3 U/h.
3. Assim, a dose total diária é 3-4 U/h de insulina regular administrada por infusão endovenosa contínua, ou seja 72-96 U/dia.
4. Um paciente séptico ou submetido a estresse geralmente requer insulina adicional.

7. Quais são algumas causas de dor abdominal em um paciente diabético?

- Gastrintestinal
  - Dilatação gástrica aguda com cetoacidose.
  - Infarto mesentérico.
  - Ílio por distúrbio eletrolítico.
- Pancreática
  - Pancreatite crônica.
  - Pancreatite com hiperlipidemia tipo IV (hipertrigliceridemia). Observação: amilase sérica elevada é encontrada em 75% dos casos de cetoacidose diabética.
- Hepatobiliar
  - Colecistite.
  - Distensão da cápsula hepática em conseqüência de infiltração gordurosa em pacientes diabéticos malcontrolados.
- Urogenital
  - Infecção de trato urinário.
  - Distensão vesical.
- Dor referida, como infarto do miocárdio.
- Neuropatia toracolombar.

Observação: Em pacientes com mais de 40 anos, é mais provável que a dor abdominal seja decorrente de um abdômen "cirúrgico".

8. Por que devem ser tomados cuidados especiais com os pés dos pacientes diabéticos?

Úlceras de pé diabético ocorrem em 15% dos diabéticos e 15-20% desses indivíduos serão submetidos à amputação. As úlceras diabéticas geralmente são causadas por infecção de uma lesão sem importância, causada por trauma em um pé neuropático. Estima-se que 50% das amputações por úlceras de pé diabético e suas seqüelas poderiam ser prevenidas com tratamento cuidadoso.

9. Por que pode ser difícil diagnosticar uma infecção em um paciente diabético?

1. A contagem elevada de leucócitos pode ocorrer em cetoacidose diabética e não indica necessariamente uma infecção. Uma contagem *band* maior que 10 foi relatada como indício de infecção.
2. A temperatura pode não estar elevada em infecção.
3. Um paciente diabético confuso ou comatoso não estará apto a descrever sintomas ou ajudar na localização da infecção.

TIREÓIDE

10. Qual é a causa mais comum de anormalidades de hormônios tireoideanos em pacientes gravemente enfermos?

A síndrome da doença eutireoideana.

11. O que é a síndrome da doença eutireoideana?

É uma anormalidade dos testes de função de tireóide que ocorre sem doença tireoideana em pacientes gravemente enfermos. O achado mais comum é um nível baixo de triiodotironina (T3). Também pode ser encontrado baixo nível de tiroxina (T4) e os níveis de hormônio estimulante da tireóide (TSH) estão normais, levemente suprimidos ou discretamente elevados. Em um indivíduo submetido a estresse (p. ex., um paciente com trauma gravemente enfermo) existe diminuição da conversão de T4 para T3 na periferia e há diminuição da ligação do hormônio tireoidiano com a globulina ligadora de tiroxina.

12. Qual é o tratamento da síndrome da doença eutireoideana?

Atualmente, a síndrome da doença eutireoideana é considerada uma resposta adaptativa a doenças graves. A reposição de hormônio tireoidiano de rotina não demonstrou ser benéfica nessa condição. O tratamento da causa de base é associado à normalização dos testes de função tireoideana.

13. Como se pode diferenciar o hipotireoidismo da síndrome da doença eutireoideana?

O paciente com hipotireoidismo pode ter história anterior de doença de tireóide, incluindo tireotoxicose, ablação com iodo radioativo da tireóide ou cirurgia da tireóide. Anticorpos antimicrossomais estão freqüentemente presentes no hipotireoidismo em conseqüência da tireoidite de Hashimoto. No hipotireoidismo, a redução de T4 é proporcionalmente maior que a diminuição de T3 e o TSH pode estar muito elevado. Na síndrome da doença eutireoideana, a redução do T3 é proporcionalmente maior que a de T4 e o TSH está normal ou apenas discretamente anormal. A captação de resina-T3 está diminuída no hipotireoidismo primário, mas aumentada na síndrome de doença eutireoideana.

14. O que causa tempestade tireoideana?

Uma tempestade tireoidiana é causada por tratamento inadequado de tireotoxicose associado à superposição de estresse, como trauma, infecção ou cirurgia de tireóide ou outra.

15. Qual é o quadro clínico da tempestade tireoideana?

Existe acentuação de muitos aspectos da tireotoxicose, bem como febre, taquicardia desproporcional à febre e disfunção de sistema nervoso central que pode incluir agitação, convulsões ou coma. Pode haver características de doença de Grave, bócio ou insuficiência cardíaca.

16. Qual é o prognóstico da tempestade tireoideana?

Sem tratamento, a mortalidade é de quase 100%. Com tratamento agressivo, ela é atualmente de quase 20%.

17. Esquematize o tratamento da tempestade tireoideana.

Medidas específicas

1. Drogas antitireoideanas para prevenir a formação de mais hormônio tireoideano (p. ex., propiltiouracil [PTU] 1.000 mg via oral ou por sonda nasogástrica tão logo possível e então 300-400 mg a cada seis a oito horas ou metimazol 30-40 mg via oral ou retal a cada seis a oito horas).
2. Iodeto de sódio 1-2 g a cada 24 horas por infusão endovenosa contínua ou solução saturada de iodeto de potássio (SSKI) 5 gotas via oral a cada seis horas começando uma hora após as drogas antitireoideanas para impedir liberação de hormônio de tireóide pré-formado.
3. Dexametasona 2 mg via endovenosa a cada seis horas para impedir a conversão periférica de T4 para T3.
4. Propranolol via endovenosa para atingir um pulso de cerca de 100 batimentos por minuto. Deve-se ter cuidado com insuficiência cardíaca congestiva, pois ela pode ser agravada pela terapia com beta-bloqueador. Entretanto, se a insuficiência for decorrente da taquicardia, o beta-bloqueio pode ser um tratamento efetivo. A dose típica é de 40-80 mg via oral ou 1-2 mg via endovenosa a cada seis a oito horas.

Medidas de suporte

1. Tratar a causa precipitante.
2. Resfriamento externo.
3. Outros antipiréticos que não a aspirina. Aspirina desloca o T4 das proteínas ligadoras e pode aumentar o nível de T4 livre circulante.
4. Fluidos.
5. Glicose, fenobarbital e vitaminas B também têm sido recomendados por alguns especialistas.

18. Quando coma mixedematoso pode ocorrer em paciente com trauma?

O coma mixedematoso habitualmente ocorre em indivíduo idoso com hipotireoidismo compensado (i. e., um indivíduo com TSH elevado, mas T4 normal) que é submetido a estresse grave, como trauma, exposição prolongada ao frio, infecção, cirurgia ou administração de depressores do SNC.

19. Resuma o tratamento do coma mixedematoso.

1. Coletar sangue para dosagem de TSH e hormônio tireoidiano, mas não atrasar o tratamento enquanto os testes são realizados.
2. T4 0,3-0,5 mg via endovenosa então 0,025-0,05 mg/dia até o paciente acordar. Depois reposição oral com 0,05-0,1 mg/dia.
3. Hidrocortisona 75 mg via endovenosa a cada seis horas para possível insuficiência adrenal coexistente.
4. Medidas de suporte:
    - Reaquecimento lento
    - Se necessários, suportes respiratório e circulatório
    - Tratar a causa precipitante de base
5. Estar alerta para isquemia miocárdica causada por rápido aumento no uso de oxigênio pelo miocárdio.

20. Que drogas comumente usadas em pacientes gravemente enfermos podem causar supressão do TSH?

Dopamina (supressão profunda que pode levar à queda de T3 e T4).
Glicocorticóides.
Fenitoína.
Amiodarona (mais freqüentemente causa elevação de TSH).

21. Como dopamina e furosemida podem interagir para causar hipotiroxinemia importante?

A dopamina suprime a liberação de TSH, levando a baixos níveis de T4. A furosemida inibe a proteína sérica ligadora de T4 levando a clearance aumentado.

ADRENAL

22. Qual é a incidência de insuficiência adrenal em pacientes de UTI que sofreram trauma?

Uma faixa ampla de incidência de insuficiência adrenal (< 1% a > 30%) foi relatada dependendo da população estudada e dos testes utilizados. Dois estudos recentes em pacientes cirúrgicos de UTI encontraram uma incidência de 0,7%. A incidência aumentou para 6% em pacientes com estada em UTI maior que 14 dias e para 11% em pacientes com estadia em UTI maior que 14 dias e que tinham mais de 55 anos de idade. Barquist e colaboradores constataram que a incidência de insuficiência adrenal após teste com hormônio adrenocorticotrópico (ACTH, ou seja, Cortrosyn) era menor em pacientes com trauma que em pacientes de cirurgia geral em UTI. Eles consideram que isso possa ser decorrente do estado de saúde globalmente melhor dos pacientes com trauma antes da hospitalização.

23. Por que é importante diagnosticar e tratar insuficiência adrenal?

Sem tratamento, a mortalidade é de 100%. O tratamento é simples e efetivo.

24. Quando se deve suspeitar de insuficiência adrenal em um paciente de UTI?

O médico deve ter um alto índice de suspeita pois os sinais e sintomas são freqüentemente inespecíficos. O quadro típico em UTI é de hipotensão que não responde a fluidos e inotrópicos. Existe geralmente débito cardíaco alto com resistência vascular sistêmica baixa. O quadro também pode incluir febre, dor abdominal, anorexia, náusea, vômitos, diarréia, fadiga, fraqueza, alteração do nível de consciência e eosinofilia. A apresentação pode ser semelhante ao choque séptico.

25. Como o quadro clínico da insuficiência adrenal no paciente gravemente enfermo pode diferir da apresentação na população geral?

Alterações de fluidos e eletrólitos podem ser mascaradas pela terapia realizada na UTI.
O paciente pode estar inconsciente ou sedado e portanto estará "assintomático".
O quadro pode ser mascarado por outros problemas clínicos, como choque séptico.

26. Como é feito o diagnóstico de insuficiência adrenal em um paciente gravemente traumatizado na UTI?

O teste-padrão é o teste com 250 g ACTH (cortrosina): 250 g de ACTH são administrados via endovenosa após ser obtido o nível basal de cortisol, o qual é checado novamente com 30 e 60 minutos.

A taxa normal de referência para cortisol, basal e estimulado, na UTI é motivo de controvérsia. Em geral, um valor de base de < 3 g/dl ou um nível após estimulação de < 20 g/dl são considerados diagnósticos de insuficiência adrenal. Outros autores consideraram um nível basal < 15 g/dl e um nível estimulado < 25 g/dl como sendo diagnósticos de insuficiência adrenal na UTI.

27. Qual é o tratamento da crise adrenal?

1. Coletar sangue para dosagem de cortisol e ACTH. O tratamento deve ser realizado com base na suspeita clínica de insuficiência adrenal em um paciente gravemente enfermo sem que se espere pelo resultado dos exames.
2. Reposição de esteróide. Hidrocortisona 100 mg por via endovenosa a cada seis a oito horas ou 2 mg de dexametasona por via endovenosa a cada seis a oito horas. Dexametasona tem a vantagem de não apresentar reação cruzada com o cortisol endógeno, assim pode ser utilizada antes da realização dos testes diagnósticos.
3. Fluidos e eletrólitos. Pacientes com hipovolemia e hiponatremia devem receber soro fisiológico por via endovenosa.
4. Glicose. Ela geralmente é administrada como glicose 5% com a reposição de soro fisiológico.
5. Tratar a causa desencadeante.

28. Quais são algumas controvérsias no diagnóstico de insuficiência adrenal no paciente gravemente enfermo?

- O valor do cortisol sérico acima do qual insuficiência adrenal pode ser seguramente excluída é incerto. Em caso de dúvida o paciente deve ser tratado com base na suspeita clínica.
- O teste com cosintropina padrão pode ser falsamente normal por vários meses após o início de insuficiência adrenal secundária. A etiologia da insuficiência adrenal na UTI não é clara, mas parece incluir alguns casos de insuficiência adrenal secundária. O teste com ACTH (cortrosina) em baixa dose (1g) recentemente planejado pode detectar esses casos.

29. Como o trauma pode precipitar uma crise adrenal?

Um paciente com insuficiência adrenal preexistente pode desenvolver uma crise em conseqüência do estresse do próprio trauma, de um procedimento diagnóstico, de uma cirurgia ou de uma infecção. Um indivíduo que atualmente está tomando, ou que recentemente recebeu, corticosteróides exógenos pode desenvolver uma crise adrenal se esses não forem administrados regularmente ou forem diminuídos muito rapidamente.

30. Como é prevenida a insuficiência adrenal em um paciente em risco para essa complicação?

Para vários estresses ou cirurgia, o esquema padrão é 20-40 mg de cortisona em bolo endovenoso a cada seis horas. Ele é iniciado antes da cirurgia e mantido por dois a três dias.

Para estresse ou infecção leves a moderados, a dose habitual de glicocorticóide pode ser dobrada ou triplicada.

A dose de glicocorticóide deve ser diminuída rapidamente no primeiro ou segundo dia após o problema de base ter sido resolvido.

31. Se o paciente tomava glicocorticóides antes do trauma, considera-se que qual dose e que duração de uso colocam o paciente em risco para insuficiência adrenal sob estresse?

Foi relatado que 60 mg de prednisona por sete dias podem suprimir a resposta de cortisol ao estresse. Indivíduos que receberam 60 mg de prednisona por um ano ou mais podem ter supressão do eixo hipotálamo-hipofisário por dois anos após suspender a prednisona.

32. Que complicações podem ocorrer em paciente com trauma que estava recebendo glicocorticóides em altas doses por tempo prolongado?

Exacerbação da condição (p. ex., asma) para qual os glicocorticóides foram inicialmente prescritos.

Crise adrenal decorrente da suspensão rápida e inadvertida dos glicocorticóides.

Risco de infecção aumentado.

Cicatrização lenta das feridas.
Fraturas osteoporóticas.
Intolerância à glicose ou mesmo diabete melito.
Fraqueza muscular.
Adelgaçamento da pele.
Facilidade de contusões.
Alterações mentais.

33. O que são incidentalomas adrenais e qual é o seu significado?

Incidentalomas adrenais são lesões que são encontradas inesperadamente em 0,3-5,0% das TCs de abdômen. Eles geralmente são adenomas adrenocorticais benignos e não-funcionantes. Adenocarcinomas adrenocorticais malignos são raros e encontrados em apenas 0,6-1,7 por milhão de indivíduos. As glândulas adrenais são locais comuns de metástases de tumores de mamas, pulmões, estômago e rins.

34. Esquematize uma abordagem terapêutica para um incidentaloma adrenal.

1. Obtenha uma história e examine o paciente procurando especialmente por características de malignidades (perda de peso), feocromocitoma (hipertensão, ansiedade), síndrome de Cushing (hipertensão, estrias, obesidade central) e virilização.
2. Verifique o potássio sérico; faça uma coleta de urina de 24 horas para dosagem de ácido vanilmandélico (VMA), metanefrinas e catecolaminas para feocromocitoma e 17-hidroxicorticoesteróides (17-OH) e 17-cetoesteróides para síndrome de Cushing.
3. Resseque o incidentaloma, se bioquimicamente ativo.
4. Se a lesão tem mais que 6 cm de diâmetro, ela é geralmente ressecada, pois é provável que seja maligna.
5. Uma lesão entre 3 e 6 cm de diâmetro é em geral ressecada se é sólida e tem características suspeitas na TC ou se ela é um cisto de parede espessa com citologia positiva no aspirado. De outra forma, tais lesões são seguidas com três TCs mensais por um ano e então exames anuais.
6. Lesões com menos de 3 cm de diâmetro que não são suspeitas na TC podem ser seguidas com três TCs mensais por um ano e então com exames anuais.
7. Repita a coleta de urina de 24 horas para VMA, metanefrinas e catecolaminas para feocromocitoma em três meses e potássio sérico e 17-OH corticosteróides e 17-cetoesteróides para síndrome de Cushing anualmente.
8. Ressecar a lesão se ela aumentar ou tornar-se bioquimicamente ativa.

HIPÓFISE

35. Cite algumas causas de poliúria em paciente com trauma.

Super-hidratação.
Diurese osmótica por rabdomiólise.
Diabete insípido.
Recuperação de insuficiência renal.

36. Que tipo de trauma craniano é mais comumente associado a diabete insípido?

A causa habitual de diabete insípido pós-traumático é acidente automobilístico causando lesões da parte lateral do crânio. As lesões resultam de ação de cisalhamento no pedículo da hipófise ou de isquemia hemorrágica da hipófise posterior e hipotálamo. Um em cada seis pacientes tem lesão de hipófise anterior associada.

37. Como é feito o diagnóstico de diabete insípido?

1. Excluir diurese osmótica ou aquosa.

2. Reduzir cautelosamente a administração de fluidos endovenosos e acompanhar sódio sérico, débito urinário a cada hora e osmolalidade urinária. O diabete insípido é diagnosticado pelo achado de sódio sérico maior que 145 mEq/l, osmolalidade sérica maior que 290 mOsm/l e densidade urinária menor que 1003 ou osmolalidade urinária menor que 150 mOsm/kg. O débito urinário freqüentemente é maior que 300 ml/h.

38. Esquematize a conduta para diabete insípido.

1. O indivíduo consciente geralmente aumentará espontaneamente sua ingesta oral de fluido até que a condição se resolva.

2. O paciente gravemente enfermo ou inconsciente deve receber 1-deamino-8-D-arginina vasopressina (DDAVP), com dose inicial de 1 g, via endovenosa.

3. Realizar medidas de débito urinário e osmolalidade urinária a cada hora.

4. Quando poliúria diluída se reinicia, a próxima dose de DDAVP é administrada.

5. Manutenção de fluidos hipotônicos é administrada por via endovenosa até que o paciente esteja alerta o suficiente para sentir sede e ingerir quantidades adequadas de água por via oral.

6. Deve ser evitado tratamento exagerado com fluidos ou DDAVP; ele produzirá sobrecarga de fluido e hiponatremia.

7. Doses de estresse de hidrocortisona são administradas até que a função da hipófise anterior tenha sido avaliada.

39. O que é o diabete insípido trifásico?

É uma síndrome que consiste em três fases que podem ocorrer após trauma craniano ou cirurgia.

Fase 1: Diabete insípido. Ela ocorre horas a dias após a lesão e é decorrente de choque neuronal causando liberação anormal de vasopressina.

Fase 2: Antidiurese inapropriada freqüentemente com hiponatremia. Ela ocorre dois a 14 dias após o trauma craniano e se deve à perda de vasopressina dos neurônios lesados.

Fase 3: Retorno do diabete insípido. Ela ocorre dois a 14 dias após o trauma, à medida que são depletados os grânulos intraneuronais de vasopressina. Essa fase pode ser permanente ou pode se resolver. Foi observada recuperação 10 anos após a lesão.

Qualquer uma dessas três fases pode não ser clinicamente óbvia.

VARIEDADES

40. Que parâmetros endócrinos são preditivos da evolução em pacientes sob cuidados intensivos?

Baixas concentrações de TSH e tiroxina e altas concentrações de cortisol mostraram estar associadas a mau prognóstico.

Em um estudo recente demonstrou-se que um índice endócrino derivado dos níveis de cortisol, tiroxina e TSH na admissão é melhor fator preditivo da evolução do paciente que a pontuação do *Acute Physiology and Chronic Health Evaluation (APACHE) II*.

41. O que é hipercalcemia da imobilização?

É uma causa incomum de hipercalcemia global, mas um fator importante de hipercalcemia em pacientes com trauma. Ela é observada em pacientes imobilizados, por exemplo, com lesão raquimedular, queimaduras ou fratura do fêmur. Quando não for tratada, pode levar a disfunção renal, cálculos renais e osteoporose. Tem sido notada com maior freqüência em adolescentes do sexo masculino. Acredita-se que isso aconteça em decorrência de suas altas taxas de crescimento esquelético. A etiologia da hipercalcemia da imobilização não está clara, mas é associada a níveis normais de hormônio da paratireóide (PTH), que parece agir com atividade aumentada no osso imobilizado.

42. Qual é o prognóstico após uma fratura de quadril por osteoporose?

Vinte por cento de risco de morrer no primeiro ano. Setenta e cinco por cento dos sobreviventes apresentam capacidade prejudicada de realizar atividades diárias.

REFERÊNCIAS BIBLIOGRÁFICAS

1. Angelis M, Yu M, Takanishi D, *et al.*: Eosinophilia as a marker of adrenal insufficiency in the surgical intensive care unit. *J Am Coll Surg* 183: 589-596, 1996.
2. Barquist E & Kirton O: Adrenal insufficiency in the surgical intensive care unit patient. *J Trauma* 42: 27-31, 1997.
3. Boulanger BR & Gann DS: Management of the trauma victim with pre-existing endocrine disease. *Crit Care Clin* 10: 537-554, 1994.
4. Brent GA & Hershman JM: Thyroxine therapy in patients with severe nonthyroidal illnesses and low serum thyroxine concentration. *J Clin Endocrinol Metab* 63: 1-8, 1986.
5. Buonocore CM & Robinson AG: The diagnosis and management of diabetes insipidus during medical emergencies. *Endocrinol Metab Clin North Am* 22: 411-422, 1993.
6. Gavin LA: Perioperative management of the diabetic patient. *Endocrinol Metab Clin North Am* 21: 457-475, 1992.
7. Karpati RM, Mak RH, Lemley KV: Hypercalcemia, hypertension, and acute renal insufficiency in an immobilized adolescent. *Child Nephrol Urol* 11: 215-219, 1991.
8. McDermott MT: Thyroid disease in the critical care setting. *In* Parsons PE, Wiener-Kronish JP (eds): *Critical Care Secrets.* Philadelphia, Hanley & Belfus, 1992, p. 252-256.
9. Robinson GA & Verbalis JG: Diabetes insipidus. *In* Bardin CW (ed): *Current Therapy in Endocrinology and Metabolism,* 6th ed. St. Louis, Mosby, 1997, p. 1-7.
10. Rothwell PM & Lawler PG: Prediction of outcome in intensive care patients using endocrine parameters. *Crit Care Med* 23: 78-83, 1995.
11. Sanders LJ: Diabetes mellitus: Prevention of amputation. *J Am Podiatr Med Assoc* 84: 322-328, 1994.
12. Schneyer CR & Kerkvliet GJ: The critically ill diabetic. *In* Shoemaker WC, Ayres SM, Grenvik G, Holbrook PR (eds): *Textbook of Critical Care.* Philadelphia, W.B. Saunders, 1995, p. 1081-1093.
13. Staren ED & Prinz RA: Selection of patients with adrenal incidentalomas for operation. *Surg Clin North Am* 75: 499-509, 1995.
14. Stockigt JR: Serum thyrotropin and thyroid hormone measurements and assessment of thyroid hormone transport. *In* Braverman LE, Utiger RD (eds): *Werner and Ingbars's The Thyroid: A Fundamental and Clinical Text,* 7th ed. Philadelphia, Lippincott-Raven 1996, p. 377-396.

X. *Temas cirúrgicos*

31. CIRURGIA PLÁSTICA

William R. Dougherty, M.D., e *Thuan T. Nguyen*, M.D.

CICATRIZAÇÃO DE FERIDAS E CONDUTA EM LACERAÇÕES

1. Resuma o processo normal de cicatrização de feridas.

O reparo de ferimentos é um amálgama de dois processos sinérgicos: bioquímico e celular. Suas funções e contribuições relativas mudam durante o curso da cicatrização. A linha de tempo da cicatrização é comumente decomposta em fases que se sobrepõem e que, por propósitos didáticos, são nomeadas de acordo com as características dominantes exibidas pelos dois processos individualmente: fase de lesão (hemostasia), inflamatória (fibroplasia), proliferativa e remodelagem (ver figura).

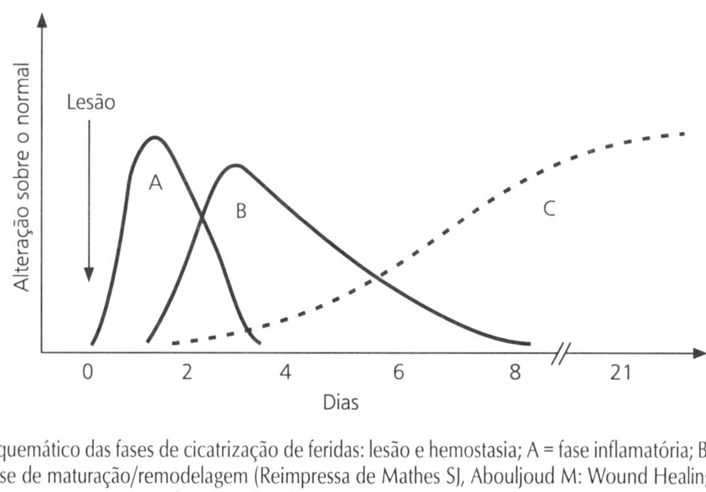

Diagrama esquemático das fases de cicatrização de feridas: lesão e hemostasia; A = fase inflamatória; B = fase proliferativa; C = fase de maturação/remodelagem (Reimpressa de Mathes SJ, Abouljoud M: Wound Healing. In Davis SH (ed): *Clinical surgery*, St. Louis, Mosby, 1987; usada com permissão.)

Ver tabela adiante.

As fases da cicatrização de ferimentos

HEMOSTASIA: IMEDIATA	FASE INFLAMATÓRIA: PRIMEIROS 5 DIAS	FASE PROLIFERATIVA: 5 DIAS-3 SEMANAS	FASE DE REMODELAGEM: 3 SEMANAS - 1,5 ANOS
Ruptura das estruturas anatômicas normais Divisão de vasos sangüíneos Exposição das moléculas da matriz Cascata de coagulação Tampão de fibrinogênio-fibrina *Trapping* de plaquetas Liberação de fatores de crescimento PDGF, TGF(B), FGF Cascata de complemento Migração celular	Rubor Tumoração Calor Dor *Functio delasa* PMNs – nas primeiras 48 horas liberam mediadores inflamatórios Monócitos – macrófagos Papel principal – debridamento – fagocitose Permanece enquanto a ferida estiver aberta $_B$FGF secreto Proliferação de fibroblastos Formação de todos os componentes do tecido conctivo Colágeno, glicosaminoglicanos, elastina Reepitelização	Regeneração do epitélio Contração Fibroplasia Contração da ferida PDGF de plaquetas – quimiotático e mitogênico para fibroblastos $_B$FGF – angiogênese e síntese de matriz de colágeno TGF$_B$ – potente ativador da síntese de proteína da matriz extracelular	Restauração da relação normal entre colágeno tipo I e tipo III pela degradação e ressíntese Colágeno realinhado Diminuição dos fibroblastos Vasos constritos

O processo bioquímico inclui cascata de coagulação, cascata do sistema complemento, metabolismo do ácido aracdônico, liberação de calicreína/histamina e síntese de colágeno. Os componentes estruturais do reparo da ferida incluem colágeno, glicosaminoglicans e elastina. Tais eventos bioquímicos modulam eventos celulares como marginação de leucócitos (PMNs, monócitos e macrófagos) e migração de fibroblastos, angiogênese e reepitelização (ver figuras).

O fechamento do ferimento envolve o processo bimodal de migração epitelial e contração das margens de colágeno. A epitelização completa anuncia o término da fase inflamatória. Quanto mais tempo a ferida permanecer aberta, mais extensa será a eventual cicatriz.

2. O que diferencia a fase inflamatória da cicatrização de um ferimento de uma infecção aguda?

A fase inflamatória geralmente dura os primeiros cinco dias após a lesão, mas continuará até que a ferida esteja reepitelizada. Os sinais de inflamação são rubor (vermelhidão), tumoração (edema), calor, dor e função reduzida. Infelizmente, esses são os mesmos sintomas observados na infecção aguda e podem deixar o médico inicialmente confuso. O momento dos sintomas e das manifestações sistêmicas pode diferenciar as duas. Existem apenas dois organismos comuns que estabelecem infecção do ferimento nas primeiras 24-36 horas após cirurgia ou lesão, estreptococos beta-hemolíticos e *Clostridium perfringens*. Tais infecções precoces apresentam sinais concomitantes como febre, celulite que avança rapidamente, sensibilidade, drenagem fétida, crepitação de tecido, formação de bolhas e necrose tecidual. (Ver tabela na p. 206.)

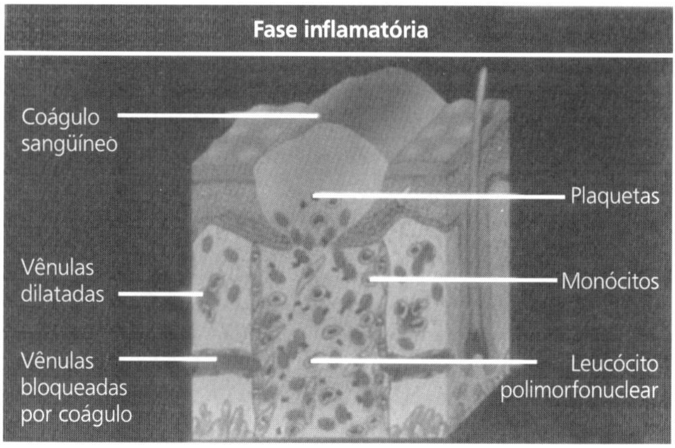

A fase inflamatória da cicatrização de feridas. (Reimpressa de *Current Concepts in Wound Healing*. C.R. Bard Home Healthcare Division, Covington, GA, usada com permissão.)

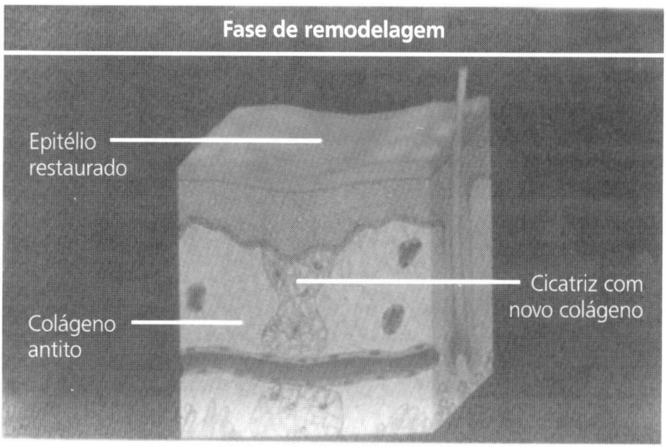

A fase de remodelagem da cicatrização de feridas. (Reimpressa de *Current Concepts in Wound Healing*. C.R. Bard Home Healthcare Division, Covington, GA, usada com permissão.)

Os outros organismos comuns geralmente necessitam de cinco a sete dias para estabelecer a infecção. Drenagem, deiscência e sinais de inflamação que parecem deixar a zona de lesão são sinais de infecção de ferida e celulite.

3. Compare feridas agudas e crônicas.

Uma ferida aguda é aquela que provém de um processo reparativo ordenado e oportuno, que resulta em restauração sustentada da integridade anatômica e funcional. A maioria dos ferimentos traumáticos civis agudos pode ser fechada primariamente se debridada adequadamente. Feridas crônicas não provêm de um processo ordenado e oportuno e não podem ser fechadas primariamente. Alguns exemplos de feridas crônicas são queimaduras térmicas não-agudas, lacerações com mais de 24 horas, ferimentos trau-

Eventos humorais na fase inflamatória

RUBOR	TUMORAÇÃO	CALOR	DOR
Vasodilatação; aumento da permeabilidade vascular PGI(2) – Prostaciclina Também PGA, PGD e PGE	Extravasamento de proteínas plasmáticas para o espaço extravascular; PGE(2), PGF(2A) envolvem permeabilidade, enquanto PGI(2), e PGE(2) aumentam o fluxo	Elevação da temperatura local do tecido em razão do aumento do fluxo sangüíneo local e da atividade metabólica	Dor causada pelo ácido aracdônico, PGI(2), PGE e PGE(2)

máticos com grandes defeitos de partes moles e úlceras vasculares. Um ingrediente comum a todas as feridas crônicas é o tecido de granulação. Debridamento e antibióticos tópicos com boa penetração tecidual são o padrão para tratamento de feridas crônicas. Antibióticos sistêmicos são freqüentemente ineficientes, uma vez que eles não penetram o leito fibroso do tecido de granulação. O fechamento final é em geral alcançado por segunda intenção ou enxertos de pele.

4. Qual é a importância do colágeno na cicatrização de feridas?

Colágeno é o principal bloco de construção do tecido conectivo, sendo responsável por 1/3 de todo o conteúdo corporal de proteína. O colágeno é quase isento dos aminoácidos que contêm enxofre cisteína e triptofano; em vez disso, é composto de hidroxiprolina e hidroxilisina. O colágeno possui uma estrutura molecular terciária e quaternária muito complexa, consistindo de três cadeias de polipeptídeos: cada cadeia é enrolada em si mesma em uma hélice para esquerda e as três cadeias juntas se enovelam em uma espiral para a direita para formar a unidade básica de colágeno. As cadeias polipeptídicas são mantidas em suas configurações relativas por ligações covalentes. Cada estrutura de tripla hélice é uma molécula de tropocolágeno. As unidades de tropocolágeno associam-se em um padrão regular para formar filamentos de colágeno; os filamentos agregam-se às fibrilas de colágeno, as quais se unem para formar as fibras de colágeno, que são visíveis à microscopia óptica.

O tecido conectivo normal é um estado de equilíbrio dinâmico entre a síntese e a degradação de colágeno. O processo de remodelação do colágeno e colagenólise oferece a oportunidade de intervenção terapêutica na cicatrização anormal.

5. Defina força elástica e força de ruptura.

A força elástica de uma ferida é a medida de sua capacidade de carga por unidade de área. A força de ruptura é definida como a força necessária para romper uma ferida, independentemente de suas dimensões. A força elástica é constante para ferimentos de tamanho semelhante, ao passo que a força de ruptura pode variar, dependendo somente de espessuras de pele diferentes.

6. O que é o pico de força elástica atingido durante a cicatrização da ferida?

Todas as feridas ganham força com aproximadamente a mesma velocidade durante os primeiros 14-21 dias; subseqüentemente, as curvas podem divergir de forma significativa, de acordo com o tecido envolvido. Na pele, o pico de força elástica é atingido aproximadamente 60 dias após a lesão (ver figura).

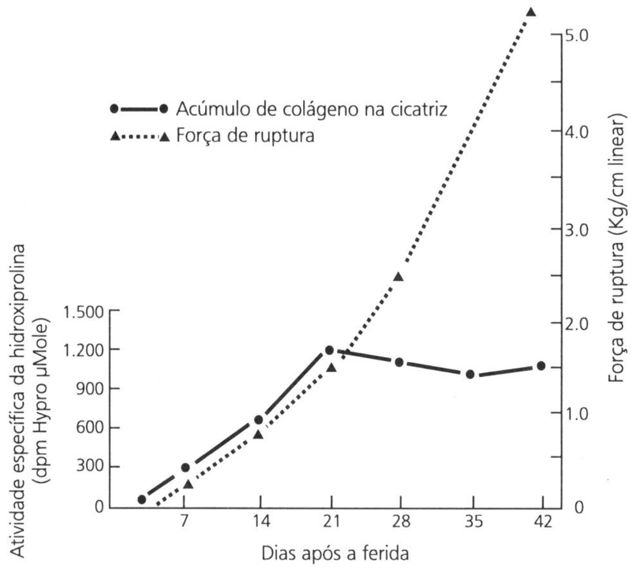

Acúmulo de colágeno na cicatriz e força de ruptura em feridas cutâneas de ratos. (Reimpressa de Madden JW, Peacock EE Jr: Studies on the biology of collagen during wound healing. *Ann Surg* 174:511-520, 1971; usada com permissão.)

7. O que são fechamento primário, fechamento primário tardio e fechamento por segunda intenção?

Feridas traumáticas podem ser fechadas primariamente, por fechamento primário tardio ou pode-se permitir que fechem por segunda intenção. Vários fatores devem ser considerados quando um ferimento é avaliado quanto ao fechamento. Feridas incisas limpas podem ser fechadas nas primeiras seis horas após a lesão, por sutura ou enxerto cutâneo (fechamento primário), contanto que todo tecido contaminado e inviável seja adequadamente debridado e exista tecido suficiente para um fechamento sem tensão. Ferimentos que estão contaminados ou têm mais de seis horas (feridas faciais até 24 horas) não devem ser fechados primariamente. Tais feridas são debridadas, são feitos curativos e avalia-se diariamente quanto ao fechamento durante um período de quatro a seis dias, antes da formação de tecido de granulação (fechamento primário tardio). Ferimentos com grandes defeitos de partes moles, canais, fístulas e contaminação flagrante grave são mais bem tratados por mudanças seriadas de curativos e permitindo-se fechamento por contração e epitelização (por segunda intenção).

8. O que é debridamento e quem cunhou o termo?

Debridamento é a remoção cirúrgica de tecido doente ou inviável de um ferimento. Ambroise Paré, um cirurgião francês (1517?-1590), cunhou o termo, além de haver reintroduzido o método clássico de hemostasia por ligadura com sutura e também ter sido responsável pelo abandono do uso de óleo fervente no tratamento de amputações em batalhas.

9. Qual é a função da sutura?

A função da sutura é trazer tecido em justaposição sem comprometimento de seu suprimento vascular. O uso criterioso de sutura é a chave da restauração de uma relação anatômica normal de estruturas rompidas enquanto o espaço morto é reduzido. O espaço morto leva ao acúmulo de exsudato, que é propenso à infecção e substituído somente por tecido cicatricial.

10. Descreva os diferentes tipos de material de sutura com relação a força elástica, reação tecidual, habilidade de manutenção de nó, flexibilidade e ação capilar.

Geralmente as suturas são divididas em absorvíveis (catgut, ácido poliglicólico, polidioxanone) e inabsorvíveis (náilon, dacron, polipropileno, seda, algodão, ácido inoxidável). Suturas inabsorvíveis podem ser revestidas com um *medical grade* de silicone (em seda), Teflon (em dacron trançado) ou outros materiais sintéticos para torná-las mais lisas e menos reativas.

Suturas absorvíveis feitas de colágeno, ácido poliglicólico ou polidioxanone são digeridas pelas enzimas corporais. Elas são usadas freqüentemente para fechar tecidos subcutâneos e reparar membranas mucosas. Também são vantajosas para crianças, para evitar remoção dolorosa de suturas cutâneas. Catgut é feito de colágeno da camada submucosa de intestino delgado de ovelhas ou da camada serosa do intestino delgado de gado. Catgut crômico retém seu força elástica por 30 dias, duas vezes mais que o catgut simples. Ácido poliglicólico (dexon) e poliglactin 910 (Vicryl) são feitos de um aminoácido polimerizado (ácido glicólico), que é distendido e trançado para formar a sutura. Tais suturas são mais fortes e têm maior habilidade de manter o nó que o catgut. Dexon e Vicryl perdem seu força elástica em cerca de 30 dias.

Suturas sintéticas (náilon, Dacron, aço inoxidável ou polipropileno) ou grampos de ácido inoxidável podem ser usados para fechar a pele. Essas suturas são mais fortes e menos reativas que as suturas absorvíveis. Seda e algodão consistentemente produzem mais reação tecidual que as suturas sintéticas. Suturas com multifilamentos são mais reativas que o mesmo material em uma sutura com monofilamento e apresentam maior probabilidade de desenvolvimento de orifício de descarga no ferimento da pele.

11. Compare e diferencie a cicatrização de pele, músculo, tendão, nervo, cartilagem e osso com relação à regeneração e formação de cicatriz.

Pele. A epitelização é um processo regenerativo que provém da camada basal, em contraste ao reparo da derme, que se cura por formação de cicatriz e não por regeneração. Com a regeneração epitelial, células na margem do ferimento achatam-se e então migram para a ferida aberta. A derme cicatriza pela formação de *scar.*

Músculo. Uma vez lesado, o miócito degenera-se e o músculo se cura com formação de cicatriz.

Tendão. A cicatrização do tendão progride pelos estágios inflamatório, proliferativo e de remodelagem, como visto em outros tecidos conectivos. Além disso, existe uma terceira fase indispensável na cicatrização, na qual os reparos tendinosos ganham força enquanto as adesões peritendinosas degeneram. Esse não é um processo regenerativo como visto no epitélio, mas outro exemplo de cura com formação de cicatriz.

Nervos periféricos. Os nervos periféricos são reparados pela regeneração de suas bainhas e axônios; a célula de Schwann mais próxima ao local da lesão responde pelo reparo da lesão axonal. Inicialmente essa célula aumenta e então prolifera-se primariamente no coto do nervo distal. Ela se torna móvel, formando densos cordões ao longo da linha anterior do axônio. A célula de Shwann fagocita o axônio em degeneração, fragmentos de mielina e outros debris. Se a lesão não resulta, em última instância, em morte neuronal, a regeneração ocorre. As bainhas de mielina começam a surgir no axônio em regeneração em seis a sete dias. Nodos de Ranvier aparecem somente duas semanas depois. O processo de mielinização continua por aproximadamente um ano. Este é um processo regenerativo como observado no epitélio. Entretanto, formação de cicatriz, na forma de neurilemomas, desenvolve-se a partir da bainha da célula de Schwann quando a regeneração axonal é inibida.

Cartilagem. A cartilagem tem taxa metabólica baixa e é relativamente avascular, com poucas populações de células. Uma vez lesada, a cartilagem regenera-se por neocondrogênese. Tal processo torna-se menos aparente com a idade, quando a reposição de tecido conetivo (formação de cicatriz) torna-se mais proeminente. Na cartilagem em cicatrização, o tipo primário de célula é o condrócito. Essa célula produz colágeno além da cartilagem extracelular. O sucesso a longo prazo da sobrevida do enxerto de cartilagem depende de um adequado suprimento sangüíneo além do condrócito manter o volume do enxerto.

Osso. Os três tipos de células presentes no osso são osteoblasto, osteoclasto e osteócito. O osteoblasto produz a matriz óssea e o osteoclasto absorve o material ósseo. O osteócito constitui o principal tipo celular no osso maduro e tem capacidade de produção de matriz e reabsorção.

A cicatrização do osso é dividida em três fases. Inicialmente, existe a fase inflamatória, que dura aproximadamente cinco dias. Ela se assemelha à fase correspondente observada em tecidos moles, com PMNs e monócitos removendo tecido necrótico e debris.

A fase proliferativa é caracterizada por mineralização e formação de calo ao redor da fratura com a transição para formação de osso maduro. Como visto com outras células, existe uma progressão ordenada da ossificação endocondral da cartilagem, com osso trabecular compondo uma ponte para o sítio de fratura.

A fase de remodelagem é a fase mais longa da cicatrização óssea. À medida que o calo diminui em tamanho, as deformidades angulares no sítio de fratura também diminuem. Tal remodelagem óssea segue a lei de Wolff, que estabelece que o osso se adapta às forças funcionais que agem sobre ele.

Diferenciando os vários tipos de ossos, cortical e o endocondral são responsáveis pela função de suporte de peso e permitem a locomoção. O osso membranoso, por outro lado, serve para proteger de lesão as estruturas de partes moles vitais. O endocondral apresenta a fase intermediária cartilaginosa, enquanto ao membranoso falta esse estágio cartilaginoso. Também, o osso endocondral possui um placa epifisária, ao passo que o membranoso não tem epífise identificável.

12. Quais são as diferenças entre quelóide, cicatrização hipertrófica e cicatrização normal?

Em humanos, virtualmente todas as feridas curam-se por formação de cicatriz e não por regeneração. O grau de cicatrização entre o normal e o quelóide é um espectro. Clínicos e patologistas ainda discordam sobre a definição exata de quelóide e cicatrização hipertrófica.

Em geral, cicatrizes quelóides tendem a crescer além da margem do ferimento. Elas são mais comuns em certas partes do corpo (esterno, pescoço, ombros, orelha e costas), mas também podem ser observadas em qualquer lugar. Existe predominância racial notável de cicatrizes quelóides em negros e asiáticos. A cicatriz quelóide é desproprocional ao grau da lesão, por exemplo, um ferimento penetrante em orelha que leva a uma massa cicatricial do tamanho de uma bola de beisebol. Excisão do quelóide apenas pode levar a uma cicatrização ainda pior.

Em contraste, cicatrizes hipertróficas escalam com o grau da lesão. Circunstâncias que prolongam a fase inflamatória, como perda de tecido, queimaduras, presença de corpo estranho, isquemia ou trauma freqüentemente levam a cicatrizes hipertróficas. Não existem locais comuns específicos e diferenças raciais; entretanto, crianças são mais freqüentemente afetadas. Cicatrizes hipertróficas são limitadas à área da lesão e habitualmente param de crescer após seis meses. Clinicamente, elas são de cor rósea ou vermelha, o que significa que processo inflamatório ainda está ativo. Cicatrizes hipertróficas podem ser prevenidas com manipulação adequada do tecido para minimizar a cicatriz.

13. Existe um tratamento conservador para cicatrizes quelóides e hipertróficas?

Como a etiologia das cicatrizes quelóides e hipertróficas é desconhecida, o tratamento tende a ser inespecífico e baseado em tentativa e erro. Várias modalidades de tratamento disponíveis que diminuem a espessura da cicatriz estão sendo avaliadas (ultra-sonografia com eletroterapia de polaridade-positiva, vestimentas com pressão, injeção de esteróides tópica e intralesional, aplicação tópica de folhas de silicone e técnicas com *laser*). O suposto objetivo do tratamento é modular a deposição e o movimento de colágeno.

14. Qual é o tratamento cirúrgico das cicatrizes quelóides e hipertróficas?

O esteio da terapia cirúrgica é remoção de um grande volume de massa cicatricial seguida por pressão tópica e injeção intralesional de corticosteróide. A terapia intralesional envolve injeção de triacetato de triamcinolona dentro da ferida no momento da cirurgia e então a cada três a quatro semanas, em um esforço de manipular a deposição de colágemo. As injeções são continuadas até que a fase inflamatória tenha se resolvido. Para cicatrizes quelóides alguns médicos associam um curso breve de radioterapia ao regime acima.

15. Quais são os fatores que afetam a cicatrização de uma ferida?

O objetivo do fechamento de uma ferida traumática é obter um ferimento fechado prevenindo infecção, fibrose e deformidade secundária. A fim de alcançar essa meta, vários fatores locais e sistêmicos devem ser observados para prevenir a ruptura e deiscência da ferida.

Os fatores sistêmicos são anemia, sepse sistêmica, desnutrição, deficiência de vitaminas, deficiência de zinco, uso de corticosteróides, doença crônica, insuficiência hepática ou renal, diabete, hipoproteinemia, aterosclerose e terapia imunossupressora.

Os fatores locais são tensão excessiva nas bordas da ferida levando à isquemia, hematoma, infecção do ferimento, irradiação, corpo estranho, obesidade, malignidade, suprimento sangüíneo ruim, fistulização e escara.

16. Qual inóculo de bactérias leva à infecção da ferida e falha do enxerto?

Todos os ferimentos traumáticos são contaminados em algum grau. Uma ferida pode tolerar um inóculo de até 100.000 (105) organismos por grama de tecido e ainda cicatrizar ou ser reparada. Contaminação com mais e 105 organismos/grama de tecido pode levar à infecção do ferimento. Estreptococos beta-hemolíticos podem produzir infecção clínica da ferida, independentemente do inóculo.

17. O que é escada reconstrutiva?

As técnicas cirúrgicas disponíveis aos clínicos para tratamento de um problema relacionado à ferida são classificadas de simples (baixa taxa de complicação) a complexa (taxa mais alta de complicação) de forma escalonada, como os degraus de uma escada. Em geral, é escolhida a solução mais simples para resolver o problema (ver figura).

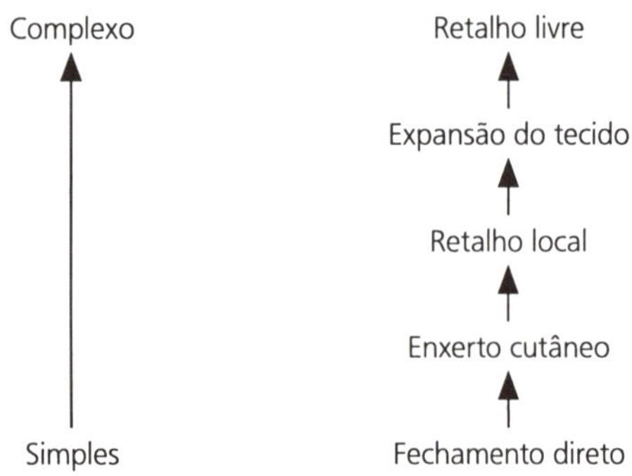

Escada reconstrutiva.

18. Defina Z-plastia e cite as indicações para seu uso.

Z-plastia é uma técnica simples pela qual dois retalhos triangulares são trocados um com o outro para obter alongamento da cicatriz e mudar sua direção. Os três ramos do Z devem sempre ser de igual comprimento. A extensão obtida pela Z-plastia de uma cicatriz contraída é baseada no ângulo entre os ramos. Uma Z-plastia pode ser projetada com ângulos variando de 30-90°, mas a extensão máxima do eixo central será obtida usando ângulos de 60°. A extensão atingida será a diferença entre as diagonais longa e curta menos 25-45% perdidos pela elasticidade da pele. Revisões com Z-plastia são indicadas para:

1. Linhas de cicatrizes antitensão de pálpebras, lábios, pregas nasolabiais e áreas não-faciais.
2. Cicatrizes de testa, têmporas, nariz, maxilas e queixo correndo a menos que 35° de inclinação das linhas de tensão de repouso da pele.
3. Pequenas cicatrizes lineares que não podem ser amenizadas por excisão fusiforme.
4. Todas as escaras deprimidas e *trapdoor* Graves.
5. A maioria das regiões com múltiplas cicatrizes.

Revisão de cicatriz por W-plastia é indicada para cicatrizes de linhas antitensão na fronte, sobrancelhas, têmporas, maxilas, nariz e queixo. É também indicada para cicatrizes na face cujos eixos longos estão em ângulos de 35° ou com as linhas de tensão de repouso da pele.

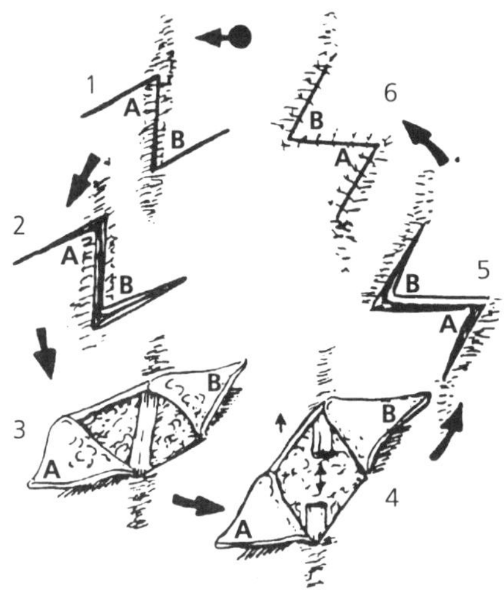

Técnica da Z-plastia: Ramo central desenhado ao longo da cicatriz. Ambos os membros têm a mesma extensão. *1.* Os ângulos A e B são de 60°. *2* e *3.* Os retalhos são cortados e levantados. *4.* Liberação da porção mais profunda da cicatriz. *5.* Transposição de retalhos triangulares. *6.* As feridas são aproximadas. Observe o alongamento e a nova direção da cicatriz. (Reimpressa de McCarthy JG: *Plastic Surgery: General Principles.* v. 1. Philadelphia: W.B. Saunders, 1990, p. 56; usada com permissão.)

19. Quais são os princípios do fechamento de ferida que produzirão uma cicatriz linear fina que não compromete a função nem a aparência?

A cicatrização ideal é o produto de orientação apropriada da cicatriz, fechamento satisfatório da ferida e inflamação mínima. Uma incisão eletiva deve ser localizada nas linhas de Kraissel de tensão mínima, em oposição às linhas de tensão de Langer. As linhas de Kraissel são aquelas linhas perpendiculares à tração muscular subjacente. Assim, elas minimizam a tensão na incisão mesmo quando o músculo contrai; isso previne a formação de cicatrizes hipertróficas. Existem sete fundamentos de Halstedian para fechamento cirúrgico de feridas que se aplicam à conduta de um ferimento cutâneo agudo.

1. Manipular o tecido gentilmente e debridar apenas o necessário para garantir um leito limpo.
2. Colocar as incisões de modo que elas sigam as linhas de tensão e pregas naturais da pele.
3. Assegurar hemostasia completa.
4. Eliminar tensão das bordas da pele.
5. Everter as margens da lesão.
6. Usar fios de sutura finos e removê-los precocemente.
7. Fornecer tempo para maturação da cicatriz antes de repetir a intervenção.

LESÕES DE CABEÇA E PESCOÇO

20. Qual é a conduta aceitável para laceração facial?

O tratamento precoce para partes moles em casos de lesões maxilofaciais e mandibulares consiste de debridamento conservador, conversão de feridas desfavoráveis para feridas favoráveis e fechamento em camadas meticuloso. As lacerações podem ser fechadas até a fixação cirúrgica posterior das fraturas. Se necessário, as lacerações faciais podem ser fechadas até 24 horas após a lesão com bom resultado, em razão da boa vascularização da pele do escalpo.

21. Qual é o tratamento da fratura explosiva de órbita?

A parede medial e o assoalho são os componentes mais fracos da órbita óssea e freqüentemente sofrem lesão por trauma fechado de órbita. A parede compreende estruturalmente a fraca lâmina papirácea do osso etmóide e os ossos esfenóide, maxilar e lacrimal. Os ossos maxilar e zigomático formam o assoalho da órbita e o separam do antro do seio maxilar (ver figura).

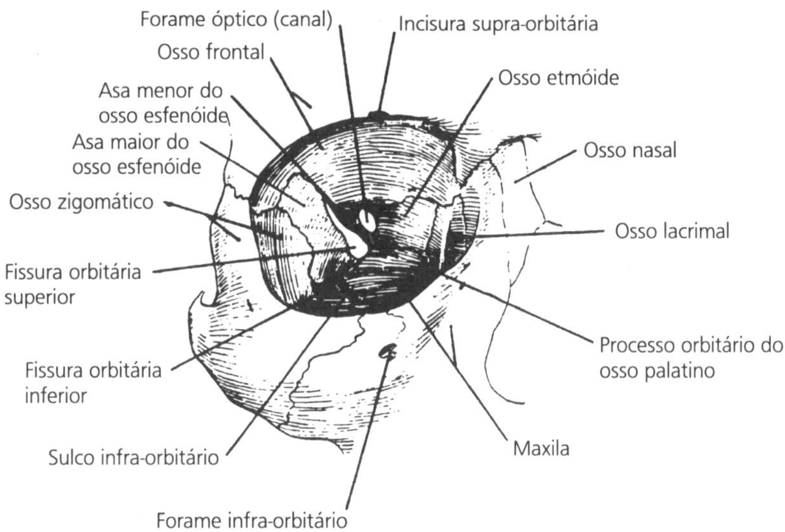

Arquitetura óssea da órbita com os forames associados. (Reimpressa de Ruberg RL, Smith DJ: *Plastic Surgery: A Core Curriculum*. St. Louis: Mosby, 1994, p. 256; usada com permissão.)

O tratamento cirúrgico consiste de exposição dos conteúdos da órbita pela incisão subciliar ou transconjuntival. O defeito do assoalho e/ou parede é obturado utilizando-se um material sintético, polietileno poroso de alta densidade (Medpor R) ou enxerto de osso craniano.

22. Descreva em linhas gerais os tipos de fratura mandibulares e da face média e seus tratamentos.

As fraturas Le Fort ocorrem acima do nível dos dentes e incluem os processos alveolares da maxila inteiros. As fraturas de Le Fort II começam acima do nível dos ápices dos dentes lateralmente e se estendem pelas placas pterigóides como na fratura de Le Fort I. Medialmente, elas se estendem para envolver uma porção da órbita medial e atravessar o nariz. Lesão da região etmoidal é rotina em fraturas tipo II piramidais. As fraturas de Le Fort III (disjunção craniofacial) estendem-se pelas suturas zigomaticofaciais e sutura nasofrontal, atravessando o assoalho da órbita, causando separação completa da região média da face do crânio (ver figura adiante). As fraturas mandibulares são classificadas de acordo com sua localização (ver figura adiante). Fraturas com deslocamento do esqueleto facial são tratadas com fixação intermaxilar (FIM) para estabelecer oclusão e por meio de fixação com placa e parafuso para manter a redução.

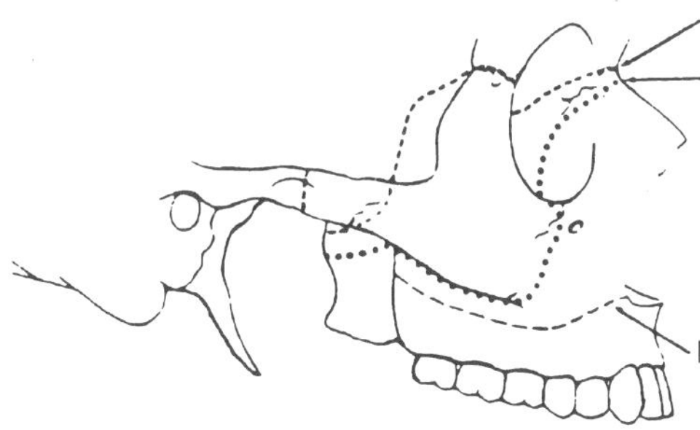

Fraturas Le Fort. (Reimpressa de Ruberg RL, Smith DJ: *Plastic Surgery: A Core Curriculum*. St. Louis: Mosby, 1994, p. 323; usada com permissão.)

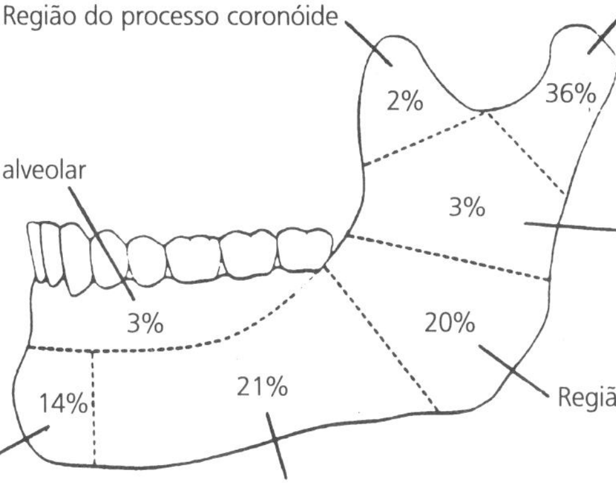

Fraturas mandibulares. (Reimpressa de Ruberg RL, Smith DJ: *Plastic Surgery: A Core Curriculum*. St. Louis: Mosby, 1994, p. 340; usada com permissão.)

23. Qual é o tratamento para uma laceração de orelha com envolvimento de cartilagem?

A anatomia da orelha externa compreende cartilagem elástica recoberta por pericôndrio e um envelope de pele firmemente aderido. A topografia da aurícula é realçada por quatro convoluções cartilaginosas principais: hélice, anti-hélice, trago, antitrago. A cartilagem exposta é suturada com fio monofilamento fino absorvível, como fio polidiaxonone 5-0, para impedir subluxação e manter a forma da estrutura. A pele é aproximada usando-se fio de sutura 6-0 a 7-0. Hemostasia meticulosa é necessária uma vez que acúmulo de sangue sob o retalho de pericôndrio pode liquefazer a estrutura nativa e promover a organização como uma protuberância de cartilagem. A deformidade de orelha em couve-flor dos boxeadores é um exemplo extremo desse fenômeno.

LESÕES DAS MÃOS E EXTREMIDADES SUPERIORES

24. Quais são as indicações para reimplante?

Em geral, não existem indicações absolutas para reimplante. Cada caso deve ser considerado em seus méritos após discussão com a equipe de reimplante. Idade, sexo, handedeness?, ocupação, passatempos, desejos e saúde geral do paciente devem orientar a decisão. Há maior probabilidade de implante bem-sucedido em lacerações limpas do que em lesões por esmagamento ou avulsão. Velocidade é importante, mas menos que um alto nível de habilidade em microcirurgia. Virtualmente todos os polegares devem ser reimplantados em razão de seu papel essencial na função da mão. Mesmo um polegar com mobilidade ruim pode servir como um posto de oposição para os dedos. A maioria das lesões e amputações de vários dedos através da mão ou punho deve ser tratada com nova fixação. Reimplante de dedos amputados distalmente à superfície de inserção tipicamente apresenta bons resultados. Partes amputadas em crianças devem ser fixadas novamente em virtude dos excelentes resultados que podem ser previstos.

O fator mais importante no índice de sucesso do reimplante é a seleção de caso. A motivação do paciente é importante; o paciente deve ter o desejo e a capacidade de participar em um longo período de reabilitação pós-operatória.

Entre as contra-indicações relativas estão: amputação de um único dedo (especialmente proximal à inserção do flexor superficial dos dedos), lesões por avulsão, lesão ou cirurgia anterior da parte, extrema contaminação, isquemia quente extensa e idade avançada.

25. Como a parte amputada deve ser manipulada antes da reimplantação?

As partes completamente amputadas são enxaguadas de modo meticuloso com soro fisiológico gelado para remover a sujeira e o debris. A parte é, então, enrolada em gaze estéril embebida em soro fisiológico. A parte enrolada é colocada em um saco plástico vedado, o qual é depositado em uma solução de gelo e água, evitando congelamento da parte afetada. Pode ser realizada uma radiografia através do saco plástico.

Secções parcialmente amputadas devem ser mantidas intactas! Divisões de pontes de pele podem destruir canais íntegros e desintegrar as chances de um reimplante exitoso. A parte quase dividida deve ser enxaguada e coberta com uma gaze embebida em soro fisiológico. Um curativo para transporte deve ser colocado apenas após haver sido restaurada a posição anatômica.

26. O que se deve procurar em uma fratura metacarpeana oblíqua ou espiral?

Deve ser procurada uma deformidade rotacional do dedo associado. A mão pode parecer normal quando aberta, mas, ao fechar o dedo afetado, atravessará a trajetória de seu vizinho, comprometendo gravemente a função da mão. A deformidade rotacional deve ser reduzida antes da fixação ou colocação da tala para evitar deformidade permanente.

27. Qual é o suprimento sangüíneo do tendão?

Vasos vinculares, que surgem dos ramos transversos das artérias digitais, entram nos tendões flexores (FDS e FDP) nas suas superfícies dorsais (ver figura).

28. Quais são as armadilhas no tratamento de lacerações de tendões?

O diagnóstico de divisão de tendão deve ser feito antes do paciente ir para o centro cirúrgico. Os tendões extensores e flexores dos dedos e do punho são examinados. Essas no diagnóstico de lesões de tendões são:

- Se um paciente pode flexionar o dedo, não assuma que o tendão está intacto. Mesmo com divisão parcial de tendão o dedo pode ainda ser movimentado, mas geralmente com dor.
- Os dedos indicadores e mínimos têm dois tendões extensores. O paciente pode estender esses dedos se um dos tendões estiver dividido.

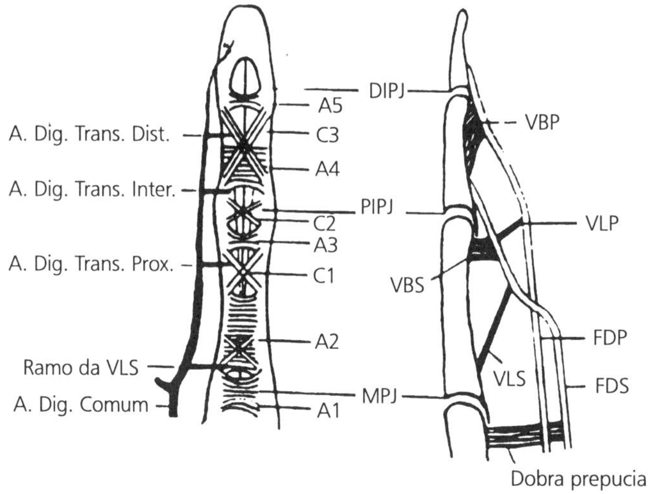

Apresentação esquemática do sistema vincular. DIPJ = articulação interfalangeana distal; PIPJ = articulação interfalangeana proximal; VBS = vínculo breve superficial; MPJ = articulação metacarpofalangeana; VBP = vínculo breve profundo; VLS = vínculo longo superficial; FDP = flexor profundo dos dedos; FDS = flexor superficial dos dedos. (Reimpressa de Green DP (ed): *Operative Hand Surgery*, 3rd ed., v. 2. Nova York: Churchill Livingstone, 1993, p. 1286; usada com permissão.)

- Se for diagnosticada lesão de tendão, procurar lesões de outras estruturas, pois podem ser encontradas lesões de nervo ou artéria associadas.
- Sempre explicar aos pacientes que após lesão de tendão flexor ele pode ficar longe do trabalho por um período de seis semanas a três meses, dependendo da sua ocupação e da natureza da lesão.

29. Como e onde as lesões de tendões são reparadas?

Quando um tendão é lesado, a cirurgia inicial tem a maior influência na evolução final. Tendões extensores podem ser reparados no pronto-socorro, contanto que o cirurgião tenha experiência e inexistam outras lesões associadas na mão. Tendores flexores devem ser reparados em anfiteatro.

No período pré-operatório são administrados antibióticos por via parenteral, a situação relativa a tétano é avaliada, é feito curativo do ferimento e a mão é elevada. A operação deve ser realizada dentro de seis horas. Um campo sem sangue é essencial e é obtido pelo uso de um torniquete. A ferida é ampliada e irrigada copiosamente com soro fisiológico. O feixe neurovascular é examinado e reparado se rompido após o tendão ser reparado. A extremidade do tendão deve ser manipulada com cuidado. Fios de sutura monofilamento são usados. Após uma sutura central (técnica de Kessler modificada) é realizado reparo epitendinoso. Após o fechamento da ferida, a mão é imobilizada na posição de função e elevada, seguida por mobilização ativa precoce usando tala de Klinert por três a quatro semanas. Um reparo primário tardio deve ser realizado em seis dias. O paciente deve ser visto semanalmente na clínica para avaliar a movimentação dos dedos. O paciente pode voltar a tarefas leves (trabalho em escritório) após cerca de seis semanas e para qualquer atividade após três meses.

30. O que é o efeito quadrigia?

É o resultado da adesão de um ou mais tendões flexores profundos dos dedos (FDP) previamente lesados que leva à excursão prejudicada dos FDPs de outros dedos. A causa do efeito quadrigia é uma protuberância muscular compartilhada por todos os tendões flexores profundos, de forma que a adesão de um tendão interromperá a contração do músculo levando a prejuízo da função de outros tendões. O efeito quadrigia é observado após amputação de dedos, artrodese e reparo de tendão no qual se forma adesão em conseqüência de técnica inadequada ou de falta de fisioterapia apropriada. O tratamento dessa condição é dividir o tendão proximal aderente à polia A1.

31. A unha deve ser removida para avaliação de lesão de leito ungueal?

Sim. O tratamento de lesões de unhas envolve remoção da unha inteira com exploração de todas as porções da laceração eponiquial.

32. Qual é a conduta para uma fratura de falange distal associada à lesão de leito ungueal?

O leito ungueal deve estar apoiado em osso em toda sua extensão. Se a metade distal da falange terminal está fraturada ela deve ser anatomicamente reduzida usando agulha 18-G ou fio-K. O fio é removido após três semanas.

33. O que é necessário para reparar uma lesão de leito ungueal?

A mão deve ser cirurgicamente preparada com uma solução anti-séptica e um torniquete digital é usado para permitir avaliação precisa do eponíquio. Um elevador periosteal com extremidade cega (Freer) ou hemostato fino é usado para evitar traumatismo das porções não-lesadas do leito ungueal. Ampliação com lupa é necessária para avaliação cuidadosa do leito ungueal. O leito ungueal deve então ser suturado com fio catgut crômico 7-0 com agulha fina.

Adesões entre eponíquio e o leito ungueal resultarão em unha rachada ou entalhada. Isto é prevenido por meio de reparo cuidadoso de todas as camadas da prega ungueal, com inserção da unha removida ou de uma tala adequada para manter o fundo de saco aberto durante a cicatrização. Se qualquer leito ungueal é perdido, ele é melhor substituído por um enxerto de leito ungueal *split-thickness* obtido do dedo lesado ou de um dedo do pé. Se o leito ungueal é completamente destruído e a falange distal permanece, a extensão pode ser conservada pela substituição do defeito de partes moles por um retalho reverso desepitelizado cross-finger.

34. Qual é o tratamento de grandes feridas abdominais de espessura total por celiotomia exploradora em trauma?

As partes moles e os componentes estruturais do defeito devem ser avaliados. A presença de contaminação intestinal ou fístula terão influência sobre o momento e tipo de reconstrução.

Fechamento em bolsa IV por intestino edemaciado ou síndrome de compartimento abdominal é melhor tratado com fechamento primário tardio da pele e, quando possível, da fáscia. Se a ferida é deixada aberta, em conseqüência de contaminação ou inoperabilidade do paciente, deve-se deixar que a ferida sofra granulação em um ambiente antimicrobiano úmido. Uma vez que a granulação tenha ocorrido, pode ser usado haloenxerto para testar a pega de auto-enxerto. O haloenxerto pode ser realizado à beira do leito, evitando a morbidade de uma transferência UTI-CC.

Em um paciente estável, quando existe escassez de fáscia, freqüentemente utiliza-se um material aloplástico antes de enxertos livres de fáscia lata. Ainda não há consenso entre os especialistas sobre o melhor material sintético a ser usado – se marlex, prolene, Vicryl, Dexon e GoreTex – Parece haver crescimento fibroso insuficiente dentre os produtos absorvíveis e GoreTex para resultar em estabilidade da parede abdominal. As malhas Marlex e prolene são geralmente bem incorporadas, mas foram associadas à formação ocasional de fístula. Uma combinação de camadas de malhas de Dexon e Vicryl contra o intestino com malha inabsorvível sobrejacente costurada à fáscia remanescente resultou em fechamento seguro quando coberto com retalhos locais.

Grandes defeitos abdominais são difíceis de tratar, especialmente quando fístulas estão presentes. Quando obstrução distal é excluída, fístulas de intestino delgado podem ser fechadas primariamente, contanto que a anastomose possa ser recoberta por um retalho muscular. Músculo reto ou retalho musculocutâneo podem ser *fashioned* para cobrir a maioria dos defeitos de tamanho moderado do abdômen. Um retalho de oblíquo externo é uma alternativa para alguns defeitos. Um retalho musculocutâneo de *extended latissimus* pode ser planejado para cobrir algumas áreas da porção superior do abdômen. Retalhos omentais com enxertos de pele também podem ser usados, proporcionando revestimento de defeitos extremamente grandes. Defeitos abdominais médios e baixos podem ser recobertos com vários retalhos, incluindo retalhos de reto abdominal e reto femoral. Transferência de tecido livre para reconstrução abdominal pode exigir enxerto venoso para estabelecer fluxo.

LESÕES DE EXTREMIDADES INFERIORES E PÉS

35. Qual é a classificação das lesões de extremidades inferiores?

As classificações de Gustilo e Byrd das fraturas abertas são os esquemas padrões de classificação e apresentam implicações no tratamento reconstrutivo (ver tabela). Fraturas tipo III têm extensa lesão de partes moles, bem como *tripping* periosteal importante e contaminação maciça. É para essa classe de fraturas que o cirurgião plástico é mais freqüentemente consultado para cobertura com retalho. Fraturas tipo IIIC estão associadas à lesão arterial que necessita de reparo. O índice de infecção e a necessidade de amputação são maiores à medida que os números de classificação aumentam.

Classificação de Gustilo das fraturas expostas de tíbia

TIPO	LESÃO
I	Fratura exposta com defeito cutâneo < 1 cm
II	Fratura exposta com lesão extensa de partes moles
IIIA	Fratura exposta com lacerações extensas de partes moles; lesão de alta energia
IIIB	Fratura exposta com perda de partes moles e *stripping* periosteal, geralmente com contaminação maciça
IIIC	Fratura exposta com lesão arterial que requer reparo

Reimpressa de Gustilo RB & Anderson JT: Prevention of infection in the treatment of one thousand and twenty-five open fractures of long bones: Retrospective and prospective analyses. *J Bone Joint Surg* 58A: 453-458, 1976; usada com permissão.

Classificação de Byrd das fraturas expostas de tíbia

TIPO	LESÃO
I	Forças de baixa energia causando padrão de fratura em espiral ou oblíquo com lacerações de pele com menos de 2 cm e ferida relativamente limpa.
II	Forças de energia moderada causando padrão de fratura cominutivo ou com desvio, com laceração de pele maior que 2 cm e contusão moderada de músculo e pele adjacente, mas sem desvitalização muscular.
III	Forças de alta energia causando padrão de fratura com desvio com cominução grave, fratura segmentar ou defeito ósseo com perda de pele associada grave e desvitalização de músculo.
IV	Padrão de fratura como no tipo III, mas com forças de extrema energia, como em ferimentos por disparo de arma de fogo de alta velocidade, história de esmagamento ou *degloving* ou lesão vascular associada requerendo reparo.

Reimpressa de Byrd HS, Spicer TE, Cierney G 3d: Management of open tibial fracture. *Plast Reconstr Surg* 76: 719-730, 1985; usada com permissão.

36. Quais são as considerações com relação à amputação ou ao salvamento em trauma de extremidade inferior?

Exame neurovascular *proceeds* com exame clínico incluindo cor, temperatura, enchimento capilar e exame de pulso, bem como avaliação de pulso e checagem de pressões com Doppler. Se a extremidade inferior contralateral não está lesada, ela é o melhor controle para comparação. A situação vascular pode mudar agudamente com a manipulação da fratura ou gradualmente com o início de uma síndrome de compartimento. Assim, são necessários exames repetidos. Arteriografia é o padrão ideal para definição anatômica de lesão arterial. O exame neurológico deve considerar as zonas sensoriais autonômicas. Os nervos plantares medial e lateral são ramos do nervo tibial posterior e acompanham seus vasos correspondentes no pé. Eles são responsáveis pela sensibilidade das regiões medial e lateral da superfície plantar. O primeiro espaço interdigital é inervado autonomicamente pelo ramo terminal do nervo fibular profundo, enquanto que os nervos sensitivos remanescentes têm grandes áreas de *overlap*: o nervo fibular superficial, o nervo safeno, o nervo calcâneo medial e o nervo sural.

37. Descreva as opções de reconstrução de fraturas expostas complexas de extremidade inferior.

O revestimento com partes moles da extremidade inferior é classicamente dividido em territórios proximal, médio e distal. O procedimento de escolha para lesões de terço proximal é o retalho rotacional de músculo gastrocnêmio. As cabeças medial e lateral do músculo gastrocnêmio são supridas pelo par de artérias surais que se originam da artéria poplítea, *thereby* dando um padrão vascular tipo I de acordo com a classificação de Mathes e Nahai. A cabeça lateral, medial ou ambas podem ser usadas para cobertura de ferimentos com pequena morbidade.

Para lesões de terço médio, o mais útil retalho é o de músculo sóleo, o qual tem padrão vascular tipo II, com domínio do pedículo da artéria fibular proximal e ramos distais secundários das artérias fibular e tibial posterior. Não existe morbidade significativa do sítio doador. O retalho de músculo sóleo é confiável e *hearty* quando baseado proximalmente, mas é de certa forma tênue quando baseado em ramos perfurantes distais.

Ferimentos de terço distal de extremidade inferior representam o maior desafio para os cirurgiões plásticos e ortopedistas que realizam reconstruções. Transferências de músculos livres têm os melhores resultados quando é necessária cobertura de ferimentos de fraturas expostas na parte inferior da perna e tornozelo. Embora retalhos musculares e fasciocutâneos locais tenham sido descritos para cobertura de pé e tornozelo, os autores os têm julgado de pouca utilidade em virtude de sua confiabilidade imprevisível e das taxas de sucesso consistentemente altas das transferências de tecido livre.

Reimplante na extremidade inferior permanece limitado. Mecanismos de esmagamento e avulsão predominam e regeneração de nervos na extremidade inferior é incompleta. Dispositivos prostéticos tornam possível a deambulação com menor risco de transfusões de sangue, sepse e hospitalização prolongada. O objetivo da reconstrução de extremidade inferior não é uma ferida fechada, mas uma extremidade inferior funcional com *ambulation*

38. No tratamento agudo de uma fratura de osso longo que fator local leva à não-consolidação e à osteomielite?

Tecido não-vascular e osso seqüestrados são os principais fatores que levam à infecção de ferida. A cobertura de partes moles inadequada e/ou a aproximação das bordas da lesão sob tensão podem originar isquemia, pois o trauma local leva a edema. Imobilização inadequada, interposição *soft* e infecção podem levar à não-consolidação do local de fratura.

O debridamento cirúrgico é necessário quando ocorreu destruição extensa de tecido e vasculatura. Freqüentemente não pode ser apreciada durante a inspeção superficial a existência de lesão tecidual mais extensa subjacente. Portanto, debridamentos seriados no CC com intervalos de 48-72 horas podem ser necessários até que toda a área da lesão tenha sido avaliada. Junto com o debridamento cirúrgico, antibióticos de amplo espectro após realização de cultura e antibiograma específicos levam à diminuição significativa nas taxas de infecção (muitos estudos randomizados prospectivos relataram diminuição das taxas de infecção de 15% para menos de 5%).

REFERÊNCIAS BIBLIOGRÁFICAS

1. Byrd HS, Spicer TE, Cierney G 3d: Management of open tibial fractures. *Plast Reconstr Surg* 76: 719-730, 1985.
2. Crikelair GF: Surgical approach to facial scarring. *JAMA* 172: 140, 1960.
3. Disa JJ, Carlton JM, Goldberg NH: Efficacy of operative cure in pressure sore patients. *Plast Reconstr Surg* 89: 272-278, 1992.
4. Glass KD: Factors related to the resolution of treated hand infections. *J Hand Surg* 7A: 388-394, 1982.
5. Grabb WC & Smith JW: Basic techniques of plastic surgery. *In* Smith JW, Aston SJ (eds): *Plastic Surgery,* 4th ed. Boston, Little, Brown, 1991.
6. Gustilo RB & Anderson JT: Prevention of infection in the treatment of one thousand and twenty-five open fractures of long bones: Retrospective and prospective analyses. *J Bone Joint Surg* 58A: 453-458, 1976.
7. Herrmann JB, Kelly RJ, Higgins GA: Polyglycolic acid suture. Laboratory and clinical evaluation of a new absorbable suture material. *Arch Surg* 100: 486-490, 1970.
8. Kaye JJ: Vibrio vulnificus infections in the hand: Report of three patients. *J Bone Joint Surg* 72A: 283-285, 1990.
9. Levenson SM, *et al.*: The healing of rat skin wounds. *Ann Surg* 161: 293, 1965.
10. Lindan O, Greenway RM, Piazza IM: Pressure distribution on the surface of the human body. *Arch Phys Med Rehabil* 46: 378, 1965.
11. Madden JW & Peacock EE Jr: Studies on the biology of collagen during wound healing. *Ann Surg* 174: 511-520, 1971.
12. Mathes SJ & Abouljoud M: Wound healing. *In* Davis JH (ed): *Clinical Surgery.* St. Louis, Mosby, 1987.
13. McCarthy JG (ed): *Plastic Surgery: General Principles.* v. 1. Philadelphia, W.B. Saunders, 1990.
14. McKenna PJ, Lehr GS, Leist P, Welling RE: Antiseptic effectiveness with fibroblast preservation. *Ann Plast Surg* 27: 265-268, 1991.
15. Peacock EE & Cohen IK: Wound healing. *In* McCarthy JG (ed): *Plastic Surgery.* Philadelphia, W.B. Saunders, 1990, p. 161-185.
16. Postlethwait RW: Long-term comparative study of nonabsorbable sutures. *Ann Surg* 171: 892-898, 1970.
17. Ruberg RL & Smith DJ: *Plastic Surgery: A Core Curriculum.* St. Louis, Mosby, 1994.
18. Stromberg BV: Changing bacteriologic flora of hand infections. *J Trauma* 25: 530-533, 1985.

32. NUTRIÇÃO CIRÚRGICA

Gideon P. Naudé, MBChB

1. **Quanto tempo deve-se esperar antes de iniciar nutrição em um paciente em jejum oral?**
Se ficar esclarecido que a vítima de trauma não irá ingerir nada por via oral após três dias, deve ser iniciada nutrição enteral ou parenteral.

2. **Qual é a necessidade de fluido habitual em condições basais?**
A necessidade de água livre basal é de 30-35 ml/kg/dia.

3. **O que aumenta a necessidade de fluido?**
Perda de fluido, como em casos de febre por perspiração e em conseqüência de feridas, queimaduras, fístulas, vômitos, diarréia, terceiro espaço e outras perdas anormais, incluindo hemorragia.

4. **Qual nutrição endovenosa é administrada por veia periférica?**
A nutrição parenteral periférica (NPP), com baixas concentrações de glicose (5%) e de aminoácidos. As concentrações de glicose e aminoácidos devem ser baixas porque em doses mais altas elas provocam irritação e flebite. A nutrição periférica geralmente não supre todas as necessidades do paciente.

5. **Qual nutrição endovenosa pode ser administrada pela veia central?**
A nutrição parenteral total (NPT), na qual as concentrações de glicose e aminoácidos são suficientemente altas para suprir todas as necessidades do paciente. O problema de flebite não ocorre porque o fluxo na veia central é muito alto e há diluição quase que instantaneamente.

6. **Qual é a indicação para NPT?**
A NPT é administrada quando não existe trato gastrintestinal funcional disponível.

7. **Há complicações associadas à passagem de um cateter pela veia central?**
Esse é um procedimento relativamente seguro, mas as seguintes complicações podem ocorrer:
Precoces:
- Pneumotórax e hemotórax se a agulha penetra a cavidade pleural (particularmente em cateteres de subclávia). É necessária a drenagem torácica.
- Punção arterial, indicada por sangue vermelho vivo. Aplicar pressão por alguns minutos e verificar os pulsos distais.
- Ascensão do cateter pela veia jugular. Reposicionar e verificar a nova posição com uma radiografia.
- Arritmia cardíaca. Se o cateter está dentro do coração, puxá-lo de volta.
- Lesão de plexo braquial.
- Lesão do canal torácico
- Perfuração cardíaca e tamponamento.
- Hematoma mediastinal.
- Embolismo (cateter, ar).

Tardias:
- Trombose com embolização.
- Infecção e êmbolos sépticos.

8. Quais são as necessidades calóricas diárias habituais?

As necessidades calóricas diárias habituais são de 30-35 cal/kg.

9. Como é calculada a necessidade calórica diária?

Usando a equação de Harris-Benedict, a necessidade calórica diária pode ser calculada:

Homens = 66,5 + (13,7 × peso em kg) + (5 × altura em cm) - (6,7 × idade em anos) × fator de atividade × fator de lesão

Mulheres = 665,1 = (9,6 × peso em kg) + (1,8 × altura em cm) - (4,7 × idade em anos) × fator de atividade × fator de lesão

Ou estimada:

Para manter o peso: 30–35 cal/kg

Para perder peso: 25-30 cal/kg

Para ganhar peso: 35-40 cal/kg

10. O que aumenta as necessidades calóricas?

Os fatores que influenciam as necessidades calóricas são atividade e lesão.

Atividade	*Fator de atividade*	*Lesão*	*Fator de lesão*
Basal	1,2	Trauma	1,2-1,8
Atividade normal	1,3	Cirurgia	1,1-1,2
Febre	1,3	Sepse	1,4-1,8

11. Como é calculado o aumento das necessidades calóricas?

Os fatores de atividade e lesão são multiplicados na equação de Harris-Benedict.

12. Qual é a necessidade diária de proteína?

A necessidade diária de proteína é de 1-1,5 g/kg de peso corporal seco.

13. Como é administrada a necessidade diária de proteína?

É administrada sob a forma de aminoácidos. A quantidade habitual é 1-1,5 g/kg, mas pode chegar até 3 g/kg. Acredita-se que os aminoácidos de cadeia ramificada (leucina, isoleucina e valina) diminuam a decomposição de músculo durante o catabolismo.

14. Qual é a necessidade diária média de eletrólitos e como eles são administrados?

A necessidade diária endovenosa normal para um adulto médio é:

- Sódio: 60-150 mEq
- Potássio: 60-100 mEq
- Cálcio, magnésio e fosfato são administrados conforme a necessidade determinada pela concentração sangüínea da substância.

15. Como se apresenta uma deficiência de ácido graxo essencial durante a nutrição endovenosa e como ela é prevenida?

Ela se apresenta principalmente na pele e em seus apêndices e consiste de pele seca e escamosa e queda de cabelos. Administrar solução de lipídios previne que isso ocorra.

16. Como são administrados os lipídios?

Os lipídios são administrados na forma de ácidos graxos de cadeia longa. Eles consistem de ácido linoléico (60%) e ácidos esteárico, oléico, palmítico e linoléico. Eles são preparados na forma de solução a 10 ou 20%. Antes de iniciar a infusão de lipídios, os lipídios séricos são determinados. Se estão elevados, sua administração é contra-indicada, pois pode causar pancreatite. Eles são iniciados em 0,5 g/kg/dia e aumentados em 0,5 g/kg/dia a cada dia durante alguns dias até o máximo de 2,5 g/kg/dia.

17. Quais vitaminas são adicionadas à NPT e que quantidade de cada uma delas é administrada a um adulto?

Vitaminas adicionadas à NPT

VITAMINA	QUANTIDADE
Lipossolúveis	
A	2.500 UI/dia
D	250 UI/dia
E	10-15 UI/dia
K	10 mg/semana - 10 mg/dia
Hidrossolúveis	
B_1 (tiamina)	5 mg/dia
B_2 (riboflavina)	5 mg/dia
B_3 (niacina)	50 mg/dia
B_6 (piridoxina)	5 mg/dia
B_{12} (cianocobalamina)	12 μg/dia
Biotina	60 μg/dia
Ácido fólico	600 μg/dia
Ácido pantotênico	15 mg/dia
C	50-300 mg/dia

18. Quais são os oligoelementos?

Cromo, cobalto, cobre, iodo, ferro, manganês, selênio e zinco.

19. Como os oligoelementos são administrados?

O cromo, o cobre, o iodo, o ferro, o selênio e o zinco são administrados com a NPT. O cobalto é administrado na forma de vitamina B_{12}; a deficiência de magnésio não ocorre em nutrição parenteral.

20. Como é calculada a NPT?

O cálculo exato é difícil. Portanto, um discreto excesso de todos os nutrientes é administrado. A água é dada em um volume de 30-35 ml/kg, mais se perdas elevadas ocorrerem. O aporte calórico deve ser de 30-35 cal/kg, mais em caso de estresse, administrado na forma de carboidratos (dextran) ou gorduras (intralipid). Proteínas são administradas como aminoácidos: 1,5 g/kg, mas podem chegar a 3 g/kg. Adicionalmente, eletrólitos e oligoelementos são fornecidos como descrito anteriormente.

21. Quais são as indicações para alimentação enteral?

Pacientes incapacitados de receber refeições por via oral, mas com trato digestivo funcional. Como exemplos temos:

- Lesões importantes de cabeça e pescoço e procedimentos de reconstrução
- Lesões ou obstruções esofágicas

- Inanição e debilitação crônicas em que o apetite está ausente

22. Como a alimentação enteral pode ser administrada?

Por sondas longas que são passadas enquanto o paciente está na enfermaria (como sonda nasogástrica ou nasoduodenal). Elas também podem ser colocadas pela cirurgia na forma de gastrostomias e jejunostomias.

23. Há complicações relacionadas à passagem de sonda de alimentação enteral?

As sondas que são passadas por procedimento não-cirúrgico (nasogástrica e nasoduodenal) podem ser colocadas na traquéia ou enroladas no esôfago. Isso pode levar à aspiração quando a alimentação é iniciada. Em casos em que não é levantada a suspeita, ílio, dilatação gástrica e vômitos subseqüentes podem ocorrer.

Perfuração de esôfago pode ocorrer.

Como em qualquer procedimento cirúrgico, complicações podem acontecer com a colocação de sondas de gastrostomia e jejunostomia. As complicações mais comuns de sondas colocadas pela cirurgia (gastrostomia e jejunostomia) são hemorragia; infecção e desalojamento da sonda com contaminação intraperitoneal pelo conteúdo intestinal e pela fórmula nutricional, que leva a peritonite.

24. Quais são as causas de diarréia em pacientes que estão recebendo nutrição enteral?

Diarréia é comum em qualquer forma de nutrição enteral. As causas mecânicas compreendem soluções muito frias, soluções hipertônicas, bolos muito grandes e soluções com pouco ou nenhum sal.

Entre as causas infecciosas estão a contaminação bacteriana da bolsa ou, se foram usados antibióticos, o sobrecrescimento estafilocócico ou fúngico ou a infecção por *clostridium dificile*.

Medicações, intolerância à gordura e à lactose também produzem diarréia.

25. Quais são os tipos básicos de nutrição enteral?

Polimérica, elementar e modular.

26. Quais são as diferenças entre os diferentes tipos de nutrição enteral?

As *dietas poliméricas* contêm grandes formas moleculares de proteína, carboidratos e gordura. As proteínas estão na forma de proteínas inteiras, o açúcar está na forma de sucrose e açúcar de milho e a gordura se encontra na forma de óleos. Essa é a forma mais fisiológica de nutrição enteral para pacientes com trato digestivo com função normal e que estão impossibilitados de comer.

As *dietas elementares* (fórmulas definidas) são pré-digeridas e os açúcares estão na forma de mono e dissacarídeos, a proteína está sob a forma de aminoácidos e a gordura encontra-se na forma de triglicerídeos de cadeias média e longa. Elas são indicadas para pacientes sem capacidade de digerir normalmente, como aqueles com síndrome do intestino curto, fístulas intestinais e insuficiência pancreática, onde há falta de enzimas digestivas. Elas são menos digestivas que as dietas poliméricas, não mantêm a mucosa intestinal e custam mais.

As *dietas modulares* são decompostas nas suas partes componentes, por exemplo, recipientes separados de proteína, gordura, carboidratos, oligoelementos essenciais e eletrólitos. Elas podem ser combinadas para se adequarem a necessidades específicas, como para pacientes com diabete, insuficiência renal ou hepática e várias formas de intolerância nutricional.

27. A nutrição enteral e a NPT são superiores à alimentação por via oral?

Não. A alimentação oral é superior a qualquer método artificial porque o estímulo de comer causa a secreção de enzimas e hormônios vitais para a digestão, absorção e utilização dos nutrientes. A alimentação enteral é menos efetiva que a alimentação oral e a NPT é menos efetiva que as duas.

28. Como são avaliados os resultados da nutrição cirúrgica?

O catabolismo é convertido em anabolismo como evidenciado pelo balanço nitrogenado, que pode ser calculado com a seguinte fórmula:

$$\text{Balanço nitrogenado (g/dia)} = \frac{\text{Aporte de proteína (g/dia)}}{6{,}25} - (\text{UNN (g/dia)}) + 4$$

Um resultado positivo maior que +2 g/dia indica anabolismo. A albumina é um bom indicador de nutrição e, se a albumina aumenta até níveis normais (acima de 3,5 g%), é um bom sinal de suporte nutricional adequado. Ganho de peso não é confiável, uma vez que um edema pode ser a razão do aumento de peso.

29. Quando a nutrição cirúrgica pode ser interrompida?

Quando o paciente está apto a ingerir quantidades adequadas por via oral. Ou se o paciente em NPT pode passar para nutrição enteral com volume suficiente para satisfazer adequadamente todas as necessidades nutricionais. Quando a NPT é interrompida, ela deve ser reduzida gradualmente durante um período de muitas horas para impedir hipoglicemia reativa

REFERÊNCIAS BIBLIOGRÁFICAS

1. Apelgren KN & Dean RE: *Enteral Feeding in Long-Term Care.* Chicago, Precept Press, 1990.
2. Barker LR, Burton JR, Zieve PD: *Ambulatory Medicine,* 4th ed. Baltimore, Williams & Wilkins, 1994.
3. Bongard FS, Stamos MJ, Passaro E: *Surgery: A Clinical Approach.* New York, Churchill Livingstone, 1997.
4. Civeta JM, Tatlor RW, Kirby RR: *Critical Care,* 2nd ed. Philadelphia, Lippincott-Raven, 1992.
5. Skipper A (ed): *Dietitian's Handbook of Enteral and Parenteral Nutrition,* 2nd ed. Gaithersburg, MD, Aspen, 1998.

XI. *Tipos específicos de trauma*

33. QUEIMADURAS

Stefan R. Schirber, M.D., e *Kenneth Waxman*, M.D.

1. Qual é a incidência de lesões por queimaduras nos Estados Unidos?

A incidência de lesões por queimaduras declinou de forma estável durante as últimas décadas. Cerca de 1,25 milhões de pessoas são tratadas anualmente por queimaduras. Setenta e cinco por cento desses pacientes apresentam queimaduras que cobrem menos de 10% da área de superfície corporal total (ASCT).

2. Quais são as causas de lesões por queimaduras?

As queimaduras resultam de contato com substâncias térmicas (p. ex., calor) e químicas. Líquidos, sólidos, chamas, radiação e eletricidade também podem produzir queimaduras.

3. Qual é a prioridade no tratamento de queimaduras?

Como em qualquer trauma, as lesões com risco de vida são a prioridade. Os ABCs (via aérea, respiração [*breathing*] e circulação) devem ser avaliados e estabilizados. A extensão da queimadura pode ser estimada (% ASCT) e iniciada a reposição adequada de fluidos. O exame secundário deve ter lugar de forma que sejam avaliadas as lesões associadas. Curativos quentes e avaliação quanto à situação vacinal referente ao tétano também são providenciados nessa etapa.

4. Qual é a resposta tecidual à queimadura?

Após uma queimadura, há um acúmulo rápido de fluido na ferida e, em menor extensão, nos tecidos não-queimados. Uma queimadura de 15-20% da ASCT ou maior causará choque hipovolêmico se não tratada adequadamente. A resposta de edema é mais rápida nas primeiras seis a oito horas após a queimadura, mas continua por, no mínimo, 18-24 horas. Mediadores inflamatórios liberados localmente por plaquetas, macrófagos e leucócitos contribuem para a hiperpermeabilidade da microcirculação. O fluxo sangüíneo regional aumenta, com elevação concomitante na pressão capilar. Proteína desnaturada (coagulada pelo calor) pode perpetuar o edema da ferida por meio de gradientes hidrostático e osmótico.

5. O que é escara?

Escara é a pele inelástica, inviável, destruída por dano térmico intenso. A excisão precoce da escara é importante para prevenir a constrição neurovascular das extremidades ou o comprometimento respiratório quando o tórax está envolvido. Além disso, a escara pode abrigar bactérias patogênicas.

6. Como as queimaduras são classificadas?

As queimaduras são classificadas de acordo com a profundidade, conforme mostrado na tabela da página seguinte.

7. Como é determinada a porcentagem de área de superfície corporal envolvida?

O método clínico habitual para a estimativa da ASCT envolvida em uma queimadura é a "regra dos nove". Na regra dos nove, a ASCT é dividida em áreas de 9% cada. A cabeça e as extremidades superiores

Classificação das queimaduras

	SINAIS E SINTOMAS	RESULTADO
I grau	Eritema, dor	Cicatrização em uma ou duas semanas
II grau	Eritema, dor, bolhas e umidade por extravazamento de fluido	Cicatrização espontânea por células epiteliais residuais
III grau	Escara escura, queimada; placas brancas secas; insensível à dor	Requer antibióticos tópico; suscetível à infecção; cicatrização por contratura ou enxerto
IV grau	Envolvimento de músculo ou osso	Reconstrução de grande porte ou necessidade de amputação

têm 9% cada, cada extremidade inferior e as partes anterior e posterior do tórax representam 18%. A palma da mão representa aproximadamente 1% da ASCT. Em razão da área de superfície relativamente grande ocupada pela cabeça em lactentes e durante a primeira infância, o gráfico de Lund-Browder permite uma estimativa mais precisa para esse subgrupo.

8. Quais são os sinais e sintomas de lesão por inalação?

História e alto índice de suspeita devem alertar sobre a possibilidade de lesão por inalação. Laringoscopia deve ser realizada em qualquer paciente com possível lesão inalatória. Evidência de edema ou eritema supraglótico anuncia tal lesão e intubação endotraqueal profilática deve ser realizada precocemente para evitar perda de via aérea. Posteriormente, obstrução de via aérea superior pode se manifestar por alteração da fonação, estridor, retração intercostal e cianose.

9. O que produz lesão por inalação?

A lesão inalatória pode ser atribuída a três componentes: lesão térmica, envenenamento por monóxido de carbono (e HCN) e lesão química. A lesão térmica resulta de exposição direta ao calor e habitualmente é limitada à região supraglótica. Monóxido de carbono, um produto intermediário da combustão orgânica, é inalado comumente. A afinidade do CO pela hemoglobina é 300 vezes maior que a do O_2. O CO também se liga ao sistema citocromo, diminuindo o transporte de oxigênio. A hipoxia subseqüente pode levar a encefalopatia e insuficiência renal. O tratamento compreende O_2 100%, que diminui a meia-vida da carboxiemoglobina de 4 horas e meia para 50 minutos. A lesão química origina-se de gases corrosivos e irritantes químicos, que são inalados, e, subseqüentemente, aprofunda-se nos pulmões. Lesão dos penumócitos tipo II levará, então, à perda da produção de surfactante e a volume alveolar.

10. Como se protege uma queimadura?

Queimaduras superficiais, de espessura parcial, podem ser tratadas com curativos diários, cuidados locais da ferida e antibióticos tópicos até que a epitelização ocorra. Uma cobertura temporária com aloenxertos ou xenoenxertos também pode ser realizada e pode diminuir a dor e a necessidade da troca diária de curativos. Esses enxertos são particularmente adequados para crianças pequenas e pacientes que não cooperam. Queimaduras profundas, de espessura parcial, também demonstraram melhor evolução funcional (i. e., melhor mobilidade articular e diminuição de escara hipertrófica) quando foram realizados debridamento e enxerto precoces e agressivos. Há 20 anos, Janzekovic demonstrou que a remoção precoce do tecido queimado por excisão tangencial diminui a dor, o número de cirurgias, a mortalidade, a perda de sangue e a duração da internação. Queimaduras de espessura total devem ser tratadas pela remoção do tecido desvitalizado (debridamento) e pelo enxerto autólogo de pele, se possível.

11. Como a reposição de fluido deve ser realizada?

Historicamente, o choque por queimadura (hipovolêmico), decorrente da inadequada reposição de volume, era a principal causa de mortalidade em queimaduras graves. As técnicas de reposição agressiva de fluido foram iniciadas nos anos 60 e 70, primariamente com cristalóides, como a solução de Ringer lactato (RL) ou o soro fisiológico (SF). Essas técnicas deslocaram a mortalidade do choque por queimadura para sepse secundária à queimadura. Existem muitas fórmulas para a reposição de fluido em pacientes queimados e todos são baseadas no tamanho da queimadura (ASCT). A mais comum é a fórmula de Parkland, que calcula as necessidades de fluidos em 24 horas como 4 ml/kg/% ASCT usando solução de RL. Metade desse total é administrado durante as primeiras oito horas e a metade remanescente é administrada durante as subseqüentes 16 horas após a queimadura. Entretanto, a velocidade de fluido na prática deve ser titulada continuamente segundo as respostas fisiológicas do paciente.

12. Qual é o papel dos antibióticos nos casos de queimaduras?

Não há justificativa para o uso de antibióticos endovenosos profiláticos em casos de queimaduras e eles servem apenas para selecionar as bactérias resistentes. Os antibióticos tópicos devem ser utilizados em queimaduras de segundo e terceiro graus. Dos agentes tópicos disponíveis, três têm eficácia comprovada. O acetato de mafenide tem excelente penetração na escara, mas age como inibidor da anidrase carbônica e é associado à acidose metabólica. O nitrato de prata também é aceitável, mas libera eletrólitos e cora os tecidos locais. O agente mais comum, a sulfadiazina de prata (Silvadene), apresenta excelente cobertura com baixa toxicidade. O uso de silvadene pode causar leucopenia transitória.

13. Qual é a conduta inicial em um paciente que sofreu trauma e está queimado e hipovolêmico?

Infusão de dois a três litros de RL aquecido e reavaliação dos sinais vitais devem ser realizadas. Se o paciente continua hipotenso, deve ser solicitado sangue do tipo específico ou O negativo. Fatores de coagulação e plaquetas também devem estar disponíveis, prevendo-se uma potencial coagulopatia de consumo (CIVD). Se não há sangramento externo e a hipotensão persiste, deve ser excluída uma fonte de hemorragia interna.

14. Qual é o melhor acesso EV em um paciente queimado politraumatizado?

No mínimo, dois acessos EV periféricos de grande calibre (16-gauge ou maior) são necessários. Se não existem veias disponíveis para punção percutânea, uma flebotomia deve ser realizada na extremidade, tão distalmente quanto possível, para possibilitar mudanças de acesso EV por meio de incisões mais proximais na extremidade. Crianças pequenas podem requerer acesso EV intra-ósseo por punção da medula com uma agulha de grande calibre, distal à tuberosidade da tíbia.

15. Os ventiladores tradicionais são a melhor opção de tratamento em pacientes gravemente queimados com lesão por inalação?

A ventilação de percussão de alta freqüência (HFPV) é atualmente o único método de tratamento que comprovadamente diminui a morbidade e a mortalidade em lesões por inalação. A HFPV previne a pneumonia, diminui o *shunt* intrapulmonar, diminui a pressão de pico inspiratório e, em algum grau, diminui a PEEP e a pressão média de via aérea.

16. Os pacientes com lesão por inalação devem receber corticosteróides ou antibióticos profiláticos?

Corticosteróides e antibióticos não demonstraram ser benéficos profilaticamente. Em caso de patógeno conhecido, a terapia antibiótica EV está claramente indicada. De outra forma, antibióticos tópicos devem ser aplicados às áreas queimadas.

17. O débito urinário (DU) é um indicador confiável de reposição de fluido adequada?

Em queimaduras pequenas (< 30% ASCT), um débito urinário de 1 ml/kg/h pode ser adequado para a avaliação da perfusão e, sem dúvida, é a base, junto com os sinais vitais, para as fórmulas de reposição de fluido. Para queimaduras maiores, o DU não é um indicador confiável e a monitoração invasiva é necessária.

18. Quando é indicado um cateter de Swan-Ganz?

Todas as queimaduras graves e a maioria das moderadas exigem a colocação de um cateter de Swan-Ganz ou de artéria pulmonar (AP) para a reposição ideal de volume. Os cateteres de AP possibilitam uma melhor orientação na administração de fluidos ou sangue, de forma a aumentar o índice cardíaco e o transporte de oxigênio (DO_2) para atingir uma saturação venosa maior que 65%. Uma vez que a hipovolemia tenha sido corrigida, agentes inotrópicos podem ser introduzidos para aumentar o débito cardíaco, se necessário. Medidas dos parâmetros de AP permitem o ajuste cuidadoso do desempenho cardíaco.

19. O débito cardíaco (DC) diminui em pacientes traumatizados e queimados?

Em um paciente com 50% de ASCT queimada, o débito cardíaco pode diminuir até quase 50% no minuto seguinte à queimadura e retornar a 33% da linha de base na primeira hora seguinte. Por meio de estudos ultra-sonográficos, foram demonstradas diminuição da contratilidade cardíaca e disfunção de ventrículo esquerdo especificamente em pacientes com trauma após queimadura.

20. O que acontece ao metabolismo normal no paciente queimado?

Os pacientes queimados exibem um estado hipermetabólico prolongado que dura várias semanas. Um intenso catabolismo protéico e uma lipólise maciça ocorrem nesse período. O aumento das catecolaminas, a perda de água e calor e a sepse contribuem para esse metabolismo acelerado.

21. Qual é a importância da nutrição no paciente queimado?

A nutrição enteral é a via preferida e perde apenas para a reposição de fluido adequada na redução de complicações sépticas e melhora da sobrevida global. A passagem de uma sonda nasogástrica (SNG) com subseqüente alimentação deve ser iniciada imediatamente. Uma dieta com relação calorias e nitrogênio de 80-100:1, com ácidos graxos ômega-3 e ômega-6, glutamina e fibras deve ser implementada. Uma diminuição da translocação de bactérias intestinais e algumas complicações sépticas em menor número foram demonstradas com esse regime.

22. Qual o papel das sondas de jejunostomia para alimentação?

Os pacientes com traumas múltiplos submetidos à exploração abdominal devem ter sondas de jejunostomia (sondas-J) mesmo com ílio e anastomoses. Os resíduos gástricos são verificados a cada quatro horas e a alimentação por sonda deve ser suspensa se esses forem maiores que 150 cc. Resíduos persistentes podem ser tratados com metoclopramida, cisaprida ou eritromicina EV, nessa ordem, com a advertência de que resíduos aumentados podem ser sinal de um evento séptico.

23. Como é obtido o controle adequado da dor em pacientes queimados?

O controle da dor é extremamente importante em casos de queimaduras e deve incluir reavaliações freqüentes e analgesia controlada pelo paciente, quando possível. Escalas análogas visuais (p. ex., designando valores específicos para crianças e números de 1 a 10 para adultos) podem ser implementadas. Lactentes e pacientes com verbalização prejudicada requerem uma escala de dor por observação. Além disso, os pacientes com trauma ou queimaduras importantes que estão intubados podem necessitar de opiáceos, amnésticos ou paralisia.

24. Como pode ser evitada a sepse relacionada a cateter?

É importante mudar todos os cateteres colocados na admissão dentro de 24 horas. Deve ser usado o julgamento clínico para orientar a mudança de cateteres e culturas de pontas de cateter para temperaturas maiores que 102° F ou outros sinais de sepse.

25. Quando deve ser iniciada a reabilitação?

A reabilitação deve ser iniciada no dia da lesão e deve prosseguir com uma abordagem multidisciplinar. A fisioterapia deve começar precocemente, com atenção particular às áreas da cabeça, do pescoço e das mãos. Isso deve ajudar a prevenir os aspectos mais dispendiosos das lesões por queimaduras: a perda da produtividade no trabalho e a reabilitação crônica.

26. Auto-enxertos epidérmicos cultivados devem ser utilizados?

Nos pacientes com queimaduras maciças, as células cultivadas são uma opção. No entanto, elas são caras e resultam em altas taxas de fracasso, cicatrizes e cobertura ruim. Seu uso deve ser reservado para casos selecionados de lesão maciça por queimadura.

27. Como as cicatrizes podem ser diminuídas?

As cicatrizes são variáveis, dependendo dos muitos tipos diferentes de pele, mas a manutenção das feridas úmidas e o uso de vestimentas com pressão mostraram ser de utilidade.

REFERÊNCIAS BIBLIOGRÁFICAS

1. Achauer BM: Treating the burn wound. *In* Achauer BM (ed): *Management of the Burned Patient.* Norwalk, CT, Appleton & Lange, 1987, p. 93-109.
2. Dougherty W & Waxman K: The complexities of managing severe burns with associated trauma. *Surg Clin North Am* 76: 923-958, 1996.
3. Janzekovic Z: A new concept in the early excision and immediate grafting of burns. *J Trauma* 15: 42-62, 1975.
4. Monafo WW: Initial management of burns. *N Engl J Med* 335: 1581-1586, 1996.
5. Nguyen TT: Current treatment of severely burned patients. *Ann Surg* 223: 14-25, 1996.

34. QUEIMADURAS QUÍMICAS

Thuan T. Nguyen, M.D., e *Justin D. Merszei*, M.D.

1. Quais são fontes comuns de exposições químicas que levam a queimaduras químicas?

Uma lesão química pode ser encontrada em todos os tipos de ocupação. Mais de 25.000 produtos capazes de causar lesões químicas graves são atualmente negociados para uso doméstico, em agricultura ou indústria. Muitos destes produtos químicos são usados diariamente para limpar cozinhas e banheiros, descolorir cabelos e alvejar roupas. Exposições perigosas podem suceder uso profissional de produtos químicos industriais em razão de sua concentração elevada. Além disso, tais queimaduras são freqüentemente associadas à lesão de uma grande área da superfície corporal total (ASCT).

2. Qual a diferença da fisiopatologia das queimaduras químicas e térmicas?

A aplicação de calor ou produtos químicos, especialmente distúrbios de pH, pode causar decomposição de estruturas biológicas. Em lesões térmicas, existe rápida coagulação de proteínas em decorrência de reações de ligação cruzada durante o contato térmico; nas queimaduras químicas a destruição de proteína continua muito tempo após o insulto inicial. Portanto, a diferença primária entre queimaduras químicas e térmicas é que a primeira não destrói necessariamente tecidos por atividade hipertérmica; pelo contrário, os agentes químicos causam lesão por alteração das proteínas teciduais, interrupção do metabolismo celular e por intermédio de uma variedade de outras reações químicas.

3. Como são classificados os agentes comumente envolvidos em queimaduras químicas?

Os agentes químicos que causam queimaduras são classificados conforme as reações que desencadeiam. Em geral, há quatro grandes classes químicas. Ácidos diminuem o pH pela doação de prótons. Os íons de hidrogênio livre podem *protonate* qualquer sítio amino ou carboxílico, assim destruindo a estrutura da proteína. Ademais, ácidos concentrados podem lesar o tecido pela geração de calor e dessecação. Bases aceitam íons hidrogênio. As bases irão retirar prótons dos grupos amino e carboxila, destruindo a estrutura da proteína. Além do mais, as bases podem formar sais e sabões, causando dano tecidual adicional. Compostos orgânicos, como fenol e derivados do petróleo, causam destruição de proteína por reações químicas, produção de calor e possivelmente por meio de ação como solvente. Agentes inorgânicos, como sódio, fósforo e cloro, lesam o tecido por ligação direta, formação de sal e produção de calor. Como regra geral, as soluções concentradas são mais viscosas, mais reativas, mais higroscópicas e liberam mais calor durante lavagem ou neutralização. Como todas as quatro classes de agentes químicos causam lesão por mais de uma reação química, é mais útil agrupar cada agente químico por seu mecanismo predominante de destruição tecidual. Os seis mecanismos primários de destruição tecidual são:

1. *Redução:* Causado pela redução das ligações amida após exposição a agentes redutores. Tais agentes são químicos altamente reativos, raros como hidretos metálicos.
2. *Oxidação:* Lesam o tecido por adição de oxigênio, enxofre ou halogênios a proteínas, dessa forma alterando ou destruindo a função fisiológica. Como exemplos, temos hipocloreto de sódio, permanganato de potássio, ácido crômico e peróxidos.
3. *Agentes corrosivos:* Compostos como fenóis e hidróxidos metálicos agem corroendo a pele e desnaturando proteínas pelos vários mecanismos não-compreendidos completamente.
4. *Venenos protoplásmicos:* Alguns compostos, como ácido acético e fórmico, destroem a função da proteína pela formação de ésteres. Outros compostos desta classe, como ácido oxálico e hidrofluórico, ligam íons inorgânicos interferindo, assim, na função celular normal.

5. *Dessecativos:* Ácido sulfúrico concentrado e outros agentes higroscópicos causam lesão tecidual por extração de água. Além disso, dessecativos podem gerar calor por reação exotérmica causando lesão tecidual adicional.

6. *Vesicantes:* Incluem armas químicas como mostardas, arsênicos e *oximas* halogenadas que são caracterizadas tipicamente por uma variedade de mecanismos que incluem a alquilação do DNA e talvez a liberação de proteases pelos lisossomos.

4. Qual é a conduta de emergência adequada para um paciente com suspeita de queimadura química?

No local da lesão ou no pronto-socorro, é importante saber o agente causal exato o mais rápido possível, pois o grau de lesão tecidual local e o nível de toxicidade sistêmica são determinados pela duração do contato com a pele. Além disso, a localização anatômica da queimadura, a quantidade de área de superfície exposta, o mecanismo de lesão e a concentração do produto químico são todos fatores que influenciam a extensão da lesão local e sistêmica. Uma vez que a duração da exposição química pode ser manipulada, é extremamente importante remover de imediato o agente químico para impedir lesão tecidual adicional. Isso inclui retirada de roupas e remoção de produtos químicos secos da pele, seguidas por lavagem copiosa no local da lesão ou no pronto-socorro. Acredita-se que a lavagem dilua o agente químico, atenuando a reação química, suprimindo qualquer elevação do metabolismo tecidual, tendo ação antiinflamatória, suprimindo ação higroscópica e retornando o pH a níveis normais. Além disto, fluxo constante de água dissipará o calor originado da diluição. Adiamento do tratamento de tais lesões até que a ressuscitação tenha sido completada com sucesso pode ser prejudicial, porque o produto químico pode ter ação prolongada e produzir efeitos metabólicos graves. Foi comprovado por meio de pesquisa que, a incidência de queimaduras de espessura total foi cinco vezes maior entre pacientes que não receberam irrigação nos primeiros 10 minutos após o contato com o agente químico (ver algoritmo na Questão 8).

5. Em quais situações a lavagem com água não é indicada inicialmente e quais métodos especiais devem ser usados para minimizar a absorção de agentes químicos?

Como afirmado na questão anterior, lavagem precoce com água efetivamente reduz a gravidade da lesão por queimadura química. Entretanto, produtos químicos como ácido muriático, ácido hidrossulfúrico, ácido hidroclórico e sódio metal criam exotermia importante quando combinados com água e, portanto, não devem ser lavados. Uma vez que ácido muriático, ácido sulfúrico concentrado e ácido hidroclórico produzem calor quando é adicionada água, tais queimaduras devem ser neutralizadas com sabão ou água de cal antes da lavagem. Sódio metal origina hidróxido de sódio e calor na presença de água; ele tem propensão a explodir. Desta maneira, queimaduras por sódio metal devem ser cobertas com óleo e, quando indicado, ser excisadas. Outros agentes químicos, como fenol, são insolúveis em água e devem ser diluídos com um agente solubilizante de base oleosa, como polietileno glicol. Além disso, cal seco reage com água para formar um álcali prejudicial e, portanto, precisa ser removido da pele antes da lavagem.

6. Descreva o processo de lavagem ou diluição.

O tratamento imediato após uma queimadura química consiste de lavagem da área queimada com volumes copiosos de água corrente. "Banho" ou terapia de imersão em um tanque para queimaduras não são recomendados, pois aumentam o risco de infecção hospitalar, desequilíbrios eletrolíticos e hipotermia. Ademais, entre os riscos da imersão em tanque está a introdução de agentes químicos diluídos pela água do tanque em outras regiões do corpo.

Uma lavagem com chuveiro, por uma unidade com suporte para as mãos, sobre um tanque de hidroterapia é recomendada. Alguns autores recomendam irrigação por até seis ou oito horas para queimaduras por álcalis e mais duradoura para pacientes com dor contínua. Uma vez que queimaduras com ácidos são geralmente menos invasivas, a duração da irrigação pode ser mais curta que a necessária para uma queimadura similar por álcali. Alguns médicos acreditam que o ponto final para a lavagem é quando o paciente não sente mais dor. Entretanto, deve ser lembrado que algumas queimaduras químicas não são associadas à dor e ainda assim requerem irrigação copiosa. Tais pacientes devem ser tratados conforme a gravidade da queimadura e a concentração do agente químico envolvido. (Ver figura na p. 233.)

7. Descreva o aspecto típico de uma queimadura química.

Lesões químicas podem parecer enganosamente inofensivas e superficiais imediatamente após a exposição. O escurecimento incomum da pele e as propriedades anestésicas locais de alguns agentes químicos torna notoriamente difícil a estimativa da profundidade e da extensão de tais queimaduras. Além do mais, queimaduras químicas diferentes podem apresentar características singulares, dificultando para o médico tratar casos com base na experiência. Após as primeiras 48-72 horas seguintes à lesão, alterações na aparência da superfície da lesão geralmente refletem a verdadeira profundidade da necrose. Freqüentemente, a extensão e a profundidade da queimadura são subestimadas, com conseqüente reposição de fluido insuficiente.

8. Quais toxicidades sistêmicas comuns são relacionadas às queimaduras químicas?

Toxicidades sistêmicas são associadas à ingestão ou contato cutâneo por meio da ferida. Embora os mais comuns agentes químicos envolvidos em queimaduras estejam associados a manifestações específicas, os sintomas sistêmicos podem coincidir e se apresentar de forma estranha. Queimaduras químicas via de regra não causam dor inicialmente. Uma vez que a lesão é insidiosa, o paciente não se torna ciente da queimadura até que um período longo de exposição tenha decorrido. Isso pode levar à demora no diagnóstico, resultando em uma lesão mais grave, local e sistemicamente.

Queimaduras químicas são comumente associadas a toxicidades específicas. Ácido hidrofluórico causa hipocalcemia induzindo arritmias cardíacas, sobretudo fibrilação ventricular. Absorção de destilados de petróleo pode causar hemorragias pulmonares, arritmias cardíacas e lesões hepática e renal. Absorção de ácido fórmico pode causar hemólise intravascular, insuficiência renal e pancreatite necrotizante. Fósforo branco pode causar arritmias ventriculares e lesões hepática e renal. Além disso, queimaduras químicas podem causar lesão por inalação em conseqüência da fumaça ou de agente químico aerossolizado. Tais lesões são tratadas como aquelas por inalação de fumaça, com proteção da via aérea e oxigênio suplementar. Tratamento antibiótico e corticosteróides profiláticos não estão indicados para lesões químicas por inalação.

9. Quais são as queimaduras por álcalis e qual é sua evolução clínica típica?

Múltiplos agentes químicos estão envolvidos em queimaduras cáusticas por álcalis. Álcalis são os mais comuns agentes químicos nas casas. Eles são os produtos ativos usados como agentes de limpeza, cal de jardim, fertilizantes, cimento e drenos para desobstrução. Alguns exemplos desses agentes são cal, hidróxido de potássio e hidróxido de sódio. Como regra, os álcalis produzem menor dano imediato que os ácidos, mas em última instância causam maior destruição tecidual em conseqüência de três mecanismos predominantes de lesão: saponificação da gordura, extração de água das células e dissolução das proteínas teciduais para formar proteinatos alcalinos, que estão envolvidos em reações químicas adicionais. Como já mencionado, as queimaduras por álcalis inicialmente parecem superficiais e benignas, mas se deixadas sem tratamento podem progredir para uma lesão de espessura completa. Uma vez que os álcalis liquefazem o tecido, ocorre penetração mais profunda do agente que freqüentemente requer excisão de tecido necrótico e resurfacing. Observe que agentes neutralizantes não devem ser usados para tratar queimaduras por álcalis. O calor da neutralização pode apenas acentuar a gravidade da lesão. O tratamento consiste de lavagem copiosa com água por seis a oito horas ou mais, caso a dor persista.

10. Qual a diferença entre as queimaduras por ácidos e álcalis?

Ácidos diminuem o pH pela doação de prótons, os quais são reativos e destruirão a estrutura das proteínas na ferida. Eventualmente, íons hidrogênio irão catalisar a hidrólise de proteína em seus aminoá-

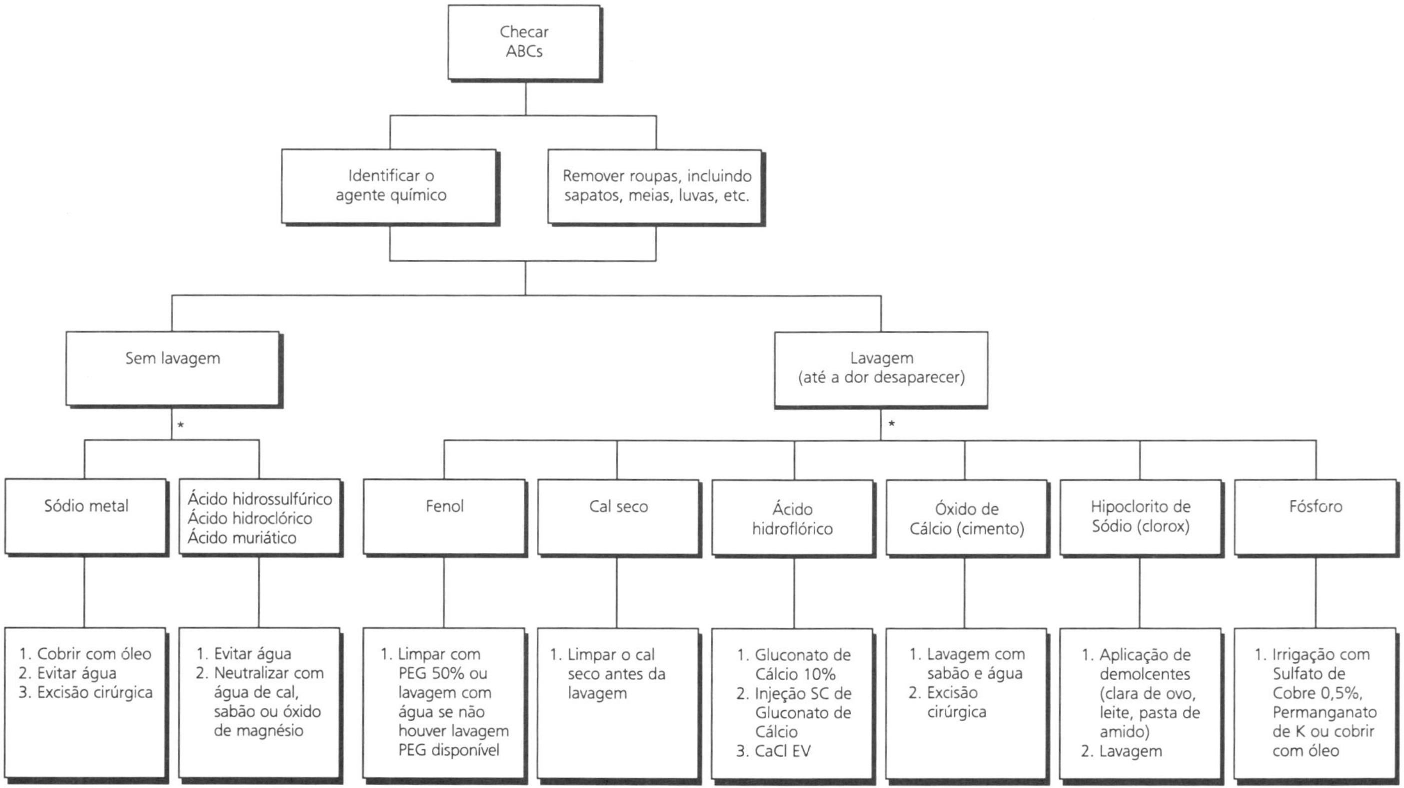

* Avaliar toxicidade sistêmica

Algoritmo para o tratamento de emergência de queimaduras químicas.

cidos constituintes. Classificar uma queimadura química em uma queimadura por ácido é um trabalho muito amplo. Deve se ter em mente que há outros mecanismos envolvidos na lesão tecidual. Por exemplo, ácido sulfúrico lesa o tecido por geração de calor e dessecação. Ácido fosfórico pode causar uma lesão química mista por quelação do cálcio. Em geral, ácidos formam uma escara dura que pode ajudar a proteger o tecido subjacente de queimadura química adicional. Como nas queimaduras por álcalis, agentes neutralizantes são contra-indicados em virtude da possibilidade de gerar uma reação exotérmica, aumentando a lesão tecidual.

11. Descreva a queimadura por cimento úmido.

Óxido de cálcio (cimento) é um álcali que, quando misturado com água, areia e pedregulhos, transforma-se em concreto. Cimento úmido é cáustico, com pH que chega a 12,9 e pode causar uma queimadura por álcali de espessura total. Tais lesões habitualmente ocorrem em trabalhadores amadores que manipulam, ajoelham ou andam descalços em cimento úmido. Além da lesão por álcali, o cimento também pode penetrar as roupas e reagir exotermicamente com o suor. O pó de cimento seco é muito higroscópico e pode causar reação de dessecação, lesando a pele. Tipicamente os sintomas de dor e queimação não aparecem até que tenham se passado várias horas após a exposição. Irrigação prolongada da área é essencial. Freqüentemente excisão cirúrgica dessas queimaduras é necessária em conseqüência da profundidade da lesão.

12. Descreva a apresentação, mecanismo e tratamento típicos de uma queimadura por clorox.

Hipoclorito de sódio (cloro líquido utilizado como alvejante doméstico, como Clorox) é usado como desinfetante, desodorante e alvejante. Embora não exista nenhum dado clínico, soluções domésticas típicas de 4-6% são provavelmente letais para adultos apenas em doses extremamente altas. Pelo contrário, apenas 15 ml com concentração disponível de cloro de 15% podem causar lesão grave. O dano tecidual ocorre por corrosão e coagulação de proteína da pele e membranas mucosas. Hipocloreto de sódio é um agente oxidante potente em uma solução alcalina; acredita-se que o mecanismo de lesão se dê por meio de sua própria oxidação. Clinicamente, a gravidade da queimadura é determinada antes pela concentração do que pela duração do contato com o tecido. Sintomas precoces são dor, inflamação e irritação do local de lesão. A terapia compreende ingestão imediata ou aplicação de demulcentes como leite, clara de ovo, pasta de amido, leite de magnésia e hidróxido de alumínio seguida por lavagem. Bicarbonato de sódio está contra-indicado porque causa a liberação de dióxido de carbono.

13. Descreva o quadro clínico típico e o tratamento inicial para um paciente com queimadura por fenol.

Estas queimaduras químicas geralmente apresentam-se como lesões benignas de espessura parcial. Algumas vezes, o fenol confere à pele uma coloração cinza-opaca que pode progredir para gangrena negra. O fenol é absorvido pela pele intacta e pelos pulmões como vapor. Sistemicamente, o fenol é um estimulante do sistema nervoso central (SNC) que pode causar hiper-reflexia e convulsões. A seguir, ocorre depressão do SNC e parada respiratória pode acontecer. Além disso, fenol desmieliniza e destrói nervos periféricos, causando anestesia no local de contato. O fenol também pode causar depressão cardíaca, necrose hepática e insuficiência renal. Urina turva é freqüentemente associada a queimaduras por fenol em razão da toxicidade sistêmica. Uma vez que o fenol não é solúvel em água, aplicação tópica de polietileno glicol (PEG) ou óleo vegetal é benéfica nessas lesões, seguida por lavagem. Mesmo embora PEG não-diluído seja o melhor solvente, irrigação copiosa com água deve ser iniciada quando PEG não está imediatamente disponível. Reconhecimento imediato da gravidade da queimadura por fenol e tratamento inicial correto podem prevenir morbidade e mortalidade significativas nesses pacientes com queimaduras.

14. Em quais quadros são vistas queimaduras por fósforo? Qual é o mecanismo de lesão e como devem ser tratadas?

Fósforo orgânico é um agente incendiário usado em uma variedade de armas, incluindo granadas de mão, bombas a motor e projéteis de artilharia. Fósforo também é encontrado em fogos de artifício e fertilizantes, que são a fonte mais provável de queimaduras na população civil. Fósforo vermelho é insolúvel, não-absorvível e não-volátil e, portanto, atóxico. Fósforo amarelo, que é comumente chamado fósforo branco, é insolúvel em água, mas prontamente solúvel na maioria dos óleos. Quando expostos ao ar, gases de fósforo podem sofrer combustão espontânea. O contato com a pele é associado à queimadura dolorosa de segundo ou terceiro grau devida aos componentes químicos e térmicos do agente. Além disso, os produtos da combustão do fósforo são uma variedade de óxidos e polifosfatos que podem se ligar ao cálcio, causando toxicidade sistêmica. O mecanismo químico irá progredir até que todo o fósforo tenha sido oxidado ou tenha se esgotado todo o oxigêmio quando imerso em água.

A lesão por queimadura com fósforo é tipicamente amarela, necrótica, dolorosa e tem cheiro de alho. Como com outras queimaduras químicas, as roupas do paciente devem ser removidas imediatamente. Deve-se tomar cuidado com as roupas de pacientes envolvidos em queimaduras por fósforo, pois elas podem se inflamar. Se não é possível realizar lavagem durante o transporte, o ferimento deve ser coberto com curativos embebidos em soro fisiológico ou água até que o paciente chegue ao hospital. A ferida deve então ser irrigada com quantidades copiosas de soro fisiológico ou água enquanto são removidas as partículas grandes de fósforo. A terapia específica para queimaduras por fósforo é irrigação com solução de sulfato de cobre 0,5% ou permanganato de potássio (1: 5.000) ou cobertura da lesão com vaselina líquida. Esse antídoto forma uma película negra de óxido cúprico na superfície da ferida, impedindo a oxidação e permitindo a remoção fácil do fósforo branco. Soluções mais fortes que sulfato de cobre 1% causaram hemólise intravascular e insuficiência renal, sendo, portanto, contra-indicadas.

Compostos orgânicos de fósforo como *parathion* são inibidores tóxicos da colinesterase e estão associados à toxicidade sistêmica grave. Além disso, hipocalcemia e hiperfosfatemia podem aumentar ainda mais o desequilíbrio eletrolítico e foram relatadas como causas de arritmias cardíacas fatais. Degeneração gordurosa aguda do fígado decorrente de toxicidade por fósforo pode causar icterícia, diminuição da síntese de proteínas, hipoglicemia e hemorragia em virtude da depleção de fatores de coagulação.

15. Em que cenário ocupacional são observadas as queimaduras por ácido hidrofluórico? Descreva o mecanismo de lesão.

O ácido hidrofluorico é um ácido inorgânico do elemento flúor, muito corrosivo, que é usado na manufatura de muitos produtos incluindo plásticos, acabamento de cerâmicas e removedores de ferrugem. As queimaduras podem ocorrer por pequenas perfurações na luva de trabalho, borrifada acidental ou na falha de trabalhadores em reconhecer a ameaça de um solução de ácido de aspecto benigno.

Existem dois mecanismos de lesão. A lesão imediata é decorrente da alta concentração de íon hidrogênio no tecido que ocorre em todas as queimaduras por ácidos e produz uma lesão cáustica de pele típica, que altera as barreiras protetoras normais da pele. O segundo mecanismo é insidioso e ainda mais grave: íons fluoreto livres solúveis penetram a pele lesada e causam necrose de liquefação das partes moles, descalcificação óssea e desidratação local. O processo de destruição pode continuar por muitas horas ou mesmo dias, resultando em lesão extensa e toxicidade sistêmica se o tratamento é adiado.

16. Qual é o tratamento apropriado para uma queimadura por ácido hidrofluórico? Quando um tratamento é mais apropriado que outro?

Queimaduras menos graves por ácido hidrofluórico (HF) (menos que 5% da ASCT em contato com concentraçoes menores que 20% de HF) não são habitualmente associadas a sintomas nas primeiras 24 horas. Após lavagem copiosa com água, essas queimaduras são tratadas com um pasta de 35 ml de gluconato de cálcio injetável (10%) em 150 g de geléia K-Y, aplicada sobre a área afetada e trocada a cada hora se necessário.

Quando a dor persiste ou se suspeita de lesões mais graves (mais que 1% da ASCT em contato com concentração maior que 20% de HF), o tecido queimado pode necessitar de injeções subcutâneas de gluconato de cálcio nas áreas dolorosas. Essa dor e eritema tipicamente ocorrem imediatamente ou nas primeiras oito horas após a exposição. Injeção de gluconato de cálcio é um método efetivo de ligação dos íons fluoreto. As injeções devem ser realizadas com agulha de 27 ou 30 *gauge*. Os tecidos subcutâneos abaixo da pele envolvida devem ser injetados a partir de locais da periferia da lesão. Uma dose de 0,5 ml/cm^2 de gluconato de cálcio 10% é utilizada. Embora cloreto de cálcio tenha mais miliequivalentes por mililitro de cálcio, infiltração subcutânea é contra-indicada em decorrência das propriedades irritantes no tecido. Esse método demonstrou resultar em alívio significativo da dor e melhora imediata do aspecto da lesão.

Queimadura por contato com HF grave ou inalação maior que 60% de vapores de HF são geralmente associadas à toxicidade sistêmica. A manifestação sistêmica da exposição ao ácido hidrofluórico provém primariamente da hipocalcemia e hipomagnesemia. Entretanto, a hipocalcemia observada em HF não produz os sinais típicos de hipocalcemia. O nível sérico de cálcio e o eletrocardiograma são os indicadores mais confiáveis de hipocalcemia. Além disso, a hipocalcemia induz à arritmia cardíaca, como fibrilação ventricular refratária, que é particularmente resistente ao tratamento. Toxicidades sistêmicas decorrentes da exposição a HF devem ser tratadas com cálcio endovenoso (1g de CaCl a cada 15-30 minutos) até que os níveis séricos de cálcio se normalizem.

17. Como é tratada uma queimadura química do olho?

O olho é freqüentemente envolvido em queimaduras químicas. Alguns centros relatam que quase metade de seus pacientes com queimaduras químicas apresentam envolvimento ocular. Uma queimadura química do olho é uma emergência e um oftalmologista deve ser contatado imediatamente. Irrigação copiosa com água deve ser iniciada imediatamente e continuada durante o transporte para o hospital. Isso pode ser realizado facilmente por imersão da face do paciente em uma vasilha com água e fazendo com que ele abra e feche seus olhos continuamente. Quando o paciente chega ao hospital, um membro da equipe deve ser designado para irrigar o olho com um fluxo contínuo de 1-2 litros de soro fisiológico. Isso pode ser feito com o uso de um equipo endovenoso e um angiocateter de 18-*gauge*

REFERÊNCIAS BIBLIOGRÁFICAS

1. Anderson WJ & Anderson JR: Hydrofluoric acid burns of the hand: Mechanism of injury and treatment. *J Hand Surg* 13A: 52-57, 1988.
2. Bromberg BF, Song IC, Walden RH: Hydrotherapy of chemical burns. *Plast Reconstr Surg* 35: 85-95, 1965.
3. Cartotto RC, Peters WJ, Neligan PC, *et al.*: Chemical burns. *Can J Surg* 39: 205-211, 1996.
4. Curreri PW, Asch MJ, Pruitt BA Jr: The treatment of chemical burns: Specialized diagnostic therapeutic and prognostic considerations. *J Trauma* 10: 634-642, 1970.
5. Fitzpatrick KT & Moylan JA: Emergency care of chemical burns. *Postgrad Med* 78: 189-194, 1985.
6. Milner SM, Lindsey RTA, Nguyen TT, *et al.*: Chemical burns. *In* Herndon DN (ed): *Total Burn Care*. Philadelphia, W.B. Saunders, 1996, p. 415-424.
7. Jelenko C III: Chemicals that burn. *J Trauma* 14: 65-72, 1974.
8. Kirkpatrick JJR, Enion DS, Burd DAR: Hydrofluoric acid burns: A review. *Burns* 21: 483-493, 1995.
9. Leonard L, Scheulen J, Munster A: Chemical burns: Effect of prompt first aid. *J Trauma* 22: 420-423, 1982.
10. Mozingo DW, Smith AD, McManus WF, *et al.*: Chemical burns. *J Trauma* 28: 642-647, 1988.
11. Rodeheaver GT, Hiebert JM, Edlich RF: Initial treatment of chemical skin and eye burns. *Compr Ther* 8: 37-43, 1982.
12. Sawhney CP & Kaushish R: Acid and alkali burns: Considerations in their management. *Burns* 15: 132-135, 1989.
13. Saydjari R, Abston S, Desai MH, Herndon DN: Chemical burns. *J Burn Care Rehabil* 7: 404-408, 1986.
14. Vance MV, Curry SC, Kunkel DB, *et al.*: Digital hydrofluoric acid burns: Treatment with intraarterial calcium infusion. *Ann Emerg Med* 15: 890-896, 1986.
15. Wale R: Chemical burns: First aid and prevention. *Aust Fam Physician* 15: 425-426, 1986.

35. QUEIMADURAS ELÉTRICAS

Bruce E. Zawacki, M.D.

1. Quais fontes de energia comumente produzem queimaduras elétricas e aproximadamente qual voltagem cada uma é capaz de transferir?

Ser atingido diretamente por um raio de vários milhões de volts pode rachar uma árvore ou matar um ser humano em uma fração de segundo. As vítimas que sobrevivem são geralmente aquelas que estão próximas do golpe; suas queimaduras, se presentes, raramente envolvem tecidos profundos e não serão discutidas aqui. As linhas de transmissão de energia podem transportar 230.000 volts e freqüentemente transferem 7-8.000 volts para locações residenciais e industriais. A voltagem doméstica nos Estados Unidos tipicamente é de 120 volts, embora voltagem de 240 volts esteja disponível entre dois fios quentes separados que estão presentes em muitas casas. Baterias industriais podem transferir mais de 100 volts e baterias de automóveis tipicamente carregam 12 volts, mas são, em geral, capazes de transportar correntes maiores.

2. Qual a definição convencional de queimaduras elétricas de "baixa voltagem" e "alta voltagem" e de que maneira elas diferem clinicamente?

Por convenção, lesões por baixa voltagem são definidas como aquelas causadas por menos de 1.000 volts e lesões por alta voltagem, por mais de 1.000 volts. Morte no local da eletrocussão pode ocorrer após exposição a voltagens altas ou baixas, mas queimaduras físicas têm maior probabilidade de estar presentes após lesão por alta voltagem (96%) quando comparadas àquelas causadas por lesão por baixa voltagem (57%). As características dos pacientes sobreviventes com queimaduras elétricas por alta ou baixa voltagem e admitidos ao hospital são resumidas na tabela seguinte.

Características das queimaduras elétricas que necessitam de admissão em hospital

	QUEIMADURAS POR BAIXA VOLTAGEM (< 1.000V)	QUEIMADURAS POR ALTA VOLTAGEM (≥1.000V)
Freqüência relativa	70%	30%
Arritmias cardíacas	até 30%	~30%
"Necrose tecidual progressiva"	Raramente relatadas	Freqüentemente relatada
Necessidade de reposição de fluidos	Como nas queimaduras térmicas	Tipicamente muito maior que nas queimaduras térmicas de área de superfície semelhante
Necessidade de cirurgia	50%	Praticamente todas
Necessidade de fasciotomia	Raramente	Muito comum
Necessidade de amputação	1-2%, relativamente pequena	~50%, freqüentemente grande
Cobertura da ferida na cirurgia	Enxerto cutâneo (cobertura com retalho ocasional)	Enxerto cutâneo (freqüentemente cobertura com retalho)
Média de cirurgias por paciente	0,5	2-3
Mortalidade no hospital	Muito rara	0-15%
Morbidade no hospital	Muito baixa	Muito alta
Seqüelas neurológicas a longo prazo	9%	70%
Capacidade de retornar ao trabalho anterior	Praticamente 100%	Aproximadamente 5%

3. Descreva a conduta apropriada para queimaduras elétricas típicas por baixa voltagem.

Uma história cuidadosa é necessária para descobrir se a lesão pode realmente ser decorrente da alta voltagem de um capacitor (p. ex., como no reparo de uma televisão ou forno de microondas). Também, como arritmias cardíacas podem ocorrer após exposição a baixas voltagens, a história deve incluir informações sobre inconsciência, parada pulmonar ou cardíaca, freqüência de pulso anormal, ritmo ou arritmias observados no ECG no cenário pré-hospitalar ou no pronto-socorro e dor torácica. Um ECG de 12-*lead* deve ser realizado.

Três tipos de queimaduras por baixa voltagem foram descritos na literatura. Pode ser difícil distingui-los imediatamente após a lesão no pronto-socorro e mais de um tipo pode ser visto no mesmo paciente. Eles são:

1. *Contato com materiais aquecidos pelo toque de uma fonte de baixa voltagem,* como bateria de automóvel ou equipamento galvanizado. Geralmente superficial, esta queimadura é tratada como uma queimadura térmica.

2. *Arco de baixa voltagem* (um clarão brilhante decorrente de fótons liberados pelos elétrons puxados de suas camadas orbitais por um campo elétrico) pode produzir temperaturas de até 4.000°C por breves períodos. Havendo alguma distância do paciente, o calor do clarão pode produzir uma queimadura superficial de espessura parcial. Ocorrendo mais próximo ao paciente, as roupas podem ser incendiadas (embora isso seja mais comum em lesões por alta voltagem). Estas lesões também são tratadas como queimaduras térmicas.

3. *Queimaduras por baixa voltagem produzindo lesão local profunda* tipicamente mostram pouca ou nenhuma evidência de fonte distinguível ou pontos de contato com o solo e são caracterizadas pela ausência de lesão distante das áreas de contato. Elas são muito comuns e tipicamente ocorrem quando crianças pequenas mordem fios elétricos, põem a boca em tomadas ou soquetes elétricos. Lesões de comissuras orais, língua e bochechas são comuns e podem ocasionalmente levar a comprometimento de via aérea precoce, por edema intra-oral, ou tardio, decorrente de microstomia pela contratura da ferida. Tais queimaduras também são tratadas como queimaduras térmicas, porém com maior freqüência conservadoramente, sem excisão precoce. Cremes antibacterianos tópicos e talas são tipicamente aplicados para prevenir ou reduzir a magnitude da cirurgia reconstrutiva necessária para corrigir a microstomia após maturação da cicatriz. A família do paciente deve ser instruída sobre sangramento tardio da artéria labial que pode ocorrer, embora raramente, quando a escara separa-se. Isso pode ser controlado por pressão local e retorno ao centro para queimados.

4. Além das queimaduras, exposição à eletricidade de alta voltagem é freqüentemente acompanhada por outras lesões que devem ser diagnosticadas e tratadas. Descreva estas lesões.

Virtualmente, qualquer órgão do corpo que está próximo da fonte da corrente elétrica ou terra (p. ex., cérebro, vesícula biliar, intestino) pode ser lesado por correntes de alta voltagem que passem por ele. Entretanto, outros tipos de lesão menos óbvios também podem ocorrer e devem ser pesquisados e conduzidos por uma detalhada avaliação para trauma.

Lesão de cabeça e pescoço. Trauma fechado de crânio, conteúdos intracranianos ou de coluna cervical pode ocorrer quando o paciente cai ou por contrações musculares intensas arremessam o paciente para longe da fonte elétrica. Catarata pode ocorrer imediatamente ou após algum tempo. Hipóxia decorrente de parada cardíaca ou respiratória também pode produzir dano cerebral.

Lesão cardiovascular. Assistolia, fibrilação ventricular, contrações ventriculares prematuras (CVPs), fibrilação atrial, anormalidade de S-T e onda Q, bloqueio de feixe de ramo e infarto do miocárdio podem estar presentes na admissão. Anormalidades cardíacas também podem se desenvolver após a admissão (ver adiante). Oclusão arterial por lesão elétrica ou pressão elevada em um compartimento pode se desenvolver precocemente ou após um período considerável.

Comprometimento respiratório. Parada respiratória pode ocorrer secundária a espasmos musculares tetânicos, secundária a lesão raquimedular ou decorrente de aspiração, obstrução de via aérea, pneumotórax ou outras seqüelas secundárias à queda ou outra lesão mecânica.

Lesão abdominal e geniturinária. Trauma fechado, como outros tipos de lesão, tem sido registrado e insuficiência renal decorrente de liberação de mioglobina ou hemoglobina na corrente sangüínea pode ocorrer.

Lesão neurológica e musculoesquelética. Fraturas de ossos longos e coluna e luxação de ombros e outras articulações foram registradas e mais de um nível de fratura de coluna pode ocorrer ao mesmo tempo. TC ou RNM são apropriadas para excluir lesão intracraniana na presença de estado mental obnubilado, convulsões ou inconsciência. Mesmo na ausência de fraturas de coluna vertebral, lesão raquimedular imediata ou tardia pode ocorrer e lesão de nervo periférico é muito comum nos períodos pós-lesão precoce e tardio.

Lesão fetal. Lesão e óbito fetal foram descritos em mulheres grávidas que sofreram choques elétricos aparentemente leves, sem perda de consciência ou ferimentos cutâneos.

5. Descrevas as queimaduras elétricas por alta voltagem típicas e a abordagem terapêutica geral apropriada.

Os primeiros três tipos de queimaduras elétricas por alta voltagem são análogas às lesões por baixa voltagem (ver Questão 2). Uma quarta lesão, "verdadeira" ou "condutiva profunda", apresenta marcada diferença das lesões térmicas e lesões elétricas por baixa voltagem. Mais de um tipo pode ser vista em um mesmo paciente.

1. *Contato com materiais aquecidos pela eletricidade de alta voltagem* (como metal vaporizado ou liquefeito, plástico ou material isolante de fio elétrico). Estas podem ser tratadas como queimaduras térmicas.

2. *Arco de alta voltagem* pode produzir queimaduras grandes, superficiais, de espessura parcial e pode incendiar as roupas com maior freqüência que as lesões similares causadas por baixa voltagem. Estas também podem ser tratadas como queimaduras térmicas.

3. *Queimaduras por alta voltagem* que produzem lesão local profunda, sem pontos de contato com a fonte ou terra distintamente separados ou lesão elétrica distante dali. Análogas às queimaduras periorais por baixa voltagem, mas mais graves, essas lesões podem produzir queimaduras ao menos no osso, freqüentemente ocorrendo com arco visível e audível. Pessoas que sobem no alto de carros ferroviários e se aproximam de cabos de alta tensão elevados podem sofrer esse tipo de lesão na cabeça. Estas queimaduras são tipicamente tratadas como queimaduras térmicas locais muito profundas.

4. *Lesões elétricas condutivas profundas por alta voltagem* (as chamadas lesões elétricas verdadeiras) constituem aproximadamente 50% das queimaduras elétricas por alta voltagem. Elas são caracterizadas por pontos de contato com a fonte e solo distinguíveis e lesão elétrica de tecidos ou órgãos intervenientes. Elas necessitam de técnicas de tratamento que são diferentes das queimaduras térmicas típicas e freqüentemente excepcionais em um centro de cuidados de trauma.

6. Qual é o tratamento de emergência apropriado para uma lesão elétrica por alta voltagem típica, condutiva profunda – ou "verdadeira" – no local da ocorrência da lesão?

Deve ser tomado grande cuidado para livrar a vítima do local sem que socorristas ou espectadores sofram a lesão elétrica. Apagar e remover qualquer roupa em chamas. Começar o ABC do tratamento de emergência. Insuficiência ou parada respiratória (que pode ser prolongada) ou arritmias cardíacas graves são comuns e requerem RCP, que é freqüentemente bem-sucedida se aplicada logo. Imobilização de possíveis fraturas de coluna se necessário até que a estabilização da coluna possa ser assegurada. Se o paciente está hipotenso, garantir um acesso EV de grande calibre e administrar 10-20 ml/kg de Ringer lactato. Uma história breve, avaliação secundária, colocação de talas em fraturas, precauções para hipotermia e transporte rápido para o pronto-socorro são medidas apropriadas.

7. Qual é o tratamento apropriado no setor de emergência para lesão condutiva profunda por alta voltagem?

Freqüentemente é necessária a combinação de protocolos bem estabelecidos para trauma, queimadura e emergência cardiológica, descritos em outra parte, seguida por obtenção de história de espectadores, inserção de uma sonda de Foley e continuação da reposição de fluidos. A avaliação secundária deve se concentrar especialmente nos tipos de lesão descritos na Questão 4. São necessárias radiografias apropriadas para excluir fraturas vertebrais, cranianas ou outras. Um ECG, monitoração de ECG, estudos dos níveis de isoenzimas cardíacas, hemograma completo, exame de urina para hemoglobina e mioglobina e qualquer exame apropriado para as lesões específicas identificadas devem ser realizados. Entre outros testes estão eletrólitos séricos, uréia nitrogenada sangüínea (BUN), creatinina, bioquímica hepática, exame de urina, testes para coagulopatia de consumo e função hepática e gasometria. Coleta de sangue para tipagem e prova cruzada deve ser considerada e uma sonda nasogástrica deve ser inserida.

8. Descreva a terapia com fluidos EV apropriada para a ressuscitação de choque associado a queimaduras elétricas condutivas profundas por alta voltagem.

As fórmulas de reposição de fluido adequadas para queimaduras térmicas freqüentemente subestimam as necessidades de fluido nas queimaduras elétricas condutivas profundas por alta voltagem. Nove ml/kg/% de área de superfície corporal (ASC) queimada de Ringer lactato ou mais podem ser necessários nas primeiras 24 horas para manter débito urinário de 0,5-1 ml/kg/h quando a urina contém evidências de mioglobina ou hemoglobina. Quando esses hemocromogêneos estão presentes na urina, uma infusão relativamente rápida de manitol EV é apropriada para iniciar esse nível de diurese e muitos médicos estão inclinados a administrar mais colóides no período pós-lesão inicial com o objetivo de retornar à compensação cardiovascular mais rapidamente. Outros administram bicarbonato EV para manter o pH urinário maior que 7 e minimizar a precipitação de pigmento na urina. Se possíveis de alcançar rapidamente, estabilidade cardiovascular e bom débito urinário devem ser atingidos antes que escarotomias ou fasciotomias sejam realizadas porque tais procedimentos são freqüentemente associados ao aumento transitório acentuado dos níveis séricos de hemocromogêneos. Demora indevida, entretanto, é inapropriada.

9. Quais pacientes com lesões elétricas devem ser monitorados para aparecimento tardio de lesão cardíaca e como eles devem ser monitorizados?

Parece haver consenso geral de que monitoração prolongada de ECG é adequada se qualquer dos seguintes fatores de risco estiverem presentes:

- Fatores de risco significativos para, ou história de, doença cardíaca.
- Parada cardíaca.
- Perda de consciência documentada.
- Arritmia observada no cenário pré-hospitalar ou no pronto-socorro.
- Hipóxia.
- Dor torácica.
- Lesão concomitante grave o suficiente para justificar a admissão.
- Suspeita de lesão condutiva (i. e., presença de queimaduras pela fonte e solo separadas).

Apesar de vários estudos retrospectivos amplos sugerindo que ECG ou monitoração de ECG possam não ser necessários na ausência de qualquer fator indicado na lista acima, início tardio de arritmias graves foi ocasionalmente documentado após lesões por baixa ou alta voltagem. Uma abordagem mais conservadora envolveria: (1) um ECG inicial e monitoração de ECG por oito a 12 horas em todas as lesões elétricas de alta ou baixa voltagens e (2) monitoração prolongada de pacientes com pele úmida ou contrações tetânicas levando a condutividade aumentada ou contato prolongado com a fonte elétrica. É interessante notar que infarto de miocárdio diagnosticado por critérios de ECG é extremamente raro após lesão elétrica mesmo sendo muito comuns alterações da cretininoquinase sérica e creatininoquinase MB.

10. Como pacientes com lesões elétricas condutivas profundas por alta voltagem devem ser monitorados com relação a evidências de pressão compartimental elevada em extremidades queimadas? Como uma síndrome de compartimento deve ser tratada após o diagnóstico?

Como descrito na Questão 5, nem todas as lesões elétricas por alta voltagem são consideradas "verdadeiras" ou condutivas profundas e, portanto, nem todas apresentam risco de elevação de pressão compartimental. Indicações para escaratomias ou fasciotomias são as seguintes:

- Membro distal mumificado ou carbonizado.
- Diminuição ou ausência de pulsos distais ou de sinal de fluxo em Doppler arterial.
- Perda de sensibilidade ou função motora em membro distal.
- Edema de membro intenso.
- Dor ou tônus muscular anormalmente firme ou rígido.
- Pressões de compartimento > 30 mmHg ou diferindo da pressão arterial média por < 40 mmHg.

Medidas repetidas das pressões de compartimentos de braço, perna e dos compartimentos musculares intrínsecos *volar* e dorsal da mão são tipicamente realizadas por determinações repetidas das pressões com um aparelho do tipo Stryker. Medidas seriadas durante 48 horas podem ser necessárias para evitar que lesão tardia decorrente de aumento da pressão compartimental passe despercebida, a qual pode recorrer mesmo após escarotomias ou fasciotomias terem sido realizadas. Testes padronizados ou avaliações ortopédicas ou vasculares devem ser obtidos antes da realização de fasciotomias para se assegurar que as fasciotomias são adequadas e para certificar-se de que liberações adequadas dos nervos ulnar e mediano nos punhos e cotovelos sejam realizadas. As incisões-padrão de escarotomia são regularmente inadequadas para tal propósito. Para garantir perfeição e controle de dor e hemorragia, anestesia geral é geralmente necessária e exploração completa dos compartimentos mais profundos do braço, assim como da perna, objetivando evitar necrose decorrente de pressão elevada não-aliviada.

11. O que significa necrose tecidual progressiva em lesões elétricas condutivas profundas por alta voltagem?

Lesão cutânea e de tecido profundo relacionada à densidade da corrente. As correntes que cruzam convergem nos pontos de contato com a fonte e a terra e nas articulações próximas, onde a área seccional cruzada dos músculos altamente condutivos é muito pequena. Necrose tecidual nesses pontos é tipicamente grave e imediatamente óbvia na cirurgia logo após a lesão. Esse tecido necrótico e qualquer outro tecido necrótico visível presente são debridados geralmente na operação inicial. Entretanto, quando o local da lesão é visualizado novamente alguns dias após a reoperação, tecido muscular que parecia normal na primeira cirurgia com freqüência parece obviamente necrótico, aparentemente em decorrência de necrose progressiva, *de novo* ou tardia.

12. Discutir os possíveis mecanismos envolvidos na produção de necrose tecidual progressiva e as abordagens sugeridas para o tratamento de cada um.

1. *Reposição de fluido inadequada.* Isto requer educação e aumento da conscientização no uso das técnicas atualmente disponíveis.

2. *Descompressão tardia ou inadequada de pressão intracompartimental elevada.* Medidas repetidas da pressão intracompartimental, escarotomias e fasciotomias precoces e medidas seriadas das pressões compartimentais após escarotomia e fasciotomia para prevenir hipertensão intracompartimental recorrente foram recomendadas.

3. *Secagem da ferida.* Após fasciotomia e debridamento iniciais (tipicamente nas primeiras horas após a lesão), secagem da ferida pode ser prevenida por aplicação de aloenxerto ou xenoenxerto cutâneos de espessura parcial.

4. *Infecção de ferida.* Pode ser prevenida por debridamento escrupuloso e aplicação de agentes antibacterianos tópicos que penetrem no tecido morto (especialmente mafenide acetato).

5. *Isquemia de ferida reversível por cobertura com tecido vascularizado.* Alguns investigadores citaram casos isolados nos quais excisão e debridamento muito precoces de tecido obviamente morto seguidos por aplicação de retalhos vascularizados resultaram em melhores evoluções esporadicamente. Os casos citados, contudo, são em número muito pequeno e não foram apoiados por estudos clínicos ou experimentais sistemáticos.

6. *Produtos da cascata do ácido aracdônico.* Foi relatado que agentes tópicos e sistêmicos desenvolvidos para interferir na cascata do ácido aracdônico melhoram a sobrevida do tecido experimentalmente.

7. *Electroporation.* Foi relatado que materiais surfactantes administrados por via endovenosa para corrigir *electroporation* (buracos nas membranas celulares causados por correntes elétricas muito fracas para causar lesão térmica) melhoraram a sobrevida do tecido experimentalmente, mas nenhum estudo clínico sistemático já está disponível.

8. *Lesão por reperfusão.* Foi extensivamente estudada experimentalmente em outros processos mórbidos, mas não clinicamente em lesão elétrica.

9. *Oclusão tardia de pequenos vasos sangüíneos.* Isto é difícil demonstrar por angiografia convencional embora existam vários relatos de vasos grandes que foram diagnosticados com em risco de oclusão e de membros ou partes de membros que foram salvos por enxertos com interposição arterial de veia safena profiláticos ou precoces.

10. *"Conhecimento progressivo" de lesão já presente.* Isto é sugerido por biópsias intra-operatórias demonstrando tecido histologicamente vivo e necrótico, em proximidade imediata um do outro, em tecido cuja aparência macroscópica era normal. Exceto por relatos preliminares ou experimentais do valor do mapeamento com tecnécio, resistividade elétrica e biópsias, um método para diagnóstico confiável "de tecido lesado eletricamente com aparência macroscópica normal que parecerá grosseiramente necrótico em poucos dias" ainda deve ser alcançado.

13. Descrever e avaliar os métodos disponíveis para diferenciar tecido necrótico de tecido vivo em queimaduras elétricas (1) no período pré-operatório e (2) durante a cirurgia.

1. Dor, sensibilidade, parestesia e edema, com ou sem evidência de isquemia, pré-operatórios sugerem a presença de tecido necrótico. Estudos de Washout com xenônio 133, ressonância nuclear magnética, medida de resistividade e elétrica espectroscopia com ressonância nuclear magnética demonstraram ter valor clínico limitado. Cintilografia com pirofosfato de estanho tecnécio 99, por outro lado, é útil em identificar osso morto e músculo morto ou irreversivelmente lesado. Sua alta sensibilidade e resolução limitada limitam seu valor na avaliação pré-operatória da viabilidade, mas é valiosa na programação de amputações, obtenção de consentimento informado e planejamento de operações. Avaliação clínica intraoperatória de viabilidade permanece a fonte mais fidedigna de informação disponível para decidir qual porção de músculo deve ser debridada.

2. Durante a cirurgia, palpação do músculo (muito rígido ou sem resistência alguma), cor (coloração preta, marrom ou pálida cor de peixe cozido), ausência de sangramento na incisão e ausência de contração quando beliscado ou estimulado eletricamente permanecem as indicações finais para excisão ou debridamento de músculo questionavelmente viável. Seção por congelamento ou histologia de seção permanente é usada em alguns centros para confirmar a inviabilidade como determinada por meio de achados macroscópicos.

14. Discutir as abordagens precoce, imediata e tardia para fechamento de ferida após excisão de tecido necrótico encontrado em exploração de queimaduras elétricas condutivas profundas por alta voltagem.

Fechamento tardio de tais feridas tem sido tradicional há muitos anos. Enquanto que fasciotomia cirúrgica e liberação de pressões em compartimentos musculares e pontos essenciais de compressão de nervos são apropriadas nos casos supramencionados, debridamento de tecido obviamente morto pode ser realizado na cirurgia de fasciotomia inicial ou pode ser adiado por alguns dias. Agentes antibacterianos tópicos na forma de creme ou solução são aplicados tipicamente e explorações e debridamentos cirúrgicos repetidos são continuados no centro cirúrgico a intervalos de 24-48 horas, até que esteja claro que todo tecido inviável foi removido ou até que amputação seja realizada. Perto de uma semana ou mais após a lesão, quando a ferida parece livre de tecido necrótico com probabilidade de infectar, a ferida é fechada com enxerto cutâneo, cobertura por retalho ou amputação mais proximal. Essa técnica é concebida para conservar todo tecido viável, aumentar a certeza de sobrevida do enxerto e evitar infecção. Ela tende a ser associada a hospitalização mais prolongada e, acredita-se, maiores problemas na reabilitação.

Em poucos casos, pacientes foram levados ao centro cirúrgico algumas horas após a lesão para descompressão e debridamento *imediatos* e, após remoção de todo tecido necrótico evidente, fechamento com retalho foi realizado na mesma operação. As vantagens teóricas dessa abordagem são (1) redução da infecção por remoção precoce do tecido necrótico e fechamento e (2) mobilização mais rápida de articulações e menor exposição de estruturas vitais, encurtando assim a hospitalização. Uma possível desvantagem dessa técnica é que pode passar despercebido tecido morto retido ou tecido que ainda vai se tornar necrótico em virtude da necrose tecidual progressiva. Teoricamente, o tecido lesado que poderia de outra forma sofrer necrose pode ser salvo por meio de aplicação de tecido bem vascularizado, embora os exemplos relatados dessa abordagem imediata sejam raros e devam ser considerados episódicos.

A abordagem *precoce* desse problema tipicamente envolve descompressão compartimental ou debridamento-amputação imediatamente ou nas primeiras 48-72 horas seguidos, conforme a necessidade, por aplicação de aloenxerto ou xenoenxerto de espessura parcial com ou sem preparações antibacterianas tópicas. Essa, por sua vez, é sucedida por cirurgias repetidas, conforme a necessidade, e fechamento definitivo conforme a indicação com enxerto cutâneo ou retalho, entre o terceiro e o quinto dias após a lesão. Alguns recomendam administrar preparações tópicas de antitromboxane ou outros materiais com objetivo de diminuir a necrose progressiva até o momento do fechamento definitivo. Essa abordagem busca separar a diferença entre as abordagens tardia e imediata e ainda fornece tempo adequado para a necrose progressiva tardia ocorrer e ser diagnosticada antes que o fechamento definitivo aconteça.

15. Qual das três abordagens descritas acima demonstrou ser superior em estudos clínicos adequados?

Nenhuma. Embora cada abordagem tenha defensores convictos, medidas objetivas de valor, como índice de retorno ao trabalho, são apenas esparsamente relatadas. Controvérsia sobre qual dessas ou outras abordagens é ideal persiste até o presente momento.

16. Descrever as seqüelas neurológicas e oftalmológicas tardias peculiares às queimaduras elétricas.

Convulsões, corticoencefalopatia, hemiplegia, afasia e disfunção cérebro-tronco podem ser tão tardias quanto seis a nove meses após a lesão. Lesão de medula, incluindo mielite transversa, apareceu com tempo de início de dias a meses depois. Anormalidades de nervos sensitivos e motores periféricos são comuns em lesões por alta e baixa voltagens e podem demorar até três anos para surgir.

Catarata é muito comum em lesões por alta voltagem, mas tem sido observada em lesões por baixa voltagem. Ela parece ser mais freqüente quanto mais severa for a lesão e quando o ponto de contato ocorre acima da clavícula. A incidência está provavelmente entre 5 e 20% em pacientes de alto risco. A maioria dos pacientes afetados desenvolve perda de visão inicial nos primeiros 12 meses após a lesão, com perda de visão gradualmente progressiva depois. Intervalos de até 12 anos foram relatados para o início da catarata. Exame completo e acompanhamento cuidadoso são, portanto, indicados. A resposta a reparo cirúrgico é geralmente muito satisfatória.

REFERÊNCIAS BIBLIOGRÁFICAS

1. Block TA, Aarsvold JN, Matthews KL, *et al.*: Nonthermally mediated muscle injury and necrosis in electrical trauma (The 1995 Lindberg Award). *J Burn Care Rehab* 16: 581-588, 1995.
2. Chick LR, Lister GD, Sowder L: Early free-flap coverage of electrical and thermal burns. *Plast Reconstr Surg* 89: 1013-1019, 1992.
3. Cooper MA: Emergent care of lightning and electrical injuries. *Sem Neurol* 15: 268-278, 1995.
4. Hammond J & Ward CG: The use of technetium-99 pyrophosphate scanning in management of high-voltage electrical injuries. *Am Surg* 60: 886-887, 1994.
5. Hanumadass ML, Voora SB, Kagan RJ, Matsuda T: Acute electrical burns: A 10-year clinical experience. *Burns* 12: 427-431, 1986.
6. Hussmann J, Kucan JO, Russell RC, *et al.*: Electrical injuries-morbidity, outcome, and treatment rationale. *Burns* 21: 530-535, 1995.
7. Kyriacou DN, Zigman A, Sapien R, Stanitsas A: Eleven-year-old male with high-voltage electrical injury and premature ventricular contractions. *J Emerg Med* 14: 591-597, 1996.
8. Lee RC, Capelli-Schellpfeffer M, Kelly KM (eds): *Electrical Injury: A Multidisciplinary Approach to Therapy, Prevention, and Rehabilitation.* New York, The New York Academy of Sciences, 1994.
9. Lee RC, Cravalho EG, Burke JF (eds): *Electrical Trauma: The Pathophysiology, Manifestations and Clinical Management.* Cambridge, University Press, 1992.
10. Purdue GF & Hunt JL: Electrocardiographic monitoring after electrical injury: Necessity or luxury. *J Trauma* 26: 166-167, 1986.
11. Quinby WC, Burke JF, Trelstad RL, Caulfield J: The use of microscopy as a guide to primary excision of high-tension electrical burns. *J Trauma* 18: 423-430, 1978.
12. Robson MC, Murphy RC, Heggers. JP: A new explanation for the progressive tissue loss in electrical injuries. *Plast Reconstr Surg* 73: 431-437, 1984.
13. Saffle JR, Crandall A, Warden GD: Cataracts: A long-term complication of electrical injury. *J Trauma* 26: 17-21, 1985.
14. Yang J-Y & Noordhoff S: Early adipofascial flap coverage of deep electrical burn wounds of upper extremities. *Plast Reconstr Surg* 91: 819-827, 1993.

36. LESÕES DE PARTES MOLES E SÍNDROME DE ESMAGAMENTO

George C. Velmahos, M.D.

1. O que é a síndrome de esmagamento?

Lesões por esmagamento são causadas por pressão contínua prolongada sobre o corpo, habitualmente nas extremidades. A síndrome de esmagamento refere-se às manifestações sistêmicas associadas a lesões por esmagamento, como hipercalemia, mioglobinemia e insuficiência renal anúrica. Ela é geralmente encontrada após desastres como terremotos, bombardeios e acidentes com trens, tendo sido descrita pela primeira vez por Bylaws, em 1941, quando muitos civis britânicos foram soterrados sob os destroços de suas casas durante o bombardeio de Londres na Segunda Guerra Mundial. Ele observou que tais pacientes não apresentavam queixas ou sinais importantes de lesões externas, mas repentinamente deterioravam e morriam horas ou dias após o desembaraço. Hemoconcentração, oligúria e uremia estavam invariavelmente presentes.

2. Por que é necessário um alto índice de suspeita após lesões de partes moles?

A despeito de lacerações superficiais, a profundidade e a gravidade da lesão são impossíveis de determinar durante o exame inicial e podem se tornar aparentes apenas em um significativo intervalo de tempo após a lesão. Subestimar a extensão do trauma muscular subjacente pode levar a tratamento inadequado e a desenvolvimento de falência de órgãos.

Após lesões por esmagamento, a ausência de sinais e sintomas precoces pode ser extremamente enganosa. Geralmente esses pacientes têm bons pulsos distais, sem dor e edema de extremidades. Podem existir deficiências neurológicas, principalmente na forma de paralisia flácida ou perda sensitiva irregular. Edema ocorre e realmente domina o quadro clínico muito mais tarde. A urina é escura mas, se submetida a teste com tira reagente para hemoglobina, o resultado pode ser falso-negativo. Portanto, o diagnóstico pode ser retardado com conseqüências nocivas.

3. Quais são as complicações locais após lesões extensas de partes moles?

Edema com ou sem celulite.

Hematoma com ou sem formação de abscesso.

Síndrome de compartimento decorrente de edema muscular extenso dentro de espaços confinados.

4. Quais são as complicações sistêmicas?

Hipovolemia e *anemia* causadas por extravasamento de fluido e hemácias para o terceiro espaço.

Anormalidades de eletrólitos: Hipercalemia decorrente de lesão de células musculares e liberação de potássio do compartimento intracelular e hipocalcemia causada pela deposição de cálcio circulante nas regiões lesadas; a combinação dos dois é particularmente tóxica para o miocárdio. Outras anormalidades incluem desequilíbrios de fósforo e magnésio.

Coagulopatia (coagulação intravascular disseminada) causada pela liberação de substâncias ativadoras dos locais lesados.

Insuficiência renal.

5. Por que insuficiência renal?

Existem três teorias para o desenvolvimento de insuficiência renal após tais lesões:

1. Precipitação de mioglobina dentro dos túbulos renais com obstrução tubular mecânica
2. Lesão direta pela molécula de ferro da porção heme em combinação com formação de radical livre.

3. Hipoperfusão renal e acidemia decorrentes de ressuscitação inadequada levando à insuficiência pré-renal.

Embora cada uma dessas teorias tenha defensores entusiastas, é mais provável que elas todas contribuam para a insuficiência renal e sua combinação agrave a lesão de células renais.

6. Que porcentagem de pacientes com lesões de partes moles desenvolve insuficiência renal? Há fatores de risco?

A incidência de insuficiência renal é relatada como variando de 5-15%. Embora seja razoável assumir que o risco aumenta à medida que a porcentagem da área de superfície corporal total envolvida aumenta, a impressão externa não se correlaciona bem com a lesão muscular subjacente. Fatores de risco objetivos para o desenvolvimento de insuficiência renal são: (1) a presença de mioglobinúria, (2) concentração venosa de bicarbonato < 17 mmol/l, (3) intervalo entre lesão-admissão maior que 12 horas e (4) creatinina fosfoquinase (CPK) > 10.000 unidades. Foram relatados outros fatores de risco como potássio, fósforo e albumina séricos e relação uréia nitrogenada sangüínea (BUN)-creatinina. Essencialmente nenhum paciente sem mioglobinúria desenvolve insuficiência renal aguda, enquanto que 33% dos pacientes com pigmentúria maciça desenvolvem essa complicação. Demora no tratamento também aumenta o risco significativamente.

7. Que testes devem ser incluídos na avaliação de rotina da vítima de lesão de partes moles?

Hematócrito	CPK
K-Na-Ca-P	Urina para pigmento
TP-TPP-contagem de plaquetas	Gasometria
BUN-creatinina	Radiografias apropriadas

8. Qual é o tratamento de escolha para prevenir insuficiência renal?

1. Reposição de fluido agressiva é o esteio do tratamento. Uma solução de cristalóide equilibrada deve ser administrada para manter o débito urinário em, no mínimo, 100 ml/hora.

2. Administração de 1g/kg de manitol e 100 mEq de bicarbonato com o objetivo de aumentar a diurese, eliminar radicais livres e alcalinizar a urina para prevenir a precipitação de mioglobina. Se necessária, infusão contínua de manitol (0,1 g/kg/hora) e bicarbonato (0,5 cc/kg/hora) poderia ser usada para atingir esse objetivo.

3. Inserção de cateter venoso central para manter PVC > 10 cm H_2O, se necessário.

4. Monitoração rigorosa e correção imediata de anormalidades eletrolíticas.

5. Diálise renal é necessária para anúria persistente.

9. Qual é o tratamento para pressões intracompartimentais aumentadas após lesões por esmagamento?

A abordagem ideal para a lesão local é ainda motivo de debate. Embora a maioria das síndromes de compartimento seja tratada por liberação cirúrgica da fáscia, em lesões por esmagamento deve-se evitar a exploração, a menos que absolutamente necessária. A pele age como uma barreira contra infecção e romper essa barreira aumenta a incidência de sepse incontrolável. Muitos autores encontraram um número de amputações e mortes maior com o uso liberal de fasciotomia nesse quadro, sugerindo que a monitoração rigorosa de sinais clínicos e pressões intracompartimentais deva ser instituída e a fasciotomia deva ser reservada apenas para pressões persistentemente elevadas (acima de 40 mmHg por mais de 6-8 horas).

10. Qual é o prognóstico da população geral com lesão de partes moles?

Aproximadamente 10% dos pacientes com lesões de partes moles extensas necessitarão de diálise. A função renal será recuperada pela maioria. Morte ocorre em 1-2% e é causada predominantemente por hipercalemia, sepse ou demora na instituição de diálise. Obviamente, as taxas, flutuam de acordo com a presença ou ausência de diferentes fatores de risco.

REFERÊNCIAS BIBLIOGRÁFICAS

1. Better OS & Stein JH: Early management of shock and prophylaxis of acute renal failure in traumatic rhabdomyolysis. *N Engel J Med* 322: 825-829, 1990.
2. Bywaters EGL: 50 years on the crush syndrome. *BMJ* 301: 1412-1415, 1990.
3. Knottenbelt JD: Traumatic rhabdomyolysis from severe beating: Experience of volume diuresis in 200 patients. *J Trauma* 37: 214-219, 1994.
4. Michaelson M: Crush injuries and crush syndrome. *World J Surg* 16: 899-903, 1992.
5. Muckart DJJ, Moodley M, Naidu AG, *et al.*: Prediction of acute renal failure following soft injury using the venous bicarbonate concentration. *J Trauma* 33: 813-817, 1992.
6. Oda J, Tanaka H, Yoshioka T, *et al.*: Analysis of 372 patients with crush syndrome caused by the Hanshin-Awaji earthquake. *J Trauma* 42: 470-476, 1997.
7. Odeh M: The role of reperfusion induced injury in the pathogenesis of the crush syndrome. *N Engl J Med* 324: 1417-1421, 1991.
8. Ward MM: Factors predictive of acute renal failure in rhabdomyolysis. *Arch Intern Med* 148: 1553-1557, 1988.

37. HIPOTERMIA

Thomas V. Berne, M.D.

1. Quais são os sintomas e as alterações fisiológicas na hipotermia leve (temperatura corporal central até 33°C [91,4°F])?

Com temperatura corporal central de 35-37°C, surgem tremores. Ocorre vasoconstrição, em conjunto com respostas metabólica, pulmonar e cardiovascular hiperdinâmicas. Entre 33 e 35°C, o paciente torna-se confuso, atáxico e amnésico e os tremores aumentam.

2. Quais são os sintomas e as alterações fisiológicas que ocorrem na hipotermia moderada (30-33°C [86,0-91,4°F])?

O paciente desenvolverá bradicardia, diminuição do débito cardíaco, irritabilidade miocárdica, hipoventilação, "diurese fria", rigidez muscular e alterações do complexo ácido-básico.

3. Quais são os sintomas e as alterações fisiológicas na hipotermia grave (abaixo de 31°C [86,0°F])?

Existe perda progressiva da consciência. Os músculos começam a relaxar e as pupilas dilatam e tornam-se irresponsivas à luz. Hipotensão, hipoperfusão e acidose ocorrem, freqüentemente terminando em fibrilação ventricular, apnéia e assistolia.

4. Qual é a mortalidade associada à hipotermia com temperatura corporal central de 34°C (93,4°F) e de 32°C (89,6°F) em pacientes com trauma?

A mortalidade por hipotermia em 32°C varia de 85-100% e em 34°C de 14-60%. A gravidade da lesão é um fator importante na evolução desses pacientes, sendo que aqueles que sofreram simples exposição ou submersão têm maior probabilidade de sobreviver.

5. Que alterações no ECG são indicativas de hipotermia?

À medida que a temperatura corporal cai, a freqüência diminui e os intervalos P-R e Q-T se tornam prolongados. Ondas J aparecem em temperaturas menores que 35°C e são proeminentes em 25°C. Essa onda J é inicialmente observada apenas como um QRS alargado com elevação discreta de segmento S-T no ponto J, mas torna-se uma elevação pronunciada que imediatamente segue o complexo QRS.

6. Cite quatro fatores que causam hipotermia em pacientes lesados.

1. Exposição, como na recuperação retardada pelo sistema EMS a um ambiente frio, ou mesmo despir o paciente no hospital sem providenciar aquecimento (as temperaturas em pronto-socorros estão geralmente entre 22-25°C [74-76°F]).
2. Infusão endovenosa de fluido em temperatura ambiente.
3. Transfusão de sangue gelado sem aquecimento (4-10°C no banco de sangue).
4. Sabe-se que o uso de anestesia geral inibe acentuadamente as respostas termorregulatórias do paciente.

7. Como pode ser prevenida hipotermia em pacientes com trauma após a chegada no pronto-socorro (PS)?

Após os pacientes serem despidos, eles devem ser cobertos com mantas quentes ou reflexivas. Todos os fluidos endovenosos devem ser aquecidos em um incubador ou aquecedor de infusão rápida. O sangue deve ser sempre administrado por meio de um aquecedor de infusão rápida, a menos que esteja claro que uma reposição mínima seja necessária. O ar ambiente deve ser mantido aquecido.

8. Que medidas adicionais podem ser tomadas para evitar ou tratar hipotermia no centro cirúrgico (CC)?

Além das medidas mencionadas acima para o PS, o aquecimento no CC deve incluir o uso de cobertor de aquecimento com ar forçado sobre o paciente e cobertor aquecido, com água quente circulante deve ser colocado sob o paciente. Todos os gases anestésicos inspirados devem ter umidificação aquecida (40-42°C). O ar do CC deve ser aquecido a 26,6°C (80°F) ou mais. Se a cavidade abdominal está aberta, soro fisiológico quente (a 40°) pode ser usado para inundar a cavidade peritoneal caso a temperatura caia para menos de 35°C. Permite-se que esse fluido corra por todos os sulcos, na pelve, para cima até o diafragma e em volta de todos os intestinos e que permaneça por 2 a 3 minutos. São necessários 5 a 10 minutos antes da temperatura central resfriar, mas então quedas rápidas ocorrem. À medida que esfria, o líquido é removido e substituído por mais soro fisiológico a 40°C. Se o tórax está aberto, soro fisiológico aquecido pode ser derramado ao redor dos pulmões e do coração, mas a superfície de reaquecimento não é tão eficiente.

9. Quais são algumas desvantagens do reaquecimento de superfície?

O reaquecimento de superfície pode causar vasodilatação e pode reduzir a pós-carga. Um resfriamento central adicional pode ocorrer em decorrência da substituição de sangue frio e acidótico da periferia pelo central (denominado *pós-queda*).

10. Cite os métodos de "aquecimento central" disponíveis para tratar o paciente de trauma hipotérmico na UTI.

O ambiente da unidade de terapia intensiva permite o uso de técnicas de reaquecimento extracorpóreo contínuo. A mais simples é usar trocador de calor disponível para nível I de bomba de sangue de infusão rápida, utilizando um circuito arteriovenoso extracorpóreo ou uma bomba venovenosa (com bolha). Esse circuito pode rapidamente reaquecer os pacientes. Entre as outras técnicas recomendadas estão a irrigação pleural aquecida, a lavagem peritoneal com soro fisiológico quente e a infusão endovenosa de fluidos superaquecidos (65°C). Embora seja mais incômodo, o circuito de reaquecimento da derivação cardiopulmonar padrão utilizado em cirurgia cardíaca freqüentemente está mais disponível.

11. Quais dos métodos de reaquecimento disponíveis são mais efetivos na transferência de calor?

Claramente, os mais efetivos são a derivação cardiopulmonar (700 kcal/h) e o reaquecimento extracorpóreo usando o trocador de calor disponível nível I (100 kcal/h). As outras técnicas são, em ordem de efetividade decrescente: a lavagem de cavidade corporal (36 kcal/h), os aquecedores por convexão (15-26 kcal/h), os cobertores aquecidos (20 kacl/h) e o reaquecimento de via aérea usando gás umidificado quente (8-12 kcal/h).

12. Existem potenciais benefícios oriundos da hipotermia em pacientes com trauma?

Como as taxas metabólicas caem em organismos hipotérmicos, postula-se que a hipotermia possa beneficiar órgãos como o cérebro, o coração e os rins. É difícil usar esse potencial benefício clinicamente sem incorrer nos efeitos deletérios discutidos nas Questões 1 e 3. Potencialmente, a parada circulatória total pode ser empregada em conjunto com a hipotermia profunda para possibilitar o reparo de lesões de outra forma fatais em um campo sem sangue. Isso tem sido estudado em animais de laboratório, mas será difícil transferir para o ambiente não-controlado no qual encontramos pacientes tão gravemente lesados. Algumas vezes, ao reparar lesões vasculares hepáticas ou renais, o resfriamento de superfície ou mesmo o resfriamento intra-arterial (se soluções para a preservação do órgão estão disponíveis) podem estender acentuadamente o intervalo isquêmico seguro. Finalmente, a hipotermia leve pode ser útil no tratamento em UTI de traumas cranianos moderados.

REFERÊNCIAS BIBLIOGRÁFICAS

1. Capone A, Safar P, Radovsky A, *et al.*: Complete recovery after normothermic hemorrhagic shock and profound hypothermic circulatory arrest of 60 minutes in dogs. *J Trauma* 40:388-395, 1996.
2. Gentilello LM, Cobean RA, Offner PJ, *et al.*: Continuous arteriovenous rewarming: Rapid reversal of hypothermia in critically ill patients. *J Trauma* 32: 316-325, 1992.
3. Gregory JS, Bergstern JM, Aprahamian C: Comparison of three methods of rewarming from hypothermia: Advantages of extracorporal blood warming. *J Trauma* 31: 1247-1251, 1991.
4. Iserson KV & Huestis DW: Blood Warming: Current applications and techniques. *Transfusion* 31: 558-571, 1991.
5. Jurkovich GJ, Greisler WB, Luterman A, *et al.*: Hypothermia in trauma victims: An ominous predictor of survivals. *J Trauma* 27: 1019-1024, 1987.
6. Marion DW, Penrod LE, Kelsey SF, *et al.*: Treatment of traumatic brain injury with moderate hypothermia. *N Engl J Med* 336: 540-546, 1997.
7. Sheaff CM, Fildes JJ, Keogh P, *et al.*: Safety of 65° intravenous fluid for the treatment of hypothermia. *Am J Surg* 172: 52-55, 1996.

38. VIOLÊNCIA FAMILIAR: ABUSO INFANTIL, VIOLÊNCIA DOMÉSTICA E ABUSO DE IDOSOS

Deirdre Anglin, M.D., M.P.H., e *H. Range Hutson*, M.D.

ABUSO INFANTIL

1. Como é definido o abuso infantil?

O abuso ou mau-trato infantil é definido como um comportamento, por parte do tutor, que é prejudicial à criança. Pode consistir de abuso físico, negligência das necessidades básicas, abuso emocional ou psicológico e abuso sexual. Pode incluir atos de autoridade (diretos como abuso físico ou sexual), bem como atos de omissão (falta de cuidado como falha em proporcionar abrigo básico, cuidados médicos ou supervisão). O abuso infantil também pode ser referido como trauma não-acidental (TNA).

2. Qual é a incidência de abuso infantil nos Estados Unidos?

A incidência exata de abuso infantil é desconhecida devido à falta de notificação. Entretanto, existem mais de 3 milhões de relatos de suspeita de abuso infantil e 3.000 fatalidades atribuídas a abuso infantil anualmente nos Estados Unidos. Foi estimado que a cada ano 1,5% das crianças sofre negligência e 1% sofre abuso físico. Dois terços dos casos envolvem crianças com menos de três anos, com 1/3 envolvendo crianças com menos de um ano. O abuso sexual de crianças constitui 30-50% de todos os casos confirmados de abuso infantil. Os picos de idade para o abuso sexual são dos 2 aos 6 anos e dos 12 aos 16 anos.

3. Que indícios de história são sugestivos de abuso infantil?

Uma lesão inexplicada sem história ou com história parcial.
Histórias discrepantes entre a criança e o tutor ou entre os tutores.
História que se modifica.
História incompatível com o desenvolvimento da criança.
História inconsistente com a lesão.
História de lesões anteriores.
História de lesão auto-infligida.
Demora em procurar assistência médica.
Imunizações da infância não-atualizadas.
Apresentação de sintomas aparentemente não-relacionados (i. e., irritabilidade, má alimentação).

4. Que achados físicos são sugestivos de abuso infantil?

Lesões múltiplas em diferentes estágios de cicatrização.
Lesões em várias regiões do corpo.
Lesões bilaterais.
Equimoses ou vergões com padrões incomuns (p. ex., a forma de uma mão, cinto ou fio elétrico).
Queimaduras (p. ex., queimaduras por cigarro nas palmas das mãos ou solas dos pés, queimaduras por imersão de mãos, pés ou nádegas ou queimaduras assemelhando-se a utensílios elétricos).
Fraturas de crânio, costela, ossos longos ou metáfises.
Lesões intra-abdominais.
Estado neurológico anormal.
Hemorragias retinianas.

Síndrome de Münchausen por procuração
Sufocação.
Desnutrição.
Atraso de desenvolvimento.
Higiene ruim.
Cáries dentárias graves não-tratadas.
Abuso químico ou de substâncias.

Além disso, a criança pode exibir relações interpessoais prejudicadas, como evitar olhar fixo, passividade, medo e alterações comportamentais na presença dos pais.

5. Que achados radiológicos são sugestivos de abuso infantil?

Fraturas são detectadas em aproximadamente 30% das crianças que sofreram abuso. Separação epifisária; fraturas de canto (lasca) metafisário ou em alça de balde; fraturas de ossos longos espirais, oblíquas e transversas em crianças que não andam; e elevação e calcificação periostais são lesões patognomônicas de abuso. Entretanto, fraturas diafisárias transversais e espirais, bem como fraturas de crânio, são muito comuns. Anormalidades altamente específicas de abuso infantil incluem fraturas metafisárias de canto ou alça de balde e fraturas de costela posterior, escapular, de processo espinhoso e esternais. Entre as fraturas com especificidade moderada para abuso infantil estão as fraturas múltiplas em diferentes estágios de cicatrização, as separações epifisárias, as fraturas e subluxações de corpo vertebral, as fraturas falangeanas das mãos e as fraturas complexas de crânio. Fraturas que são comuns mas de baixa especificidade incluem as fraturas de clavícula, as fraturas diafisárias de ossos longos e as fraturas lineares de crânio. A tomografia computadorizada e a ultra-sonografia também podem demonstrar lesões intra-abdominais decorrentes de abuso infantil, incluindo ruptura e hematoma intramural de duodeno e jejuno; lesão vascular mesentérica; lacerações e hematomas hepáticos; e hemorragia, contusão ou fratura pancreática. Entre as lesões intracranianas que podem ser diagnosticadas por TC ou RNM estão o edema cerebral, as contusões cerebrais, os hematomas subdurais e as hemorragias subaracnóideas. Os hematomas epidurais são complicações incomuns de abuso infantil.

6. Descreva os achados físicos e radiográficos da "síndrome do bebê sacudido".

A síndrome do bebê sacudido ocorre tipicamente em crianças com menos de dois anos que foram seguradas pelo tronco e sacudidas violentamente, resultando em lesões do tipo chicotada em cabeça, pescoço e extremidades. Os achados de exame físico podem incluir letargia, hemorragias retinianas e evidência de disfunção de sistema nervoso central ou medular na ausência de sinais externos de trauma. Entre os achados radiológicos da síndrome do bebê sacudido estão a evidência em TC de hemorragia subdural ou subaracnóidea, lesão cerebral focal ou difusa ou lesão raquimedular e fraturas de costela ou metafisárias de ossos longos.

7. O que é o estudo do esqueleto e quando ele deve ser realizado?

Um estudo do esqueleto, também referido como séries de trauma, é uma série de radiografias que inclui incidências ântero-posteriores e laterais de crânio e tórax, incidências ântero-posteriores de extremidades, incidências póstero-anteriores das mãos e incidências laterais de coluna cervical e lombar. Um estudo do esqueleto deve ser realizado em crianças com menos de cinco anos de idade que sejam suspeitas de terem sido vítimas de abuso para examinar lesões esqueléticas anteriores. Os estudos de esqueleto devem ser repetidos duas semanas após o exame inicial.

8. Cite os fatores de risco para abuso infantil.

Entre as características que podem colocar uma criança em risco para lesão estão o nascimento prematuro, os nascimentos múltiplos (i. e., gêmeos), possuir anormalidades ou incapacidades e apresentar certos comportamentos como choro persistente ou hiperatividade. Características dos pais ou tutores que podem ser fatores de risco para abuso infantil incluem outras formas de violência familiar (p. ex., violência doméstica); uso abusivo de substâncias; falta de maturidade do tutor para cuidar da criança; expectativas dos pais sobre o comportamento da criança diferentes das capacidades do desenvolvimento; falta de sistemas de apoio ao tutor; pais não-biológicos (padrasto/madrasta); estresse familiar (p. ex., perda de emprego, morte ou divórcio na família); tutores que sofreram abuso quando crianças.

9. Cite os diagnósticos diferenciais de abuso infantil.

Trauma relacionado ao nascimento (p. ex., céfalo-hematoma, fraturas de clavícula).
Desordens musculoesqueléticas (p. ex., osteogênese imperfeita, raquitismo, escorbuto, sífilis).
Desordens hemorrágicas, discrasias sangüíneas e vasculites (p. ex., hemofilia, púrpura de Henoch-Schonlein).
Remédios populares (p. ex., aplicação de ventosas, colocação de emplastros).
Lesões cutâneas bolhosas (p. ex., eritema multiforme, síndrome da pele escaldada estafilocócica).
Manchas mongólicas.
Síndromes de má absorção.
Síndrome da morte súbita infantil.
Ressuscitação cardiopulmonar.

10. Quando se deve suspeitar de abuso sexual de criança?

O abuso sexual de criança deve ser suspeitado em crianças que descrevem detalhadamente atividades sexuais. Além disso, deve-se suspeitar em crianças que possuem algum dos seguintes achados: abuso físico, secreção ou sangramento vaginal ou retal, doenças sexualmente transmissíveis, gravidez no início da adolescência, problemas emocionais na idade pré-escolar ou adolescência e tentativas de suicídio.

VIOLÊNCIA DOMÉSTICA

11. Qual é a definição de violência doméstica?

Violência doméstica é a ameaça ou imposição de mal físico contra os parceiros íntimos, adultos ou adolescentes, atuais ou passados. Agressão física e sexual pode ser acompanhada por abuso psicológico, intimidação, privação e isolamento social progressivo. É um padrão de comportamentos agressivos e coercivos direcionados para atingir a obediência e o controle sobre as vítimas. Outros termos que podem ser usados para violência doméstica incluem abuso de cônjuge, espancamento, surra na esposa e abuso de íntimos. O termo *abuso de íntimos* descreve claramente a relação entre a vítima e o perpetrador sem especificar o gênero de cada indivíduo.

12. Descreva a epidemiologia da violência doméstica nos Estados Unidos.

Estima-se que 12 milhões de mulheres serão vítimas de abuso físico por parte de seus parceiros durante suas vidas e que 4 milhões de mulheres sofrem abuso físico anualmente. Entretanto, a violência doméstica é sub-relatada; assim, é provável que tais números sejam muito maiores. De 1/3 a 1/2 das mulheres que são assassinadas anualmente o são por seus parceiros íntimos. Aproximadamente 12% das mulheres em pronto-socorros apresentam-se em razão de um episódio agudo de abuso e mais de 50% de todas as mulheres que se apresentam a pronto-socorros foram vítimas de violência doméstica em algum momento de suas vidas.

13. Quem está em risco para ser vítima de violência doméstica?

Noventa e cinco por cento das vítimas de violência doméstica são mulheres que sofrem abuso por parte de homens. O abuso de íntimos também pode ser perpetrado por mulheres contra seus parceiros e ocorre em relacionamentos entre pessoas de mesmo sexo. Mulheres de todas as idades, raças e origens étnicas, situações socioeconômicas, níveis de escolaridade, ocupações, religiões e tipos de personalidade são afetadas por violência doméstica.

14. Quem são os perpetradores da violência doméstica?

Em mais de 95% dos casos os homens são os perpetradores da violência doméstica. Eles podem ser parceiros íntimos atuais ou antigos. Os perpetradores são de todas as idades, origens étnicas e raciais, situações socioeconômicas, níveis de escolaridade, ocupações e religiões. No cenário de assistência à saúde, os perpetradores freqüentemente querem ficar com a vítima na sala de exame e geralmente respondem às perguntas por ela. Eles podem até mesmo tentar controlar o assistente de saúde. Eles constantemente negam, minimizam e mentem sobre a conduta abusiva, culpando outros para justificar sua conduta.

15. Que população de pacientes deve ser triada para violência doméstica?

Em virtude da alta prevalência de violência doméstica, é recomendado que todas as mulheres sejam triadas para violência doméstica pelos assistentes de saúde de todas as especialidades. A triagem deve ser realizada em um ambiente privado, seguro após o parceiro ter sido removido da sala. A triagem deve ser feita usando as três questões seguintes:

1. Você foi golpeada, chutada, esmurrada ou de alguma forma ferida por alguém no ano passado? Em caso afirmativo, por quem?
2. Você se sente segura em seu relacionamento atual? Existe um parceiro de um relacionamento anterior fazendo com que você se sinta insegura no momento?
3. Muitas mulheres com lesões como a sua as sofreram quando foram golpeadas ou feridas por seus parceiros. Isso aconteceu com você?

16. Descreva os tipos de comportamento abusivo.

- Agressões físicas podem consistir de arranhões, mordidas, empurrões, tapas, socos, estrangulamento e uso de objetos (p. ex., objetos domésticos, armas de fogo e facas).
- Agressões sexuais podem consistir de sexo coagido por manipulação ou ameaça, relação sexual fisicamente forçada, agressão sexual com violência e sexo forçado sem uso de preservativos com um parceiro HIV+.
- Abuso psicológico pode consistir de ameaças ou dano físico; ataques contra propriedade ou animais de estimação; ataques verbais e humilhação; isolamento; controle do acesso da vítima a dinheiro, abrigo, alimentação, vestuário, transporte, assistência médica e remédios; e uso ou abuso das crianças da vítima (i. e., abusar da criança como um modo de ferir a vítima ou usar a criança para espionar ou humilhar a vítima).

17. Quais são as áreas do corpo mais freqüentemente lesadas?

A cabeça, a face, o pescoço e a região das "roupas de banho" (seios, tórax, abdômen, nádegas e genitais) são as áreas do corpo mais freqüentemente lesadas nos casos de violência doméstica.

18. Cite alguns indícios de história sugestivos de violência doméstica.

História inconsistente com a lesão
Demora em procurar auxílio médico
História de lesões crônicas ou repetidas
Visitas freqüentes à assistência médica
Tentativas de suicídio
Lesões na gravidez
Uso abusivo de álcool ou substâncias
Abuso de criança na mesma família

19. Cite as lesões comuns sofridas em casos de violência doméstica.

Contusões
Lacerações
Fraturas (faciais, de crânio e extremidades)
Ruptura de membranas timpânicas
Dentes perdidos e fraturados
Cabelos arrancados

Ferimentos por arma laminada
Ferimentos por disparo de arma de fogo
Queimaduras (p. ex., cigarros, utensílios elétricos)
Trauma craniano fechado
Hemorragias subconjuntivais
Contusões e marcas de cordas no pescoço
Contusões por agarrões na parte superior dos braços
Trauma abdominal fechado durante a gravidez
Agressão sexual

20. Que precauções devem ser tomadas ao se admitir no hospital vítimas lesadas por violência doméstica?

Vítimas de violência doméstica devem ser admitidas ao hospital com nomes fictícios. Isso é feito para evitar uma possível vitimização adicional pelo agressor durante a hospitalização. Além disso, a equipe de enfermagem deve ser alertada para não fornecer qualquer informação referente à vítima por telefone, exceto para indivíduos designados.

21. Cite as complicações da violência doméstica.

As complicações da violência doméstica consistem em abuso de crianças, agressão sexual, depressão, uso abusivo de álcool e substâncias, suicídio e homícidio de cônjuge. Em mais de 50% das casas onde ocorre violência doméstica há também abuso infantil.

22. Quais são as complicações de agressão durante a gravidez?

Aproximadamente 25% das mulheres que procuram acompanhamento pré-natal de rotina são vítimas de violência doméstica. A agressão durante a gravidez pode resultar em acompanhamento pré-natal atrasado, trabalho de parto prematuro, ruptura prematura de membranas, descolamento prematuro de placenta, aborto e perda fetal, nascimento prematuro, bebês com baixo peso ao nascimento, recuperação pós-parto demorada e vínculo prejudicado.

23. Que encaminhamentos específicos devem ser feitos para as vítimas de violência doméstica?

Além dos encaminhamentos clínicos, cirúrgicos e psiquiátricos que possam estar indicados, as vítimas de violência doméstica devem ser encaminhadas para serviços sociais, serviços de defesa de violência doméstica e abrigos (incluindo serviços multilingüísticos e serviços para homossexuais masculinos e femininos), uma linha direta 24 horas, assistência legal e execução da lei.

24. Por que algumas vítimas de violência doméstica abandonam seus relacionamentos abusivos e outras não?

A maioria das mulheres abandona seus relacionamentos abusivos; entretanto, elas freqüentemente os deixam temporariamente em várias ocasiões antes de partirem permanentemente. As mulheres podem ir embora pelo aumento da gravidade do abuso, pelo medo de serem mortas, pelo abuso infantil por parte do agressor ou por causa da intervenção de outros de fora da família. As mulheres podem não abandonar um relacionamento abusivo por medo de violência e retaliação pela partida, pela falta de opções reais para estarem seguras com os filhos, pela baixa auto-estima, pela crença em manter a unidade da família a qualquer custo, por razões religiosas ou culturais, pela falta de abrigos e de programas de auxílio às vítimas em todo o país, pela privação econômica, pela ausência de um lugar seguro e acessível, pela falta de assistência legal, de reforço positivo intermitente, de crença na mudança do parceiro e por ausência de intervenção por outras pessoas fora da família.

25. Quando uma vítima de violência doméstica está em maior risco de homicídio?

Uma vítima de violência doméstica está em maior risco para homicídio quando ela deixa o relacionamento. Como responsável por sua saúde, é imperativo avaliar o risco de letalidade. Ela deve ser aconselhada antes da alta sobre seu risco e precauções a serem tomadas para minimizá-lo. Ela também deve ser assistida no desenvolvimento de um plano seguro e barato de fuga caso a violência exploda em casa. Ela deve ser avisada para manter uma mala pronta em casa ou na casa de um amigo no caso de emergência. Ela deve conter cópias de documentos importantes e qualquer mediação tomada rotineiramente.

ABUSO DE IDOSOS

26. Como é definido o abuso de idosos?

O abuso de idoso é definido como ações ou omissões por parte do curador que resultam em dano ou ameaça à saúde ou bem-estar de idosos. O abuso de idoso inclui o abuso físico, o abuso sexual, a negligência, a exploração e o abuso financeiro.

27. Qual é a incidência de abuso de idosos nos Estados Unidos?

O abuso de idosos é estimado em 1,5 milhões de casos nos Estados Unidos anualmente. Entretanto, o abuso de idosos, como a violência doméstica, é gravemente sub-relatado. A incidência de abuso de idosos é de aproximadamente um em 20 indivíduos idosos. Em um levantamento de um serviço de emergência, 2,5% das pessoas com mais de 60 anos responderam ser vítimas de abuso físico.

28. Cite os fatores de risco para o abuso de idosos.

Os fatores de risco para o abuso de idosos podem ser divididos em características do idoso e características do curador e da família. Entre as características do idoso estão:

Sexo feminino
Idade avançada
Dependência
Isolamento
Debilitação
Abuso prévio
Uso abusivo de álcool
Internalização de culpa
Lealdade excessiva ao curador

As características do curador e da família incluem:

Uso abusivo de álcool ou substâncias
Doença mental ou emocional
Dificuldades econômicas
Abuso quando criança
Estresse
Falta de sistema de suporte social
Superlotação

29. Quem é o perpetrador mais comum de abuso de idosos?

Em mais de 85% dos casos, um parente é o perpetrador do abuso de idoso, geralmente um filho adulto ou cônjuge.

30. Quais são os indícios de história sugestivos de abuso de idosos?

Discrepâncias entre as histórias do paciente e do curador.
Explicações vagas ou implausíveis para as lesões.
Histórias de lesões anteriores.
Demora entre o aparecimento da doença ou lesão e a procura por auxílio médico.
Não-adesão a mediações e orientações médicas.
Visitas freqüentes ao pronto-socorro por exacerbações de doenças crônicas.

31. Que achados de exame físico são sugestivos de abuso de idoso?

Lesões múltiplas em vários estágios de cicatrização.
Higiene malfeita.
Desidratação.

Desnutrição.
Lesões genitais.
Doenças sexualmente transmissíveis.
Evidência de restrições impróprias (p. ex., marcas de cordas).
Sub ou supermedicação.

32. Quais são as responsabilidades legais do assistente de saúde no relato de abuso infantil, violência doméstica e abuso de idosos?

Todos os estados americanos exigem que os assistentes de saúde reportem os casos que sejam razoavelmente suspeitos ou reconhecidamente envolvam abuso infantil. Os serviços de proteção à criança devem ser contatados imediatamente. A criança deve ficar sob custódia do tribunal, se indicado por razões de segurança. Leis de notificação obrigatória, exigindo que os assistentes de saúde reportem o abuso de idoso razoavelmente suspeito ou reconhecido, foram decretadas em 46 estados. Menos de 10 exigem notificação obrigatória por parte dos assistentes de saúde sobre casos de violência doméstica. Entretanto, algumas lesões por violência doméstica devem ser relatadas por força da lei, sob leis a respeito de agressões com armas letais (p. ex., arma de fogo, arma laminada). Os assistentes de saúde devem estar familiarizados com as leis de notificação dos estados onde eles exercem a profissão.

REFERÊNCIAS BIBLIOGRÁFICAS

1. Abbott J, Johnson R, Koziol-McCain J, Lowenstein SR: Domestic violence against women. *JAMA* 273: 1763-1767, 1995.
2. Berkowitz DC: Pediatric abuse: New patterns of injury. *Emerg Med Clin North Am* 13: 321, 1995.
3. Berrios DC & Grady D: Domestic violence: Risk factors and outcomes. *West J Med* 155: 133-135, 1991.
4. Donald T & Jureidini J: Munchausen Syndrome by proxy: Child abuse in the medical system. *Arch Pediatr Adolesc Med* 150:753-758, 1996.
5. Feldhaus KM, Koziol-McCain J., Amsbury HL, *et al.*: Accuracy of three brief screening question for detecting partner violence in the emergency department. *JAMA* 277: 1357-1361, 1997.
6. Jones JS: Elder abuse and neglect: Responding to a national problem. *Ann Emerg Med* 23: 845-848, 1994.
7. Jones JS, Veenstra TR, Seamon JP, Krohmer J: Elder mistreatment: National survey of emergency physicians. *Ann Emerg Med* 30: 473-479, 1997.
8. Kleinschmidt KC: Elder abuse: A review. *Ann Emerg Med* 30: 463-472, 1997.
9. Kosberg JI: Preventing elder abuse: Identification of high risk factors prior to placement decisions. *Gerontologist* 28: 43-50, 1988.
10. Lachs MS & Millemer K: Abuse and neglect of elderly persons. *N Engl J Med* 332: 437-443, 1995.
11. Lachs MS, Williams CS, O'Brien S, *et al.*: Emergency department use by older victims of family violence. *Ann Emerg Med* 30: 448-454, 1997.
12. Muelleman RL, Lenaghan PA, Pakieser RA: Battered women: Injury locations and types. *Ann Emerg Med* 28: 486-492, 1996.
13. Muelleman RL, Reuwer J, Sanson TG, *et al.*: An emergency medicine approach to violence throughout the life cycle. *Acad Emerg Med* 3: 708-715, 1996.
14. Nimkin K & Kleinman PK: Imaging of child abuse. *Pediatr Clin North Am* 44: 615-635, 1997.
15. O'Malley TA, Everett DE, O'Malley HC: Identifying and preventing family-mediated abuse and neglect of elderly persons. *Ann Intern Med* 98: 998-1005, 1983.
16. Tercier A: Child abuse. *In* Rosen P, Barkin RM (eds): *Emergency Medicine: Concepts Clinical Practice,* 4th ed. St. Louis, Mosby, 1998, p. 1108-1123.
17. Wissow LS: Child abuse and neglect. *N Engl J Med* 332: 1425-1431, 1995.

XII. *Populações especiais*

39. TRAUMA PEDIÁTRICO

David E. Hanpeter, M.D., e *Juan A. Asensio,* M.D.

1. Resuma a epidemiologia das lesões traumáticas da infância.

Trauma múltiplo é a principal causa de morte e incapacidade em crianças. A maioria das lesões graves em crianças de todos os grupos etários é decorrente de mecanismos fechados, com a maior parte sendo relacionada a acidentes com veículos automotores envolvendo os ocupantes do veículo, pedestres ou ciclistas. Outros mecanismos variam com a idade. O lactente lesado é freqüentemente objeto de abuso ou negligência de quem dele cuida. À medida que as crianças que estão aprendendo a andar ganham mobilidade e começam a explorar o ambiente, elas sofrem lesões por quedas, fogo, escaldaduras e ingestões tóxicas. Crianças mais velhas são freqüentemente envolvidas em acidentes com bicicletas e esportes. Nas décadas recentes os flagelos da vida adulta foram introduzidos na vida dos adolescentes e progressivamente na dos pré-adolescentes também. O uso abusivo de álcool e drogas está muito difundido e é comumente o catalisador de acidentes com veículos automotores. A violência urbana freqüentemente envolve jovens, como participantes ou espectadores.

O melhor tratamento das lesões traumáticas é a prevenção. Por meio da educação e da legislação, os pais e as crianças devem ser encorajados a usar sistemas apropriados de restrição de crianças em automóveis e capacetes para bicicletas. Também deve-se ensinar às crianças as regras básicas de trânsito e segurança de pedestres. Os pais devem permanecer vigilantes para manter um ambiente doméstico seguro para prevenir ingestões tóxicas, lesões por escaldadura na cozinha ou acidentes em banheiras, queimaduras por fósforos e quedas causadas por uso de andadores.

2. Quais são as prioridades da ressuscitação de crianças?

A seqüência de etapas da ressuscitação de crianças lesadas é a mesma dos adultos. A avaliação e o tratamento concomitantes das funções vitais constituem o exame primário (ABCDEs):

A = via aérea (com estabilização da coluna cervical)
B = respiração (*breathing*)
C = circulação (com controle de hemorragia)
D = incapacidade (*disability*; avaliação neurológica resumida)
E = exposição

Essa inspeção primária é realizada simultaneamente com a fase de ressuscitação e é seguida pelo exame secundário que inclui o exame físico detalhado e avaliações radiológica e laboratorial adaptadas para identificar lesões significativas. Várias advertências se aplicam. Uma abordagem calma, delicada é apropriada a fim de estabelecer afinidade e aquietar o máximo possível os medos e ansiedades da criança. Além disso, enquanto é imperativo expor totalmente a criança para um exame completo, a criança tem uma alta relação superfície-volume, que predispõe à rápida perda de calor e hipotermia. A área de ressuscitação e todos os fluidos administrados devem ser aquecidos e a criança deve ser colocada sob um aquecedor pediátrico radiante ou envolvida em cobertores ou cobertores com ar para troca de calor tão logo seja possível.

3. **Descreva as várias opções para estabelecimento e manutenção de via aérea pediátrica.**

Como em adultos, o potencial para lesão de coluna cervical existe em qualquer vítima pediátrica de trauma fechado e a estabilização cervical deve ser mantida o tempo todo até que a coluna tenha sido avaliada. O tamanho da cabeça do lactente e de crianças pequenas é grande em relação à massa corporal total. Na posição supina, o occipício relativamente grande tende a causar flexão da coluna cervical e oclusão da faringe. Freqüentemente é conveniente para a conduta em via aérea e coluna colocar um cobertor dobrado sob o corpo do lactente para elevar levemente o tronco acima do nível do occipício. A manobra mais simples para abertura da via aérea na criança que respira espontaneamente é empurrar a mandíbula. É desencorajado o uso de via aérea orofaríngea.

As diferenças anatômicas da via aérea da criança tornam a intubação endotraqueal desafiadora para pessoas sem experiência. A laringe é localizada mais superior e anteriormente. Aplicação de pressão na cartilagem cricóide (manobra de Sellick) abaixará a laringe para visualização mais fácil e comprimirá o esôfago para reduzir o potencial de regurgitação. Como a epiglote é grande e flexível, a lâmina de laringoscópio reta (Miller) é recomendada até a idade de 10 anos. Essa lâmina é posicionada sobre a epiglote para ativamente refleti-la anteriormente, o oposto do que ocorre com o posicionamento de uma lâmina curva (MacIntosh) na valécula, que eleva passivamente a epiglote.

Até a idade de oito anos é utilizada uma cânula endotraqueal sem balonete. O ponto mais estreito da via aérea da criança é o anel rígido da cartilagem cricóide. Uma cânula que é muito grande é propensa a causar ulceração com subseqüente estenose subglótica, enquanto uma cânula que é muito pequena obviamente não permitirá a ventilação adequada. O diâmetro interno da cânula correta pode ser estimado como 4,0 + (idade/4) mm. Outra opção é selecionar uma cânula com diâmetro igual ao dedo mínimo da criança. Outro dispositivo útil é a fita de ressuscitação pediátrica Broselow. Essa fita é usada para medir a altura da criança. A fita tem impressos os tamanhos de via aérea, laringoscópio e cânula endotraqueal apropriados para o tamanho da criança. Além disso, doses adequadas para o tamanho de drogas geralmente usadas na ressuscitação são fornecidas.

A extensão da traquéia do lactente é de apenas 5 cm e cresce para cerca de 7 cm aos 18 meses de idade. Como resultado do pequeno comprimento da traquéia, o brônquio fonte principal direito é freqüentemente intubado. A cânula endotraqueal no lactente deve ser inserida apenas 3 cm além das cordas vocais e a posição da cânula deve ser confirmada por ausculta axilar bilateral e radiografia de tórax.

4. **Os sinais vitais de crianças diferem dos de adultos?**

Sim. Os sinais vitais que são considerados normais para crianças seriam considerados anormais para adultos.

	Freqüência respiratória máxima	*Freqüência de pulso máxima*	*Pressão sangüínea sistólica mínima*
Lactente	40	160	80
Pré-escolar	30	120	90
Escolar	20	100	100

O volume corrente normal para todas as idades é de 7-10 ml/kg. O volume sangüíneo normal é de 80 ml/kg.

5. **Descreva a ressuscitação circulatória apropriada para a criança.**

Controlar hemorragias óbvias com pressão direta. Como no adulto, o acesso endovenoso de escolha são duas veias periféricas. Entretanto, o calcanhar de Aquiles da ressuscitação pediátrica é o acesso vascular, que é muito difícil de ser obtido na criança pequena que está hipovolêmica. A dissecção venosa pode tomar muito tempo. Na criança com menos de seis anos, a infusão intra-óssea oferece uma alternativa rápida e fácil de obtenção de acesso. Isso impõe a inserção de uma agulha rígida pelo córtex anterior da tíbia proximal ou pelo fêmur distal para permitir a infusão na cavidade medular do osso. Fluidos endovenosos, sangue e drogas para ressuscitação podem ser administrados por essa via. Outras opções, em ordem de preferência, incluem a dissecção venosa para acessar a veia safena magna no tornozelo ou a veia cefálica mediana no cotovelo, a cateterização percutânea da veia jugular externa e a cateterização percutânea das veias jugular interna ou subclávia.

A criança pode sofrer perda de até 25% do volume sangüíneo total antes que qualquer alteração dos sinais vitais seja evidente. Além disso, a interpretação dos sinais vitais é complicada pela taquicardia associada a dor, ansiedade e choro. Outras formas de avaliar o estado de volume incluem o nível de consciência, o enchimento capilar e o débito urinário. O bolo inicial de fluido é de 20 ml/kg, que representa cerca de 25% do volume intravascular. Ringer lactato aquecido é o fluido de escolha. Se a criança não responde a essa prova de fluido ou sofre deterioração rapidamente após uma resposta inicial, um segundo bolo de fluido pode ser administrado.

6. **Quando é apropriado transfundir sangue?**

Pode se considerar uma transfusão para a criança que não responde a uma prova de fluido inicial. A criança que falha em responder a uma segunda prova de fluido certamente necessita de sangue. É preferível o sangue do tipo específico, mas a transfusão para a vítima de trauma instável não pode ser adiada por nenhuma razão. Sangue O negativo deve estar disponível a qualquer momento na área de ressuscitação e devem ser transfundidos 10 ml/kg para a criança que permanece hipoperfundida após a administração de fluido, como esquematizado anteriormente. Quanto mais tempo a perfusão tecidual e o transporte de oxigênio permanecerem comprometidos, maior o risco de morte e incapacidade.

7. **Resuma os aspectos proeminentes do exame secundário.**

O exame secundário se refere à avaliação detalhada do paciente que sucede a ressuscitação primária descrita anteriormente. Ele inclui um exame físico detalhado, com avaliação neurológica, e é esquematizado para identificar todas as lesões potenciais. Uma sonda nasogástrica deve ser inserida por razões diagnósticas e terapêuticas. A criança que chora tem propensão para deglutir uma grande quantidade de ar. A criança que é submetida a ventilação com ambu freqüentemente tem ar insuflado no estômago. A distensão gástrica resultante pode ser maciça, com comprometimento da excursão diafragmática, bem como predisposição para regurgitação e aspiração de conteúdo gástrico. Portanto, uma sonda nasogástrica deve ser inserida para descomprimir o estômago e identificar qualquer sangramento intestinal superior. Crianças mais velhas podem ter essa sonda inserida por via nasal, mas os lactentes respiram obrigatoriamente pelo nariz e requerem uma colocação por via oral. Uma sonda de Foley deve ser colocada para permitir a monitoração contínua do débito urinário. A avaliação radiológica padrão para trauma fechado inclui radiografias de coluna cervical, tórax e pelve. Os estudos laboratoriais incluem eletrólitos séricos, glicemia, hematócrito e amostra para tipagem sangüínea e prova cruzada.

8. **De que maneira o trauma craniano na criança pequena difere daquele em crianças maiores ou adultos?**

No lactente e na criança que está começando a andar, a massa da cabeça é desproporcionalmente grande, enquanto o crânio oferece apenas uma fina barreira de proteção. Além do mais, o desenvolvimento intracraniano incompleto torna o parênquima cerebral mais suscetível à lesão por cisalhamento. Como resultado, uma porcentagem maior de vítimas pediátricas de trauma de sistemas múltiplos sofrerá trauma craniano significativo em comparação aos adultos. Enquanto as crianças tendem a apresentar menos hematomas intracranianos que os adultos, a lesão difusa com pressão intracraniana elevada é mais comum. A conduta no trauma craniano e a prevenção de lesão secundária são as mesmas que para os adultos, com ênfase na manutenção da perfusão craniana e no transporte de oxigênio enquanto é realizada a monitoração da pressão intracraniana no caso de comprometimento do nível de consciência.

9. Por que as crianças requerem vigilância especial para detectar lesão intratorácica?

O esqueleto das crianças é incompletamente calcificado e muito complacente. A parede torácica em especial pode se deformar facilmente para transmitir a energia do impacto aos órgãos intratorácicos sem sofrer fraturas de costelas ou estigmas visíveis do golpe. Um alto índice de suspeita baseado no mecanismo de lesão deve ser mantido com o objetivo de iniciar a avaliação apropriada, incluindo radiografia de tórax. A criança que sofreu uma fratura de costela é motivo de grande preocupação. Entre as lesões geralmente observadas estão a contusão pulmonar, a lesão traqueobrônquica e a ruptura diafragmática. Por outro lado, as lesões aórticas são infreqüentes em virtude da grande complacência da vasculatura nas crianças.

10. As crianças são predispostas à lesão intra-abdominal?

Sim, os órgãos intra-abdominais são vulneráveis devido ao desenvolvimento incompleto da parede abdominal, que apresenta apenas uma barreira fina e muito complacente às forças externas. Os órgãos sólidos são mais freqüentemente lesados: o fígado, o baço e os rins. Deve-se observar, porém, a propensão do cinto de segurança do automóvel em causar laceração intestinal, resultando em perfuração ou em hemorragia mesentérica.

11. Quais critérios devem ser satisfeitos para a realização de tratamento conservador de uma lesão esplênica em paciente pediátrico?

A perda do baço coloca a criança em risco para sepse fulminante pós-esplenectomia, com mortalidade associada de 50%. Portanto, poupar o baço é sempre desejável. Um tratamento conservador pode ser realizado em uma criança que esteja hemodinamicamente estável e necessite menos que duas unidades de concentrado de glóbulos vermelhos para manter um hematócrito aceitável. A criança deve ser observada cuidadosamente por um cirurgião em uma instituição preparada para levar o paciente ao centro cirúrgico a qualquer momento do dia ou da noite no caso de hemorragia. A observação inclui monitoração em unidade de terapia intensiva, avaliação seriada de hematócrito e exame freqüente do abdômen para detectar distensão ou piora da irritação peritoneal indicativa de hemorragia.

12. Quais são os mecanismos comuns de lesões pancreáticas e duodenais em crianças?

A causa mais comum de lesão desses órgãos retroperitoniais é um golpe profundo no epigástrio causado por guidons de bicicleta. Um resultado freqüente é o hematoma duodenal, que pode ser tratado de forma conservadora com resolução do hematoma e retorno completo da função intestinal dentro de aproximadamente duas semanas.

13. Que lesões colocam uma criança em risco de deformidade de extremidade ou retardo de crescimento?

As fraturas que se estendem até a epífise, ou placa de crescimento, podem causar um dano permanente à placa e inibir o crescimento. As lesões vasculares das extremidades devem ser completamente investigadas e agressivamente tratadas. Por exemplo, uma lesão de artéria braquial pode não ameaçar a viabilidade do membro em virtude do extenso fluxo colateral. Entretanto, o fluxo que é adequado para manter a viabilidade do tecido pode ser inadequado para suportar o crescimento e o desenvolvimento contínuos, resultando em deficiências de crescimento com deformidade do membro afetado. Portanto, as lesões vasculares devem ser cuidadosamente reconstruídas.

14. Descreva os achados de história e exame físico que levantam a suspeita de abuso infantil.

Uma história que muda cada vez que é contada ou uma história diferente por parte de cada pessoa que cuida da criança é freqüentemente o primeiro indício de potencial abuso. As lesões da criança também podem ser inconsistentes com o mecanismo descrito da lesão. A interferência imediata da assistente social do pronto-socorro, conduzindo entrevistas detalhadas com as partes envolvidas, é valiosa para esclarecer os fatos. Várias apresentações no pronto-socorro também devem levantar a suspeita.

A pessoa frustrada sempre inflige lesões na face ou no períneo da criança. Hemorragias retinianas podem significar síndrome do bebê sacudido. Outros possíveis achados de exame físico são mordidas, queimaduras por cigarros ou múltiplas queimaduras, marcas de cintos, evidências de cicatrizes antigas e evidências radiográficas de fraturas cicatrizadas. Fraturas de ossos longos em crianças com menos de três anos de idade são freqüentemente infligidas pelas pessoas que cuidam delas. A criança nessa idade raramente é forte o suficiente para se envolver em situações que apliquem a força necessária para fraturar ossos.

REFERÊNCIAS BIBLIOGRÁFICAS

1. American College of Surgeons Committee on Trauma: *Advance Trauma Life Support Course for Physicians,* 5th ed. Chicago, American College of Surgeons, 1993, p. 261-281.
2. Ludwig S & Loiselle J: Anatomy, growth, and development. *In* Eichelberger MR (ed): *Pediatric Trauma, Prevention, Acute Care, Rehabilitation.* St. Louis, Mosby, 1993, p. 39-58.
3. Luten RC, Wears RL, Broselow J, *et al.*: Length-based endotracheal tube and emergency equipment in pediatrics. *Ann Emerg Med* 21: 900-904, 1992.
4. Pang D & Wilberger JE Jr: Spinal cord injury without radiographic abnormalities in children. *J Neurosurg* 57: 114-129, 1982.
5. Spivey WH: Intraosseous infusions. *J Pediatr* 11: 639-643, 1987.
6. Tepas JJ III: Pediatric trauma. *In* Feliciano DV, Moore EE, Mattox KL (eds): *Trauma,* 3rd ed. Stamford, CT, Appleton & Lange, 1996, p. 879-898.

40. TRAUMA DURANTE A GRAVIDEZ

Edward Newton, M.D.

1. Qual é a freqüência de trauma durante a gravidez?

Embora a maioria das gestações evolua sem problemas, o trauma tem se tornado progressivamente uma causa importante de complicações maternas e fetais. Em virtude da melhora do tratamento de sepse e hemorragia, a mortalidade materna por complicações puramente obstétricas diminuiu significativamente durante as últimas cinco décadas. Ao mesmo tempo, o trauma emergiu como a principal causa de morte em mulheres grávidas, como em não-grávidas entre 15 e 45 anos.

2. Que tipos de trauma geralmente ocorrem durante a gravidez?

Trauma fechado, primariamente decorrente de acidentes automobilísticos, é a principal causa de trauma importante em mulheres grávidas, mas também há outras causas. À medida que a gravidez progride, um maior volume e deslocamento para frente do centro de gravidade resultam em quedas e diminuem a agilidade para evitar traumas. O homicídio é outra causa importante de morte materna, refletindo a violência urbana epidêmica. Finalmente, a gestação é um estado de alto risco para violência doméstica e isso deve ser considerado e investigado ao se tratar mulheres grávidas vítimas de trauma.

3. Como a gestação altera a avaliação clínica da paciente com trauma?

A gravidez causa alterações fisiológicas importantes que afetam virtualmente todos o sistemas orgânicos da mulher. As alterações hemodinâmicas da gravidez são de importância primária na avaliação de trauma. A gestação é um estado de alto fluxo e baixa resistência. O volume de plasma se expande em 50% por volta do sexto mês e o débito cardíaco aumenta em cerca de 1/3. A pressão sangüínea e a pressão venosa central diminuem progressivamente durante a gravidez e a freqüência de pulso de repouso aumenta em até 20 batimentos por minuto. Conseqüentemente, a gestação normal pode mimetizar hipovolemia com taquicardia e hipotensão. Tais alterações fazem com que seja difícil confiar apenas nos sinais vitais para avaliar a situação hemodinâmica.

Outra mudança importante é a anemia fisiológica da gravidez. Como o aumento na massa de glóbulos vermelhos (18%) é muito menor que o aumento no volume de plasma (50%), existe um efeito diluicional no hematócrito, que cai de 35 para 32% na gestação normal, o que reforça o preceito que uma tendência de hematócritos sucessivos é mais útil que um valor isolado.

À medida que o útero aumenta, os conteúdos abdominais são deslocados para cima e a excursão diafragmática fica limitada. À parte os problemas gastrintestinais, essa alteração anatômica resulta na característica "hiperventilação da gravidez", uma vez que a freqüência respiratória aumenta para compensar a diminuição no volume corrente. Conseqüentemente, os níveis de pCO_2 são tipicamente baixos e os rins excretam bicarbonato para manter o pH fisiológico. O nível médio de pCO_2 é 30 mmHg e o bicarbonato varia de 10-22 mEq/l. A taquipnéia e o baixo bicarbonato podem ser confundidos como sinais de choque descompensado. Além disso, os conteúdos abdominais deslocados e o diafragma mais alto são mais suscetíveis à lesão penetrante nas porções superior do abdômen e inferior do tórax.

4. A conduta pré-hospitalar é diferente para as mulheres grávidas com trauma?

Em geral, o desembaraço e a estabilização inicial das pacientes com trauma grávidas são idênticos aos das pacientes não-grávidas. A diferença mais importante é que a síndrome de hipotensão supina deve ser evitada. Essa síndrome ocorre quando o útero gravídico, que pode pesar 10 kg a termo, comprime a veia cava inferior e a aorta, causando uma redução imediata no retorno venoso ao coração e um débito cardíaco muito diminuído. Em uma paciente traumatizada, que já pode ter o débito cardíaco no limite do adequado, essa síndrome pode causar parada cardíaca. Além disso, a pressão venosa de retorno aumentada pode resultar em incidência elevada de descolamento prematuro de placenta. Embora os paramédicos fiquem preocupados com a imobilização da coluna da paciente com um colar cervical e uma tábua de suporte, a posição supina deve ser evitada e a paciente deve ser transportada com a tábua de suporte em uma inclinação de 15° para a esquerda.

Uma das respostas imediatas à perda sangüínea materna é que o fluxo para as vísceras abdominais e para o útero é diminuído com o objetivo de preservar a circulação dos órgãos essenciais da mãe. Conseqüentemente, a paciente pode parecer relativamente estável, mas a placenta e o feto podem estar significativamente subperfundidos. Para prevenir hipoperfusão fetal irreconhecida, todas as pacientes grávidas com trauma devem ser transportadas com fluxo de oxigênio e prova de fluido por meio de um acesso endovenoso de grande calibre. Como essa situação pode resultar em parto de um recém-nascido gravemente prematuro ou traumatizado, as pacientes grávidas com trauma, quando possível, devem ser transportadas para um centro de trauma com capacidade adequada, como uma unidade de terapia intensiva neonatal.

5. Como a ressuscitação inicial da vítima de trauma gestante difere da paciente não-grávida?

Embora a paciente deva ser avaliada em posição lateral esquerda discreta, a avaliação primária de lesões com risco de vida deve ser conduzida da forma habitual. Uma vez que as lesões com risco de vida tenham sido localizadas, um exame físico completo deve ser realizado, incluindo avaliação do feto. Estimar a idade gestacional do feto é essencial porque grande parte da abordagem algorítmica da paciente com trauma grávida depende da potencial viabilidade do feto fora do útero. Os batimentos cardíacos fetais podem ser auscultados com estetoscópio com 12 semanas de gestação e devem ser registrados. Se a paciente está apta a fornecer a história, a data da última menstruação (DUM) e data estimada do parto (DEP) devem ser determinadas, bem como quaisquer complicações durante a gestação atual ou nas anteriores, presença de contrações e movimentos fetais. O exame físico do abdômen da gestante é difícil, uma vez que os órgãos abdominais estão deslocados pelo útero que cresce. Além disso, a distensão crônica do peritônio pela gravidez em expansão o torna menos sensível e os sinais peritoniais podem ser sutis ou ausentes.

O exame pélvico é essencial. Ele pode revelar lacerações vaginais, ruptura de membranas, hemorragia vaginal, dilatação cervical, apresentação fetal e fraturas pélvicas ou sacrais que podem em última instância tornar o parto vaginal impossível. O exame deve ser feito sob condições estéreis em decorrência da possibilidade de ruptura das membranas.

6. Que exames subsidiários são úteis na avaliação do feto?

A avaliação por ultra-sonografia de abdômen tem sido cada vez mais usada como um método não-invasivo, que pode ser realizado à beira do leito para detectar lesão de órgãos e hemoperitônio e é útil especialmente em grávidas. O ultra-som transabdominal pode detectar a freqüência cardíaca fetal por volta de sete ou oito semanas de gestação, além de fornecer informação sobre a posição e a apresentação do feto, a freqüência cardíaca fetal e a presença de gestação gemelar. Ocasionalmente, ele pode detectar diretamente lesões fetais. Entretanto, a ultra-sonografia não é um método preciso para detectar o descolamento prematuro de placenta, que é a causa mais comum de óbito fetal após um trauma. Como o coágulo que se forma agudamente em decorrência da placenta descolada é isodenso à placenta, o ultra-som não detecta fidedignamente a hemorragia recente e a placenta pode parecer apenas um pouco espessada quando comparada ao normal. À medida que o coágulo se liquefaz durante os dias seguintes, ele se torna progressivamente sonoluscente e, conseqüentemente, mais fácil de detectar na ultra-sonografia.

Como não existe nenhum método confiável para visualizar um descolamento prematuro de placenta, freqüentemente emprega-se a monitoração cardíaca fetal para avaliar o feto. Essa técnica registra simultaneamente a freqüência cardíaca fetal e as contrações uterinas. Existem vários padrões característicos de resposta cardíaca fetal para uma contração uterina que indicam com precisão o sofrimento fetal antes que ele se torne clinicamente aparente.

7. **Que lesões podem ocorrer especificamente durante a gravidez?**

Descolamento prematuro de placenta. Dissecção pelo sangue entre as camadas da placenta interrompe o suprimento de oxigênio e nutrientes para o feto. Uma vez que aproximadamente 50% da superfície da placenta tenha sofrido ruptura, o feto não pode sobreviver. Graus menores de descolamento apresentam-se como dor abdominal, irritabilidade e contrações uterinas e sangramento vaginal em quantidade variável. Os padrões característicos de sofrimento fetal freqüentemente são observados na monitoração cardíaca fetal. Se o feto é viável (> 26 semanas de gestação), uma incisão de cesárea rápida é indicada. Se o feto ainda não é viável, a condição pode ser conduzida de forma expectante, mas a paciente deve ser monitorada para coagulação intravascular disseminada (CIVD), que comumente ocorre nesse quadro e pode exigir o parto de um feto ainda não-viável.

Ruptura uterina. Isso ocorre em traumas fechados graves de útero, que então se rompe com força explosiva. Freqüentemente o útero pode ser palpado como uma massa contraída e as partes fetais podem ser palpadas na região subcutânea. Em virtude das forças envolvidas, geralmente o feto não sobrevive, mas existem relatos de sobrevida fetal neste quadro. O tratamento geralmente exige histerectomia para controlar a hemorragia, mas o útero pode ser reparado primariamente dependendo da extensão da lesão.

Embolia de líquido amniótico. Após qualquer trauma ou manipulação cirúrgica do útero gravídico existe risco de introdução de um bolo de fluido amniótico na circulação materna, causando uma condição devastadora com alta mortalidade das pacientes. O diagnóstico é sugerido pelo início súbito de dispnéia, hipoxemia e taquipnéia que podem ser seguidos por síndrome do desconforto respiratório do adulto (ARDS) e CIVD. O tratamento é de suporte com oxigênio com pressão positiva em uma unidade de terapia intensiva, mas a mortalidade materna é de aproximadamente 85%.

Hemorragia fetomaterna. Introdução de apenas alguns mililitros de sangue fetal na circulação materna causará isossensibilização da paciente, se houver incompatibilidade Rh. Se a mulher é Rh negativo e o feto Rh positivo, a mulher formará anticorpos contra o fator Rh. Tais anticorpos subseqüentemente atacarão os fetos Rh positivos, resultando em eritroblastose fetal. Como nenhum teste é sensível o suficiente para detectar uma quantidade de sangue fetal tão pequena, é rotina administrar "mini-RhoGAM" (50g) no primeiro trimestre e dose regular de RhoGAM (300 g) subseqüentemente. Essa dosagem bloqueará a formação de anticorpos maternos contra o fator Rh. O teste de Kleihauer-Betke é usado para detectar a presença de células sangüíneas fetais em uma amostra de sangue materno e deve ser realizado sempre que se suspeite de transfusão fetomaterna. Entretanto, ele não é sensível o suficiente para detectar pequenas quantidades de sangue fetal.

Trabalho de parto prematuro. Contrações uterinas organizadas são comuns após um trauma de abdômen. Como o descolamento prematuro de placenta é freqüentemente associado a contrações, deve-se supor que ele está presente sempre que uma vítima de trauma grávida entra em trabalho de parto. Se o feto está maduro, deve-se permitir que o trabalho de parto progrida com monitoração fetal apropriada e intervenções, caso haja sofrimento. A conduta no feto prematuro é mais controversa. Alguns especialistas acreditam que o descolamento prematuro de placenta é a causa mais comum de trabalho de parto prematuro nesse quadro e que o útero não deve ser relaxado com tocólise em razão do maior risco de sangramento. Outros acham que o trabalho de parto pode ser seguramente interrompido com tocolíticos.

Aminiorrexis prematura. Ocasionalmente as membranas placentárias romper-se-ão como resultado do aumento na pressão intra-uterina por trauma direto. A paciente irá dizer que está "perdendo água" ou será detectado líquido claro no exame pélvico. O fluido pode ser avaliado com papel de nitrazina (secreções vaginais têm pH de 5-6 enquanto o pH do líquido aminiótico é geralmente > 7), embora esse teste seja impreciso na presença de sangue. Padrões semelhantes a samambaias das secreções à medida que elas são secas em uma lâmina de microscópio são característicos de líquido amniótico e podem ser um teste mais confiável. Os principais riscos da ruptura prematura das membranas são infecção ascendente, amnionite e perda fetal. Deve ser realizada uma avaliação por um obstetra para tal complicação.

8. Qual deve ser a conduta para a gestação quando a mãe apresenta lesões graves?

Se a paciente apresenta lesões que exigem cirurgia, essa não deve ser adiada ou ainda porque ela está grávida. Se o feto não está em sofrimento e ainda não é viável, deve-se aguardar a evolução. Se o feto é a termo e estável, pode ser realizada uma cesárea seguida por reparo das lesões maternas. Se o feto é viável, mas está em sofrimento grave, uma cesárea de emergência é indicada se a mãe puder tolerar tal procedimento. Se o feto ainda não é viável e está em sofrimento grave, não existem intervenções específicas para corrigir esse sofrimento além de melhorar as condições maternas.

9. Qual é o papel da cesárea *peri mortem*?

Esse provavelmente é um dos procedimentos mais dramáticos em tratamento de trauma. Há numerosos relatos de cesáreas bem-sucedidas e sobrevida de fetos maduros após a mãe ter morrido. Em certas condições, a mãe pode ter "morte cerebral" declarada, mas manterá função de tronco cerebral e sinais vitais normais. Nesse caso, pode-se permitir que o feto amadureça e nasça próximo ao termo. Na situação da mulher apresentar uma parada cardíaca, entretanto, o parto deve ser realizado rapidamente se o feto for sobreviver. O procedimento deve ser tentado apenas quando o feto tem alguma chance estatística de sobrevivência (i. e., > 26 semanas); portanto, uma estimativa precisa da idade gestacional e um feto vivo são essenciais. A ressuscitação da mãe deve ser continuada durante o parto porque o esvaziamento do útero é freqüentemente associado à melhora do estado clínico da mãe. Uma vez que seja determinado que a mulher apresenta parada cardíaca, uma cesárea clássica (incisão vertical) deve ser iniciada e completada em cinco minutos a partir do momento da parada cardíaca. A sobrevida de um feto neurologicamente intacto varia inversamente com a demora na realização do parto e o procedimento provavelmente não deve ser tentado se tiverem decorrido mais de 15 minutos de parada cardíaca.

10. Pacientes com trauma grávidas com avaliação normal podem receber alta para casa?

Como há risco de descolamento de placenta tardio após um trauma abdominal relativamente leve, tais pacientes devem ser submetidas à monitoração cardíaca fetal por, no mínimo, quatro horas.

11. A conduta para trauma penetrante em abdômen gravídico é diferente?

A mortalidade global por ferimentos por disparo de arma de fogo no abdômen é de aproximadamente 15%. Em contraste, a morte materna por ferimento por arma de fogo do útero gravídico é extremamente rara porque o útero e o feto absorvem uma grande parte da energia cinética do projétil. Infelizmente, a incidência de lesão fetal é alta (60%) e a mortalidade fetal varia entre 40 e 60%. Todavia, vários casos de sobrevida fetal após ferimentos penetrantes foram relatados.

Ferimentos penetrantes da parte inferior do tórax apresentam maior probabilidade de envolver vísceras ocas e diafragma, que estão deslocados para cima na gestação avançada. Ferimentos na porção superior do abdômen podem ser seguramente explorados. A gravidez freqüentemente é citada como uma contra-indicação relativa para lavagem peritoneal, mas sua realização é segura contanto que a incisão seja feita acima do nível do fundo. Um limite mais baixo (5.000 GV/cc) deve ser utilizado para considerar a lavagem positiva em lesões abdominais altas e torácicas inferiores.

12. O que determina a evolução da gestação após trauma?

Muitos fatores influenciam a evolução de uma gravidez após um trauma importante, mas o princípio ignorado é que o bem-estar do feto depende quase que completamente do bem-estar da mãe. Conseqüentemente, a ressuscitação da mãe é prioritária. Em alguns estudos, nenhum feto sobreviveu depois que a mãe morreu, aproximadamente metade deles morreu quando a mãe chegou ao pronto-socorro em choque e 1/4 morreu quando a mãe apresentava lesões relativamente leves. Embora as mulheres com trauma grave geralmente apresentem evolução fetal pior, uma delas pode estar relativamente bem, sem lesões, e o feto apresentar sofrimento grave.

13. As mulheres grávidas devem usar cinto de segurança ao dirigirem um automóvel?

Poucos dados em seres humanos estão disponíveis para responder a essa questão, mas alguns dados experimentais em animais apóiam o uso de cintos de três pontos por mulheres grávidas. Os cintos devem ser usados corretamente, entretanto, para evitar uma lesão do útero e do feto pelo cinto de segurança. *Air bags* inflam com força explosiva e também podem causar lesão materna, particularmente na gestação avançada, pois o abdômen está mais próximo do ponto de lançamento. De forma geral, entretanto, esses dispositivos salvam vidas e seu uso deve ser incentivado.

REFERÊNCIAS BIBLIOGRÁFICAS

1. Goodwin TM & Breen MT: Pregnancy outcome and fetomaternal hemorrhage after noncatastrophic trauma. *Am J Obstet Gynecol* 162: 665-671, 1990.
2. Katz VL & Hansen AR: Complications in the emergency transport of pregnant women. *South Med J* 83: 7-10, 1990.
3. Kissinger DP, Rozycki GS, Morris JA, *et al.*: Trauma in pregnancy: Predicting pregnancy outcome. *Arch Surg* 126: 1079-1086, 1991.
4. Lavery JP, Staten-McCormick M: Management of moderate to severe trauma in pregnancy. *Obstet Gynecol Clin North Am* 22: 69-90, 1995.
5. Pearlman MD, Tintinalli JE, Lorenz RP: Blunt trauma during pregnancy. *N Engl J Med* 323: 1609-1613, 1990.
6. Poole GV, Martin JN Jr, Perry KG Jr, *et al.*: Trauma in pregnancy: The role of interpersonal violence. *Am J Obstet Gynecol* 174: 1873-1878, 1996.
7. Sherman HF, Scott LM, Rosemurgy: AS: Changes affecting the initial evaluation and care of the pregnant trauma victim. *J Emerg Med* 8: 575-582, 1990.
8. Strong TH & Lowe RA: Perimortem cesarean section. *Am J Emerg Med* 7: 489-494, 1989.
9. Velanziano C: Abdominal trauma in the pregnant trauma victim. *Top Emerg Med* 15: 72-83, 1993.
10. Williams JK, McClain L, Rosemurgy AS, *et al.*: Evaluation of blunt abdominal trauma in the third trimester of pregnancy: Maternal and fetal considerations. *Obstet Gynecol* 75: 33-37, 1990.

41. TRAUMA NO IDOSO

Bradley J. Roth, M.D., e *Juan A. Asensio*, M.D.

1. Qual é a causa mais freqüente de admissão por trauma em idosos?

Aproximadamente 1,2 milhão de pacientes sofre fraturas de quadril a cada ano. Muito provavelmente isso é secundário ao risco aumentado de fragilidade óssea e queda em idosos e à diminuição da densidade óssea.

2. Qual avaliação deve ser considerada para o paciente idoso que sofreu uma queda?

Todos os pacientes com trauma devem ser avaliados inicialmente pelo protocolo Advanced Trauma Life Support (ATLS), mas os seguintes exames também devem ser considerados: monitoração cardíaca, hemograma completo, eletrólitos, glicose, cálcio, magnésio, fósforo, ECG, enzimas cardíacas, tiamina (EV ou IM) e TC de crânio.

3. Quais são as causas mais comuns de morte acidental no paciente idoso?

Para os pacientes com 75 anos de idade ou mais, queda é a principal causa de morte acidental, seguida por acidentes com veículos automotores, complicações clínicas ou cirúrgicas e queimaduras. Para pacientes entre 65 e 75 anos, acidentes com veículos automotores são duas vezes mais comuns do que quedas. Os acidentes com veículos automotores diferem daqueles que envolvem motoristas mais novos. Eles habitualmente estão em velocidade mais baixa e envolvem dois automóveis. Pessoas mais velhas apresentam maior risco de serem atingidas por um veículo automotor como pedestres do que a população geral. Em 1991, as pessoas com mais de 65 anos compunham 12% da população, mas 29% das mortes por trauma.

4. Em que grupo etário a taxa de mortalidade começa a aumentar no paciente adulto com trauma?

Quando comparados aos pacientes com traumas importantes com Pontuação para Gravidade de Lesão (Injury Severity Score) semelhante, a taxa de mortalidade começa a elevar-se aos 45 anos (10,6%) e aumenta agudamente em pacientes com mais de 55 nos (14,4%). A taxa é de 15,6% para pacientes entre 65 e 74 anos. A taxa para pacientes entre 75-84 anos é mais de duas vezes superior à de pacientes entre 14-24 anos (20,1% contra 8,9%).

5. Em que idade a taxa de mortalidade do motorista para acidentes com automóveis excede a do grupo entre 16-19 anos?

A taxa começa a se elevar na idade de 70 anos (1,2 por 100 acidentes). Ela aumenta para motoristas com 80 anos para quatro por 100 acidentes, excedendo a da população mais jovem. Acredita-se que um decréscimo das capacidades cognitivas esteja relacionado a esse aumento na taxa.

6. Como são reanimados os pacientes idosos com trauma?

Todos os pacientes com trauma devem ser ressuscitados pelo uso dos protocolos ATLS. Os pacientes idosos com trauma devem ser submetidos a exame dinâmico e devem ser feitos esforços para iniciar monitoração invasiva precocemente. Os pacientes idosos hipotensos e acidóticos com trauma apresentam maior taxa de mortalidade. Em um estudo com pacientes idosos com trauma, a taxa de sobrevida foi de 53% para aqueles submetidos à monitoração invasiva precocemente (2,3 horas) contra sobrevida de 7% para o grupo no qual ela foi adiada (5,5 horas). Em razão da reserva cardíaca baixa, alguns acreditam que a conduta conservadora para trauma fechado não é indicada em idosos.

7. Por que o paciente idoso gravemente lesado apresenta índices cardíacos abaixo da expectativa?

Com a idade, os receptores beta-adrenérgicos do coração parecem diminuir em número e tornarem-se menos sensíveis ao estímulo pela catecolamina. Os nós sinoatrial (SA), atrioventricular (AV) e feixe de His sofrem perda de células. As paredes ventriculares tornam-se menos complacentes, resultando em uma diminuição do volume sistólico. Muitos pacientes apresentam doença cardíaca aterosclerótica ou doença valvular importantes. Também alguns pacientes podem estar recebendo medicações que diminuem seu desempenho cardíaco.

8. Por que a creatinina sérica habitualmente está próxima dos limites normais quando a reserva renal é geralmente limitada em pacientes idosos com trauma?

O rim sofre um decréscimo progressivo na função secundário à perda gradual de glomérulos e à diminuição do fluxo sangüíneo. Em virtude da diminuição correlativa da massa muscular, a creatinina permanecerá inalterada. Com o estresse, o rim irá, portanto, ter uma reserva muito menor. Também, em decorrência da menor habilidade de concentrar a urina, o débito urinário será um indicador ruim da perfusão periférica.

9. Por que o paciente idoso com trauma apresenta reservas fisiológicas limitadas?

Os pacientes idosos têm menores reservas cardíaca e renal. Em razão dos efeitos da idade e das doenças crônicas, os idosos também têm menor reserva respiratória. Esses pacientes também apresentam sistema imune prejudicado e desnutrição leve.

10. Que diferenças são observadas no paciente idoso com trauma torácico fechado quando comparado a pacientes com menos de 65 anos?

Os pacientes idosos têm mecanismos e tipos de lesão similares. Entretanto, na população idosa, a relação entre homens e mulheres que apresentam trauma torácico fechado está próxima de um (2,7:1 *versus* 1,2:1 em idosos). O paciente idoso tem menor probabilidade de se apresentar em choque, mas é mais provável que se apresente sem sinais vitais. Os pacientes idosos também têm uma taxa de mortalidade mais alta (18% *versus* 37% em idosos).

11. Que fatores aumentam a taxa de mortalidade na unidade de terapia intensiva cirúrgica (UTIC) do paciente idoso?

O Simplified Acute Physiology Score (SAPS) parece ter um maior valor preditivo do que a idade isoladamente quando os pacientes são cruzados para o Injury Severity Score (ISS). Não houve diferença significativa na mortalidade em UTIC quando pacientes jovens e idosos eram comparados pelo ISS e pelo SAPS. Os pacientes idosos geralmente apresentam um SAPS mais alto. A mortalidade hospitalar após a alta da UTIC parece aumentar em idosos com SAPS alto quando comparados com pacientes mais jovens com ISS e SAPS semelhantes.

REFERÊNCIAS BIBLIOGRÁFICAS

1. Finelli FC, Jonsson J, Champion HR, *et al.*: A case control study for major trauma in geriatric patient. *J Trauma* 29: 541-548, 1989.
2. Johnson CL, Margulies DR, Kearney TJ, *et al.*: Trauma in the elderly: An analysis of outcome based on age. *Am Surg* 60: 899-902, 1994.
3. National Safety Council: *Accident Facts,* 1992 Edition. Itasca, IL, National Safety Council, 1992.
4. Oreskovich MR, Howard JD, Copas MK, Carrico CJ: *Trauma* 24: 565-572, 1984.
5. Santora TA, Schinco MA, Trooskin SZ: Management of trauma in the elderly, *Surg Clin North Am* 74: 163-186, 1994.
6. Scalea TM & Kohl L: Geriatric trauma. *In* Feliciano DV, Moore EE, Mattox KL (eds): *Trauma.* Stamford, CT, Appleton & Lange, 1996, p. 899-915.

7. Scalea TM, Maltz S, Yelone J, *et al.*: Resuscitation of multiple trauma and head injury: Role of crystalloid fluids and inotropes. *Crit Care Med* 22: 1610-1615, 1994.
8. Scalea TM, Simon HM, Duncan AO, *et al.*: Geriatric blunt multiple trauma: Improved survival with early invasive monitoring. *J Trauma* 30: 129-134, 1990.
9. Schwab CW & Kauder DR: Trauma in the geriatric patient. *Arch Surg* 127: 701-706, 1992.
10. Shoemaker WC, Appel PL, Kram HB: Role of oxygen debt in the development of organ failure sepsis, and death in high risk surgery patients. *Chest* 102: 208-215, 1992.
11. Shoemaker WC, Appel PL, Kram HB: Tissue oxygen debt as a determinant of lethal and nonlethal postoperative organ failure. *Crit Care Med* 16: 1117-1120, 1988.
12. Shorr RM, Rodriguez A, Indeck MC, *et al.*: Blunt chest trauma in the elderly. *J Trauma* 29: 234-237, 1989.

42. ÁLCOOL E SÍNDROME DE ABSTINÊNCIA AGUDA

Gideon P. Naudé, MBChB

1. O que é alcoolismo?

É um problema recorrente associado à ingestão de álcool que pode afetar adversamente a vida pessoal e profissional, a educação, a situação financeira e o estado de saúde de um indivíduo e levar a problemas legais. Dependência ocorre, e, se a ingesta é interrompida, pode surgir síndrome de abstinência. Negar que o álcool é um problema é muito freqüente, tornando o tratamento mais difícil.

2. A dependência do álcool (alcoolismo) é um problema nos Estados Unidos?

Sim. Junto com o câncer e a doença cardíaca, é uma das três causas mais comuns de morte nos Estados Unidos. O custo para a sociedade é de várias centenas de bilhões de dólares por ano e o custo para o alcoolista e sua família é de infelicidade e miséria incalculáveis. Cerca de 10% dos americanos adultos podem ser classificados como alcoolistas.

3. Existe predisposição genética para o uso abusivo de álcool?

Acredita-se que exista uma predisposição genética para o alcoolismo em cerca de metade de todos os alcoolistas.

4. Que outros fatores predisponentes existem?

Um relacionamento próximo com um alcoolista, como um cônjuge ou um parceiro, pode levar à ingestão problemática de álcool. Crianças de famílias desestruturadas apresentam maior incidência de alcoolismo. Cerca de 10-20% dos homens alcoolistas apresentam outra doença mental e, em mulheres, depressão e fobias preexistentes as tornam mais propensas ao alcoolismo. Nos idosos, a solidão e o isolamento são freqüentemente as causas que levam ao problema de beber.

5. Todas as pessoas, independentemente de sexo e raça, são igualmente suscetíveis ao efeito do álcool?

As mulheres intoxicam-se mais rapidamente e têm uma maior taxa de cirrose hepática do que os homens. Os nativos americanos, bem como os asiáticos e os africanos, tornam-se intoxicados mais precocemente do que os controles de descendência européia.

6. O álcool apresenta algum efeito psicológico ou físico positivo?

Tomado com moderação (como feito por cerca de 60 milhões de americanos), ele causa relaxamento e euforia discreta e estimula a interação social agradável. Também pode estimular o apetite se ingerido antes das refeições.

7. Quais são os sintomas do uso de álcool?

Em quantidades modestas, ele pode não apresentar sintomas específicos além de discreta elevação do humor. A intoxicação leve é caracterizada por sedação inicial, além de relaxamento e euforia. Isso progride para comportamento inadequado, caracterizado por espalhafato, diminuição das inibições, diminuição da coordenação, fala ininteligível, perda de memória (alcoolistas geralmente têm *blackouts* com perda de memória durante o período da intoxicação) e julgamento prejudicado. Humor lábil com depressão e mania ocorre em alguns. Com altos níveis de ingesta de álcool, náuseas e vômitos ocorrem. Com aumentos ainda maiores, a pessoa torna-se embotada e pode progredir para estupor ou coma alcoólico. Doses ainda mais altas levam à depressão respiratória e à morte.

8. Quais são os efeitos graduados na intoxicação aguda por álcool?

As pessoas não acostumadas com o álcool podem se tornar intoxicadas com níveis tão baixos quanto 40 mg/dl. A pessoa de porte médio ficará intoxicada com níveis de 100 mg/dl ou maiores. Os alcoolistas podem desenvolver tolerância e parecer sóbrios com níveis de 150 mg/dl. Níveis superiores a 400 mg/dl podem levar ao coma e à morte.

9. Qual é o nível sangüíneo tóxico de álcool?

Níveis acima de 400 mg/dl podem causar morte por depressão respiratória ou incapacidade de proteger as vias aéreas, levando a vômitos e aspiração. Depressão cardíaca ocorre com níveis acima de 1.000 mg/dl.

10. Quais são os órgãos-alvo de lesões no uso abusivo do álcool?

Alguns dos efeitos desfavoráveis do uso abusivo do álcool são:

Sistema cardiovascular: Hipertensão, miocardiopatia e infarto do miocárdio.

Sistema nervoso central: Psicose de Korsakoff e encefalopatia de Wernicke. Demência precoce também ocorre.

Sistema nervoso periférico: Neuropatia periférica.

Mucosa oral: Carcinoma orofaríngeo é associado à ingesta alcoólica intensa.

Esôfago: Carcinoma escamoso é associado à ingesta alcoólica intensa. Varizes esofágicas sucedem a cirrose alcoólica.

Estômago: Gastrite e úlcera péptica são causadas pelo uso abusivo do álcool.

Fígado: Hepatite alcoólica aguda, cirrose hepática, carcinoma hepático.

Pâncreas: Pancreatite aguda e crônica.

Hematológicos: Anemia que pode ser macrocítica, megaloblástica ou microcítica. Contagem baixa de glóbulos brancos. Trombocitopenia.

Respiratórios: Depressão respiratória aguda com superdosagem de álcool. Incidência mais alta de câncer respiratório.

Fetos: Síndrome alcoólica fetal.

Sistema genital: Atrofia testicular com impotência masculina.

Os alcoolistas são mais propensos a trauma (acidental e intencional, abuso de cônjuge e crianças), afogamento, acidentes com fogo e congelamento e lesão por frio.

11. O que ocorre no uso abusivo crônico do álcool?

O uso contínuo do álcool leva a lesão nos órgãos-alvo. A insuficiência dietética piora as lesões orgânicas induzidas pelo álcool. Hábitos nocivos adicionais, como tabagismo e adicção de drogas, aceleram os efeitos prejudiciais do álcool.

12. Ocorre melhora caso a ingesta de álcool seja interrompida?

Sim. Ocorre uma melhora rápida no equilíbrio hidreletrolítico, no quadro hematológico, na hipertensão e no estado de má absorção do intestino delgado. Pancreatite crônica, cirrose hepática e déficits neurológicos (particularmente cognitivos) demoram a melhorar.

13. Como é tratado um paciente com trauma intoxicado?

Além das lesões, os próprios efeitos do álcool podem causar uma diminuição ainda maior no nível de consciência e o risco de vômito e aspiração, que deve suscitar controle da via aérea com intubação.

Níveis muito elevados de álcool podem requerer assistência ventilatória se uma depressão respiratória importante tiver ocorrido. Também pode ser necessário passar uma sonda nasogástrica para remover o álcool do estômago que ainda não tenha sido absorvido. Um paciente intoxicado necessitando de cirurgia urgente pode exigir quantidades muito pequenas de agente anestésico para alcançar a anestesia cirúrgica.

14. Quais são os sinais de síndrome de abstinência aguda pelo álcool?

Eles geralmente ocorrem em um paciente que, após beber consistente e intensamente por um período, interrompe ou diminui a bebida após ser admitido no hospital ou ser preso. Então podem surgir um ou mais dos seguintes sinais:

- Tremores que se iniciam cerca de 12 horas após a interrupção da bebida e agravam-se em 24-36 horas.
- Convulsões por abstinência ocorrem após oito a 24 horas da suspensão do álcool.
- As alucinações alcoólicas (freqüentemente dentro dos primeiros dois dias) são em geral visuais (habitualmente insetos, cobras ou outros animais pequenos), mas podem ser auditivas, na forma de vozes ameaçadoras ou zombeteiras ou uma combinação das duas. Elas, em geral, duram menos que uma semana.
- *Delirium tremens* ocorre entre dois e 14 dias após a interrupção da ingesta e é a manifestação tardia. Obscurecimento da consciência, desatenção que leva a percepção anormal e freqüentemente comportamento bizarro e inadequado são as características. Alucinações e comportamento violento podem ocorrer.

15. Quais são os efeitos fetais do uso abusivo de álcool pela mãe?

A síndrome do álcool fetal ocorre se a mulher grávida consome álcool. A gravidade da anormalidade é dependente das doses, ocorrendo anormalidades mais graves quando doses mais altas de álcool foram ingeridas. A síndrome é caracterizada por baixo peso ao nascimento, anormalidades físicas e prejuízo mental. Pode ser evitada se a mulher não ingerir álcool durante a gravidez.

16. Existem problemas especiais associados ao alcoolismo em mulheres?

O alcoolismo pode passar despercebido em mulheres porque elas tendem a beber mais veladamente, algumas vezes não têm que manter um emprego e, se em casa, podem ter álcool facilmente disponível o tempo todo. O alcoolismo é mais prevalente se a mulher é solteira, divorciada ou desempregada. Mulheres alcoolistas têm maior incidência de casamento com alcoolistas. Doença hepática, suicídio e trauma são mais comuns em mulheres do que em homens e a média de expectativa de vida de uma mulher alcoolista é quase 15 anos mais baixa do que a de uma mulher não-alcoolista.

17. Que problemas legais e associados são fortes indicadores de alcoolismo?

Um registro de prisão ou uma história de abuso de cônjuge e criança são sugestivos de alcoolismo. Estatísticas indicam que uma pessoa com uma prisão por dirigir embriagada tem 70% de chance de ser um alcoolista, duas prisões 90% de probabilidade e três prisões essencialmente chance de 100%. Álcool ou outras drogas estão envolvidos em mais de metade de todos os traumas graves.

18. O que é intoxicação idiossincrásica por álcool?

É um comportamento que não é típico da pessoa quando sóbria. Geralmente, tem a forma de um comportamento agressivo ou violento sob a influência do álcool, seguido por um retorno ao normal e por amnésia referente ao evento.

19. O alcoolismo é uma condição tratável?

Sim. Com tratamento prolongado, mais de 60% dos alcoolistas podem ser recuperados e reabilitados para se tornarem membros úteis à sociedade. Deixados à mercê de seus próprios recursos, menos de 20% dos alcoolistas permanecem sem beber.

20. Qual é o tratamento para *delirium tremens* (DT)?

Hospitalização em um ambiente silencioso, de repouso.

Hidratação com fluidos endovenosos se o paciente não estiver ingerindo via oral ou estiver vomitando. Nutrição adequada é importante porque muitos desses pacientes são desnutridos crônicos.

Vitaminas como complexo B, folato (1 mg/dia) e tiamina (no mínimo 100 mg/dia).

Sedação com benzodiazepínico, por exemplo, diazepam, clordiazepóxido, oxazepam ou lorazepam.

Prevenção de convulsões pela administração de fenitoína (Dilantin) 300 mg/dia por cinco dias.

21. O DT é perigoso ou apenas importuno?

Quando não-tratado, o *delirium tremens* tem mortalidade significativa, referida como tão alta quanto 15% em alguns estudos.

REFERÊNCIAS BIBLIOGRÁFICAS

1. Barker LR, Burton JR, Zieve PD: *Ambulatory Medicine,* 41th ed. Baltimore, Williams & Wilkins, 1995.
2. Blume SB: Women and alcohol. *JAMA* 256: 1467, 1986.
3. Fein R: *Alcohol in America: The Price We Pay.* Newport Beach, CA, Care Institute, 1984.
4. Goodwin DW: *Is Alcoholism Hereditary?* New York, Oxford University Press, 1974.
5. Skinner HA, Hold S. Schuller R, *et al.*: Identification of alcohol abuse using laboratory test and a history of trauma. *Ann Intern Med* 101: 847, 1984.
6. Way LW: *Current Surgical Diagnosis and Treatment,* 10th ed. Norwalk, CT, Appleton 7 Lange, 1994.

XIII. *Modalidades diagnósticas*

43. TOMOGRAFIA COMPUTADORIZADA, RESSONÂNCIA NUCLEAR MAGNÉTICA E LAVAGEM PERITONEAL EM LESÕES

Patricia J. Eubanks, M.D.

1. O que é uma lavagem peritoneal diagnóstica (LPD) e como ela é realizada?

Uma LPD é a colocação de um cateter no interior do abdômen para avaliar uma lesão intra-abdominal. Uma LPD é realizada pela técnica aberta ou fechada, fazendo-se uma pequena incisão na linha média infra-umbelical e colocando-se um cateter plástico dentro da pelve. Aspiração inicial é realizada. Se não há retorno de sangue, então 1 l de soro fisiológico é infundido. Após a infusão, o fluido é drenado para fora do abdômen por gravidade (colocando-se um frasco EV no chão) e enviado para o laboratório.

2. Qual é a preferida: a técnica de LPD aberta ou fechada?

A técnica aberta. Na técnica aberta, uma pequena incisão é feita na fáscia e no peritônio pela qual o cateter é inserido sob visualização direta. A técnica fechada requer a realização de uma pequena incisão e punção da fáscia com uma agulha por meio da qual o cateter é inserido (usando a técnica de Seldinger). Essa técnica não é realizada comumente em virtude do risco de lesão de vísceras ou de outras estruturas intra-abdominais com a inserção do cateter.

3. O que constitui uma LPD "positiva"?

Se 10-20 ml de sangue ou conteúdos intestinais são obtidos, não são realizados mais testes. O paciente é levado diretamente para o centro cirúrgico. Se o fluido drenado pela lavagem contém > 100.000 hemácias/mm^3, > 500 leucócitos/mm^3, qualquer material alimentar ou bactéria, ou amilase > 20 UI, a amostra é considerada positiva.

4. Como é realizada a LPD quando existe fratura pélvica?

A incisão é feita *acima* do umbigo e o cateter é direcionado para longe do hematoma pélvico. Deve ser considerada a realização de tomografia computadorizada (TC) caso o paciente esteja estável.

5. Quais pacientes devem ser submetidos à LPD?

A LPD é indicada para pacientes com trauma instáveis nos quais se suspeita de lesão abdominal. A LPD é rápida e sensível; entretanto, não é *específica.* A aplicação mais útil da LPD é em pacientes com outras lesões graves, particularmente lesões cranianas resultando em níveis alterados de consciência. Achados físicos duvidosos, intoxicação por álcool ou drogas, ou necessidade de cirurgia imediata (como uma craniotomia), são indicações para LPD em pacientes instáveis.

6. Quando a LPD foi introduzida para o diagnóstico de hemoperitônio?

H. D. Root introduziu pela primeira vez a LPD em 1965.

7. O que contribui para LPDs falso-negativas?

Uma lesão de víscera oca resultando em contaminação mínima ou inexistente da cavidade peritoneal no momento da LPD ou uma lesão retroperitoneal são responsáveis pela maioria das LPDs falso-negativas. A colocação do cateter na gordura pré-peritoneal (mais comum em pacientes obesos) ou as adesões intra-abdominais que impedem o sangue de se misturar com o líquido de lavagem também podem contribuir para LPDs falso-negativas.

8. O que contribui para LPDs falso-positivas?

Sangramento pela incisão ou lesões pelo cateter do omento ou mesentério podem resultar em LPD falso-positiva. A presença de hematoma pélvico ou retroperitoneal também pode causar um exame falso-positivo. É importante notar que 15-25% dos pacientes levados a cirurgia por LPD positiva apresentam lesões triviais que não necessitariam de reparo cirúrgico.

9. Quais são as contra-indicações relativas para LPD?

Cirurgia abdominal prévia e gravidez são consideradas contra-indicações.

10. Quando uma TC abdominal é indicada em trauma?

No paciente *estável* em quem se suspeita de lesão intra-abdominal, uma TC é útil. A TC é usada em pacientes com alteração do nível de consciência, com lesões raquimedulares ou com fraturas pélvicas ou de extremidades.

11. Quais são as vantagens da TC em relação à LPD?

A TC é mais específica do que a LPD no diagnóstico do local da lesão. Ela é particularmente útil no diagnóstico de lesões de órgãos sólidos. Além disso, a TC é capaz de diagnosticar com mais precisão quaisquer lesões retroperitoniais. Assim, a TC diminui a taxa de laparotomias não-terapêuticas quando comparada à LPD.

12. Que região de lesão a TC abdominal subdiagnostica?

A TC pode perder lesões entéricas se houve extravasamento mínimo. Portanto, uma TC negativa não exclui lesão intestinal. O paciente deve ser observado com exames físicos seriados. Se o nível de consciência não facilita um exame físico confiável, então deve ser considerada a realização de LPD ou TC para acompanhamento se a condição do paciente deteriorar.

13. Como é realizada uma TC abdominal em caso de trauma?

O paciente recebe contraste EV e, possivelmente, um pequeno bolo de contraste oral (nem sempre necessário) e imagens axiais são obtidas da parte inferior do tórax até a pelve. A adição de uma pequena quantidade de contraste oral pode ajudar a definir lesões pancreáticas ou duodenais.

14. O que são considerados achados positivos na TC?

Fluido ao redor do fígado ou na pelve é considerado positivo. Visualização de lacerações ou rupturas em fígado, em baço ou em qualquer outro órgão é considerada positiva. Não-perfusão dos rins após administração de contraste endovenoso é sugestiva de trombose ou lesão de artéria renal. Além disso, TC é particularmente útil no diagnóstico de fraturas pélvicas. Extravasamento de corante após a administração de contraste EV pode diagnosticar lesões de parênquima renal ou sistema coletor. Lesões de bexiga podem ser diagnosticadas se uma sonda de Foley é mantida clampeada após a administração do contraste EV para permitir a distensão da bexiga. Lesões de coluna vertebral e lesões vasculares também podem ser demonstradas.

15. Um achado de TC positivo é indicação para laparotomia?

Não. Lesões de órgãos sólidos podem ser freqüentemente conduzidas de forma conservadora. Essa estratégia de tratamento conservador demonstrou sucesso primeiramente na população pediátrica e subseqüentemente foi estendida para os adultos.

16. Qual é o sistema de graduação usado para estratificar lesões hepáticas?

Grau I: Hematoma subcapsular, não-expansivo, < 10% da área de superfície; laceração que não está sangrando e profundidade no parênquima < 1 cm.

Grau II: Hematoma subcapsular, não-expansivo, de 10-50% da área de superfície, ou hematoma intraparenquimatoso < 10 cm; laceração capsular com hemorragia ativa, laceração parenquimatosa de 1-3 cm, extensão < 10 cm.

Grau III: Hematoma subcapsular, > 50% da área de superfície ou expansivo; hematoma parenquimatoso subcapsular roto; hematoma intraparenquimatoso > 10 cm ou expansivo; laceração parenquimatosa > 3 cm.

Grau IV: Hematoma intraparenquimatoso roto com sangramento ativo; laceração parenquimatosa envolvendo 25-75% do lobo hepático.

Grau V: Ruptura parenquimatosa envolvendo > 75% do lobo hepático; lesões de veias justa-hepáticas (veia cava retrohepática ou veias hepáticas principais).

Grau VI: Avulsão hepática.

17. Quais são os critérios para conduta conservadora nas lesões hepáticas?

1. Estabilidade hemodinâmica.
2. TC identificando o local de lesão.
3. Ausência de sinais peritoniais.
4. Ausência de lesões entéricas ou outras lesões associadas que exijam cirurgia.
5. Pequena necessidade de transfusões sangüíneas.

A conduta conservadora é geralmente reservada para lesões graus I-III; entretanto, o tratamento conservador de lesões graus IV e V tem sido cada vez mais relatado.

18. O que se deve fazer se a TC demonstra líquido livre na cavidade peritoneal ou fluido na pelve sem lesão identificável de órgão sólido?

Líquido livre na cavidade peritoneal sem lesão de órgão sólido ou fratura pélvica é sugestivo de perfuração entérica ou sangramento mesentérico e requer laparotomia exploradora.

19. Qual é o sistema de graduação para lesões esplênicas?

Grau I: Laceração capsular mínima; sem hemorragia.

Grau II: Ruptura capsular ou parenquimatosa pequena com sangramento.

Grau III: Fratura de parênquima importante.

Grau IV: Esmagamento ou ruptura de parênquima importante localizados em uma região.

Grau V: Fraturas parenquimatosas difusas; lesões hilares.

20. Quais são os critérios para conduta conservadora em trauma esplênico?

Os mesmos requisitos gerais para conduta conservadora de lesões hepáticas aplicam-se a lesões esplênicas. Os graus I-III podem ser tratados conservadoramente. Entretanto, diferentemente das lesões hepáticas, a terapia conservadora tem sido estendida com sucesso aos graus mais altos de lesões esplênicas.

21. Qual é a importância da TC na avaliação de trauma craniano?

A TC é a modalidade de escolha para a avaliação de pacientes com trauma craniano agudo. A detecção precoce de hemorragia intracerebral ou hematomas epidurais ou subdurais é facilmente obtida com a

TC. Certas alterações como edema discreto, hematomas subdurais ou sangramento parenquimatoso mínimo podem não estar evidentes na TC inicial. Assim, o acompanhamento várias horas depois pode ser usado para aumentar a detecção de lesões intracranianas.

22. Que tipo de TC de crânio é realizada em casos de trauma?

É realizada uma TC de crânio não-contrastada com janelas ósseas. Tal exame é rápido e sensível.

23. O que é alargamento de mediastino e o que deve ser feito nesse caso?

Uma largura de mediastino maior que 8 cm no nível do nó aórtico em radiografia de tórax ântero-posterior (AP) é considerada alargamento mediastinal. Tal achado levanta a suspeita de ruptura de aorta torácica e justifica exames radiológicos adicionais. O padrão ideal para o diagnóstico de lesão aórtica por trauma fechado é um aortograma de arco.

24. A TC é capaz de diagnosticar de forma precisa e confiável a lesão de grandes vasos?

Isso é motivo de controvérsia:

A favor: A TC de tórax pode demonstrar hemorragia mediastinal e anormalidades do contorno aórtico. A TC pode ser valiosa na determinação da necessidade de arteriografia nos pacientes com alargamento de mediastino após um trauma fechado com desaceleração. Assim, uma TC normal em um paciente com um mediastino alargado pode impossibilitar uma aortografia.

Contra: Os achados da TC de tórax são inespecíficos. Na maioria dos estudos prospectivos e retrospectivos realizados até o momento, uma TC anormal exigiu aortografia subseqüente para definir a lesão. Assim, nos pacientes cujo índice de suspeita é alto, a aortografia tem uma melhor sensibilidade. A TC é desnecessária, cara e pode desperdiçar tempo valioso.

25. A TC é sensível para o diagnóstico de outras lesões torácicas fechadas?

A TC pode detectar uma consolidação ou contusão pulmonar, um hemotórax, um pneumotórax e um pneumomediastino facilmente. Em geral, a TC não pode diagnosticar especificamente uma ruptura ou lesão esofágica. Se existe suspeita de ruputra esofágica, um esofagograma com gastrografina seguido por contraste com bário, se o estudo com gastrografina for negativo, é o exame de escolha.

26. Quais são as indicações para uma TC de coluna cervical?

Achados duvidosos na radiografia simples.

Dor focal inexplicada no pescoço.

Achados neurológicos ou dor referida na coluna cervical sem achados radiológicos.

Paciente que não pode ser claramente radiografado.

Para auxiliar no planejamento terapêutico de lesões cervicais.

27. A RNM é útil no caso de trauma?

Não. Enquanto a RNM pode ser mais sensível do que TC na detecção de lesão neurológica e de muitos tipos de trauma craniocerebral, ela não é realizada em caso de trauma porque leva mais tempo do que a TC, requer cooperação do paciente e o acesso desse no magneto é difícil (para manter dispositivos de monitoração e suporte). Melhorias nas novas gerações de RNM podem encurtar o procedimento e acomodar mais facilmente o pessoal e o equipamento de suporte.

REFERÊNCIAS BIBLIOGRÁFICAS

1. Feliciano DV, Moore EE, Mattox KL (eds): *Trauma,* 3rd ed. Stamford, CT, Appleton & Lange, 1996.
2. Mattox KL (ed): *Complications of Trauma.* New York, Churchill Livingstone, 1994.
3. Mirvis SE & Young JWR (eds): *Imaging in Trauma and Critical Care.* Baltimore, Williams & Wilkins, 1992.
4. Pacter HL & Feliciano DV: Complex hepatic injuries. *Surg Clin North Am* 76: 763-782, 1996.
5. Pretre R & Chilcott M: Blunt trauma to the heart and great vessels. *N Engl J Med* 336: 626-632, 1997.
6. Root HD, Hauser CW, McKinley CR, *et al.*: Diagnostic peritoneal lavage. *Surgery* 57: 633, 1965.

44. ULTRA-SOM EM TRAUMA

M. Margaret Knudson, M.D.

1. O que é ultra-som?

Ultra-som é um som com freqüência acima do limite da audição humana, que é de 20.000 ciclos por segundo ou 20 kilohertz (kHz). No ultra-som médico, um transdutor que contém um cristal piezoelétrico gera a onda de som. Quando o transdutor é colocado na superfície da pele, ele faz com que as moléculas do tecido vibrem e formem a onda de som. À medida que a onda de som viaja através do tecido, ela entra em contato com interfaces (como fígado, osso, etc.) e parte do sinal da onda de som é refletido de volta ao transdutor, criando, assim, uma imagem na tela. O restante da onda de som é refletido para longe do transdutor ou é absorvido pelo tecido (um processo denominado atenuação). A velocidade da onda de ultra-som através dos tecidos varia; por exemplo, a velocidade através do ar é 330 m/seg, através do pulmão é 600 m/seg, através do fígado é 1.555 m/seg e através do crânio é 4.000 m/seg. A imagem criada na tela resulta dessas diferenças entre os tecidos (i. e., achar a janela para distinguir um órgão do outro).

2. Qual transdutor você escolheria para usar em um paciente com trauma?

As freqüências diagnósticas de ultra-som variam de 2 megahertz (MHz) a 10 MHz. Em geral, quanto maior a freqüência de ultra-som, melhor a resolução da imagem, mas pior a penetração. Portanto, para examinar o abdômen ou o tórax de um paciente com trauma, o examinador irá sacrificar a resolução pela penetração e escolher um transdutor com resolução geral com grande penetração, como um transdutor de 3,5 MHz. De forma contrária, para examinar vasos sangüíneos relativamente superficiais, prefere-se um transdutor de pequenas partes com boa resolução (5,0 ou 7,5 MHz).

3. O que se deve saber para obter uma imagem de alta qualidade na tela de ultra-som?

As seguintes etapas são importantes para a realização de um bom exame ultra-sonográfico:

1. Você deve saber como ligar o aparelho! A maioria dos aparelhos usada em programas de treinamento tem a capacidade de gravar o exame em tempo real em VCR, assim, é importante ligar o VCR e inserir a fita ao início do exame. As fitas podem ser revistas em outra ocasião como parte dos programas educacionais e de garantia de qualidade.

2. Escolher o transdutor apropriado (3,5 MHz para a maioria dos pacientes) e orientá-lo adequadamente. A maioria dos transdutores tem um ponto ou linha marcando a posição para cima. Essa posição para cima deve ser orientada em direção à cabeça do paciente para exames longitudinais. Com essa orientação, a porção cefálica do corpo do paciente estará do lado esquerdo da tela (com você de frente para a tela). Quando você está examinando na transversal, o ponto ou linha do transdutor deve estar direcionado para o lado direito do paciente; assim, o lado direito do paciente estará à esquerda da tela (i. e., com você de frente para a tela, o fígado aparecerá do seu lado esquerdo).

3. Uma vez que você tenha orientado o transdutor, ache o gel de transmissão acústica e não seja econômico com seu uso. Você pode aplicá-lo diretamente no transdutor, na pele do paciente ou nas duas superfícies. Se as imagens estão escuras, você provavelmente não aplicou gel suficiente. Ao examinar um paciente com trauma, é bom utilizar uma cobertura de plástico sobre o transdutor de forma que não haja risco de transmissão de sangue de um paciente para o outro. Esteja seguro de aplicar essa cobertura plástica firmemente, para que não fique ar sob ela (lembre que o ar pode dispersar o feixe).

4. Ajuste a amplificação do aparelho. A amplificação é a amplificação (o brilho) do sinal recebido. A maioria dos aparelhos permite que você ajuste não apenas a amplificação global (geralmente um seletor na máquina), mas também a compensação de amplificação de tempo (TGC) na zona focal (habitualmente várias *slide keys* no aparelho). A TGC é usada para ajustar os sinais com relação ao tempo e à profundidade

e possibilita que uma imagem seja equilibrada no campo próximo (perto do transdutor), no campo distante e na área de interesse, a zona focal.

4. O que significa o termo *ecogenicidade*?

Quando você olha pela primeira vez as imagens de uma ultra-sonografia, elas parecem ser todas das cores cinza e branca. Entretanto, à medida que você pratica e treina seus olhos, você aprenderá a distinguir os diferentes tecidos por meio de suas imagens ultra-sonográficas (i. e., o grau de ecogenicidade). Por exemplo, o diafragma reflete de volta virtualmente todas as ondas de ultra-som e aparece branco ou *hiperecóico* na tela. Em contraste, sangue no abdômen ou no saco pericárdico transmite prontamente a onda de ultra-som e assim aparece preto (*anecóico* ou *ecolucente*).

5. A que se refere o termo *duplex* em ultra-sonografia?

Os aparelhos de ultra-sonografia com capacidade duplex fornecem imagens Doppler e em tempo real simultâneas. Lembre-se de seus dias de físico que um deslocamento Doppler é uma alteração na freqüência de uma onda refletida decorrente do movimento relativo entre o refletor e o transdutor (lembra-se do apito do trem antigo se aproximando da estação?). Os aparelhos de Doppler de fluxo colorido (DFC) permitem a detecção instantânea das freqüências de deslocamento Doppler pela superposição de cores sobre o limite normal da imagem seccional cruzada (vermelho vindo em direção ao transdutor, azul indo para longe do transdutor). Os exames com DFC são essenciais para os estudos vasculares.

6. Cite cinco aplicações da ultra-sonografia em trauma.

1. O uso de ecocardiografia para avaliar a presença de sangue no pericárdio após trauma torácico.
2. O uso de ultra-sonografia abdominal para avaliar a presença de fluido ou sangue após trauma fechado.
3. O uso de exame com duplex para avaliar vasos sangüíneos periféricos após trauma penetrante de extremidades ou pescoço.
4. O uso de ecocardiografia transesofágica para avaliar a aorta em paciente com mediastino alargado.
5. O uso de exame venoso por duplex para avaliar a patência venosa ou a existência de coágulo após trauma.

7. O que é o exame FAST para trauma?

O exame FAST (*focused abdominal sonogram for trauma*), ou ultra-sonografia abdominal focal para trauma, foi planejado para detectar fluido (i. e., sangue) no pericárdio ou no abdômen após trauma. A realização do FAST é rápida, geralmente concluída em 2 a 3 minutos por examinadores experientes, e envolve o exame em posição supina de quatro áreas no paciente com trauma (ver figura): (1) a visão sagital na área subxifóidea examina o coração e o saco pericárdico com relação à presença de fluido; (2) a visão sagital obtida na linha média axilar direita, entre a 11ª e a 12ª costelas, verifica a presença de sangue na bolsa de Morison; (3) uma visão sagital obtida na linha axilar média esquerda, entre a 10ª e a 11ª costelas, visualiza o baço e o rim e procura por sangue no recesso esplenorrenal e no espaço subdiafragmático; e (4) uma seção transversa (coronal) superior à sínfise púbica pesquisa fluido na pelve. Observação: Para essa última visão, a bexiga deve estar cheia! (Ver figura na p. 284.)

8. Como o exame FAST pode ser incorporado à avaliação inicial do trauma?

O exame FAST deve ser realizado durante a avaliação secundária, após a estabilização inicial do paciente com trauma. Ele deve ser considerado uma alternativa à lavagem peritoneal diagnóstica para a detecção de sangue no abdômen e demonstrou ser útil na determinação da necessidade de laparotomia em pacientes instáveis e de toracotomia em pacientes com trauma penetrante de tórax.

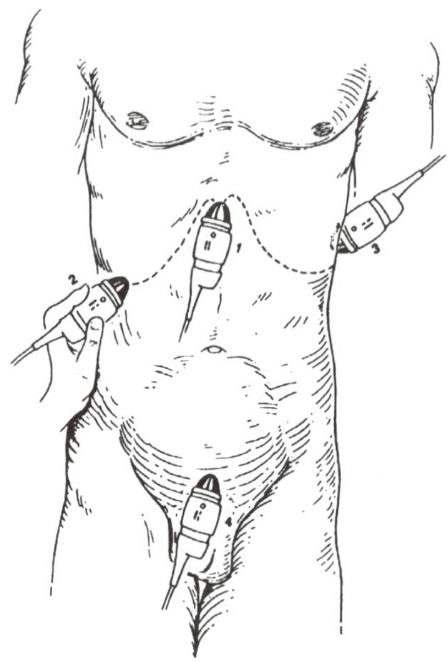

Desenho esquemático das quatro posições do transdutor para o exame FAST. (De Rozycki GS, Ochsner MG, Schmidt JA, *et al.*: A prospective study of surgeon-perfomed ultrasound as the primary adjuvant modality for injured-patient assessment. *J Trauma* 39:492, 1995, usada com permissão.)

9. Quais são as aplicações da ultra-sonografia em pacientes pediátricos com trauma e em gestantes com trauma?

O ultra-som é indolor, não-invasivo e portátil, características que o tornam atrativo para a avaliação do paciente pediátrico. Em virtude de seu pequeno tamanho, é relativamente fácil obter imagens de crianças na ultra-sonografia (embora você possa escolher usar um transdutor de alta freqüência, como um de 5 MHz), e esse exame é mais bem tolerado do que a TC, que amiúde requer sedação a fim de obter imagens satisfatórias. Na paciente grávida, o ultra-som tem sido utilizado não apenas para examinar a lesão da mãe, mas também para avaliar a idade do feto e a presença de batimentos cardíacos ou movimentos fetais e para examinar a ruptura uterina e as lacerações de placenta, complicações potenciais de trauma durante a gestação.

10. Existe alguma função para o ultra-som em trauma fora do quadro de emergência?

À medida que os cirurgiões realizam e interpretam cada vez mais exames ultra-sonográficos, os usos do ultra-som continuam a se expandir. A ultra-sonografia pode ser usada para acompanhar lesões fechadas de baço, fígado e rim que foram tratadas conservadoramente. Ela pode ser usada para detectar fluido pleural em pacientes na UTI. Imagens por duplex venoso seriadas podem ser utilizadas para acompanhar pacientes que apresentam alto risco para desenvolver trombose venosa profunda. A colocação de um cateter central pode ser facilitada pelo ultra-som. Ultra-sonografia abdominal repetida é indicada para a avaliação do paciente com trauma com queda inexplicada do hematócrito. Ecocardiografias repetidas podem ser úteis no paciente submetido a toracotomia. Exames de duplex com fluxo colorido podem ser usados para avaliar anastomose arterial ou venosa no período pós-operatório.

11. Como alguém se torna perito no uso de ultra-som em trauma?

Primeiro, fazendo um curso autorizado. Por exemplo, o American College of Surgeons está atualmente patrocinando cursos semestrais em conjunção com seus encontros regulares de primavera e outono. Muitos desses cursos incluem instruções sobre o uso de ultra-sonografia, incluindo ultra-som vascular, de mama, laparoscópico e intra-operatório. Os cursos incluem sessões didáticas e aulas práticas. Em segundo lugar, a pessoa deve ser supervisionada por um ultra-sonografista experiente nos exames iniciais. Alguns dados sugerem que um ultra-sonografista amador precisa de 100 exames supervisionados antes de ser considerado perito na realização e interpretação de exames ultra-sonográficos em casos de trauma.

COMODIDADES

12. Por que não deixar o exame ultra-sonográfico a cargo do radiologista, que pode indubitavelmente realizar exames com maior precisão do que os cirurgiões?

Em primeiro lugar, o cirurgião de trauma está à beira do leito quando o paciente chega e tem a oportunidade de realizar o exame FAST no momento oportuno. Não há razão para esperar até que um radiologista ou um técnico em radiologia esteja disponível. Em segundo lugar, para o cirurgião, a anatomia dos órgãos intra-abdominais é muito familiar, o que facilita a leitura das imagens ultra-sonográficas. Em terceiro lugar, vários estudos demonstraram que os cirurgiões podem realizar exames FAST com sensibilidade de 90%, especificidade de 99,2% e precisão de 97,8% comparados aos radiologistas.

13. A ultra-sonografia em trauma é um método custo-efetivo na detecção de lesões?

Quando incorporado em um algoritmo clínico, o ultra-som demonstrou ser um método custo-efetivo para a avaliação de pacientes lesados (ver figura a seguir). Isso pode ser particularmente verdadeiro na avaliação de pacientes com trauma torácico penetrante, onde outros métodos de avaliação de lesões cardíacas são indiretos e caros. Enquanto anteriormente o investimento inicial em um equipamento de ultra-sonografia era proibitivo, aparelhos de alta qualidade estão agora disponíveis por cerca de U$ 20.000.

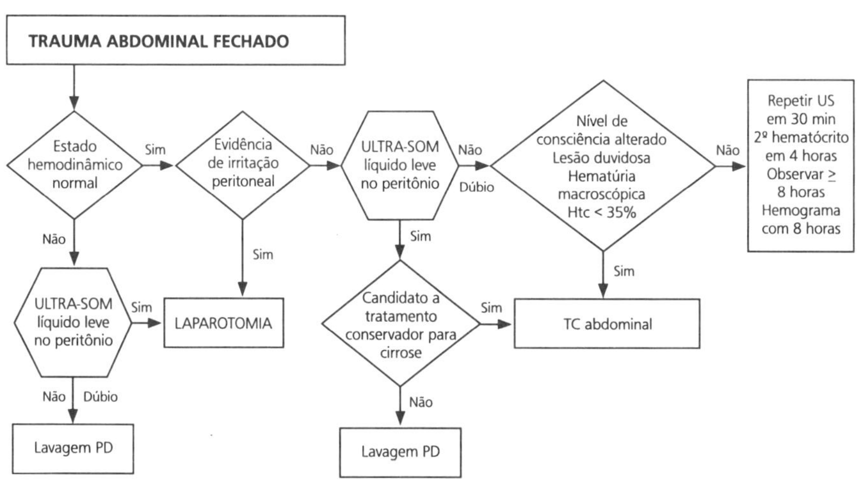

Caminho clínico incorporando ultra-sonografia na avaliação de trauma. (De Branney SW, Moore EE, Cantrill SV, *et al.*: Ultrasound-based key clinical pathway reduces the use of hospital resources for the evaluation of blunt abdominal trauma. *J Trauma* 42:1086-1090, 1997, usada com permissão).

14. A ultra-sonografia substituirá a TC na avaliação do trauma abdominal fechado?

A TC ainda é superior ao ultra-som na detecção de lesão de órgão sólido e na graduação de sua gravidade. Nas mãos da maioria dos cirurgiões, a ultra-sonografia está limitada à detecção de fluido abdominal, mas não é particularmente precisa na demonstração de que órgão está lesado. Atualmente, o ultra-som deve ser considerado uma alternativa à lavagem peritoneal diagnóstica na avaliação do trauma abdominal fechado.

15. A maioria das lesões cardíacas é óbvia; por que se incomodar com o ultra-som?

Cerca de 10-20% das lesões cardíacas inicialmente estão ocultas. Isso é particularmente verdadeiro em pacientes com trauma fechado que têm outros motivos para hipotensão e em pacientes com trauma torácico penetrante onde a lesão pericárdica é grande o suficiente para aliviar o tamponamento. Essas lesões cardíacas são facilmente detectadas por um ecocardiografista experiente.

16. Qual é o papel da ecocardiografia transesofágica (ETE) quando comparada à angiografia em pacientes com alargamento de mediastino?

Embora tenha ocorrido um entusiasmo inicial com relação ao uso da ETE na avaliação do paciente com mediastino alargado após um trauma torácico fechado, a maioria dos estudos demonstrou que a TEE não diagnostica as lesões aórticas e outras lesões vasculares importantes no tórax. A ETE biplanar melhora a precisão dessa técnica, mas a TC espiral também está evoluindo como um método menos invasivo de avaliação da aorta torácica. Atualmente, a angiografia ainda é considerada o método com melhor custo-benefício e precisão de detecção de lesão de aorta torácica, mas a ETE pode ser útil em pacientes instáveis que não possam ser transportados para a sala de angiografia ou em pacientes que estejam no centro cirúrgico por outras lesões com risco de vida e nos quais exista a preocupação sobre uma lesão aórtica.

REFERÊNCIAS BIBLIOGRÁFICAS

1. Ben-Menachem Y: Assessment of blunt aortic-brachiocephalic trauma: Should angiography be supplanted by transesophageal echocardiography? *J Trauma* 42: 969-972, 1997.
2. Bode PJ, Niezen RA, van Vugt AB, *et al.*: Abdominal ultrasound as a reliable indicator for conclusive laparotomy in blunt abdominal trauma. *J Trauma* 34: 27-31, 1993.
3. Branney SW, Moore EE, Cantrill SV, *et al.*: Ultrasound-based key clinical pathway reduces the use of hospital resources for the evaluation of blunt abdominal trauma. *J Trauma* 42: 1086-1090, 1997.
4. Forster R, Pillasch J, Zielke A, *et al.*: Ultrasonography in blunt abdominal trauma: Influence of the investigators' experience. *J Trauma* 34: 264-269, 1993.
5. Han DC, Rozycki GS, Schmidt JA *et al.*: Ultrasound training during ATLS: An early start for surgical interns. *J Trauma* 41: 208-213, 1996.
6. Healy MA, Simons RK, Winchell RJ, *et al.*: A prospective evaluation of abdominal ultrasound in blunt trauma: Is it useful? *J Trauma* 40: 875-883, 1996.
7. Kearney PA, Smith DW, Johnson SB, *et al.*: Use of transesophageal echocardiography in the evaluation of traumatic aortic injury. *J Trauma* 34: 696-701, 1993.
8. Knudson MM, Lewis FR, Atkinson K, Neuhaus A: The role of duplex ultrasound arterial imagin in patients with penetrating extremity trauma. *Arch Surg* 128: 1033-1037, 1993.
9. Luks FI, Lemire A, St. Vil D, *et al.*: Blunt abdominal trauma in children: The practical value of ultrasonography. *J Trauma* 34: 607-610, 1992.
10. McKenney M, Lentz K, Nunez D, *et al.*: Can ultrasound replace diagnostic peritoneal lavage in the assessment of blunt trauma? *J Trauma* 37: 439-441, 1994.
11. Minard G, Schurr M, Croce MA, *et al.*: A prospective analysis of transesophageal echocardiography in the diagnosis of traumatic disruption of the aorta. *J Trauma* 40: 225-230, 1996.
12. Rozycki GS, Feliciano DV, Schmidt JA, *et al.*: The role of the surgeon-performed ultrasound in patients with possible cardiac wounds. *Ann Surg* 223: 737-744, 1996.
13. Rozycki GS, Ochsner MG, Schmidt JA, *et al.*: A prospective study of surgeon-performed ultrasound as the primary adjuvant modality for injured-patients assessment. *J Trauma* 39: 492-498, 1995.
14. Rozycki GS, Shackford SR: Ultrasound, what every trauma surgeon should know. *J Trauma* 40: 1-4, 1996.
15. Staren ED (ed): *Ultrasound for the Surgeon.* Philadelphia, Lippincott-Raven, 1997.

45. EXPLORAÇÃO DE FERIDAS E PRECAUÇÕES NA CONDUTA DE PACIENTES COM TRAUMA

Gideon P. Naudé, MBChB

EXPLORAÇÃO DE FERIDAS

1. Qual é o objetivo da exploração da ferida?

A exploração da ferida diferencia as lesões superficiais, necessitando de limpeza simples do ferimento e de sutura no pronto-socorro ou consultório, das lesões que são penetrantes e causam lesão de estruturas vitais subjacentes, as quais necessitarão de um reparo mais extenso no centro cirúrgico.

2. Quando é realizada a exploração da ferida?

Ela é realizada em ferimentos causados por lesões penetrantes.

3. Todos os ferimentos penetrantes devem ser explorados?

Não. Se o paciente requer um procedimento como laparotomia, toracotomia ou exploração de uma lesão cervical com base em achados clínicos ou em exames de imagens, então a ferida não é explorada no pronto-socorro, mas conduzida como parte da cirurgia do paciente na sala de operações.

4. Que precauções são tomadas durante a exploração?

As lesões próximas a vasos importantes não devem ser exploradas no consultório, pois uma hemorragia viva de uma grande artéria ou veia é mais bem tratada no centro cirúrgico.

5. Como é realizada a exploração da ferida?

Com boa iluminação e assistência para obter-se exposição adequada, a área é primeiramente preparada com um desinfetante e coberto com campos estéreis. É utilizada anestesia local e o ferimento é explorado para verificar o trajeto e a profundidade completos. Se for encontrado um fundo cego, sem nenhuma lesão de estruturas profundas subjacentes, é realizado apenas o tratamento da ferida. Se o ferimento é penetrante, outras modalidades diagnósticas são usadas, incluindo a cirurgia exploradora.

6. A exploração de feridas é importante em ferimentos por facada nas costas?

Sim. Se o trajeto do ferimento termina em fundo cego, só é necessário o tratamento local da ferida. Se, em razão da espessura dos músculos, o fim do trajeto não puder ser visualizado, então outras modalidades diagnósticas serão necessárias.

7. A sondagem cega do ferimento é importante?

Não. Freqüentemente é enganadora porque o trajeto do ferimento nem sempre é reto e a sondagem pode dar a falsa impressão de trato em fundo cego. A sondagem na proximidade de vasos sangüíneos lesados pode causar hemorragia que poderia ser difícil de tratar no consultório ou no pronto-socorro.

PRECAUÇÕES NO TRATAMENTO DE PACIENTES COM TRAUMA

8. Como se sabe se pacientes com trauma estão infectados por doenças como tuberculose, hepatite ou AIDS?

Não se sabe. Diferentemente dos pacientes submetidos à cirurgia eletiva, que podem ser completamente avaliados antes da operação e para quem precauções podem ser adotadas por parte dos atendentes, os pacientes com trauma chegam com lesões que necessitam de atenção imediata. Não há tempo disponível nessas situações de emergência para submetê-los a testes antes do contato físico e da cirurgia. Portanto, deve-se tratar todos os pacientes como se eles estivessem infectados.

9. Que precauções devem ser adotadas pela equipe médica de emergência ao lidar com tais pacientes?

- Proteção contra fluidos orgânicos, por exemplo, sangue e saliva, deve ser usada durante o exame e a intubação.
- Luvas e aventais protetores devem ser usados.
- Proteção para os olhos na forma de óculos de proteção ou visor deve ser usada.
- Uma máscara para proteger a face, a boca e o nariz de borrifos de sangue deve ser usada.
- São usadas agulhas de segurança, com bainhas protetoras para prevenir acidentes de punção.
- Quando um instrumento pontiagudo, como um escalpelo, é manipulado pelo médico, ele deve ser colocado em um recipiente (como uma cuba-rim); o recipiente é seguro pelo médico, que então remove o escalpelo. Quando o escalpelo não é mais necessário, ele é colocado de volta no recipiente, o qual a enfermeira ou a técnica do centro cirúrgico leva de volta. Isso ajudará a prevenir lesões no cirurgião e na equipe.

10. Há vacinas disponíveis para diminuir o risco de infecção na equipe em alto risco?

Vacinação contra hepatite B está disponível. Entretanto, nenhuma vacina eficaz está disponível para outras cepas de hepatite ou contra o vírus da imunodeficiência humana (HIV). Até o momento estamos esperando o desenvolvimento de medidas efetivas.

11. O que é feito após a exposição a fluidos orgânicos?

Borrifos dos olhos, da boca e do nariz requerem imediata lavagem da área com quantidades copiosas de água. Borrifos em áreas com lesão de pele, como feridas, requerem lavagem e aplicação de desinfetante. Arranhaduras e cortes por lâminas ou agulhas contaminadas também exigem lavagem e desinfecção. Picadas com agulhas devem ser limpas da melhor maneira possível. O atendente e o paciente são então submetidos a um teste para HIV e cepas de hepatite. Se o teste do paciente é positivo para hepatite B, o profissional de saúde deve receber gamaglobulina e, posteriormente, vacinação se não existem anticorpos adequados contra o vírus. Se o paciente é HIV positivo, isso deve ser documentado e o atendente deve ser submetido a testes repetidamente – após seis semanas, três e seis meses e um ano. AZT pode ser administrado, mesmo não havendo nenhuma prova disponível da eficácia dessa forma de profilaxia. As drogas mais recentes são mais promissoras. O profissional de saúde é aconselhado a adotar medidas de segurança (incluindo precauções relacionadas a relações sexuais) até que se saiba se a infecção ocorreu.

No caso de tuberculose, o derivado protéico purificado (PPD) é administrado após o contato. Se positivo, investigações adicionais são realizadas e o tratamento é instituído, se necessário.

REFERÊNCIAS BIBLIOGRÁFICAS

1. Civetta JM, Taylor RW, Kirby RR (eds): *Critical Care,* 2nd ed. Philadelphia, Lippincott-Raven, 1992.
2. McCarthy MC, Lowdermik GA, Canal DF, Broadie TA: Prediction of injury caused by penetrating wounds to the abdomen, flank, and back. *Arch Surg* 126: 962-965, 1991.
3. Thal ER: Evaluation of peritoneal lavage and local exploration in lower chest and abdominal stab wounds. *J Trauma* 17: 642-648, 1977.
4. Way LW (ed): *Current Surgical Diagnosis and Treatment,* 10th ed. Norwalk, CT, Appleton & Lange, 1994.

XIV. Questões pós-traumáticas

46. ASPECTOS PSIQUIÁTRICOS DO TRAUMA

Barbara A. Silver, M.D.

TRANSTORNO DE ANSIEDADE

1. Quais são os sintomas primários do transtorno de estresse pós-traumático (PTSD)?
- Reexperiência persistente do evento traumático.
- Entorpecimento emocional e evitação de estímulos associados ao trauma.
- Sintomas persistentes de excitação autonômica aumentada.

2. Como o transtorno de estresse agudo (TEA) é diferenciado do transtorno de estresse pós-traumático (TEPT) com relação à sintomatologia e à evolução temporal?

Sintomas dissociativos são observados em TEA durante ou após o trauma, mas nem sempre em TEPT. Os sintomas de TEA devem começar um mês após o trauma e duram menos que um mês, enquanto os sintomas de TEPT podem começar a qualquer momento e devem durar mais que um mês.

DELÍRIO

3. Que fatores podem contribuir para o desenvolvimento de delírio em um paciente queimado?

Alterações metabólicas agudas, infecções e uso de analgésicos narcóticos podem contribuir para o desenvolvimento de delírio em um paciente queimado. Um paciente queimado com história de abuso de drogas, álcool ou demência apresenta maior risco de desenvolvimento de delírio.

4. Quais são os achados da avaliação do estado mental em delírio com respeito à (1) orientação e às (2) anormalidades de percepção?

1. Desorientação temporal e espacial são observadas no delírio.
2. Alucinações visuais e auditivas, bem como ilusões, são comumente observadas no delírio.

5. Que classe de agentes psicotrópicos é considerada o tratamento farmacológico de escolha para delírio (não o delírio relacionado com a abstinência do álcool) e que efeitos colaterais neurológicos podem ocorrer com ela?

Os neurolépticos de alta potência são considerados o tratamento de escolha para delírio. Os potenciais efeitos colaterais neurológicos incluem reações distônicas agudas (contrações sustentadas dos músculos da boca, do pescoço, da língua ou dos olhos), parkinsonismo (tremor, rigidez e bradicinesia) e acatisia (inquietação motora e agitação).

6. A meperidina narcótica sintética (Demerol) pode estar associada à agitação de sistema nervoso central (SNC), tremores, delírio e convulsões. Por meio de que mecanismo isso ocorre?

O metabólito da meperidina, normeperidina, provoca excitação e é tóxico para o SNC, causando agitação e delírio. Como a normeperidina tem meia-vida muito mais longa do que a meperidina, os níveis de normeperidina aumentam com doses repetidas de meperidina, levando aos sintomas de toxicidade. Isso é particularmente problemático em pacientes tolerantes a narcóticos e que necessitam de altas doses de meperidina. Também pode ser mais grave em indivíduos com insuficiência renal, pois a excreção de meperidina está diminuída na insuficiência renal.

ÁLCOOL E TRANSTORNOS RELACIONADAS AO ABUSO DE SUBSTÂNCIAS

7. Que achados de exame físico (incluindo sinais vitais) são observados na abstinência do álcool?

Hipertensão.
Taquicardia.
Diaforese.
Tremores.

8. Qual é o tratamento para a abstinência do álcool?

Um benzodiazepínico, como lorazepam, diazepam ou clordiazepóxido, deve ser administrado para prevenir e tratar os sintomas de abstinência. Multivitamínicos, tiamina (100 mg/dia) e ácido fólico (1 mg/dia) devem ser administrados para corrigir deficiências nutricionais.

9. O que é a síndrome de Wernicke-Korsakoff?

A encefalopatia de Wernicke é uma síndrome aguda que consiste na tríade de confusão, ataxia e paralisia de nervo craniano. A síndrome de Korsakoff é uma síndrome amnéstica crônica que habitualmente sucede a encefalopatia de Wernicke. A amnésia anterógrada (prejuízo da capacidade de aprender novas informações) é mais grave que a amnésia retrógrada (prejuízo da memória de material aprendido antes e no início dos sintomas). O paciente com Korsakoff é alerta e responsivo e não apresenta mais sintomas de encefalopatia.

10. Quais são os sintomas da síndrome de abstinência a opióides?

Hipertensão, taquicardia, regulação da temperatura prejudicada, piloereção, dilatação pupilar, agitação, insônia, calafrios, fissura por opióides, dores musculares, náuseas, vômitos e diarréia podem ser observados na abstinência a opióides.

11. Que agente pode ser usado para tratar e os sintomas autonômicos da síndrome de abstinência a opióides e como ele funciona?

A clonidina, um agonista alfa-2-adrenérgico, age nas terminações nervosas noradrenérgicas pré-sinápticas no *locus ceruleus* e bloqueia a descarga adrenérgica produzida pela abstinência a opióides, bloqueando os sintomas autonômicos de abstinência a opióides, mas não o desconforto subjetivo e a fissura.

SUICÍDIO

12. O que é a escala de SAD PERSONS (pessoas tristes)?

Regra mnemônica para avaliação do risco de suicídio:
Sexo

Age (idade)
Depressão
Tentativa **P**révia
Uso abusivo de **E**tanol
Perda do pensamento **R**acional
Falta de suportes **S**ociais
Plano **O**rganizado
Não-casado
S*ickness* (doença)

13. Quais são os fatores de risco demográficos para suicídio, com relação a sexo, idade, raça e estado civil?
Sexo masculino, idade avançada e ser branco e solteiro são fatores de risco para suicídio.

14. Que anormalidades de neurotransmissores foram associadas a suicídio?
Disfunção serotonérgica, incluindo baixos níveis do metabólito da serotonina, ácido 5-hidroxindolacético (5HIAA), no líquido cefalorraquidiano (LCR), foi associada a suicídio, particularmente suicídio de forma violenta.

15. Qual a diferença entre homens e mulheres com relação ao método usado para suicídio?
Os homens com maior freqüência utilizam métodos violentos, como armas de fogo, enforcamento ou saltos. As mulheres apresentam maior probabilidade de ingerir veneno ou uma superdosagem de medicamentos.

TRANSTORNOS DE PERSONALIDADE

16. Que tipos de problemas, por exemplo, a equipe da unidade de terapia intensiva (UTI) pode encontrar ao trabalhar com um paciente com transtorno de personalidade dependente (1) na situação de escolher entre amputação e tentativa de salvar uma perna e (2) *coping* com o curso pós-operatório se o paciente decide pela amputação?
1. Um paciente com transtorno de personalidade dependente pode apresentar dificuldade na escolha entre amputação e tentativa de salvamento. O paciente também tentaria expressar excesso de confiança para a equipe sobre a decisão.
2. No período pós-operatório, o paciente pode demonstrar necessidade excessiva de assistência em tarefas para as quais ele está fisicamente habilitado e pode apresentar dificuldade em lidar com a transferência da UTI para a enfermaria.

17. Que tipos de problemas, por exemplo, a equipe do hospital pode encontrar ao lidar com um paciente com transtorno de personalidade *borderline* hospitalizado após um acidente com veículo automotivo com relação à (1) relações da equipe com o paciente e ao (2) controle da dor?
1. Um paciente com transtorno de personalidade *borderline* pode demonstrar relações intensas e instáveis com a equipe, idealizando-a em alguns momentos e desvalorizando-a em outros.
2. O controle da dor pode ser difícil se o paciente tem história de uso abusivo de substâncias.

MECANISMOS DE DEFESA

18. Como os mecanismos de defesa de negação, regressão e intelectualização poderiam ser demonstrados em um paciente com paraplegia traumática?

- Um paciente em negação pode dizer que a incapacidade de andar é apenas temporária e que, tão logo a sua dor diminuir, ele será capaz de andar novamente.
- Um paciente regredido demonstrará comportamento imaturo, exigindo assistência excessiva da família e da equipe.
- Um paciente utilizando a intelectualização como mecanismo de defesa estudaria sua condição, solicitando informação médica detalhada dos clínicos, sem demonstrar emoções.

TÓPICOS LEGAIS

19. O que é o "consentimento informado" para tratamento cirúrgico?

Antes do consentimento para o tratamento cirúrgico, o paciente ou o seu tutor deve entender:

- A natureza do problema para o qual a cirurgia é indicada.
- O tratamento cirúrgico proposto.
- Os benefícios do tratamento em relação a tratamentos alternativos e nenhum tratamento.
- Os riscos do tratamento *versus* quaisquer tratamentos alternativos e nenhum tratamento.
- Que o consentimento é voluntário.

20. Quem pode fornecer o consentimento informado para tratamento cirúrgico?

- Um adulto competente (todos os adultos são considerados competentes, a menos que sua incompetência seja declarada por um tribunal).
- O pai ou a mãe de um menor.
- Um menor emancipado (um menor que tenha um filho ou seja casado, em serviço militar ou que tenha sido declarado emancipado por um tribunal).
- Um adulto designado pelo paciente para exercer seu poder permanente de procurador para tratamento de saúde.

21. Quando o consentimento informado não é necessário?

- Emergências – O consentimento informado não é necessário quando o tratamento é necessário antes que uma explicação completa possa ser fornecida ou antes que o consentimento possa ser obtido.
- Incompetência – Um paciente incompetente não pode fornecer consentimento informado. Isso protege os pacientes incompetentes de tratamento precedente.
- Renúncia de um direito – Um paciente pode renunciar ao direito de informação ao médico.
- Privilégio terapêutico – O médico pode acreditar que a informação poderia ser deletéria para o paciente.

PSICOFARMACOLOGIA

22. Cite dois riscos do tratamento de um paciente com lesão cerebral traumática com antidepressivo tricíclico (ATC).

Os ATCs diminuem o limiar para convulsão, aumentando o risco de convulsões em um paciente com lesão cerebral traumática. Os efeitos anticolinérgicos dos ATCs interferem com a cognição e a memória.

23. Que complicação pode ocorrer se um paciente que está sendo tratado com codeína é também tratado com inibidor da recaptação seletiva de serotonina (SSRI), como fluoxetina (Prozac) ou paroxetina (Paxil)?

A fluoxetina e a paroxetina são inibidores potentes da enzima P4502D6 do citocromo hepático. Essa enzima é necessária para a conversão metabólica da codeína para morfina, o metabólito ativo. Administração concomitante de SSRI e codeína comprometerá, dessa forma, o efeito analgésico da codeína.

24. Que complicações podem surgir no tratamento de um paciente com lesão cerebral traumática com benzodiazepínico?

Os benzodiazepínicos podem:

- Produzir amnésia, piorando os problemas com a memória.
- Exacerbar os problemas de equilíbrio, ataxia e coordenação.
- Produzir sedação, diminuindo a função psicossocial.
- Levar à dependência.

REFERÊNCIAS BIBLIOGRÁFICAS

1. Andreason NC & Black DW (eds): *Introductory Textbook of Psychiatry,* 2nd ed. Washington, DC, American Psychiatric Association Press, 1995.
2. Ereshefsky L, Alfaro CL, Lam YWF: Treating depression: Potential drug interactions. *Psych Annals* 27: 244-258, 1997.
3. Kaplan HI & Sadock BJ (eds): *Synopsis of Psychiatry.* Baltimore, Williams & Wilkins, 1998.
4. Robinson DJ: *Disordered Personalities – A Primer.* London, Ontario, Rapid Psychler Press, 1996.
5. Rundell JR & Wise MG (eds): *Textbook of Consultation – Liaison Psychiatry.* Washington, DC, American Psychiatric Association Press, 1996.
6. Schatzberg AF, Cole JO, DeBattista C (eds): *Manual of Clinical Phychopharmacology,* 3rd ed.Washington, DC, American Psychiatric Association Press, 1997.
7. Sederer LI & Rothschild AJ (eds): *Acute Care Psychiatry.* Baltimore, Williams & Wilkins, 1997.
8. Silver JF, Yudofsky SC, Hales RE (eds): *Neuropsychiatry of Traumatic Brain Injury.* Washington, DC, American Psychiatric Association Press, 1994.
9. Stoudemire A (ed): *Clinical Psychiatry for Medical Students,* 2nd ed. Philadelphia, J.B. Lippincott, 1994.
10. Wyszynski AA & Wyszynski B: *A Case Approach to Medical – Psychiatric Practice.* Washington, DC, American Psychiatric Association Press, 1996.

XV. Outros tópicos

47. DIAGNÓSTICO FÍSICO: CORPO ESTRANHO E EVIDÊNCIA

Thomas T. Noguchi, M.D.

1. Advogados freqüentemente expõem evidências. O que é uma evidência?

Evidência foi definida pela legislação como qualquer espécie de prova ou fato probatório, legalmente apresentado no julgamento de uma questão, pelo ato das partes e por testemunhas, registros, documentos, objetos concretos, etc., com o propósito de induzir crença nas mentes do tribunal ou do júri, conforme sua alegação. Ferimentos, roupas, corpos estranhos, amostras de sangue, afirmações do paciente nos registros, radiografias, fotografias de ferimentos e resultados de testes laboratoriais constituem todos evidências.

2. Um corpo estranho pode ser uma evidência?

Sim. No caso de uma agressão, qualquer substância que fosse transferida do objeto ou do agressor e que pudesse indicar que o agressor estava na cena do crime no momento do evento é uma evidência. Assim, qualquer corpo estranho pode ser uma evidência.

3. Um lasca de tinta encontrada na laceração de uma vítima comatosa de um acidente com veículo automotivo deve ser guardada?

Sim. No caso de uma vítima de atropelamento seguido por fuga, um fragmento de pintura pode ser a única evidência a ligar a vítima ao carro que estava sendo dirigido pelo agressor. Um motorista que atropela e foge, deixando o local e a vítima ferida, cometeu um delito sujeito à punição legal do Estado com um período prescrito em uma prisão estadual.

4. Como deve ser guardada a lasca de tinta para ser usada como evidência?

Cada centro médico deve ter um procedimento escrito para manter evidências que deve ser seguido por toda a equipe. O procedimento deve incluir documentação, de forma que o advogado possa provar que o corpo estranho que o cirurgião obteve durante o exame é o mesmo material que é produzido como evidência no tribunal. Isso é conhecido como "cadeia da custódia da evidência".

5. O que aconteceria se não fosse produzida qualquer documentação ou se a cadeia de custódia fosse rompida?

Sem uma cadeia de custódia documentada não será permitido que o relatório do exame seja mencionado no tribunal, nem que a existência da evidência, no caso da lasca de tinta, seja mencionada no procedimento jurídico. Isso é chamado de "evidência não-admissível". No que se refere ao júri, tal evidência não existe.

6. A roupa de um paciente que estava suada e manchada pode ser jogada fora?

Não. A roupa deve ser preservada, pois pode conter uma marca vital (evidência física) que pode ser usada para convencer o tribunal ou o júri a favor ou contra a teoria proposta sobre o que aconteceu. Em casos de acidente de trânsito, a roupa manchada pode conter marcas de pneu e manchas de óleo que podem ser comparadas às do automóvel. Outros materiais que podem estar nas roupas, como cabelos, fibras, manchas de sangue, padrões de tinta, lascas de tinta e material vegetal, são úteis como evidências.

7. E sobre roupas parcialmente queimadas em casos de queimaduras?

No caso de um incêndio culposo, as roupas parcialmente queimadas servirão como evidência. As roupas podem estar contaminadas com material inflamável que pode ser identificado sobre o tipo de substâncias químicas e aditivos presentes.

8. Tenho uma camiseta e um blusão encharcados com sangue. Devo dobrá-los e colocá-los em um saco plástico para preservá-los?

Não. O tipo de sangue nas roupas é uma evidência importante que deve ser preservada. As roupas devem ser penduradas e secas primeiro e então envolvidas ou colocadas em um saco de papel e não em um saco plástico. O fechamento em um saco plástico pode causar a decomposição do sangue.

9. Um ferimento por disparo de arma de fogo pode ser considerado uma evidência?

Sim. É uma evidência que precisa ser apropriadamente documentada ou preservada. Uma fotografia tirada do ferimento pode ser usada como evidência. Uma descrição detalhada da ferida nos registros médicos também pode ser considerada uma evidência. Orifícios de balas nas roupas também são evidências e devem ser adequadamente preservados.

10. O que um advogado quer saber sobre um ferimento? Que características da ferida podem ser importantes em um julgamento civil ou criminal?

- A idade do ferimento, ou seja, se é recente ou antigo. Quando um ferimento foi infligido, por exemplo, pode ser uma questão.
- O tipo de instrumento ou arma usado e como ele foi utilizado – ação de cortar, arrancar ou força bruta.
- A direção da força.
- A quantidade de força envolvida.
- A forma do ferimento.

11. Como se pode dizer qual o tipo de instrumento utilizado para causar o ferimento?

Os indícios podem ser muito sutis. No caso de atropelamento e fuga, freqüentemente existe uma impressão parcial de uma marca de pneu na superfície da pele. As fotografias devem ser tiradas com escala e identificação. No caso de abuso infantil, uma marca de mão mostrando impressão de dedos pode ser identificada. Um cabide pode deixar um padrão de corda na pele. Um golpe com martelo deixa um ferimento circular ou semicircular. Equimoses em áreas salientes do corpo, na região posterior da cabeça, na região da escápula, no cotovelo, nos quadris, nos joelhos ou nos tornozelos podem indicar um padrão típico de lesão por queda.

12. Se o paciente foi atingido por um cacetete de um policial, espera-se uma única linha de equimose na pele?

Não. Serão vistas duas marcas de estiramento, paralelas, vermelho-escuras. O cacetete faz com que a pele se estire forçadamente para os lados, resultando em duas marcas.

13. Marcas de dente são consideradas evidências?

Naturalmente. Elas podem ser evidências vitais. Um agressor pode ser identificado por um exame detalhado das marcas de dentes comparadas às impressões dentárias obtidas de um suspeito por um perito em odontologia forense. Marcas de dentes estão freqüentemente presentes em estupros, agressões sexuais e casos de violência doméstica. Devem ser obtidas fotografias de quaisquer marcas de dentes observadas nas vítimas e um odontologista forense deve ser chamado. A polícia deve ser alertada sobre as marcas de mordidas.

14. Como é removido um fragmento de bala alojado em partes moles?

Idealmente a bala deve ser removida sem distorcer as estrias no projétil. O método preferido é usar um instrumento metálico com um cateter de borracha na extremidade, como um fórceps de Kelly. As estrias na bala podem ser usadas para identificar a arma da qual o projétil foi disparado.

15. O que deve ser feito com a bala uma vez que ela tenha sido removida?

A bala deve ser enxaguada e colocada em um recipiente que impeça lesões acidentais. O recipiente ou envelope deve ser rotulado claramente com a identificação do paciente, a data, o momento da remoção e uma breve descrição do grau de lesão. Se mais de uma bala é removida do paciente, cada bala deve ser colocada em um recipiente isolado com informação sobre a localização anatômica onde foi encontrada. Duas balas podem ter sido disparadas de armas diferentes e, portanto, dois réus podem ser submetidos a julgamento.

16. Como a bala deve ser registrada?

Devem ser feitas anotações sobre a localização, a estrutura específica envolvida e a data e horário da remoção e o rótulo de identificação deve ser preenchido pelo cirurgião que removeu o projétil. Se o cirurgião removeu a bala mas a deu a uma enfermeira que a colocou em um envelope e o identificou, a enfermeira tornar-se-á parte da cadeia de custódia. A idéia é manter a cadeia tão curta quanto possível porque todos os envolvidos na cadeia podem ser chamados a testemunhar que a cadeia não foi rompida.

17. Deve-se tentar determinar qual é o ferimento de entrada e o de saída?

Nem sempre é fácil para os clínicos ou cirurgiões determinarem por meio de características superficiais do ferimento qual é o local de entrada ou de saída. Um advogado pode usar diferenças de opiniões para sugerir incerteza. Em um paciente com vida, o ferimento cicatrizará e apagará quaisquer características distintivas, assim, é melhor incluir uma descrição detalhada do ferimento original no prontuário do paciente sem conjeturar qual é o ferimento de entrada e qual é o de saída.

Se o paciente morrer, o patologista forense enfrentará a difícil tarefa de avaliar os ferimentos distorcidos pelas alterações teciduais causadas pelas intervenções cirúrgicas ou pelo processo de cicatrização. Se o tempo permitir, devem ser obtidas fotografias.

18. Uma incisão cirúrgica deve ser feita por um ferimento por disparo de arma de fogo na cabeça ou deve ser evitado o corte pela ferida com o objetivo de preservá-la?

Como evidência vital, prefere-se que o ferimento seja preservado tanto quanto possível, mas, naturalmente, a vida do paciente é a primeira preocupação. Entretanto, deve ser feita uma fotografia do ferimento antes que a distorção pela intervenção cirúrgica ou pelo processo de cicatrização ocorra.

19. Uma mulher cortou o pulso com uma lâmina de barbear pelo menos 10 vezes. Os ferimentos eram irregulares. Alguns eram profundos, enquanto outros eram superficiais. Os ferimentos devem ser descritos como múltiplas lacerações ou ferimentos incisos?

Apesar do aspecto grosseiro, qualquer ferimento causado por um instrumento cortante de borda afiada é diagnosticado como um ferimento incisional. *Laceração* significa que a ferida é decorrente de uma força cega que causou ruptura do tecido. Uma força cega pode, por exemplo, ser aplicada por um martelo, por uma pedra ou por uma queda na guia da calçada.

20. Os abusos infantis freqüentes manifestam-se por contusões em diferentes estágios de cicatrização. Como se sabe qual lesão é recente e qual é antiga?

Uma observação cuidadosa no momento do exame inicial é essencial. Lesões muito recentes são vermelho-arroxeadas. Vermelho-escuro indica lesões que já têm alguns dias. À medida que a lesão envelhece, a cor gradualmente torna-se marrom-avermelhado ou marrom-escuro e as margens começam a desbotar para amarelo-claro. Pode existir edema de tecido que gradualmente desaparece. A escoriação pode apresentar uma abrasão central que cicatriza com alterações previsíveis e formação de crosta. As lesões também podem mostrar os contornos de qualquer instrumento que possa ter sido utilizado, como um cabide. Tais observações devem ser registradas em detalhes.

REFERÊNCIAS BIBLIOGRÁFICAS

1. Di Maio VJM: *Gunshot Wounds: Practical Aspects of Firearms, Ballistics, and Forensic Techniques.* New York, Elsevier, 1985.
2. Knight B: *Forensic Pathology.* London, Edward Arnold, 1991.
3. Spitz WR: *Spitz and Fisher's Medicolegal Investigation of Death: Guidelines for the Application of Pathology to Crime Investigation,* 3rd ed. Springfield, IL, Charles C Thomas, 1993.

48. OUTRAS QUESTÕES SOBRE TRAUMA

Edward E. Cornwell III, M.D.

1. **Que aspectos anatômicos permitem condutas diferentes para ferimentos por disparo de arma de fogo das veias renais direita e esquerda?**

Lesões de veia renal que necessitem de ligadura para controlar hemorragia com risco de vida também exigirão nefrectomia do lado direito em virtude da drenagem venosa inadequada e subseqüentes congestão e isquemia do rim direito. Por outro lado, uma vez que a veia gonadal esquerda drena para a veia renal esquerda, as lesões da veia renal esquerda entre a junção da veia gonadal e a veia cava inferior podem ser tratadas com ligadura sem nefrectomia esquerda.

2. **Qual é o nível sérico normal de fibrinogênio (em unidades)?**

Zero. O soro, por definição, não apresenta fibrinogênio. O plasma é o sangue total sem os glóbulos vermelhos, enquanto o soro é o plasma sem os fatores de coagulação.

3. **Descreva sua conduta para um paciente com um ferimento por disparo de arma de fogo no estômago, cauda de pâncreas, seis lesões no intestino delgado e lesão completa de cólon descendente exigindo ressecção.**

Essa questão contém a evolução do raciocínio na conduta de lesões de cólon desde a Segunda Guerra Mundial, quando se acreditava que virtualmente todas as lesões penetrantes de cólon exigiam colostomia em vez de reparo primário. O pensamento cirúrgico evoluiu, entretanto, e a maioria dos cirurgiões de trauma agora trata muitas lesões de cólon, se não a maioria, por meio de reparo primário ou ressecção e anastomose primária. Enquanto a probabilidade de complicações sépticas pós-operatórias parece estar relacionada à gravidade das lesões intra-abdominais associadas (como expresso pelo "Penetrating Abominal Trauma Index"), não parece que realizar uma colostomia diminua o risco cirúrgico. Ao mesmo tempo que realizar uma colostomia evita a presença de uma linha de anastomose no cólon, a fístula de anastomose colônica é a menos comum (1-2%) de todas as complicações sépticas (infecção de ferida, abscesso intra-abdominal, peritonite, deiscência de fáscia) observadas após o tratamento cirúrgico de lesões penetrantes de cólon. Os ensaios randomizados prospectivos que foram realizados com pacientes com lesões penetrantes de cólon sugeriram que realizar uma colostomia não diminui o risco de complicação séptica, mas acrescenta uma cirurgia subseqüente obrigatória para o fechamento da colostomia e sua inerente morbidade.

4. **Um paciente com um ferimento abdominal por disparo de arma de fogo apresenta uma lesão vascular renal esquerda e uma lesão de rim esquerdo. Você está considerando uma nefrectomia esquerda, mas quer estar seguro de que o rim direito (que é palpável) está funcionando. Descreva como isso pode ser feito.**

Colocando um grampo não-traumático no ureter do rim que você está considerando remover (o rim esquerdo, nesse exemplo). Se o paciente tem um rim funcionante do outro lado, uma ampola endovenosa de azul de metileno causará a coloração azul da urina na bolsa de Foley dentro de alguns minutos. Isso é mais conveniente e consome menos tempo do que um pielograma endovenoso intra-operatório.

5. **Uma hora após uma cirurgia para um ferimento por disparo de arma de fogo no abdômen, seu paciente está na sala de recuperação e fica cianótico e taquicárdico. Seu hematócrito no final da operação era de 30. É mais provável que ele esteja apresentando hipoxemia, hemorragia importante ou ambas?**

Mais provavelmente hipoxemia grave. Considere que sejam necessários 5 g/dl de hemoglobina desoxigenada no sistema venoso para produzir cianose. Um paciente com hemoglobina total de 10 (hematócrito de 30) teria que apresentar 50% de seu sangue dessaturado para produzir cianose. Hemorragia pós-operatória grave como causa do problema desse paciente (p. ex., sangramento rápido para uma hemoglobina de 7 e um hematócrito de 21) exigiria uma extração de oxigênio ainda mais alta e, portanto, uma saturação venosa de oxigênio ainda menor (abaixo de 30% de saturação e mais que 70% de dessaturação do sangue venoso) a fim de produzir os necessários 5 g/dl de hemoglobina desoxigenada para produzir cianose. É mais provável que o paciente descrito tenha uma hemoglobina estável de 10 e uma saturação venosa extremamente baixa (porém muito mais possível) de 50%. Isso explica por que palidez é uma manifestação muito mais comum que cianose nos pacientes de cirurgia de trauma que estão sangrando (mas ainda vivos). A cianose é muito mais comum nos serviços clínicos, onde hipoxemia secundária a disfunção cardiopulmonar e hematócrito razoavelmente normal representam um quadro clínico relativamente comum.

6. **Um paciente de 70 kg que chega ao pronto-socorro com um ferimento no abdômen, provocado por disparo de arma de fogo, apresenta uma pressão sangüínea (PA) de 70 e um pulso de 140. Quanto sangue esse paciente deve ter perdido para produzir esse quadro clínico?**

Cerca de 1.500 cc. Para fazer essa avaliação clínica, deve-se ter em mente a quantidade de volume de sangue circulante em um paciente saudável, antes de sofrer um trauma. Isso significa aproximadamente 70 cc/kg, ou 5 l em um paciente de 70 kg. A hemorragia é classificada em quatro graus:

Classe I: perda de 0-15% do volume de sangue circulante; alteração mínima nos sinais vitais.

Classe II: perda de 15-30% do volume de sangue circulante; taquicardia leve, pressão de pulso estreita, decréscimo discreto no débito cardíaco.

Classe III: perda de 30-40% do volume de sangue circulante; tipicamente, a quantidade mínima de sangue necessária para produzir hipotensão (30% de 5 l = 1.500 cc)

Classe IV: perda superior a 40% do volume de sangue circulante; tais pacientes estão em choque hemorrágico grave e prestes a sofrerem uma parada cardíaca.

7. **Um motociclista com 25 anos que está inconsciente e em choque profundo (PA 60/40, pulso = 135) apresenta um bom tônus retal e move suas pernas em resposta a estímulos dolorosos. Provavelmente que complexo de lesões ele apresenta?**

Trauma craniano grave e hemorragia ativa. O trauma craniano importante é indicado pelo estado de inconsciência, sem abertura de olhos e pontuação na Escala de Coma de Glasgow de 8 ou menos. É crucial não atribuir a hipotensão ao traumatismo craniano, pois um sangramento intracraniano seria insuficiente para explicar o volume de sangue perdido necessário para produzir tal quadro clínico. Lesão raquimedular cervical é uma explicação menos provável, em virtude do tônus retal adequado e do movimento das pernas. É improvável que sepse apareça tão precocemente após a admissão e tamponamento pericárdico é possível, mas menos comum após um trauma fechado. Um pneumotórax hipertensivo secundário a costelas fraturadas e laceração pulmonar é uma possibilidade e deve incitar o clínico a colocar drenos torácicos, mas a suposição segura – a que deve direcionar a reposição de sangue e fluidos vigorosa – é que esse paciente está em choque hemorrágico hipovolêmico por sangramento na cavidade torácica ou abdominal.

8. Um paciente de 23 anos de idade com um ferimento por arma laminada no lado direito do tórax é admitido no pronto-socorro com pressão sangüínea de 124/80, pulso de 85 e freqüência respiratória de 20. Após a reposição de 2 l de cristalóide, o paciente desenvolve dispnéia, cianose, taquipnéia e pressão sangüínea de 90 com pulso de 120. Qual é o próximo passo correto?

Fazer uma drenagem torácica à direita. Esse paciente provavelmente apresenta um pneumotórax hipertensivo e não um choque hemorrágico. É extremamente improvável que uma perda sangüínea rápida o suficiente para produzir essa hipotensão, mesmo com extrema dessaturação, apresente um nível alto o bastante de hemoglobina não-saturada circulante (5 g/dl) para produzir cianose. De forma semelhante, veias cervicais distendidas seriam improváveis em um paciente extremamente hipovolêmico. Portanto, esse desconforto respiratório grave do paciente, combinado com veias cervicais distendidas e hipotensão, sugere uma causa mecânica e prejuízo do retorno venoso ao coração secundário à perda da maior parte do volume pulmonar direito, em razão de um pneumotórax hipertensivo. Um dreno torácico, e não-transfusão rápida, salvaria a vida desse paciente.

9. Como um erro na obtenção da amostra de gases venosos mistos pode produzir a impressão clínica errônea de sepse?

Uma coleta vigorosa da amostra de sangue do reservatório da artéria pulmonar do cateter de Swan-Ganz levará a uma amostra parcialmente oxigenada e mimetizará os valores de transporte de oxigênio da sepse. Uma saturação venosa mista artificialmente elevada para 80% em um paciente com saturação arterial de 100% e nível de hemoglobina (Hb) de 10 g/dl irá elevar artificialmente o conteúdo de oxigênio venoso misto (Hb × 1,34 × % sat [venosa]) para cerca de 10,7 ml/dl. Dado um conteúdo arterial de oxigênio de 13,4 (Hb × 1,34, sat art O_2), a diferença AVO_2 (conteúdo arterial de O_2 menos o conteúdo venoso de O_2) será artificialmente reduzida para 2,7 ml/dl. Isso diminuirá artificialmente o valor da taxa de extração (consumo de O_2/ transporte de O_2). Portanto, o quadro de todo o transporte de O_2 de sepse (alto conteúdo venoso de O_2, baixa diferença AVO_2, consumo de O_2 relativamente baixo e baixa taxa de extração) é criado por um erro na obtenção da amostra.

10. Como o uso abusivo crônico de cocaína em um paciente com trauma muito intoxicado mimetiza uma lesão raquimedular cervical?

Como o paciente com lesão raquimedular cervical, o usuário crônico de cocaína intoxicado pode manifestar ausência de movimentos, pressão sangüínea baixa e ausência de resposta de taquicardia compensatória.

11. Quais são os conceitos cruciais da terapia com aminoglicosídeos em pacientes de UTI sépticos?

O sucesso da terapia está nos níveis séricos terapêuticos iniciais da droga. Tem havido entusiasmo para empregar doses variando de 3 mg/kg a cada oito horas até 7-11 mg/kg a cada 24 horas para se atingir tais níveis. Embora esses regimes, combinados com monitoração cuidadosa dos níveis séricos da droga, não tenham aumentado a toxicidade, alguns médicos estão relutantes em utilizar essas grandes doses. É melhor que tais médicos prescrevam outras drogas, uma vez que níveis de droga abaixo do ideal não beneficiam ninguém.

12. Cite quatro patógenos hospitalares comuns que estão diretamente relacionados ao uso prévio prolongado de antibióticos.

Espécies de *Candida*, *Enterococcus* resistentes à vancomicina, *Enterobacter cloacae* e *Staphylococcus aureus* resistentes à meticilina.

13. Qual duração de terapia antibiótica a literatura apóia para um paciente com ferimento por disparo de arma de fogo de (1) estômago; (2) estômago e intestino delgado × 4; (3) cólon transverso e pâncreas; e (4) cólon transverso, pâncreas, retroperitônio e necessitando de 10 unidades de sangue?

Vinte e quatro horas em cada situação. Apesar de os médicos habitualmente utilizarem durações maiores em pacientes – como (3) e (4), com lesões mais graves –, a literatura atual não fornece base para essa prática. Embora existam pacientes que possam ser identificados como de maior risco para complicações sépticas pós-operatórias, as terapias antibióticas prolongadas não têm diminuído tal risco. Elas podem, entretanto, aumentar o risco de organismos resistentes.

14. Como o abuso de heroína causa trombocitopenia?

Usuários de rua geralmente "cortam" a droga com quinino. O quinino serve como um hapteno em uma reação antígeno-anticorpo mediada por complemento contra as plaquetas.

REFERÊNCIAS BIBLIOGRÁFICAS

1. Chappius CW, Frey DJ, Dietzen CD, *et al.*: Management of penetrating colon injuries: A prospective randomized trial. *Ann Surg* 213: 492-498, 1991.
2. Gonzales RP, Merlotti GJ, Holevar MR: Colostomy in penetrating colon injury: Is it necessary? *J Trauma* 41: 271-275, 1996.
3. Moore EE, Dunn EL, Moore JB, Thompson JS: Penetrating abdominal trauma index. *J Trauma* 21: 439-445, 1981.
4. Nelken N & Lewis F: The influence of injury severity on complication rates after primary closure of colostomy for penetrating colon trauma. *Ann Surg* 209: 439-447, 1989.
5. Stone HH & Fabian TC: Management of perforating colon trauma: Randomization between primary closure and exteriorization. *Ann Surg* 190: 430-433, 1979.

ÍNDICE

As inscrições em **negrito** indicam capítulos completos.

A

AAST. *Ver* American Society for the Surgery of Trauma
ABCDEs
  da conduta no choque hemorrágico, 48
  da ressuscitação de crianças, 259-260
ABCs
  da avaliação da lesão craniana, 65-66
  da ressuscitação da vítima queimada, 225-226
Abdômen
  anatomia do, 118
  descompressão do, 124-126
  dor no, em pacientes diabéticos, 195-196
  envolvimento em lesões gástricas, 137-140
  exame do, 151-152
  gás livre no, 137-138
  inferior, 118
  lesões do, **118-121,** 127-128, 150-152, 179-180, 238-239, 283-284, 301-303
    associadas à lesão diafragmática, 114-115
    avaliação por imagens do, 278-279, 285-286
    avaliação ultra-sonográfica do, 283-285
    como indicação de lavagem peritoneal diagnóstica, 277-278
    durante a gravidez, 254-256, 264, 267-268
    em pacientes pediátricos, 261-262
    ferimentos por arma laminada, 150-151
    ferimentos por disparo de arma de fogo, 150-151, 267-268
    relacionadas a abuso infantil, 251-253
    relacionadas à celiotomia exploradora, 215-217
    relacionadas à exposição à eletricidade, 238-239
    relacionadas à violência doméstica, 254-256
    vascular, 179-180
  radiografias do, 142-143
  síndrome compartimental do, **122-126,** 165, 215-217
  superior, 118
Abscessos
  intra-abdominais, 19-20, 52-53, 123-124, 155-156
  subfrênicos, 139-140
Abstinência
  de álcool, 273-275
  de opiáceos, 292-293
Abuso infantil, 251-255, 262-263, 273-274
  contusões associadas a, 299-300
  notificação obrigatória de, 256-257
Abuso sexual
  de crianças, 253-254
  relacionado a violência doméstica, 254-255
Acesso endovenoso, para cateteres endovenosos, 44-46
  em pacientes pediátricos, 260-261
  em pacientes queimados, 227-228
  em vítimas presas em ferragens, 22-23
Acessórios para via aérea, para vítimas de trauma, 20-21
Acessos venosos centrais, 45-46, 220-221, 284-285
Acidentes com agulhas, 288-289
Acidentes com bicicletas, com crianças, 259-260
Acidentes com várias vítimas, 19-20
Acidentes com veículos automotivos
  air bags em, 24-25, 267-268
  atropelamento e fuga, evidência de, 297-299
  como causa de fratura pélvica, 163-164
  como causa de trauma abdominal, 179-180
  como causa de trauma fechado de intestino delgado, 150-151
  taxa de mortalidade do motorista em, 269-270
Ácido 5-hidroxindolacético, baixos níveis de, como fator de risco para suicídio, 293-294
Ácido hepatoiminodiacético, 129-130
Acidose
  excesso de base em, 44-45
  relacionada à síndrome de compartimento abdominal, 123-125

Afasia, associada à lesão de pescoço, 92
Afogamento, relacionado a uso abusivo de álcool, 273-274
Agentes corrosivos
  como causa de queimadura, 230-231
  ingestão de, 137-138
Agentes trombolíticos, 189-190
Agitação, em pacientes com trauma, 33-34, 54
Agressões, evidência física de, 297-298
Água corporal, efeito de reposição maciça de fluido na, 55-56
Água corpórea total, 40-41
Air bags, 24-25, 267-268
Alcalose, metabólica, 44-45
Álcool, nível sangüíneo tóxico de, 273-274
Alcoolismo, definição de, 272-273
Alteração da relação ventilação-perfusão (V/Q), 62-63
Alucinações
  relacionadas à abstinência de álcool, 273-275
  relacionadas a delírio, 291-292
American College of Surgeons
  curso de Advanced Life Trauma Support, *49*
  cursos de treinamento em ultra-sonografia do, 284-285
  recomendações para triagem no local do, 19-20
American Society for the Surgery of Trauma (AAST), 49
  Organ Injury Scoring Committee da, 132-133, 142-143, 145-146
Amilase
  como indicador de lesão intestinal, 151-152
  como indicador de lesão pancreática, 119-120, 144-145
Aminoglicosídeos, altas doses, 303-304
Amnésia, relacionada à síndrome de Wernicke-Korsakoff, 292-293
Amputação, 19-20, 206-207
  de extremidades inferiores, 167-168, 195-196, 216-217, 218
  em pacientes com transtorno de personalidade dependente, 293-294
  hipotensão como fator de risco para, 180-181
  primária, 177-178
Análise de Gravidade de Lesão, 30-32
Análogos de somatostatina, como tratamento de trauma pancreático, 147-148
Anastomoses
  em reconstrução de ducto biliar, 130-131
  em reparo de intestino delgado, 152-153
  em ressecção colônica, 153-154
  pós-operatória, 284-285
Anemia
  da gravidez, 264
  efeitos na cicatrização de feridas da, 210-211
  relacionada a lesões de partes moles, 245-246
  relacionada ao abuso de álcool, 273-274
Anestesia, geral, como causa de hipotermia, 248
Aneurisma
  aórtico abdominal, ruptura de, 21-22, 123-124
  falso, 87-88, 95-96
Angiografia, 107, 285-286
Ângulo da mandíbula, inervação sensorial da, 79-80
Anisocoria (midríase), traumática, 83-85
Antidepressivos tricíclicos, como tratamento de lesão cerebral, 294
Anúria, relacionada à fratura de pelve, 164-165
Ânus, lesões do, 154-156
Aorta
  abdominal, 21-22, 123-124, 179-180
  lesões da, 103-104
    associadas à lesão diafragmática, 115
    locais de, 108-109
    relacionadas a cinto de segurança, 179-180
    reparo de, 108-109, 180-181
    rupturas, 21-22, 107, 123-124
Aortografia, 279-281
Aquecimento central, 249-250
Armas de fogo. *Ver também* Balística, ferimentos por disparo de arma de fogo
  como método de suicídio, 293-294
Artéria axilar, limites da, 178-179
Artéria femoral
  lesões de, 122
  pressão normal da, 55-56
Artéria subclávia, lesões da, exposição ideal da, 177-178
Artéria vertebral, lesões da, 95-96, 183-185, 186
Artérias coronárias, trombose de, 108-109
Artérias mesentéricas, perfusão de, 123-124
Artérias tibiais, 173-174
Arteriografia, 179-180
  de lesões penetrantes de pescoço, 93
  indicações para, 174-175
  pré-operatória, 184-186
Articulação temporomandibular, anquilose óssea do, 79-80
Árvore biliar, lesões da, 129-130
Asciste, 123-124
Asfixia, traumática, 110-111

Aspectos psiquiátricos do trauma, **291-295**
Aspiração, 33-34
de dentes arrancados, 81-82
relacionada à intubação endotraqueal, 62-63
Assimetria pupilar, em pacientes comatosos, 67-69
Assoalho da órbita
em fraturas zigomáticas, 76-77
materiais de restauração de, 77-78
Aterosclerose, 210-211, 269-271
Ativador tecidual do plasminogênio, 189-190
ATLS. *Ver* protocolo de Advanced Life Trauma Support
Atropelamento com fuga, 297-299
Auto-enxertos, epidérmicos cultivados, 228-229
Auto-regulação, pressão, 67-68
Avaliação por tomografia computadorizada
de lesões abdominais, 278-279
de lesões de cabeça e pescoço, 67-68, 87-88, 279-280
de lesões de grandes vasos, 279-281
de lesões duodenais, 142-143
de lesões hepáticas, 127-128
de lesões torácicas fechadas, 107
AZT (zidovudina), 288-289

B

Baço, lesões do, 118, **132-133,** 284-285
associada a fratura de costela, 119-120
associada a lesão diafragmática, 114-115, 116
associada a lesão pancreática, 144-145
avaliação por imagem de, 278-279
conduta clínica da, 279-280
em pacientes pediátricos, 261-263
iatrogênica, 132-134
relacionada a acidente automobilístico, 23-24
ruptura tardia, 132-134
ruptura, 132-135, 164-165
Bactérias, como contaminantes de projéteis, 53
Bainha carotídea, estruturas contidas na, 92
Balística, ferimentos, **50-53,** 80-81
Barbitúricos, altas doses, como tratamento para trauma craniano, 70-71
Base do crânio, lesões vasculares de, 82
Benzodiazepínicos
como tratamento de lesão cerebral, 294
como tratamento para abstinência de álcool, 292-293
Blackouts, relacionados a alcoolismo, 272-273
Bloqueio neuromuscular, 34-35, 35-36
para controle de hipertensão intracraniana, 68-70
Bolo de manitol, como tratamento de hipertensão intracraniana, 68-70
Bradicardia
relacionada a choque neurogênico, 47
relacionada a hipotermia, 248
relacionada a lesão raquimedular, 99-100
Broncoscopia, 93

C

Cadeia de custódia, de evidência, 297-298
Calor, como sinal inflamatório, 204-206
Calorimetria, indireta, 56-57
Canal óptico, porfundidade média da rima orbitária, 76-77
Câncer hepático, 273-274
Câncer pulmonar, 273-274
Câncer. *Ver também tipos específicos de câncer*
efeito na cicatrização de ferimentos, 210-211
Candida, 303-304
Capacetes, 22-23, 259-260
Carcinoma escamoso, 273-274
Carcinoma orofaríngeo, 273-274
Cardiomiopatia, relacionada a uso abusivo de álcool, 273-274
Cartilagem
cicatrização de, 207-209
em lacerações de orelha, 213-214
Casos de queimaduras, evidências legais em, 297-298
Castração, relacionada a ferimento por disparo de arma de fogo, 157-158
Catarata, 83-84, 238-239, 243-244
Categute, 207-208
Cateteres
em lavagem peritoneal diagnóstica 277-279,
em reposição de fluido, 44-45
venoso central, 45-46, 220-221, 284-285
Cavidade abdominal, gradiente de pressão da, 113-114
Cavidade oral, exame da, 81-82
Cavidade peritoneal, ferimentos por disparo de arma de fogo de, 139-140
Cavitação, como causa de lesão tecidual, 51-52
Celiotomia, 120-121, 215-217
Celulite, 155-156, 204-206
Cérebro, herniação de, 66-68

Cesáreas, 266-268
Cetoacidose diabética, 192-195
Choque
  anafilático, 21-22, 47
  cardiogênico, 21-22, 40-41, 103-104
  como indicação de toracostomia por agulha no campo, 22-23
  conduta pré-hospitalar no, 23-24
  definição de, 40-41, 54
  distributivo, 40-41
  hemorrágico, 48, 123-124
  hemovolêmico, efeito na diferença arteriovenosa de oxigênio, 42-43
  hipovolêmico, 40-41, 47, 302-303
  implicação no salvamento de membro, 176-177
  medidas bioquímicas de, 58-59
  medular, 101-102
  neurogênico, 47, 101-102
  no idoso, 270-271
  relacionado a fratura pélvica, 163-165
  relacionado a lesão de cólon, 153-154
  relacionado a lesão em pescoço, 92
  relacionado a lesão esplênica, 132-133
  relacionado a queimaduras, 225-227
  relações temporais em, 56-57
  séptico, 54, 197-198
  sinais e sintomas de, 54
Cianose, 301-303
  como indicação para toracostomia por agulha no local do acidente, 22-23
  relacionada a choque, 54
Cicatrização
  hipertrófica, 209
  mecanismos de, 207-209
  quelóide, 209
  relacionada a lesões por queimaduras, 225-227, 228-229
  revisão por Z-plastia de, 210-212
Cicatrização de feridas, 203-212
  em diabete, 192-194
  fases de, 203-206
Cintos de segurança
  como causa de lesão abdominal, 119-120
  como causa de lesão aórtica, 179-180
  como causa de perfuração intestinal, 151-152
  uso por mulheres grávidas, 267-268
Circuncisão, 157-158
Cirrose
  como causa de choque, 54
  relacionada ao uso abusivo de álcool, 273-274
Cirurgia
  abdominal, como contra-indicação da lavagem peritoneal diagnóstica, 278-279
  consentimento informado para, 294
  em pacientes grávidas vítimas de trauma, 266-267
Cirurgia plástica, **203-219**
  conduta em laceração e cicatrização de feridas em, 203-212
  para lesões de cabeça e pescoço, 211-214
  para lesões de mão e extremidade superior, 213-217
  para lesões de pé e extremidade inferior, 216-218
Cirurgiões, uso de ultra-som por, 284-286
Cistografia, 158-160
Cistostomia, suprapúbica, 158-159, 164-165
Classificação de Gustilo e Byrd, de fraturas tibiais, 216-217
Classificação de Gustilo-Anderson, de fraturas expostas, 166-167
Classificação de Le Fort, de fraturas maxilares, 81-82, 89-90, 212-213
Classificação Internacional de Doenças, 9ª Revisão, Modificação Clínica (CID-MC), 26-27, 30-32
Clonidina, como tratamento de síndrome de abstinência de opióides, 292-293
Coagulação intravascular disseminada, 55-56, 266-267
Coagulopatia
  relacionada à lesão de partes moles, 245-246
  relacionada à lesão esplênica, 132-134
Codeína, interação com inibidores seletivos da captação de serotonina, 294
Colágeno
  como material de sutura, 207-208
  na cicatrização de ferimentos, 204-206, 206-207
Colangiopancreatografia, endoscópica retrógrada, 129-130, 145-146, 147-148
Colo femoral, fraturas de, 167-168, 168-170
Cólon
  envolvimento em hérnias diafragmáticas, 116
  herniação de, 114-115
  lesões de
    associadas à lesão pancreática, 144-145
    complicações de, 155-156
    detecção de, 152-153
    lesão retal associada com, 154-155
    lesões fechadas, 150-151, 153-154

lesões penetrantes de, 150-151, 152-154, 301-302, 303-304
ressecção de, 153-154
Colostomia, 153-154, 155-156, 159-160, 301-302
Coma
associado à lesão cervical, 92
hiperosmolar não-cetótico, 194-195
mixedema, 196-198
relacionado a trauma craniano, 65-66
relacionado ao uso de álcool, 272-273
Comandante do incidente, 19-20
Combi-tubes, 20-21, 37-39
Compartimentos corporais, movimento de fluido entre, 40-41
Complexo nasoetmoidal, fraturas de, 90-91
Complexo zigomático, fraturas de, 76-77, 78-79
Comportamento violento, relacionado ao uso abusivo de álcool, 274-275
Compostos derivados de petróleo, como causa de queimadura, 230-231
Comprometimento de via aérea, em vítimas de queimaduras, 22-23
Côndilos, fraturas de, 78-80
Conduta na dor
em pacientes com transtorno de personalidade *borderline*, 293-294
em pacientes queimados, 228-229
Conduta para via aérea, **33-39**
em cenários extra-hospitalares, 20-22, 37-39
em pacientes com choque hemorrágico, 48
em pacientes com lesões de cabeça e pescoço, 86-87
em pacientes pediátricos, 33-35, 259-261
equipamento para, 33-34
Cone medular, diferenciação de lesão de cauda eqüina, 100-101
Consentimento informado, 294
Consumo de oxigênio (VO_2), 42-43, 57-59
Contagem de plaquetas anormal, 187-188
Conteúdo de oxigênio, do sangue, efeito da hemorragia em, 41-43
Contusões
cerebrais, relacionadas a abuso infantil, 252-253
identificação da causa de, 298-299
relacionadas a abuso infantil, 252-253, 299-300
relacionadas à violência doméstica, 254-255
Convulsões
como causa de hipertensão intracraniana, 68-69
relacionada a lesão secundária cerebral, 65-66
relacionadas à abstinência de álcool, 273-275
relacionadas a queimaduras elétricas, 243-244
Coração
alterações relacionadas ao envelhecimento, 269-271
lesões do, 103-105
avaliação ultra-sonográficas de, 285-286
ferimentos por arma laminada, 45-46
ocultas, 285-286
penetrantes, 45-46, 103-105
Córnea, lesões de, 83-84
Corpo sacral, fraturas de, 171-172
Corpos estranhos
como evidência legal, 297-298
efeitos na cicatrização de ferimentos dos, 210-211
intra-oculares, 83-84, 84-85
Corpos vertebrais, fraturas de, 100-101
Corticoencefalopatia, 243-244
Corticosteróides, contra-indicação como terapia para trauma craniano, 70-71
Costas, lesões penetrantes das, 120-121, 151-152, 287-288
Costelas, fraturas de, 110-111
associadas a lesões intra-abdominais, 119-120
em pacientes pediátricos, 261-262
lesões hepáticas associadas a, 127-128
Coumadin, 190
Crânio, síndrome de compartimento do, 122
Craniotomia, 68-69
Creatina fosfoquinase, como marcador de contusão miocárdica, 109-110
Crianças. *Ver* Pacientes pediátricos
Cricotireoidotomia, 33-35, 36-38, 86-87
com agulha, 21-22
de emergência, 80-81
Crise adrenal, 198-199
Cristalóides, 42-44, 47
administração a pacientes queimados, 225-227
como causa de superexpansão de espaço intersticial, 55-56
estados de baixo fluido e, 54
Curativos, para queimaduras, 225-227
Curva de Starling de desempenho miocárdico, 54

D

Dacriocistorinostomia, 77-79
Dados de autópsia, uso em pontuação de trauma, 30-32

Data da última menstruação (DUM), 265-266
Débito cardíaco
  durante a gravidez, 264
  em pacientes com síndrome de compartimento abdominal, 124-125
  em pacientes queimados, 227-228
  medida de, 56-58
Débito urinário
  alterações relacionadas ao envelhecimento, 270-271
  como medida de hipovolemia, 48
  de pacientes queimados, 227-228
  efeito da pressão intra-abdominal no, 123-124
  efeito da terapia de reposição de fluidos no, 43-45, 49
Debridamento, 206-207
  de fraturas de ossos longos, 218
  de fraturas expostas, 166-167
Dedos
  amputados, reimplante de, 213-214
  fraturas distais de, com lesões de leito ungueal, 215-216
Deficiências de zinco, efeito na cicatrização de feridas, 210-211
Deficiências nutricionais, relacionadas ao uso abusivo de álcool, 273-274
Deficiências vitamínicas, efeito na cicatrização de feridas, 210-211
Deformidade da mordida aberta, 79-80
Degrau reconstrutivo, 210-211
Delírio, 291-293
Delirium tremens, 274-275
Delta P, 169-170
Demência, hematoma subdural confundido com, 73-74
Dentes
  envolvimento em fraturas faciais, 89-90
  extraídos, viabilidade de, 81-82
  molares mandibulares, envolvimento em fraturas mandibulares, 80-81
  soltos e quebrados, relacionados a violência doméstica, 254-255
Depressão respiratória, relacionada a uso abusivo de álcool, 272-274
Depressão, como fator de risco para alcoolismo, 272-273
Derivações 62-63
  átrio-cava, 129-130
  uso em reparo de lesão de artéria carótida, 94-95
Derivado de proteína purificada, 288-289
Derrame
  pericárdico, 104-105
  pleural, 114-115
Descolamento prematuro de placenta, 265-267
Descompressão, de feridas de queimaduras elétricas, 242-243
Desconforto respiratório, como indicação de toracostomia por agulha no campo, 22-23
Desidrogenase lática, como marcador de contusão miocárdica, 109-110
Desnutrição, efeito na cicatrização de feridas, 210-211
Desordens cardiovasculares. *Ver também desordens cardiovasculares específicas*
  relacionadas à exposição à eletricidade, 238-239, 240-241
Desordens da hipófise, 200-202
Desordens neurológicas
  implicação no reparo de artéria carótida, 185-186
  relacionadas a lesões por eletricidade, 238-239, 243-244
Desordens respiratórias
  relacionadas a exposição elétrica, 238-239
  relacionadas ao uso abusivo de álcool, 273-274
Dessecantes, como causa de queimaduras, 230-231
Desvio traqueal, como indicação de toracostomia por agulha, 22-23
Dextran, baixo peso molecular, 190
Dextrose, como componente de nutrição parenteral, 220-221
Diabete insípido, 200-202
Diabete melito, 192-196
Diabete, cicatrização de feridas em, 210-211
Diafragma
  anatomia do, 113-114
  lesões de, **113-117**
    associadas a trauma raquimedular, 99-100
    com lesões gástricas e abdominais, 138-139
    durante a gravidez, 264
    lesões fechadas, 119-120
    ruptura, 21-22, 119-120, 163-164, 261-262
Diálise, peritoneal, 123-124
Diarréia, relacionada à alimentação enteral, 223-224
Diferença do conteúdo arteriovenoso de oxigênio, em choque hipovolêmico, 42-43
Diluição, como tratamento de queimadura química, 231
Diplopia, binocular traumática, 81-82

Disfunção circulatória, monitoração hemodinâmica de, **54-59**
Dispositivos de compressão seqüencial, 188-190
Distúrbios da tireóide, 195-198
Distúrbios hematológicos, relacionados ao uso abusivo de álcool, 273-274
Diurese, "fria", 248
Diverticulização, duodenal, 144-145, 147-148
Doença cardíaca valvar, em idosos, 269-271
Dopamina, interação com furosemida, 197-198
Doppler, Christian, 181-182
Dor lombar, 159-160
Dor torácica, pleurítica, 114-115
Dor, como sinal de inflamação, 204-206
Drenagem
  de lesões duodenais, 144-145
  de lesões pancreáticas, 147-148
Drenos de toracostomia, uso profilático de antibióticos com, 104-105
Drenos torácicos, 302-303
Ducto biliar, lesões de, 130-131
Ducto de Wirsung, 145-146
Ducto nasolacrimal, fraturas de, 80-81
Ducto pancreático, avaliação intra-operatória do, 146-147
Ducto torácico, lesões do, 96-97
Duodeno
  características anatômicas do, 141-142
  exposição cirúrgica de, 142-144
  lesões de, 141-145, 150-151
    em pacientes pediátricos, 252-253, 262-263
    lesões pancreáticas associadas a, 147-148
    ruptura, 252-253
Duodenojejunostomia, 143-144
Duodenorrafia, 143-144
Duodenostomia, 143-144

E

Ecocardiografia
  para avaliação de contusão miocárdica, 109-110
  transesofágica, 108-109, 283-284, 285-286
Ecogenicidade, 283-284
EDC (data estimada de confinamento), 265-266
Edema
  cerebral, relacionado a abuso infantil, 252-253
  como causa de síndrome compartimental, 174-175
  pulmonar, como contra-indicação de traje pneumático antichoque, 21-22
  relacionado à lesão de partes moles, 245-246
  relacionado à queimadura, 225-226
  retrofaríngeo, 80-81
Edema, como sinal de inflamação, 204-206
Efeito quadrigia, 215-216
Elétricas, lesões, **237-244**
  conduta pré-hospitalar de, 22-23
Eletrocardiográfica, avaliação
  de contusões miocárdicas, 109-110
  de hipotermia, 248
  de lesões cardíacas, 103-104
  de lesões elétricas, 240-241
Eletrólitos, anormalidades de, relacionadas a lesões de partes moles, 245-246
Eletrólitos, necessidade diária de, 221-222
Embolismo
  de líquido amniótico, 266-267
  de projétil, 52-53
  gasoso, 37-38, 105-106
  pulmonar, 62-63, 188-189, 190
  relacionado a cateter venoso central, 220-221
Embolização
  da artéria vertebral, 95-96, 186
  durante angiografia, 129-130
Êmbolos de líquido amniótico, 266-267
Empalação, tratamento pré-hospitalar de, 22-23
EMS (serviços médicos de emergência), definição de, 19-20
Endócrinos, problemas, em trauma, **192-202**
Endoscopia, flexível, 93
Endotraqueais, cânulas, 20-21
  confirmação da posição de, 35-36
  tamanho de, para pacientes pediátricos, 34-35
Endotraqueal, intubação
  complicações de, 61-63
  em pacientes com trauma de cabeça e pescoço, 80-81
  em pacientes pediátricos, 34-35, 260-261
  indicações de, 33-34
  no local do acidente, 20-22
  parâmetros iniciais do ventilador após, 35-36
Energia cinética, de balística de ferimentos, 50
Enfisema subcutâneo, 22-23
Enteral, nutrição, 222-224
  para pacientes queimados, 228-229
Enterococcus, vancomicina-resistente, 303-304
Envenenamento, como método de suicídio, 293-294
Enxertos de pedículo omental, 143-144
Enxertos, falência de, 210-211
Epífises, lesões de, 252-253, 262-263

Epífora, 80-81
Equimose, periorbitária, 66-67
Eritroblastose fetal, 266-267
Escala de coma de Glasgow, 19-20, 26-29, 65-66, 69-70
Escala SAD PERSONS, para avaliação de risco de suicídio, 292-294
Escalpelos, manipulação segura de, 288-289
Escalpo, lacerações de, 65-67
Escara, 210-211, 225-226
Escore de Severidade de Lesões, 26-27, 28-32, 31-32
  uso com o idoso, 270-271
Escore de Severidade de Lesões de Extremidades, 176-178
Esofágico, obturador de vias aéreas, 20-21, 37-39
Esofágico-traqueais, cânulas combinadas, 20-21
Esôfago
  deficiência de ácidos graxos essenciais, 221-222
  efeito do uso abusivo de álcool no, 273-274
  lesões do, 86-87
    associadas à lesão da artéria vertebral, 95-96
    associadas à lesão diafragmática, 114-115
    lesões penetrantes, 86-87, 87-88
    perfurações, 105-106
    relacionadas à sonda de alimentação enteral, 222-224
    ruptura, 93
Esofagografia, 93
Esofagoscopia rígida, 179-180
Espaço morto, 62-63
Espaço retroperitoneal, em hemorragia pélvica, 170-171
Esplenectomia, 132-136
Esplenorrafia, 135-136
Esqueleto facial, exposição de, para fixação de fratura, 89-91
Estado mental, como indicador para avaliação da adequação da ressuscitação, 44-45
Estados de baixo fluxo, 54, 55-56
Estados pós-operatórios, 54, 62-63
Estenose, traqueal, 62-63
Esternotomia, mediana, 94-95, 103-104, 177-178
Esteróides
  como tratamento de queimadura, 227-228
  efeito na cicatrização de feridas, 210-211
Estômago
  efeito do uso abusivo de álcool no, 273-274
  fístulas do, 139-140
  herniação do, 114-115
  lesões do, **137-140,** 303-304
    associadas a lesão diafragmática, 114-115, 116
    associadas a lesão pancreática, 144-145
    perfurações, 137-140
  necrose do, 137-138
Estreptoquinase, 189-190
Evidência, em casos legais, 297-300
Evisceração, abdominal, 22-23
Exame do esqueleto, 252-253
Exame FAST, para trauma, 283-285
Exame neurológico, de pacientes com trauma craniano, 65-68
Exame pélvico, de pacientes grávidas, 265-266
Exame secundário, 261-262
Exames com Doppler de fluxo colorido, 283-285
Exclusão pilórica, 144-145
Extremidade inferior
  compartimentos fasciais de, 175-176
  fraturas expostas de, tratamento reconstrutivo de, 216-217
  síndrome de compartimento de, 174-177
Extremidades, deformidades relacionadas à fratura epifisária de, 262-263
Extubação, bem-sucedida, 61-62

F

Face
  áreas de suporte vertical, 81-82
  lacerações de, 211-212
Face média, exposição de, para fixação de fratura, 89-91
Facetas articulares, imobilização cervical bilateral, 100-101
Falência de órgãos, 54
Faringe, lesões de, 95-96
Fasciotomia, 175-177
Fechamento da ferida, 204-206, 210-211
  de fraturas abertas, 166-168
  de queimaduras por eletricidade, 242-243
  linhas de cicatriz de, 211-212
  primária, 206-207
  primário tardio, 206-207
  secundária, 206-207
Femoral, bainha, fraturas de, 167-169
Fenitoína, administração profilática de, 68-69
Fenômeno do nó de Kernohan, 66-68
Ferida(s)
  aguda(s) e crônica(s), 204-206
  exploração da(s), 287-288

incisional, 299-300
Ferimentos por arma laminada
abdominais, 120-121, 150-151, 179-180
biliares, 130-131
cardíacos, 45-46
do nervo facial, 87-88
dos flancos, 151-152
nas costas, 151-152, 287-288
relacionados a violência doméstica, 254-255
torácicos, 302-303
Ferragens, resgate de vítimas presas em, 22-23
Feto
avaliação ultra-sonográfica do, 265-266, 284-285
efeito da perda de sangue materna no, 265-266
efeito de feridas penetrantes maternas no, 267-268
efeito do choque elétrico materno no, 239-240
idade gestacional do, 265-266, 284-285
Fibrilação ventricular, 238-239
Fibrinogênio
marcado com radionuclídeo, 188-189
níveis séricos normais de, 301-302
Fígado
envolvimento em hérnias diafragmáticas, 116
lesões de, 127-129, 150-151, 284-285
associadas a fratura de costela, 119-120
associadas a lesão pancreática, 144-145
avaliação por imagem de, 278-279
com risco de vida, 127-128
como causa de hemorragia, 105-106, 128-130
conduta conservadora de, 279-280
em pacientes pediátricos, 261-262
lacerações, 30-32, 252-253
ruptura, 164-165
sistema de graduação para, 278-280
perfusão de, efeito da pressão intra-abdominal em, 123-124
Filtros de veia cava, 189-190
Fístula
arteriovenosa, 87-88, 95-96, 174-175
de intestino delgado, 216-217
enterocutânea pós-operatória, 147-148
gástrica, 139-140
pancreática, 147-148
traqueoesofágica, 96-97
urinária, 159-160
vesicovaginal, 159-160
Fístulas de líquido cefalorraquidiano, 88-89
Fixação externa, de fraturas pélvicas, 170-172
Fixação interaxilar, de fraturas mandibulares, 212-213
Fixação maxilomandibular, 89-90
Fixadores externos, terapia alternativa a, 120-121
Flebografia, radionuclídeo, 188-189
Fluidos endovenosos. *Ver* Terapia de reposição de fluidos
Fluidos orgânicos, exposição a, 288-289
Fluoxetina, interação com codeína, 294
Fluxo sangüíneo
abdominal, durante a gravidez, 265-266
cerebral, 67-68, 70-71
renal, 123-124, 270-271
uterino, 265-266
visceral, efeito da pressão intra-abdominal no, 123-124
Foley, 44-45, 48, 261-262
artéria pulmonar, 57-58, 227-228
no tratamento de choque hemorrágico, 48
Força de ruptura, 206-207
Força obtusa, 299-300
Força tensora, 206-207
de suturas, 207-208
Fórceps de Magill, 33-34
Fossa craniana, anterior, fraturas de, 80-81
Fraturas
alveolar, 82
como causa de síndrome de compartimento, 122
como indicação de transferência para centros de trauma, 19-20
compressão de L1, 100-101
de Chance, 100-101, 119-120
de costelas, 110-111
de extremidades inferiores, 166-170
de extremidades superiores, 169-171
de Jefferson, 98-99
de ossos longos, não-consolidação de, 218
disfunção craniofacial, 81-82
do enforcador, 98-99
em pacientes politraumatizados, 167-169
expostas, 166-168
reconstrução de, 216-217, 218
extremidades deformadas, conduta pré-hospitalar de, 23-24
Le Fort, 81-82, 89-90
odontóide, 98-99
pélvicas, 19-20
piramidais, 81-82
por explosão
cervical, 98-99
orbitária, 76-77, 83-85, 211-213
relacionada a abuso infantil, 251-253
relacionada à exposição à eletricidade, 238-239

relacionada à violência doméstica, 254-255
trimalares, 90-91
Fraturas alveolares, 82
Fraturas de crânio
de base, 66-67, 183-184
occipitais, 66-67
relacionadas a abuso infantil, 252-253
tratamento cirúrgico de, 69-70
Fraturas de odontóide, 98-99
Fraturas do fêmur, 167-168
conduta pré-hospitalar de, 23-24
relacionadas a acidentes com veículos automotores, 23-24
subtrocantéricas, 168-169
Fraturas orbitozigomáticas, 78-79
Freqüência cardíaca
fetal, monitoração de, 265-266
medida da, 56-57
na síndrome de compartimento abdominal, 124-125
significado da, 56-57
Freqüência respiratória máxima, em pacientes pediátricos, 260-261
Função cardíaca, avaliação clínica da, 54
Função pulmonar, efeito da pressão intra-abdominal em, 123-125
Functio laesa, como sinal de inflamação, 204-206
Furosemida, interação com dopamina, 197-198

G

Garras intramedulares, ramificadas *versus* não-ramificadas, 168-169
Gasometria arterial
em síndrome de compartimento abdominal, 123-125
excesso de base na, 44-45
Gastrite, relacionada a uso abusivo de álcool, 273-274
Gastrojejunostomia, 144-145
Glicocorticóides, efeitos adversos de, 198-201
Globo ocular, ruptura de, 83-85
Grandes vasos, lesões dos, avaliação por imagem de, 279-281
Gravidez, **264-268**
como contra-indicação de lavagem peritoneal diagnóstica, 278-279
hipotensão durante, 20-21
lesões relacionadas a violência doméstica durante, 254-256
síndrome de compartimento abdominal durante, 123-124
uso da ultra-sonografia durante, 284-285
uso de álcool durante, 273-275

H

Haemophilus influenzae, infecções por, pós-esplenectomia, 135-136
Helicópteros, uso para transporte de pacientes traumatizados, 23-24
Hematobilia, 129-130
Hematocele, 157-158
Hematócrito
como indicador de perda sangüínea, 40-42
durante a gestação, 264
efeito da ruptura esplênica no, 132-133
Hematoma
do pescoço, 86-87, 92
duodenal, 143-144, 252-253
efeitos sobre a cicatrização de ferimentos, 210-211
epidural, 67-69, 81-82
intracerebral, 67-68
intracraniano, 66-67, 68-71
jejunal, 252-253
mesentérico do intestino delgado, 152-153
pancreático, 145-146
pélvico, 163-164, 180-181
relacionado à lesão de partes moles, 245-246
relacionado à lesão esplênica, 132-134
retroperitoneal, 142-144, 180-181
subdural, 66-67
crônico, 73-74, 74
diferenciação entre hematomas epidural e intracerebral, 67-68
etiologia e aspecto radiográfico de, 69-70
pontuação de gravidade de lesão de, 29-30
relacionado a abuso infantil, 252-253
Hematúria, 159-161, 164-165
Hemiparesia
contralateral, 66-68
em pacientes comatosos, 67-69
no trauma cervical, 92
por lesão da carótida, 183-184
Hemiplegia
relacionada à lesão de artéria carótida, 183-184
relacionada à lesão de pescoço, 92
relacionada a queimaduras elétricas, 243-244
Hemoperitônio, 118, 277-278

Hemorragia, 40-43
  características clínicas da, 41-42
  classes I-IV, 47-48
  como causa de choque. *Ver* Choque, hipovolêmico
  de extremidades inferiores, 21-22
  durante reposição de fluidos, 43-44
  feto-materna, 266-267
  graduações de, 302-303
  hepática, 128-130
  intra-abdominal, 151-152
  medida da, 40-42
  mensuração da perda sangüínea causada por, 40-42
  oferta de oxigênio em, 42-43
  relacionada a exploração de ferimentos, 287-288
  relacionada a fratura pélvica, 121, 163-165, 170-171
  relacionada a lesão craniana, 302-303
  relacionada a lesão de pescoço, 92, 93
  relacionada a lesão de pulmão, 105-106
  relacionada a lesão esplência, 132-134
  relacionada a lesão hepática, 105-106
  retrobulbar, 84-85
  subaracnóide, 66-67, 252-253
  subconjuntival, 84-85, 254-255
  vítrea, 83-84
Hemostasia, por ligadura, 206-207
Hemotímpano, 66-67
Hemotórax
  relacionado a cateter venoso central, 220-221
  relacionado a trauma torácico fechado, 109-110
  retido, 105-106
  subpulmonar, 114-115
Heparina
  como profilaxia para trombose venosa profunda, 188-190
  de baixo peso molecular, 189-190
Hepatite, 287-289
Hérnia
  diafragmática, 115-116
  gástrica, 115
Hidronefrose, 160-161
Hifema, 83-84
Hipercalcemia, imobilização, 201-202
Hipercaliemia, relacionada a lesão por esmagamento, 23-24
Hipercarbia, 123-125
Hiperglicemia, relacionada a diabete, 192-194
Hipertensão
  intracraniana, 65-66, 67-70, 71-72
  relacionada a abstinência a opiáceos, 292-293
  relacionada a abstinência ao álcool, 292-293
  relacionada a uso abusivo de álcool, 273-274
Hiperventilação
  induzida por hipocarbia, 67-68
    como tratamento da hipertensão intracraniana 69-70
    da gravidez, 264
    terapêutica, 33-34
Hipocarbia, relacionada a hiperventilação, 67-68
Hipoglicemia, relacionada a diabete, 192-195
Hipoglicemiantes orais, 192-195
Hiponatremia, relacionada a trauma craniano, 70-71
Hipotensão
  anormal, significado da, 55-57
  associada a choque hipovolêmico, 47
  como fator de risco para amputação, 180-181
  como indicação de toracostomia por agulha, 21-23
  de pacientes pediátricos, 260-261
  durante a gravidez, 264
  em gestantes vítimas de trauma, 20-21
  em pacientes com traumatismo craniano, 67-68, 69-70
  normal, 55-56
  relacionada a cirurgia de aorta, 108-109
  relacionada a lesão cerebral secundária, 65-66
  relacionada a lesão de medula espinhal, 99-100
  relacionada a trauma craniano 65-66, 71-72
Hipotermia, **248-250**
  efeito na cascata de coagulação, 187-188
  em pacientes pediátricos, 259-260
  relacionada a choque, 23-24
  relacionada a lesão de medula espinhal, 99-100
  relacionada a lesão esplênica, 132-134
Hipotireoidismo, como diagnóstico diferencial de síndrome eutireodeana do paciente grave, 196-197
Hipoventilação, intubação endotraqueal para, 21-22
Hipovolemia, 41-42, 47-48. *Ver também* Choque, hipovolêmico
  em pacientes pediátricos, 260-261
  relacionada a lesão de partes moles, 245-246
  relacionada a queimadura, 225-228
Hipoxemia
  associada com cianose, 301-303
  relacionada a síndrome de compartimento abdominal, 123-125
Hipoxia,
  mensurações bioquímicas da, 58-59
  relacionada a exposição a eletricidade, 238-239

relacionada a intubação, 37-38
relacionada a lesão cerebral secundária, 65-66
relacionada a trauma craniano, 65-66, 71-72
Histerectomia, como causa de lesão vesical, 159-160
Homicídio, relacionado a violência doméstica, 253-256, 264
Hormônio tireóide-estimulante, 195-198, 201-202
Houdini, Harry 120-121

I

Icterícia, 129-130
Idade gestacional, 265-266, 284-285
Idosos, **269-271**
alcoolismo em, 272-273
fraturas pélvicas em, 163-164, 269-270
Idosos, abuso de, 255-257
Imobilização
como causa de hipercalcemia, 201-202
de pacientes grávidas, 264-266
espinhal, 20-21, 101-102, 239-240
Implantes ortopédicos, fratura de, 168-169
Incêndio culposo, evidência de, 297-298
Incidentaloma, adrenal, 200-201
Incisões
como causa de infecção de feridas, 299-300
para perfurações gástricas, 138-139
supraclavicular, 177-178
Inconsciência, relacionada à hipotermia, 248
Índice cardíaco, medida do, 56-57
Índice de resistência vascular pulmonar, 57-58
Índice tornozelo-braquial, 173-174
Infarto do miocárdio, 238-239, 273-274
Infecção de ferida, 210-211
organismos causadores de, 204-206
pós-operatória, 155-156
relacionada a lesão colônica, 152-153
Infecções
de ferimentos por arma de fogo, 53
em pacientes diabéticos, 192-194, 195-196
Infecções do pé, em diabéticos, 192-194
Infecções do trato urinário, 99-100, 192-194, 195-196
Infecções estreptocócicas, 135-136, 204-206, 210-211
Infecções por *Clostridium perfringens*, 204-206
Infecções por *Neisseria meningitidis*, pós-esplenectomia, 135-136
Inflamação, sinais de, 204-206
Inibidores seletivos da recaptação de serotonina, interação com codeína, 294
Insuficiência adrenal, 197-201
Insuficiência hepática, efeito na cicatrização de feridas, 210-211
Insuficiência renal
cicatrização de feridas na, 210-211
pressão intra-abdominal na, 123-124
relacionada a lesão de partes moles, 245-247
relacionada à síndrome de compartimento, 169-170
Intestino delgado
em hérnias diafragmáticas, 116
fístulas de, 216-217
lesões de, 150-151, 303-304
adjacentes múltiplas, 152-153
associadas a lesão pancreática, 144-145
associadas a lesões diafragmáticas, 114-115
complicações pós-operatórias de, 155-156
ferimentos por disparo de arma de fogo, 150-151
perfurações, 164-165
prevalência de, 118
técnicas de reparo anastomótico para, 152-153
ressecção de, 152-153
Intubação com ventilação por jato, 36-37
Intubação digital, 36-37
Intubação nasal cega, 36-37
Intubação nasogástrica, de pacientes pediátricos, 261-262
Intubação nasotraqueal, de pacientes com lesão de coluna cervical, 21-22
Intubação orotraqueal
contra-indicação em pacientes pediátricos, 260
em pacientes com fratura de coluna cervical, 37-38
Intubação por fibroscópio, 36-37
Intubação rápida, 34-35
Intubação. *Ver também* Intubação endotraqueal; Intubação nasogástrica; Intubação orotraqueal
alternativas para, 36-37
de pacientes comatosos, 68-69
descompensação após, 37-38
difícil, 35-37
seqüência rápida 34-35
Irite, traumática, 83-84
Irrigação, como tratamento de queimadura química, 231
Isossensibilização Rh, 266-267

Isquemia
cerebral, 67-69
como causa de síndrome compartimental, 122
implicação para salvamento de membro, 176-177
relacionada a necrose tecidual progressiva, 241-242
relacionada a perda de sangue, 41-42
ISS. *Ver* Pontuação de Gravidade de Lesão

J

Janela sub-xifóide, 103-104
Jejuno, ruptura de, 252-253
Jejunostomia, 143-144
Joelho "flutuante", 167-168

K

Kennedy, John F., 29-30

L

Lacerações
como feridas incisionais, 299-300
da orelha, 213-214
de tendões, 214-216
duodenal, 143-144
facial, 87-88, 211-212
laríngeas, 88-89
lesões esplênicas associadas a, 132-134
pancreáticas, 145-146
relacionadas a violência doméstica, 254-255
vasculares, 173-174
Laparoscopia, para avaliação de lesão diafragmática, 115
Laparotomia, exploratória 278-279, 284-285
como causa de síndrome de compartimento abdominal, 123-124
de ferimentos abdominais por arma laminada, 150-152
detecção de lesão colônica durante, 152-153
exploração de feridas e, 287-288
fechamento de incisão abdominal em, 153-154
imobilização retal durante, 154-155
indicações para, 152-153
para ferimentos por arma de fogo, 120-121
para lesões duodenais, 141-143
sensibilidade diagnóstica de, 127-128
Laringe, lesões de, 86-87, 93
fraturas, 80-81, 88-89
lesões relacionadas a trauma de pescoço, 88-89
separação da traquéia, 88-89
Laringofissura, 86-87
Laringoscopia, 33-34, 93
Lavagem
como tratamento de queimadura química 231
peritoneal diagnóstica, 115, 277-279
de lesões hepáticas, 127-128
de lesões intestinais, 151-152
de perfurações gástricas, 137-138
exame "FAST" como alternativa para, 284-285
gravidez como contra-indicação para, 267-268
Lei de Ohm, 57-58
Lei de Starling, 40-41
Lentes, ruptura ou deslocamento de, 83-85
Lesão cerebral, **62-74**
classificação da Escala de Coma de Glasgow, 28-29
psicofarmacoterapia para, 294
Lesão de Brown-Séquard, 99-100
Lesão de cauda eqüina, diferença de cone medular, 100-101
Lesão de reperfusão, 122, 241-242
Lesões cranianas
amilase como indicador de, 119-120
avaliação por imagem de, 279-280
como causa de diabete insípido, 200-201
como causa de trombose venosa profunda, 187-188
como contra-indicação para intubação endotraqueal, 80-81
compressão do terceiro nervo craniano associada a, 81-82
conduta em cirurgia plástica de, 211-214
efeito na cascata de coagulação, 188-189
em idosos, 269-271
em pacientes pediátricos, 261-262
ferimentos por disparo de arma de fogo, 299-300
hemorragia associada a, 302-303
índice cardíaco associado a, em idosos, 269-271
parâmetros de monitoração de, 69-70
penetrantes, pontuação de gravidade de lesão em, 29-30
pontuação na Escala de Coma de Glasgow em, 33-34
recuperação neurológica subseqüente, 71-72, 73-74
reflexos pupilares em, 38-39
relacionadas à exposição à eletricidade, 238-239

relacionadas à violência doméstica, 254-255
seqüelas de, 73-74
Lesões da medula espinhal, **98-102**
Lesões das cordas vocais, 62-63, 86-87
Lesões de artéria carótida, 92, 94-95, 183-186
Lesões de bexiga, 158-160, 164-165
avaliação por imagens de, 278-279
Lesões de coluna vertebral
fraturas, 100-102
imobilização de, 20-21
Lesões de contragolpe, 66-67
Lesões de leito ungueal, 215-216
Lesões de partes moles, **245-247**
associada a lesão vascular, 176-177
associadas a fratura pélvica, **163-165**
Lesões de trato biliar
associadas a lesões pancreáticas, 144-145
em pacientes diabéticos, 195-196
Lesões desenluvantes, penianas, 157-158
Lesões faringoesofágicas, 92, 95-96
Lesões laringotraqueais, 92, 96-97
Lesões musculoesqueléticas, relacionadas à exposição à eletricidade, 238-239
Lesões oftalmológicas, **83-85**
Lesões penetrantes de flanco, 120-121
Lesões por avulsão, 213-214
Lesões por desaceleração, do fígado, 127-128
Lesões por descarga elétrica, 237-238
Lesões por disparo de arma de fogo
abdominais, 120-121, 150-151, 179-180, 301-302
em mulheres grávidas, 267-268
anais, 154-156
balística de, **50-53,** 80-81
biliares, 129-130
cardíacas, 103-104
como causa de lesão arterial, 173-174
como causa de lesão medular oculta, 20-21
como evidência legal, 298-299
determinação dos locais de entrada e saída, 299-300
em cólon, 301-302
em diafragma, 113-114
em ossos temporais, 87-88
em pulmões, 105-106
em veias renais, 301-302
mandibulares, 80-81
pélvicas, 180-181
peritoniais, 139-140
retovesicais, 159-160
terapia antibiótica para, 303-304
testiculares, 157-158
transmediastinais, 104-105
uretrais, 158-159
Lesões por disparo de arma de fogo, 52-53
Lesões por esmagamento, 174-175
como causa de fratura pélvica, 163-164
como causa de síndrome de compartimento, 122
conduta pré-hospitalar para, 23-24
relacionada a acidente com veículo automotor, 150-151
Lesões por esportes aquáticos, 20-21
Lesões por explosão
como causa de fratura pélvica, 163-164
como causa de síndrome de compartimento, 122
Lesões por inalação, 225-228, 232, 234
Lesões pulmonares
como causa de hemorragia, 105-106
contusões, 107, 114-115
em pacientes pediátricos, 261-262
ferimentos por disparo de arma de fogo, 105-106
fraturas de fêmur associadas a, 168-169
lacerações, 107
traumas fechados, 109-110
Lesões raquimedulares
abuso de cocaína confundido com, 303-304
avaliação por imagem em, 73-74, 280-281
conduta para via aérea em, 37-38
em pacientes pediátricos, 259-260
Escore de Severidade de Lesões para, 29-30
fraturas em explosão, 98-99
imobilização de, 20-21
intubação endotraqueal em, 21-22, 80-81
relacionadas à exposição à eletricidade, 238-239
Lesões raquimedulares torácicas, imobilização das, 20-21
Lesões relacionadas a esportes, em crianças, 259-260
Lesões torácicas
avaliação ultra-sonográfica de, 283-284
como causa de pneumotórax hipertensivo, 302-303
durante a gravidez, 264, 267-268
em pacientes pediátricos, 261-262
lesões fechadas, **107-111,** 113-114, 270-271, 280-281
lesões penetrantes, **103-106**
tórax flutuante, 19-20, 110-111
Lesões traqueobrônquicas, em pacientes pediátricos, 261-262

Lesões vasculares, **173-182**
associadas a fraturas pélvicas, 120-121
associadas a lesão pancreática, 144-145
associadas a lesões penetrantes cardíacas, 103-104
avaliação por imagem das, 278-279
avaliação por ultra-som de, 283-284
biliares, 129-130
cervicais, **183-186**
do pescoço, 86-88
em pacientes pediátricos, 262-263
periféricas, 173-175, 176-177
Lesões venosas, reparo de, 177-178
Ligadura
da artéria carótida, 185-186
da artéria vertebral, 186
da veia porta, 180-181
de uretra, 159-160
Ligamentos cantais laterais, 77-78
Ligamentos cantais mediais, 76-78
Ligamentos cantais, 76-78
Língua
descolamento da, como causa de obstrução de vias aéreas, 86-87
lacerações da, 82
Lipídios, como componente de nutrição parenteral, 221-222
Líquido peritoneal, na pelve, 279-280
Líquido pleural, detecção ultra-sonográfica de, 284-285
Lobectomia, de emergência, 105-106

M

Major Trauma Outcome Study, 30-32
Mandíbula
fraturas de, 79-81, 212-214
Le Fort, 81-82, 89-90, 212-213
perda de mobilidade relacionada à fratura de zigomático da, 78-79
Manobra de Cattell, 143-144
Manobra de Kocher, 143-144, 146-147
Manobra de Mattox, 180-181
Manobra de Pringle, 128-129, 129-130
Manobra de Sellick, 260-261
Má-oclusão, fraturas de face média relacionadas a, 89-90
Marcas de dentes, como evidência, 298-299
Máscara laríngea, 37-39
Máscaras de oxigênio, 33-34
Maxila, fraturas de Le Fort de, 81-82, 89-90, 212-213
Meato, sangue no, 171-172
Mediastino
alargado, 103-104, 107-109, 279-280
avaliação por imagem de, 283-284, 285-286
lesão de grandes vasos em, 185-186
Medula espinhal
estabilidade óssea da, 100-101
fraturas da, 187-188, 238-240
Medula toracolombar, exame da, 66-67
Meias, antiembolismo, 188-190
Membranas timpânicas, ruptura das, relacionada a violência doméstica, 254-255
Meperidina, efeitos colaterais em sistema nervoso central de, 292-293
Metabolismo
em pacientes queimados, 227-228
medida de, 58-59
Metacarpos, fraturas oblíquas espirais de, 214-215
Método de Fick, mensuração do débito cardíaco por, 56-58
Métodos de monitoração, diferenciação de métodos diagnósticos, 59
Métodos diagnósticos, diferenciação de métodos de monitoração, 59
Midríase, traumática, 83-85
Miocárdio, contusões de, 107, 108-110, 111
Monitoração cardíaca fetal, 265-266
Monitoração hemodinâmica, do choque e disfunção circulatória, **54-59**
Mortalidade, causas mais comuns, 272-273
Morte. *Ver* taxa de mortalidade
Mucosa, intestinal, efeito da pressão intra-abdominal em, 123-124
Músculo, cicatrização de, 207-208

N

Nariz, fraturas de, 90-91
Necessidades calóricas, diárias, 220-222
Necessidades hídricas basais, 220-221
Necrose
gástrica, 137-138
tecidual progressiva, relacionada a lesão elétrica, 241-243
Negação, como mecanismo de defesa, 293-294
Nervo alveolar inferior, lesão de, relacionada a fratura de mandíbula, 89-90
Nervo auricular maior, como inervação do ângulo da mandíbula, 79-80

Nervo facial
  lacerações do, 87-88
  lesão de, relacionado a fratura mandibular, 89-90
  paralisia de, relacionada a lesão por disparo de arma de fogo, 87-88
Nervo facial, paralisia do, 169-170
Nervo interósseo, paralisia de, 169-170
Nervos cranianos
  em lesão de artéria carótida, 183-184
  paralisias pós-traumáticas de, 84-85
  terceiro, compressão de, 66-67, 81-82
Nervos frênicos, 113-115
Nervos periféricos, cicatrização de, 207-208
Neurolépticos, como tratamento para delírios, 291-293
Níveis alterados de consciência, em choque, 54
Nutrição cirúrgica, **220-224**
Nutrição parenteral periférica, 220-221
Nutrição parenteral total, 220-223
  implicação para dose de insulina, 195-196
Nutrição parenteral, 147-148, 220-221

O

Obesidade, efeito na cicatrização de feridas, 210-211
Obstrução de via aérea, relacionada a deslocamento de língua, 86-87
Oclusão vascular
  mesentérica, 123-124
  relacionada a lesões elétricas, 241-242
Olhos de guaxinim (equimose periorbitária), 80-81
Olhos, lesões de, **83-85**
Oligoelementos, como componentes da nutrição parenteral, 222-223
Oligúria, 54, 123-124, 245-246
Ombro, luxações de, 238-239
Omento
  envolvimento em hérnias diafragmáticas, 116
  lesões de, relacionadas a lavagem peritoneal, 278-279
Órbita
  anatomia da, 76-77, 211-213
  fraturas de
    classificação de Knight e North, 78-79
    explosivas, 76-77, 83-85, 211-213
  síndrome de compartimento da, 122
Orelha em couve-flor, 213-214
Orelha, lacerações de, 213-214
Organ Injury Scoring Committe, 132-134, 142-143, 145-146
Osso
  cicatrização do, 209
  envolvimento em lesões vasculares, 176-177
Osso palatino, processo orbitário do, 76-77
Osso temporal, lesões do, 87-89
Ossos nasais, fraturas de, 80-81
Osteomielite, 218
Osteoporose, 201-202
Otorréia, líquido cefalorraquidiano, 66-67, 69-70

P

Pacientes comatosos,
  monitoração de síndrome de compartimento em, 169-170
  tratamento de hipertensão intracraniana em, 67-69
Pacientes inconscientes, imobilização vertebral de, 20-21
Pacientes pediátricos
  como vítimas de acidentes com veículos automotivos, 23-24, 259-260
  conduta em via aérea de, 33-35, 259-261
  cricotireotomia em, 86-87
  fraturas de colo femoral em, 168-170
  hematomas duodenais em, 143-144
  imobilização de coluna em, 20-21
  lesões raquimedulares em, 101-102
  queimaduras em, 225-227
  reimplante de partes amputadas em, 213-214
  ressuscitação de, 48, 259-260
  sepse pós-esplenectomia em, 135-136
  tratamento de fratura subcondilar em, 78-80
  uso de ultra-sonografia em, 284-285
  vias aéreas de, 33-34
Pacientes politraumatizados
  avaliação com pontuação de trauma de, 29-30
  estabilização de fratura de ossos longos em, 167-169
  tratamento de fratura de úmero em, 169-171
Pálpebras, lacerações de, 83-85
Pâncreas
  características anatômicas do, 144-146
  efeito do uso abusivo de álcool no, 277-278
  exposição cirúrgica do, 145-147
  lesões de, 141-142, 144-148
    amilase como indicador de, 119-120
    em pacientes pediátricos, 262-263

lesões duodenais associadas a, 147-148
lesões penetrantes, 303-304
terapia antibiótica para, 303-304
Pancreatectomia, distal, 146-147
Pancreatite, 99-100, 141-142, 273-274
Pancreatoduodenectomia, 147-148
Pancreatografia, 146-147
Pancurônio, 34-35
Parada cardíaca, durante a gravidez, 264, 267-268
Parada respiratória, relacionada a eletrocussão, 238-240
Paralisia
classificação de, 99-100
de membros, 19-20
de nervo facial, 87-88
de nervo frênico, 114-115
de nervo interósseo, 169-170
de nervos cranianos, 84-85
diferenciação de plegia, 98-99
para intubação, 34-36, 38-39
Paraplegia, relacionada a cirurgia de aorta, 108-109
Parede abdominal
efeito da pressão intra-abdominal em, 123-124
lesões relacionadas a cinto de segurança da, 119-120
Parede de corpo cavernoso, laceração de, 157-158
Parede torácica, de pacientes pediátricos, 261-262
Paroxetina, interação com codeína, 294
Partes amputadas do corpo, reimplante de, 213-215
Pediatric Trauma Score, 26-28
Pele, cicatrização da, 207-208
Pelve
estabilidade de, 171-172
fraturas de, 170-172
como fator de risco para trombose venosa profunda, 187-188
índice de letalidade de, 120-121
lavagem peritoneal diagnóstica de, 277-278
lesões abdominais associadas a, 119-120
lesões de partes moles associadas a, **163-165**
ruptura de uretra posterior associada a, 158-159
imagens radiológicas de, 171-172
lesões de, feridas anais associadas a, 154-156
líquido livre peritoneal em, 279-280
teste de estabilidade de, 163-164
Pênis, lesões do 157-158
Pentobarbital, alta dose, como terapia de trauma craniano, 70-71
Perda auditiva, relacionada a fratura de osso temporal, 87-89
Perda sangüínea. *Ver também* Terapia de reposição de fluido
Perfuração tecidual, medida da, 57-58
Pericárdio
avaliação ultra-sonográfica de, 283-284
fechamento do, em reparo de lesão cardíaca, 104-105
Pericardiocentese, 103-104
Períneo, lesões de, 154-156, 157-158
Peritônio
durante a gravidez, 265-266
penetração por ferimento por arma laminada, 151-152
Peritonite, 120-121, 123-124, 137-138
Pescoço
anatomia do, 92
exame do, em pacientes com trauma craniano, 66-67
lesões do, 86-88
amilase como indicador de, 119-120
arterial, 86-87
avaliação ultra-sonográfica de, 283-284
como contra-indicação para intubação endotraqueal, 80-81
complexas e combinadas, 96-97
conduta em cirurgia plástica para, 211-214
hiperextensão, 183-184
lesões vasculares de, **183-186**
penetrantes, 47, **92-97,** 178-180, 287-288
relacionadas à exposição à eletricidade, 238-239
relacionadas à violência doméstica, 254-255
zonas de, 178-179, 183-184
Placa pterigóideo, fraturas de, 89-90
Placenta
lacerações de, 284-285
má perfusão de, 265-266
Plasma fresco congelado, 42-43
Plegia, diferenciação de paresia, 98-99
Pneumectomia, emergência, 105-106
Pneumonia, 99-100
Pneumopericárdio, 103-104
Pneumoperitônio, 115, 123-124
Pneumotórax
hipertensivo, 45-47, 104-105, 302-303
associado a intubação, 37-38
descompressão de, 21-23
pequeno, 104-105
relacionado a cateter venoso central, 220-221
relacionado a cateterização de veia subclávia, 44-46

relacionado à lesão diafragmática, 114-115
relacionado à lesão torácica fechada, 109-110
Poliúria, 200-201
Pontuação de trauma, 20-21, 26-28
Postura, decorticação ou decerebração, 71-72
Precauções universais, para conduta em pacientes com trauma, 287-289
Precauções, para conduta de paciente com trauma, 287-289
Pressão arterial média, 55-56, 67-68
Pressão de artéria pulmonar, 124-125
em síndrome de compartimento abdominal, 124-125
Pressão de cunha de artéria pulmonar, 54, 55-56
Pressão de cunha de capilar pulmonar, 124-125
Pressão de perfusão cerebral, 67-68
Pressão de pulso, 56-57
Pressão de veia cava inferior, 122
Pressão intrabdominal, 122, 165
Pressão intracraniana
aumento da, 66-68, 69-71
durante a intubação, 35-36
Pressão positiva no final da expiração (PEEP), 61-63, 124-125
Pressão sangüínea. *Ver também* Hipertensão
Pressão transgástrica, 122
Pressão venosa central
durante a gravidez, 264
efeito da reposição maciça de fluido em, 55-56
em síndrome de compartimento abdominal, 124-125
em tamponamento cardíaco, 103-104
Procedimento de Whipple, 146-147
Processo transverso de vértebra lombar, fraturas de, 119-120
Profilaxia antibiótica
anterior à laparotomia exploradora, 152-153
para pacientes com fraturas expostas, 166-167
para pacientes com lesões colônicas, 153-154
para pacientes queimados, 225-228
Projéteis de arma de fogo. *Ver também* Balística, ferimentos; Ferimentos por armas de fogo
como evidência legal, 298-300
Pronto-socorro, prevenção da hipotermia em, 248
Próstata, 171-172
Proteína, 221-222
Protocolo de Advanced Trauma Life Support, 47, 49, 93
para idosos, 269-270
para lesões penetrantes de pescoço, 93
Pseudo-aneurismas, 173-175, 180-181
Psicofarmacologia, 294
Psicose de Korsakoff, 273-274, 292-293
Pulso paradoxal, 103-104
Pulso, de pacientes pediátricos, 260-261

Q

Quadril, fraturas osteoporóticas de, 201-202
Quadriplegia, 98-99
Queda, secundária à idade avançada, 163-164, 269-270
Queimadura por cal, 231, 232, 233, 234
Queimaduras por ácido acético, 230-231
Queimaduras por ácido crômico, 230-231
Queimaduras por ácido fórmico, 230-231, 232, 234
Queimaduras por ácido hidroclórico, 231, 232, 233, 234
Queimaduras por ácido hidrofluórico, 230-231, 232, 233, 234
Queimaduras por ácido hidrossulfúrico, 231, 233
Queimaduras por ácido muriático, 231, 233
Queimaduras por ácido oxálico, 230-231
Queimaduras por ácido sulfúrico, 230-231
Queimaduras por ácido, 230-231, 232, 234
Queimaduras por álcalis, 230-231, 232, 234
Queimaduras por cimento, 232, 233, 234-235
Queimaduras por cloro, 230-231
Queimaduras por fenol, 230-231, 233, 234-236
Queimaduras por fósforo, 230-231, 232, 233, 234
Queimaduras por hidróxido de potássio, 232, 234
Queimaduras por hidróxido de sódio, 232, 234
Queimaduras por hipoclorito de sódio, 230-231, 233, 234-235
Queimaduras por permanganato de potássio, 230-231
Queimaduras por peróxido, 230-231
Queimaduras por sódio metálico, 230-231, 233, 234-235
Queimaduras químicas, **230-236**
do olho, 83-85
Queimaduras, **225-229**
como indicação para transporte para centro de trauma, 19-20
comprometimento de via aérea associado a, 22-23
delírio associado a, 291-292
elétricas, **237-244**
em idosos, 269-270
em pacientes pediátricos, 251-252, 259-260

químicas, 83-85, **230-236**
relacionadas a abuso infantil, 251-252
relacionadas a violência doméstica, 254-255
Quelóides, 209
Questões legais em medicina de trauma
consentimento informado, 294
diagnóstico de abuso infantil, 299-300
evidência física, 297-300
Quilotórax traumático, 105-106
Quinino, como aditivo da heroína, 303-304

R

Racionalização, como mecanismo de defesa, 293-294
Radiação, efeito da cicatrização de feridas, 210-211
Radiografia
abdominal, 142-143, 151-152
de coluna vertebral cervical 73-74
de tórax, 103-104, 107, 184-185
Reações anafilactóides, diferenciação com choque anafilático, 47
Reagan, Ronald, 29-30
Reaquecimento, como tratamento para hipotermia, 249-250
Recém-nascidos prematuros, 265-266
Reeve, Christopher, 29-30
Referência, de, 84-85, 255-256
Reflexos pupilares
dilatação, 66-67, 71-72
em pacientes com trauma craniano, 38-39
fotorreflexos, 65-66
Regressão, como mecanismo de defesa, 293-294
Reimplante, de partes amputadas do corpo, 213-215, 218
Resistência a antibióticos, das bactérias, 303-304
Resistência vascular sistêmica, 57-58
Resposta vasovagal, 37-38
Ressonância nuclear magnética (RNM), 280-281
Ressucitação de volume, para controle da hipertensão intracraniana, 68-69
Ressuscitação. *Ver* Terapia de reposição de fluidos
Retalho de serosa jejunal, 143-144
Retalhos
para reconstrução de extremidades inferiores, 218
para reconstrução de extremidades superiores, 216-217
Retardo de crescimento, 262-263
Retina
descolamento de, 83-85
hemorragia de, relacionada a abuso infantil, 251-252
lesões traumáticas de, 83-84
Retinopatia, diabética, 192-194
Reto
exame do, 154-155, 158-159
lesões do, 154-156, 164-165
Retorno venoso, efeito da pressão intra-abdominal no, 123-124
Retroperitônio, 118
lesões de, 142-144, 151-152, 303-304
Revised Trauma Score, 20-21, 27-28
Rim
alterações relacionadas a idade em, 270-271
avaliação funcional de, 301-302
envolvimento em hérnia diafragmática do, 116
lesões de, 159-161
associadas a lesões pancreáticas, 144-145
em pacientes pediátricos, 261-262
lesões fechadas, 150-151, 160-161, 284-285
síndrome de compartimento de, 122
Rima orbitária, profundidade média do canal óptico, 76-77
Rinorréia, líquido cefalorraquidiano, 66-67, 69-70, 80-81
Roupas manchadas de sangue, como evidência legal, 298-299
Roupas, como evidência legal, 297-299
Rubor, como sinal de inflamação, 204-206
Ruptura prematura de membranas, 266-267

S

Salvamento de membro, 176-178
Sangue, conteúdo de oxigênio do, 41-43
Sedação, 68-69
Seios, 81-82, 89-90
Sepse
cicatrização de feridas em, 210-211
como causa de choque, 54
diagnóstico errôneo de, 303-304
pós-esplenectomia, 134-136
relacionada a cateter, 228-229
terapia com aminoglicosídeo para, 303-304
Sigmoidoscópio, rígido, 154-155
Simplified Acute Physiology Score, 270-271
Sinal de Battle, 66-67, 80-81
Síndrome alcoólica fetal, 273-275
Síndrome da fissura orbitária superior, 77-79
Síndrome da fissura orbitária superior, 77-79

Síndrome da hipotensão supina, 20-21, 264
Síndrome da imunodeficiência adquirida (AIDS), 287-289
Síndrome de abstinência a opióides, 292-293
Síndrome de ápice orbitário, 78-79
Síndrome de compartimento abdominal, **122-126,** 165, 215-217
Síndrome de doença eutireoideana, 195-197
Síndrome de embolismo gorduroso, 167-168
Síndrome de esmagamento, 245-247
Síndrome de Horner, 183-184
Síndrome de Munchausen por procuração, 251-252
Síndrome de secreção inapropriada de hormônio antidiurético, 70-71
Síndrome de Wernicke-Korsakoff, 273-274, 292-293
Síndrome do bebê sacudido, 252-253, 262-263
Síndrome do desconforto respiratório do adulto, 55-56, 167-169, 266-267
Síndromes de compartimento
  abdominal, **122-126,** 165, 215-217
  de extremidade inferior, 174-177
  definição de, 169-170, 174-175
  em pacientes comatosos, 169-170
  não-diagnosticada, 169-170
  relacionada à exposição à eletricidade, 240-242
  relacionada à lesão de partes moles, 245-246
  relacionadas a lesões por esmagamento, 246-247
Sistema cardiovascular, efeito do uso abusivo do álcool no, 273-274
Sistema de comando de incidente (ICS), 19-20
Sistema de pontuação APACHE II (Acute Physiology and Chronic Health Evaluation), 26-27, 201-202
Sistema de pontuação de trauma CRAMS, 26-27
Sistema de pontuação de trauma ICISS, 30-32
Sistema de pontuação de trauma TRISS, 26-27, 30-32, 31-32
Sistema de pontuação para trauma Abbreviated Injury Severity, 26-27, 28-32
Sistema de pontuação para trauma APACHE, 26-27, 201-202
Sistema de vasos sangüíneos vinculares, 214-215
Sistema nervoso central, efeitos do uso abusivo de álcool no, 273-274
Sistema nervoso periférico, efeito do uso abusivo de álcool no, 273-274
Sistema respiratório, efeito da pressão intra-abdominal em, 123-125
Sistema START, de triagem de vítimas múltiplas, 19-20
Sistemas de pontuação de trauma, **26-32**
Solução de Ringer lactato, 43-44
Soluções de colóides, uso na ressuscitação, 42-44
Sondas de gastrostomia, 223-224
Sondas de jejunostomia, 147-148, 223-224, 228-229
Sondas nasogástricas, 118
  passagem em pacientes com lesões de pescoço, 93
  uso na manobra de Kocher, 143-144
Sopros, 92
Sorologia para o vírus da imunodeficiência humana (HIV) para equipe de pronto-socorro, 288-289
Staphylococcus aureus, meticilina-resistente, 303-304
Succinilcolina, 34-36
Sudorese, hipovolemia relacionada a, 41-42
Suicídio, 254-255, 292-294
Superdosagem, como método de suicídio, 293-294
Superfície corpórea total, de pacientes queimados, 225-226, 225-228, 230-231
Suplementação de cálcio, contra-indicação em transfusão sangüínea, 49
Suturas, 207-208
Swan-Ganz, 58-59, 227-228, 303-304
  como causa de lesão vascular, 173-174
  como causa de sepse, 228-229
  tamanho de, 173-174

T

Tamponamento, cardíaco, 103-104, 285-286
  pericárdico, 45-46, 47
Taquicardia
  definição de, 56-57
  relacionada a hemorragia, 48
  relacionada a hipovolemia, 41-42
  relacionada a síndrome de abstinência ao álcool, 292-293
  relacionada a tamponamento cardíaco, 103-104
Taxa de extração de oxigênio, 42-43
Taxa de filtração glomerular, efeito da pressão intra-abdominal na, 123-124
Taxa de mortalidade, 23-24, 272-273
  de idosos, 269-271
  de pacientes com embolismo pulmonar, 189-190
  de pacientes com fratura pélvica, 120-121, 165
  de pacientes com insuficiência adrenal, 197-198
  de pacientes com lesão de cólon, 153-156
  de pacientes com lesão hepática, 127-128
  de pacientes com lesão pancreática, 144-145

de pacientes com lesões de partes moles, 246-247
de pacientes com lesões retais, 155-156
de pacientes hipotérmicos, 248
por sepse em pacientes pós-esplenectomia, 135-136
relacionada a pneumectomia, 105-106
Telecanto, traumático, 76-78
Temperatura corporal central, em hipotermia, 248
Tempestade tiroidiana, 196-197
Tempo de protrombina, 187-188
Tempo de tromboplastina parcial, 187-188
Tendões
cicatrização dos, 207-208
lacerações dos, 214-216
suprimento sangüíneo dos, 214-215
Tendões flexores digitais profundos, efeito quadrigia de, 215-216
Terapia antibiótica, 303-304
Terapia com insulina, para pacientes diabéticos, 192-195
perioperatória, 194-196
Terapia de banho, para queimaduras químicas, 231
Terapia de imersão, para queimaduras químicas, 231
Terapia de pressão de perfusão cerebral, 70-71
Terapia de reposição de fluidos, 48-49
como causa de hipotermia, 248
débito urinário após, 43-45, 49
fluidos endovenosos usados em, 42-46
para o controle de hipertensão intracraniana, 68-69
para pacientes com disfunção ventilatória, 54
para pacientes com lesão por esmagamento, 23-24
para pacientes com lesões penetrantes de pescoço, 93
para pacientes com queimaduras elétricas, 239-241
para pacientes gestantes, 265-266, 267-268
para pacientes pediátricos, 48, 259-261
para prevenção de insuficiência renal, 246-247
para vítimas de queimaduras, 225-227
uso pré-hospitalar de, 23-25
Termodiluição, medida da, 58-59
Teste da ducção ocular forçada, 77-78
Teste de Kleihauer-Betke, 266-267
Testes de Jones 1 e 2, 77-79
Testículos, lesões dos, 157-158
Tíbia
amputação da, 167-168
fraturas da, 166-168, 216-217
Tireotomia, 88-89
Tireoxina, 195-198, 201-202
Toracostomia, por agulha, 21-23
Toracotomia, 284-285
em "alçapão", 94-95
esquerda, 103-104
implicações da exploração do ferimento da, 287-288
indicações de, 104-105
Tórax flutuante, 19-20, 110-111
Trabalho de parto prematuro, 266-267
Traje MAST. *Ver* Vestes militares antichoque
Transdutor Doppler, ângulo de, 180-182
Transfusões sangüíneas
como contra-indicação da suplementação de cálcio, 49
em pacientes pediátricos, 261-262
filtros com microporos para, 49
frias, como causa de hipotermia, 248
uso na ressuscitação, 43-44
Transporte de oxigênio, 42-43, 57-59
Transporte, de vítimas de trauma
de pacientes grávidas, 265-266
por helicóptero, 23-24
Transtorno de estresse agudo, 291-292
Transtorno de estresse pós-traumático, 291-292
Transtorno de personalidade *borderline*, 293-294
Transtornos de ansiedade, 291-292
Transtornos de personalidade, 293-294
Traquéia
de lactentes, 260-261
lesões da, 86-87, 96-97, 222-223
separação da laringe, 88-89
Traqueomalácia, 62-63
Traqueostomia, 36-37, 80-81, 88-89
Tratamento pré-hospitalar, **19-25**
para pacientes grávidas vítimas de trauma, 264-266
Trato gastrintestinal, lesões de, associadas à fratura pélvica, 120-121
Trauma fechado
avaliação ultra-sonográfica em, 284-285, 285-286
como causa de mortalidade, 30-32
como fator de risco para lesão de víscera oca, 151-152
da artéria carótida, 183-184, 184-185
de cabeça e pescoço, 238-239
de cólon, 153-154
do abdômen, 127-128, 150-152, 179-180, 238-239, 283-284

do baço, 150-151
do diafragma, 113-115
do duodeno, 141-143
do estômago, 138-139
do fígado, 127-129, 150-151, 284-285
do intestino delgado, 150-151
do pâncreas, 144-145
do tórax, **107-111,** 113-114, 270-271, 280-281
dos olhos, 83-84
dos rins, 150-151, 160-161
durante a gravidez, 264
geniturinário, 238-239
imobilização vertebral para, 20-21
vascular, 173-174
Trauma geniturinário, **157-161**
associado à fratura pélvica, 120-121, 164-165
relacionado à exposição à eletricidade, 238-239
Trauma maxilofacial, **76-82**
Trauma ortopédico, **166-172.** *Ver também* Fraturas
Trauma penetrante
como indicação para centro de referência de trauma, 19-20
da artéria carótida, 183-184, 185-186
da cabeça, 29-30
do abdômen, 119-120, 150-152, 301-303
em pacientes grávidas, 267-268
do baço, 132-134
do cólon, 119-120, 152-154, 301-302
do diafragma, 113-116
em pacientes grávidas, 267-268
do duodeno, 141-142
do esôfago, 87-88
do estômago, 119-120
do fígado, 119-120
do intestino delgado, 119-120
do pescoço, 86-87, **92-97**
do tórax, **103-106**
avaliação por ultra-som de, 285-286
em mulheres grávidas, 267-268
do trato biliar, 129-130
exploração da ferida de, 287-288
imobilização da espinha, 20-21
vascular, 173-174
Tremores, relacionados a hipotermia, 248
Tríade de Beck, 103-104
Tríade de Virchow, 187-188
Tríade de Waddell, 23-24
Triagem
de pacientes com lesão vascular cervical, 184-185
definição de, 19-20
sistemas de pontuação de trauma para, 26-27
Trombocitopenia, 273-274, 303-304
Trombose
artéria coronária, 108-109
venosa profunda, 99-100, **187-202**
avaliação por ultra-som da, 284-285
Tronco cerebral
compressão de, 66-67
disfunção de, associada à queimadura elétrica, 243-244
Tuberculose, exposição da equipe médica de emergência a, 287-289
Tumores, 123-124, 160-161

U

Úlceras pépticas, 273-274
Úlceras, pé diabético, 195-196
Ultra-som duplex, 188-189, 283-284
Ultra-som, **282-286**
capacidade duplex do, 188-189, 283-284
definição de, 282
fetal, 265-266
para avaliação de lesão duodenal, 142-143
para avaliação de lesão hepática, 127-128
renal, 160-161
técnicas de, 282-285
transdutores para, 282-284
Úmero, fraturas de, 169-171
Uncus, herniação do, 66-68, 81-82
Uréia nitrogenada sangüínea, 158-159
Ureter, lesões do, 159-160
Uretra, lesões da, 157-159, 164-165, 171-172
Urina, drenagem de ferimentos ureterais, 159-160
Urografia, excretora, 159-160
Uroquinase, 189-190
Uso abusivo de cocaína, mimetizando lesão raquimedular, 303-304
Uso abusivo de drogas, 259-260, 273-274
Uso abusivo de heroína, como causa de trombocitopenia, 303-304
Uso abusivo de substâncias. *Ver também* Uso abusivo de álcool; uso abusivo de drogas
relacionado à violência doméstica, 254-255
Uso/abuso de álcool, **272-275**
como causa de encefalopatia de Wernicke, 292-293
por crianças e adolescentes, 259-260

relacionado à violência doméstica, 254-255
síndrome de abstinência do álcool, 272-275, 292-293
Útero, 264, 266-267, 284-285

V

Vacina antipneumocócica, 135-136
Vacinação contra hepatite B, da equipe do pronto-socorro, 288-289
Vacinas
antipneumocócica, 135-136
hepatite B, 288-289
Vagotomia, 137-138, 144-145
Vasoconstrição, relacionada à hipotermia, 248
Vasopressores, contra-indicação na ressuscitação, 47
Veia cava, retro-hepática, 129-130
Veia hepática, lesão da, 129-130
Veia porta, ligadura de, 180-181
Veia renal, ferimento por arma de fogo da, 301-302
Veia safena magna, uso em reconstrução arterial, 174-175
Veia subclávia, sítio de acesso IV da, 44-46
Veias jugulares
distensão de, 22-23
lesões de, 96-97
Venografia, 188-189
Ventilação com máscara com válvula e bolsa 33-34, de pacientes pediáticos, 261-262
Ventilação controlada assistida, 61-63
Ventilação mandatória intermitente sincronizada, 62-63
Ventilação mandatória intermitente, 61-62
Ventilação mecânica, **61-63**
de alta freqüência percussiva, 227-228
Ventilação percussiva de alta freqüência, 227-228
Vesicantes, como causa de queimaduras, 230-231
Vesícula biliar, lesões da, 129-130
Vestes de pressão, 228-229. *Ver também* Vestes militares antichoque
Vestes militares antichoque (MAST), 21-22, 23-24, 48, 164-165
Vestes pneumáticas antichoque, 21-22. *Ver também* Vestes militares antichoque
Via aérea
diferenças entre pacientes adultos e pediátricos, 33-34
faríngea, 33-34
Violência doméstica, 253-256
alcoolismo como fator de risco para, 273-274
notificação compulsória de, 256-257
Vitaminas, como um componente da nutrição parenteral, 222-223
Vítimas de acidentes com veículos automotivos
conduta pré-hospitalar em, 24-25
idosos, 269-270
pediátricas, 23-24, 259-260
pontuação de trauma de, 30-32
presas em ferragens, 22-23
Volume corrente, de pacientes pediátricos, 260-261
Volume plasmático, durante a gravidez, 264
Volume sangüíneo, normal, 302-303

W

Warfarina, 190
W-plastia, 211-212

Z

Zidovudina (AZT), 288-289
Zigoma, fraturas de, 78-79, 90-91
Z-plastia, 210-212

EDELBRA
Impressão e acabamento:
E-mail: edelbra@edelbra.com.br
Fone/Fax: 0xx54 321-1744